# 民衆史の遺産

責任編集＝谷川健一・大和岩雄

## 第七巻―妖怪

大和書房

# 稲生物怪録絵巻（堀田家本）

備後《びんご》三次《みよし》の藩士・稲生武太夫《いのうぶだゆう》、幼名を平太郎《へいたろう》というもの、幼いときから勇猛で名を馳せ、世間でたいそうな評判であった。

時は寛延二年、平太郎十六歳のとき、七月の三十日のあいだ、数々の妖怪に襲われたが、平太郎は、勇気凜々、いささかも恐れることなく、ついに化物は降参した。

さて、そのはじまりの次第は……。

ある夜、平太郎と隣家の相撲取三《み》ッ井《い》権八《ごんぱち》は、勇気について言い争いになり、肝だめしをすることになった。

「拙者が夜、比《ひ》熊《ぐま》山の頂上にある千畳敷《せんじょうじき》へのぼり、そこにある石の塚にしるしの札を結びつけてこよう。おぬしは、のちにそれを取りにまいれ」

と平太郎が言い、権八が「ぬかりなし」とこたえる。

かくて五月のある夜、雨風が吹きつのるさなか、平太郎は蓑笠を着て、三次に名高い比熊山にのぼり、塚にしるしの札をむすび、明け方、無事にもどってきた。しかし、平太郎は、

「これではいっこうにおもしろくない。いっそ千畳敷で、蠟燭を灯して百の怪談をし、百の蠟燭を消したときに本物の妖怪がでるという、百物語《ひゃくものがたり》とやらをやってみよう」

と言い、二人は比熊山にのぼり、百の怪談ばなしをし、百の蠟燭を消した。

しかし、妖怪の気《け》はなく、なにごともなくすぎていった。

が……。

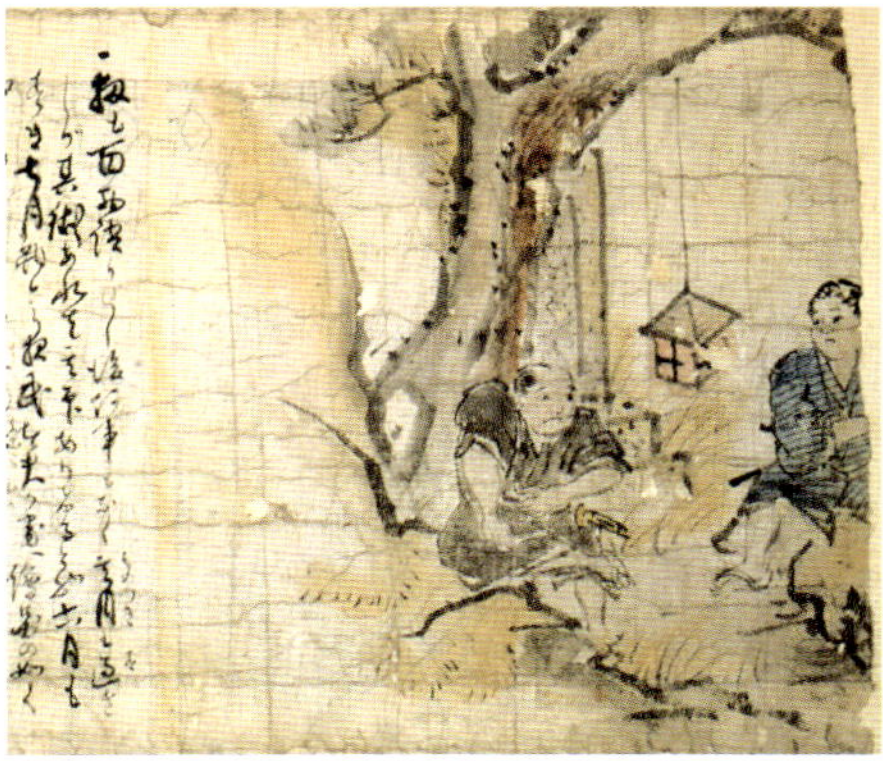

一日目

百物語をしたのち、何事もなく五月もすぎ、六月もすぎたが、火のないところに煙はたたぬのたとえ、七月ついたちの夜、平太郎の家の障子が、火のついたようにあかるくなった。

平太郎はおどろき、「すはや」と、障子をあけようとしたが、いっこうにあかない。むりやり障子をこじあけ、縁側にでると、巨大な髭手《ひげて》が平太郎をわしづかみにし、はなれようにもはなれられない。見ると、練塀《ねりべい》の上から大男が髭手をのばし、大男が目を開くと、朝日のように明るくなり、目をとじると、またたくまに闇になる。

もみあっているうちに、どうとたおれ、たおれたのをさいわいに、平太郎は寝間にゆき、刀をもって立ちあがる。そのすきに、化物は床下に入りこみ、平太郎は床上から、刀をさしたが、手応えがなかった。

一方、権八の家のほうにでたのは童子のようなもの。一つ目をかがやかせ、蚊帳の外をまわるだけだが、権八の身は金縛りにあったように、びくともしない。なにやら平太郎の家のほうが騒がしいが、うごくこともかなわない。し

ばしして、童子は消えたが、平太郎の家のほうもしずかになった。
平太郎の家来はといえば、はじめは念仏をとなえていたが、勝手口へ逃げようとしたまま、途中で気をうしない、気を取り直したときには、もはや夜があけていた。
この夜は、近所の家でも、夜通しなにものかに襲われたようで、寝苦しい夜だったという。あくる日、権八がやってきて、昨夜の話をし、たがいに化物退治をしようと誓いあった。

二日目

二日の夜、行灯《あんどん》の火がまえぶれもなく燃え上がり、天井までとどきそうになった。権八は約束どおり、宵から平太郎の家にやってきていたが、このありさまを見て肝をつぶし、平太郎が騒がないのをみると、あきれて家へ帰ってしまった。平太郎はそのまま捨ておいてねむってしまったが、夜があけて天井を見ると、焼け跡どころか、なにごともなかった。

その夜、床にはいって寝たあとも、居間の中がなんとなく、ざぶざぶと音がするように思えたが、どこからともなく、突然水がわきだし、耳へはいらんばかりになった。あわてて起きだしてみると、部屋一面に水がたたえられていた。しばらくすると、水は潮がひくように、しだいに消えていった。

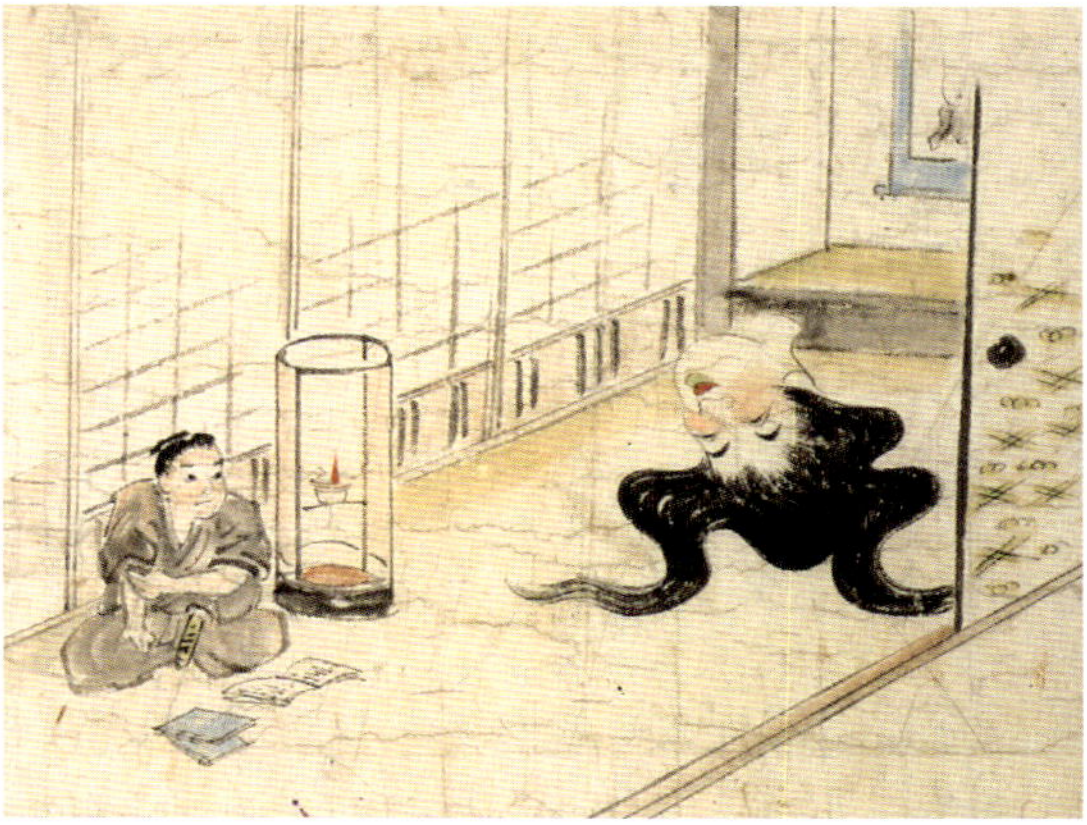

三日目

三日の夜、居間のすみの、鼠が出るくらいの小さな穴から、女の逆《さか》さ生首《なまくび》が、髪の毛を足のように立て、笑いながら飛びあるいてくる。そやつは、平太郎の膝にあがり、頭にのぼり、あげくのはてに、舌でなめまわしはじめた。気持ちのわるいこと、たとえようもない。

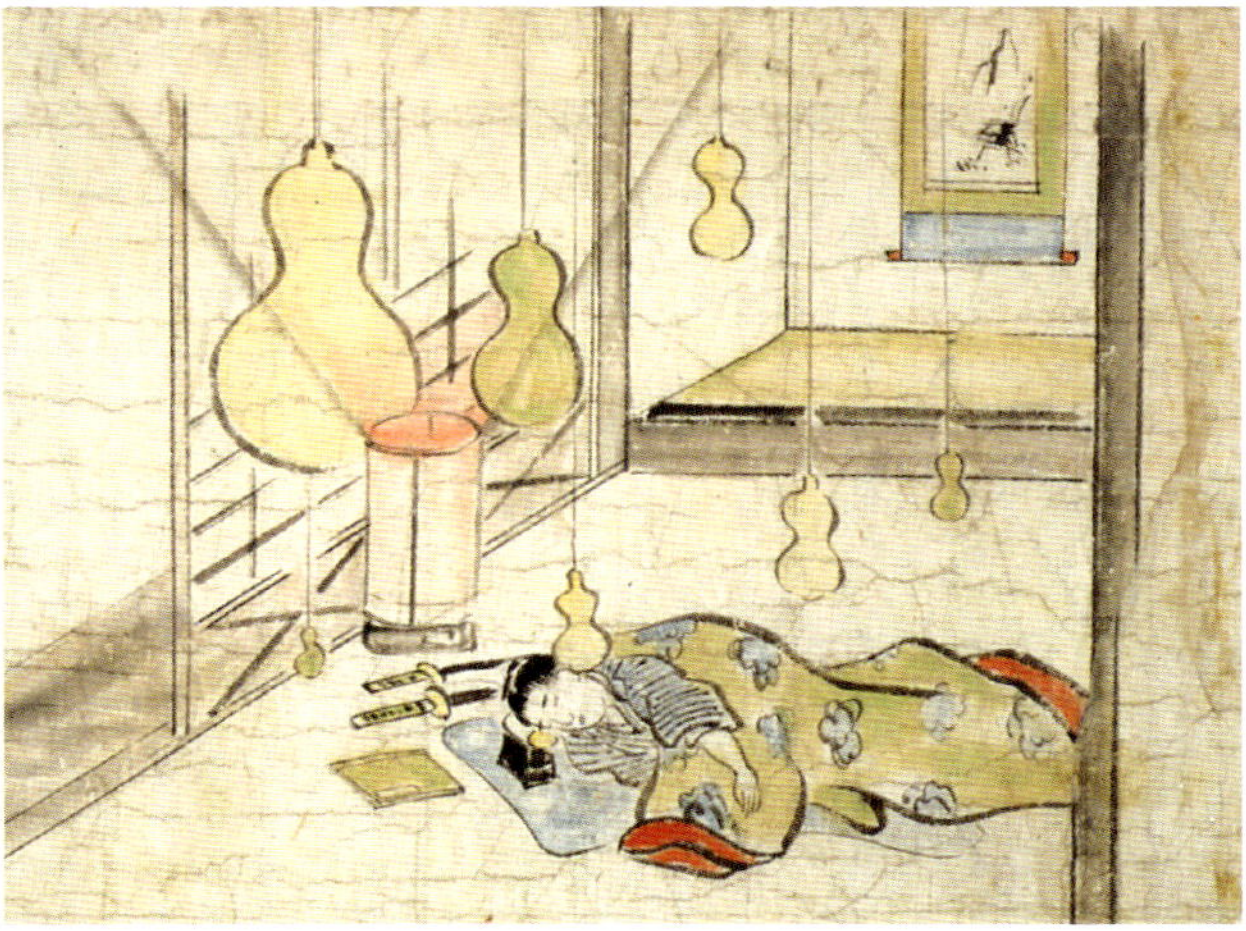

その日の夜半、天井から、なにやら青いものがさがってきた。「なんだろう」と思って見ると、いくつもの青瓢箪《あおびょうたん》だった。どうやら、瓢箪の蔓がのびて、平太郎の床の上にぶらさがったものらしい。しかし、どうにも、意をはかりかねる。

## 四日目

四日の夜、お茶をわかそうとしたが、瓶の中の水が凍り、茶釜の蓋があかない。また、火吹竹《ひふきだけ》を吹いても、風がとおらず、なにかにつけて、不思議なことがおおい。

そのうえ、違い棚に置いた紙が、しだいしだいに舞い上がり、蝶が舞うかのようにみえる。これらの紙は、翌日も部屋中に散りしいていたので、夢とも思えない。

五日目

五日の宵、権八が来て話をしているところに、大きな石が這ってきた。よく見ると、石の八方に指のような足がつき、おまけに蟹《かに》のような目がついている。大石はその目で権八をにらみつけながら、がさがさと走りよってくる。権八、「これはたまらん」と刀をとって切ろうとしたが、平太郎におしとどめられ、やむをえず帰った。

その夜が明け、台所に行ってみると、近所の家の漬物石《つけものいし》が置いてあった。おそらく妖怪が取り寄せて置いたものだろう。

六日目

六日の夜、薪小屋に行こうとしたが、老婆の大きな顔が戸口をふさいでいる。平太郎は老婆の眉間に小柄《こづか》を打ち込んだが、痛そうな顔をしないので、そのまま捨てておいて寝た。

翌朝、薪小屋へ行ってみると、そこには老婆の顔がなく、眉間と思われるところに打ち込んでおいた小柄が、宙にそのまま浮いていた。「不思議だ」と思って見ているうちに、小柄がぽとんと地面に落ちた。これらは、まことにもって、奇々怪々なことである。

## 七日目

七日目の夜、親友たちが平太郎を助けようと申し合わせ、棒や弓を持ってやってきた。権八が槍を持って戸口の外をまわっていると、門内に大きな坊主のようなものが見える。権八は、「ここぞ」と槍を突いたが、槍を奪われてしまった。

権八が家の中にはいり、そのようすをみんなに話すと、さっき、その槍が外から飛来し、一人の髪の毛をかすめ、裏庭のほうへ飛びだしていったという。集まっていた面々も、恐ろしくなり、逃げるように帰ってしまった。

## 八日目

八日目の夜、親戚の者二人がやってきて話をしていると、塩俵が二つ三つ、ふわふわと飛んできて、二人の頭上をぐるぐるまわり、塩をぱらぱらとまき散らした。二人がぽかんと見入っていると、こんどは高下駄が飛んできて、唐紙を突き破り、外へ飛びだしていった。二人はあたふたと帰っていった。

九日目

九日の夜は、まったく妙なことがおこった。化物が、影《かげ》山彦之助《やまひこのすけ》の弟・亮太夫《りょうだゆう》というものに化け、先祖伝来の名刀を持ってやってきたのである。

「この名刀で化物を退治してくれる」と、石臼の化物に切りつけたが、刃がこぼれてしまった。すると亮太夫は、「兄にことわりもなく刀を持ちだし、このような仕儀とあいなった。まことに申し訳がたたぬ」と腹を切ってしまった。

平太郎は驚き、死体をかたづけ、「どうしよう」と思案しているところへ、門をたたく音がする。外へでてみると、なんとそれは、亮太夫の幽霊であった。幽霊がいろいろと恨み言をいうので、ふと気がつき、亮太夫の死体を置いたところに行くと、その姿は影も形もなくなっていた。これらはなんとも不思議なことだ。

十日目

十日の宵にはまた、化物が平太郎の懇意にしている定八《さだはち》という者に化けてやってきた。いろいろと話をしているうちに、定八の頭がしだいに大きくふくれあがり、その頭に丸い穴があき、そこから赤子《あかご》が二つ、三つと這いだしてくる。

やがて、一つの赤子が立ちあがり、みるみる大きくなり、平太郎につかみかかろうとする。平太郎が捕まえようとすると、皆、畳のあいだにもぐって消えてしまった。とりわけ恐れることもないが、懇意の者にだまされるのは、こまったことである。

## 十一日目

十一日夜、親しい人がやってきたが、そのうちの一人の刀の鞘を、化物がかくしてしまった。みんなでさがしたが、いっこうにみつからない。平太郎が声を荒らげて怒ると、天井から鞘が落ちてきた。さしもの妖怪も、平太郎には一目おいているのだろうか。

みんなが帰ったあと、勝手のほうから、がらがらと音がしてなにやらやってくるので、見ると、すり鉢《ばち》とすりこぎが、かってにすりまわりながらやってきた。

その日の夕方、平太郎の家に以前から出入りしている女が、ご機嫌取りにやってきた。二人が話をしていると、どこからともなく盥がころがりだし、その女を追いかける。女はびっくり仰天し、家から逃げだすと、盥はそのあとを追って、門の外まで追いかけていった。女は、平太郎が仕掛けたと思い、急いで家にもどったとのことである。

十二日目

十二日、居間の柱に貼ったまじない用の祈禱札《きとうふだ》に、墨で輪のいたずらがきをし、塗りつぶしてあった。どうやら、妖怪のしでかしたことらしい。

その夜、押し入れの中から大きなひきがえるが飛びだし、平太郎がねむっている床の上に這いあがってきた。ひきがえるの腹の中ほどに赤い緒がくくってあるので、その紐をにぎってねむり、翌朝見ると、ひきがえるは葛籠《つづら》になっていた。

## 十三日目

十三日の夜は、親友がやってきて、いろいろと話がはずんだ。

そのうちの一人が「西江寺《せいごうじ》の御道具のなかに、災いを除《よ》けるというものがあるそうだ。これを借りて、居間に掛け置いてはどうか」とすすめた。さっそく、使いの者がでかけようとしたが、なんとなく足がすすまない。

「ならば、拙者が参ろう」と、平太郎は留守をたのみ、でかけることになった。そこへ、平五郎《へいごろう》という剛の者が「拙者も同道いたしましょう」と、申しでた。

さて、西江寺への道すがら、藪のそばを通りかかったとき、雷のように光る赤い石が空から落下し、平五郎の腰骨にあたり、平五郎は悶絶してしまった。平太郎は驚き、平五郎を呼び起こそうとしたが、意識をとりもどさない。そこで、人を頼み平五郎を背負って、ようやく家へたどりついた。

「西江寺へ行く途中にこのような変事がおこったのは、妖怪のなせる仕業にちがいない」と、みんなは震えあがった。

十四日目

十四日の宵、裏の臼部屋《うすべや》から臼を搗《つ》く音がしきりに聞こえてくる。行って見ると、臼自身が、かってに搗いていた。平太郎はふと思いつき、まだ搗いていない米を臼の中に入れておいた。

一晩中、臼の搗く音が聞こえていたが、翌朝行ってみると、臼の中の米はまったく白くなっていなかった。

夜中、ふと目覚めて天井を見上げると、天井いっぱいに巨大な老婆の顔があらわれた。やがて、老婆の赤い舌がながくのび、蚊帳《かや》をつらぬいて、平太郎をなめまわしはじめた。平太郎が手を顔にあてると、その手も突き抜いて、顔をなめまわす。平太郎はしかたなく、なすがままにしていると、老婆の顔はしだいに消えていった。

## 十五日目

十五日の昼、居間に掛けてある額から、「トントサココニ、トントサココニ」と聞こえてくる。あまりにつよく聞こえるので、平太郎が額をおろしてみると、刀の鞘が煤《すす》にまじってどさっと落ちてきた。これは、かつて平太郎の家来がなくした鞘であった。

その夜、居間の中が真昼のように明るくなった。妖火なので、なんとなく薄気味悪く思っていると、畳はもちろんなにもかもが、糊でも塗りつけたかのようにねばりつきだした。おそろしくはないが、寝床をのべることもならず、やむをえず、柱によりかかってねむり、夜をあかした。

十六日目

十六日の夜、田楽《でんがく》のように串ざしになった眼のまるい小坊主の首が、どこからともなく、十三、四ほど飛びだし、串の足でひょいひょいと平太郎の枕元をはねまわる。おもしろいが、うるさいことかぎりない。

## 十七日目

十七日夜、親友がやってきて話をしてると、勝手のほうに人の形をした白いものがみえる。足音がはげしく聞こえるので、平太郎が行ってみると、漬物桶が置いてあった。

さて、みんなが刀を取り集めて置いたところを見ると、刀がことごとく見えない。あちこちさがしてみたところ、なんと蚊帳の上に残らず置いてあった。みんなは震えあがり、平太郎の寝床にわれさきに集まり、きょろきょろと蚊帳の外を見ていると、机や菓子鉢が飛びまわる。みんなは顔を伏せ、耳をふさいでいたが、そのうちの一人は、食べ物を吐きだしてしまった。平太郎はやむをえず、その男を井戸へつれてゆき、顔を洗わせたが、男はそのまま帰ってしまった。

## 十八日目

十八日朝、権八がやってきたが、奥の間がなんとも騒々しい。平太郎と二人で行ってみると、畳がことごとく細い糸で天井にくくり揚げられている。二人が畳をおろそうと踏み台をさがしているあいだに、すべての畳がもとのように並べかえてあった。

夜になると、納戸《なんど》の中でじゃんじゃんと鳴る音がする。しばらくすると、その音が近づいてきたが、それは錫杖《しゃくじょう》があちこち飛びまわる音だった。

十九日目

十九日、親友がやってきて「運八《うんぱち》という者がもっているワナは絶妙なワナだそうだ。今夜、これを仕掛けたらどうか」とすすめた。

そこで、さっそく運八を呼び寄せ、仕掛けさせたが、いっこうに化物はかからない。そのとき、運八はワナの陰に隠れていたが、何者かが運八の鼻をつまみあげるので、それをたぐりよせてみると、なんと巨大な髭腕《ひげうで》だった。運八はたまげて、あたふたと家へ逃げ帰ってしまった。

一夜明け、運八がやってきた。「ひょっとすると何かがかかっているかもしれない」と、仕掛けたところを見ると、どこにもワナがない。平太郎と二人でワナをさがすと、屋根の上にぶん投げてあった。運八はこのありさまを見て仰天し、「これは狐、狸の仕業とはとてもおもえません。このワナにかからなかったのは、本物の化物にちがいありません」とおそれいった。

二十日目

二十日、中村平左衛門《なかむらへいざえもん》の家の使いといって、美しい下女が、餅菓子を入れた重箱をもって見舞いにやってきた。

女は絶世の美女で、平太郎も「下女には似合わぬ器量よし」と思い、ふと胸騒ぎをおぼえたものの、素知らぬ顔でもてなしていると、女はつれなく帰るという。平太郎が女を見送りにいくと、女は門前でかき消えるようにいなくなってしまった。

その後、隣家の法事でつくったぼた餅が重箱ごとなくなったという噂を聞き、平太郎が器を見せたところ、はたして隣の器であったという。

## 二十一日目

二十一日の夜、行灯をともすと、人影が壁にうつった。その人影は顔や形がはっきり見え、書見台《しょけんだい》をまえに、ときおり書物を繰り、なにか講釈しているようすであるが、言葉の意味は、はっきりとは聞きとれなかった。

## 二十二日目

二十二日朝、納戸で、ざあざあと音がし、その音が近づいてくるので、「なにごとか」と見ると、シュロ箒が、居間の中をていねいにはきまわっていた。

「これは朝にはお似合いの趣向だわい」と、平太郎は笑ってしまった。

夜になると、勝手のほうから、大勢の人の声が聞こえてきた。

二十三日目

二十三日、隣家の権八の家がやかましいので、平太郎が「なにごと」と、行ってみると、どうやら権八は留守らしい。ようやく戸口をあけ、中に入ってみると、お椀や小道具、書物までが飛びだしていた。

この夜、平太郎の家に突然、巨大な蜂の巣がかかった。巣からは赤い泡が吹き出し、また黄色の泡が吹きだした。これほど大きな蜂の巣を見たこともない。

## 二十四日目

二十四日の昼、大きな蝶が部屋の中に一匹飛来し、あちこち飛びまわっていたが、柱にあたって粉微《こなみ》塵《じん》に砕け、数千の小蝶となり、居間の中に、あたかも風に桜花が散るかのように、群がり飛んだ。

その夜、行灯の下がはげしく光るので、わき目もふらずに見ていると、たちまち大きく燃え上がり、我が身に燃えつかんばかりに思えたが、そのままでいた。行灯はまるで石塔のように見えた。

## 二十五日目

二十五日の夜、裏庭へ行こうと縁側から降りると、ひやりと、まるで死人を踏みつけたように感じられる。驚いて足もとを見ると、青い大入道《おおにゅうどう》がおり、大入道がまばたきをする音がぱちぱちと聞こえる。あわてて縁側に上がろうとしたが、泥田に足を踏み込んだようにねばりつき、上がることもままならない。ようやく縁側に上がったが、その肉が足の裏につき、にちゃにちゃし、気持ちの悪いことはなはだしい。

## 二十六日目

二十六日の夜、どこからともなく女の首が飛んできた。青ざめた顔、薄気味悪い目つきで、平太郎をみつめる。女の首の先がそのまま手となり、平太郎の寝ている床の上を飛びまわり、その手で平太郎のからだをなでまわす。

## 二十七日目

二十七日、昼間なのに、居間の中は薄暗く、やがて、闇の夜のように暗くなっていった。

しかし、しばらくすると明るくなり、まるで火が輝くかのように、明るくなっていった。

夜になると、どこからともなく拍子木の音が鳴りひびき、女の笑い声や、ためいきが聞こえてきた。

## 二十八日目

二十八日の夜、はるか遠くに尺八の音が聞こえていたが、間もなく、おなじような姿をした数人の虚無僧《こむそう》が、どこからともなく、つぎつぎと平太郎の家の中に入ってきた。

虚無僧は居間の中いっぱいに座ったり寝ころんだりして、尺八を吹いていたが、その音は耳をつんざかんばかりだった。

二十九日目

二十九日、七月も終わりになったが、妖怪の出現はやまず、「今日の趣向はなんだろう」と思っているところに、薄気味の悪い風が吹き、家の中まで吹き込んできた。また、星の光のようなものがあらわれ、それが、蛍火《ほたるび》のように粉微塵になり、風とともに吹き込んできた。

## 晦日

晦日《みそか》は、化物も最後の日と思ったのか、朝からいろいろと妙なことがおこったが、夜五ッ《いつ》時《どき》(午後八時)ごろ、四十歳ほどの男が、浅黄《あさぎ》色の裃《かみしも》を着、大小の刀を腰にさし、「ゆるせ」と言いながら、表のほうから入ってくる。平太郎が見ると、見知らぬ男。「これぞ妖怪。正体あらわしたり」と叫び、一刀のもとに打ちとめんと、刀をぬきかかると、男は飛ぶと見えて、一瞬消え失せ、天井より、かの男、「刀をふりまわすのはやめていただこう」と一言。

男の声がやむと、部屋の炉《ろ》の蓋があき、そこから灰が吹きだした。灰はしだいに高く舞い上がり、やがて一つにかたまり、大きな頭となった。そのひたいに瘤があり、それがぶこぶこと動く。その穴から煙を吹き出し、さらにミミズまで這《は》いだしてきた。平太郎は嫌いなミミズゆえ閉口し、はらいのけるが、いっこうにどかず、鳥もちのようにねばりつく。平太郎がうろたえていると、前方の壁に大きな目や口があらわれ、けらけらと笑う。平太郎が妖怪の仕業と思ったときには、ミミズは消え失せ、トンボの目玉のように飛びだした壁の顔が、青光りして、平太郎をしばらくにらみつけていた。

壁の顔が消え失せると、さきの男が平太郎の眼前にあらわれた。

「拙者は、山《さ》ン本五郎《もとごろう》左衛門《ざえもん》ともうす魔物。三国《せかい》の人々をたぶらかし、その数、百にいたれば魔国の頭《かしら》となるゆえ、これまでに八十五人をたぶらかしてきた。だが、八十六人目にあたるそなたにいたり、わが家業は敗れた。残念至極である。とはいえ、そなたほど勇気ある者は、ざらにはいない。

わが仲間に真《し》ン野《の》悪五郎《あくごろう》ともうす魔物がおり、拙者とはりあっていたが、こののち、かの者が当家にやって来るやもしれぬ。そのときは、この追

にて北の柱を打たれよ。拙者がまいり、そなたと力を合わせ、かの悪五郎を引きさいてみせよう。拙者の力に人間の力がくわわれば、かなわぬことはない」と男が話しているとき、平太郎のそばには、冠《かんむり》装束《しょうぞく》をした人の半身が見え、五郎左衛門のほうを見やっていた。

　これこそ、平太郎を守る氏神《うじがみ》と思われた。

　さて、かの男は、「今宵かぎり」と頭をさげると、「拙者が帰るのを見送られよ」と言いおき、消え失せた。

「どこへ帰ろうとしているのだろう」と平太郎が思っていると、いつのまにか、庭一面に異形のものがみちあふれ、いずれもみな、平太郎にむかって一礼をしている。

　そのうち、平太郎の頭がにわかに重くなり、「これまた、五郎左衛門のしわざ。その手はくわぬ」と、刀を手にとろうとすると、五郎左衛門は素早く庭に飛び下り、すかさず、手下の差し出す駕籠に乗り移る。

ばらばらと飛びだした魔物に担ぎ上げられた駕籠は、前庭の垣根を越え、隣家の屋根を伝い、やがて遥か雲のかなたに消えていった。
　なんとそのとき、妖怪の巨大な髭足は駕籠から飛びだしていたという。まことにもって、世にも奇怪な光景であった。
　さて、この三十日の間、さまざまな妖怪が昼夜姿をあらわしたが、その夜をかぎり、その姿はなく、平太郎はあたかも夢が覚めたような心地であった。その間、平太郎は惑わされることなく、事の一部始終をつぶさに見、のちにこのように見聞を話したが、その詳細については他書にゆずろう。
　うそかまことか、さだかではないが、平太郎がうそをついているとはとても思えない。

**その後**

さて、その後、なにも変わったことがおこらなかったので、平太郎は家来を呼び戻した。

「このように無事にすんだのは氏神様の御加護のゆえ。吉日をえらんでお詣りしよう」と思っているところへ、権八も「ご一緒にお詣りしましょう」と言ってきたので、権八ともども、氏神様へお詣りしたということである。

右の妖怪が出現したのは、寛延年中、稲生武太夫、すなわち幼名平太郎、十六歳のころとのことである。

武太夫は備後国三次藩の家中のもの。御《お》歩行《かち》組《ぐみ》を勤め、後年、広島の御広式御錠口を勤めた。

その後、改名して稲生忠左衛《ちゅうざえ》門《もん》と名乗り、七十歳ほどになるが、なお気力も充実しているとのことである。

享保〔享和か〕三年亥七月

安政六己未年之を写す

万延元年庚申仲秋巻成《な》る

☆図の説明は、本絵巻に付載されている詞書（三九〇～三九九ページ収録）をもとに作成した。ただし、冒頭部分（絵巻の詞書欠落）他において、『稲生物怪録』（柏本）や、『三次実録物語』等の記述を参照し作成した部分もある。

☆本書の画像は広島県三次市教育委員会所蔵

#「妖怪」目次

# 妖怪のめくばせ

解説にかえて――――谷川健一

文明が「夜を昼となす」ことを意味するとすれば、夜の領分に活躍した妖怪の棲む余地は、いちじるしく狭められてきている。山林の伐採や開拓によって、山の獣たちが消滅に向ったように、現代が妖怪の受難の時代であることは誰の目にも明らかである。今や妖怪に対する無用の恐怖はなくなった。しかしそれが現代人の精神の健在さを保証するのではないことに問題がある。

人間は昼と夜、光と闇の調和ある交替を必要とするからである。夜の闇は人間に強い畏怖感を与えると共に、人間存在を超えたモノへの畏敬も促すからである。親しげな夜の挑発者たち、妖怪の退場は人間の想像力の退化と無縁ではない。

かつて私たちの先祖は闇の彼方にするどい感官を働かせて、見えざるものたちの絢爛たる絵巻を描いた。それは遠くは神話・伝説・民話の源泉でもあった。夜の誘惑、それはまた人間の創造力の母でもあったのである。だがしかし文明社会の急速な進歩は、私たちの日常生活から夜と暗闇とを追放した。

それが見えざるものへの畏敬を失なわせ、想像力を死滅させる原因でもあることに人びとはようやく気が付き始めたのである。昨今の妖怪に対する広範な人びとの関心は、それを不健全な流行と見るよりは、文明の危機のあらわれと受けとる方に、私は与するのである。

深い夜闇があってこそ、人間の意識は深く眠ることができる。それと同時に人間の精神は夜から養分を吸いあげて、活潑な働きをすることが可能なのである。

都会生活に馴れた者は夜の闇の深さを知らない。したがって夜のもつさまざまな圧迫感も味わったことがない。だが一昔まえまではそうでなかったことは、私の南島旅行の体験からも確認される。

私が沖縄通いを始めた頃、先島《さきしま》の離島では夜数時間しか電灯の点かない部落《シマ》が多かった。黒島は私が石垣市にいた一九七〇年一月にはじめて電灯がついて、その祝賀会がおこなわれた。与那国島では一九六〇年代の半ば、やっと電灯がついたという。それもたいていの離島では夜の十一時か十二時頃には消えてしまう。与那国島に旅行したときには、祖納《そない》の町の通りをあるくにも、手探りでゆかねばならなかった。祖納の老婆から聞いたところでは、むかし外出するときは、かまどの燃えさしを引き抜いて松明《たいまつ》代りにしたのだという。それほどに離島の夜は暗い。太古さながらの闇が容赦なくおそいかかることを私は知っている。

南島では今日でもケンムンやキジムンに対する恐怖が生ま生ましく語られるが、それは南島の夜の暗さと切り離すことができない。夜がどれほど重圧感をもつ存在であったか、それは次に掲げる田畑英勝《えいかつ》の『奄美の民俗』の一節から推察される。

一番下の子がまだ幼稚園にもあがらない頃のこと、余り駄々をこねて聞きわけがないので、少したしなめてやるつもりで、戸を開けて外に出し、泣くのもかまわず戸を締めておいた。すると、未だ健在だった母が隣室から形相を変えて飛んで来て、戸を開け、大声で泣いていた子供を奪いとるようにして抱きかかえて家に入れ、

夜ぬとぅりゅんちどぅ　いゅっか　いなさん子《くわ》ば　外ち出《い》じゃし　ふれぃ者にし

「夜がさらっていく（またはとり殺してしまう）というのに、小さい子を家の外に出すなんて、馬鹿な真似を

して」

といって、私の無謀な振舞を難じた。その時の異常な顔や声までが、今は亡き母の思い出の一つとして鮮かに残っている。

これを見ると、今から半世紀前まで、奄美には「夜がとる」、つまり「夜が人をさらっていく」とか「夜が人をとり殺してしまう」という言い廻しがあったことがわかる。これは奄美に限らない。八重山でも夜おそく帰ったりすると、「夜にとられる」と言って家人が気をもんだという話を私は聞いたことがある。ここでは夜が人間に畏怖を与え、その生命まで奪う兇暴な人格として存在しているのである。

人間の力の及ばない世界、それが夜であった。喜舎場永珣《きしゃばえいじゅん》の『八重山古謡』には村の井戸を掘ることを述べた叙事詩が収録されているが、その一節に
「夜ナリバ神ヌ掘リ　昼ナリヤ七ヌ掘リ」

とある。これは喜舎場によって、「夜になると神が掘ってくれ、昼になると七人の兄弟が掘った」と解説されている。この詩句から直ちに連想されるのは、『日本書紀』に、大和の箸墓をきずくのに「ひるは人作り、夜は神作る」と記していることである。古代日本と琉球の双方におなじ表現形式がみとめられるのを偶然の一致であるとは思われない。さりとて『日本書紀』の表現を八重山の古謡が模倣したとすることもできない。ではどう理解したらよいか。日琉双方に夜に対するおなじような考えがあったと見るほかはなかろう。

『日本書紀』は古代のざわめく夜の光景を次のように活写する。

「葦原中国《あしはらのなかつくに》は、磐根《いはね》、木株《このもと》、草葉《くさのかきは》も、猶能《なほよ》く言語《ものい》ふ。夜は熛火《ほほ》の若《もころ》に喧響《おとな》ひ、昼は五月蠅《さばへな》如す沸《わ》き騰《あが》る」

（神代下）

これは草木石がよく物を言い、夜は炎（熛火《ほほ》）のようにやかましい音をたてて燃えさかり、昼はウンカ（サバ

エ）のように地上から沸きあがっていた時代の日本を述べたものである。同様に、「多《さは》に蛍火《ほたるび》の光《かかや》く神、及び蠅声《さばへな》す邪《あ》しき神有り」（神代下）という表現もある。

また「出雲国造神賀詞《かむよごと》」には

「豊葦原の水穂の国は、昼は五月蠅《さばへ》なす水沸《みなわ》き、夜は火瓮《ほべ》なす光く神《かかや》あり、石《いは》ね、木立《こだち》、青水沫《あおみなわ》も事問ひて荒ぶる国なり」

とある。

火瓮は火を焚いている瓮《かめ》、または熛火《ほほ》（火の穂）と同じとも解せられている。石根、木立、青水沫までが物を言い、不平を鳴らす国があった。そのなかで邪しき神、荒ぶる神が横行しては、炎のように燃えあがり、蛍火のようにかがやく夜を古代の日本人は見たのであった。異形のものたちが登場しては眼もあやに繰り展《ひろ》げる「闇の絵巻」とは、もとより古代人の想像力の世界に属するものである。

しかしそのためには底知れぬ深さをもつ漆黒の夜を必要とした。そこに跳梁するものを私たちはときにはカミともモノとも呼んできた。この両者をはじめから区別することは困難である。なぜならば、それは森羅万象に遍在すると信じられたアニマの両面を表現したものにほかならないからである。それはあらゆるものに付著する親和力を備えていると共に、付著する相手を侵害する力ももっている。

やがて後代になるとカミとモノは分化し、モノはカミの反対物として、邪悪さのゆえに畏怖されるようになった。モノノケとかマジモノの登場である。モノは異形のゆえにオニ（鬼）と呼ばれた。オニは先住民の残存であるヤマビトとも習合した。

日本では長い時代、百鬼が夜行することを信じていた。しかし妖怪たちは、かつて山川沼沢の精霊であった時代の名残りも見せている。それは妖怪がカッパでもケンムンでも子どもの姿で表現されていることにあらわれている。ザシキワラシは言うに及ばず、山ウバに育てられた鬼の子が禿《かむろ》の髪形をしているのもそうである。

それらは神と人間と自然の精霊たちが、まじりあって暮した社会のかすかな、しかし忘れがたい記憶の証跡である。妖怪の送る親しげなめくばせを真剣に受けとめる必要があると私は考えるのである。

# 妖怪

# 妖怪談義

柳田國男

# 自序

どうして今頃このような本を出すのかと、不審に思って下さる人のために、言っておきたいことが幾つかあります。第一にはこれが私の最初の疑問、問えば必ず誰かが説明してくれるものと、あてにしていたことの最初の失望でもあった事であります。私の二親《ふたおや》は幸いに、あの時代の田舎者《いなかもの》の常として、頭から抑え付けようともせず、また笑いに紛らしてしまおうともしませんでした。ちょうど後年の井上円了さんなどとは反対に、「私たちにもまだ本とうはわからぬのだ。気を付けていたら今に少しずつ、わかって来るかも知れぬ」と答えて、その代りに幾つかの似よった話を聴かせられました。平田先生の『古今妖魅考《ここんようみこう》』を読んだのは、まだ少年の時代のことでしたが、あれではお寺の人たちが承知せぬだろうと思って、さらに幾つもの天《てん》狗《ぐ》・狗《ぐ》賓《ひん》に関する実話というものを、聴き集めておこうと心がけました。

川童《かっぱ》を私などの故郷ではガタロすなわち川太郎と申しました。家が市川の流れと渡しに近かったために、その実害は二夏と途絶えたことはなく、小学校の話題は秋のかかりまで、ガタロで持ち切りという姿でありました。それから大きくなって三十年余、ずっと続けていうとうそになりますが、旅に出たり本を読んだりして、その頃を思い出すことがますます多く、とうとう持ち切れなくなって大正三年、世間がまったく改まろうとする頃に入って、『川童駒引《こまひき》』という古風な一冊の本を世に出すことになりました。今となって考えると、これが適当な時節であったとは言われませんが、少なくとも問題の保存には役立ちました。私などのうっかり見過そうとしていた隅々の事実が、各地の同志者によって注意せられ、また報告せられるようになりました。うすうすは自分もそうでないかと思っていたことが、もう今日ではほぼ確かになった例が幾つかあります。

たとえば川童の地方名は、どこへ行ってもたいていはカワの童児、そのカワは水汲み場または井堰《いせき》のことでありました。沖縄の諸島に行くと、こちらの川童すなわちカワラワとよく似た霊物を、インカムロとカーカムロとの二つに分けております。すなわち海の童と井の童で、かつては海中の尽きぬ宝と、次々耕されて来た陸上の富とが、ともにこの幼ない神たちの管理に属したことを、語るものかと思います。日本の古典の中の珍しい文字使い、遠い航路を守る神で、同時にみそぎという厳重な神事に立ち会いたまう神が、しばしば少童という漢語をもって表現せられてあるのも、おそらくこの方面からでないと説明ができぬかと思います。

こんな話をつづけると、いよいよ序文らしくなくなりますが、終りにもう一つだけ附け加えたいことは、最初この本に入れるつもりで、後に削ってしまった砂まき狸の話であります。これは説明があまりにあくどいので、一応引っ込めておいたのですが、あれにもなつかしい思い出が永く附き纏《まと》うております。私がたしか十四歳の年、両親に離れて遠く利根川の岸の町に住んでいた頃、始めてこの話を聴いて大きな印象を受けました。話をしてくれたのは四十ばかりの女性で、そう巧妙であったわけではありませんが、問題の樹というのがこんもりと、たった一本だけ堤のつい目のさきに見えているので、渡し小屋の床几《しょうぎ》に腰を掛けるたびに、何回でもその折の光景を胸に描いてみたのであります。月の明るい夏の晩の宵の口に、下から土手づたいに帰って来たある人が、ちょうどこの近くまで来ると一匹の小さな獣が、土手を飛び越えて水の岸まで走って行くのを見ました。砂場の広さは二三十間で、何も植えてはなかったといいます。この近くには農家も一軒あるので、そこの猫だろうとは思ったのですが、少し挙動が変っているので、歩みを緩めて遠くから見ていますと、いったん浅瀬の水の中をあるいてから、すぐに砂地の上をころころと転げまわりました。そうして引き返して来て土手の上の、そのこんもりとした一本木の梢に、かき登ってしまったというのであります。そこでようやく猫ではないと心づいて、用心をしいしいその樹の下を通って来ると、果せるかなたくさんの砂が降って来ましたが、楽屋を見ているから、声を立てるほどには驚かなかったという話。これを私が戸川残花先生の編集せられた『たぬき』という本に、全部実話のつもりで報告してしまったのであります。今から心付くと、あれは狸のためには迷惑な、軽妙なこしらえ話でありました。

戸川さんは、今でも覚えている人が多いと思いますが、半生を『江戸会誌』の事業にささげられた老学者で、この頃は紀州の徳川侯などとともに、今いう文化財の保存事業に手を着けておられました。だんだん生物学方面の人の話を聴いてみると、狸くらい耕作者のために、蔭の援助をつづけている野獣は少ないのに、由なき「かちかち山」などの昔話が流布したばかりに、おれば必ず捕って食われるまでに、農家の同情を失ってしまい、近年はめっきりと数を減じ、野鼠や害虫の害がこのために非常に多くなったということだ、これは何でも一つ、心ある人たちの協力の下に、この狸の真実を世に明らかにしなければならぬという趣意から、最初にまず喚《よ》びかけられたのが狸の会という、数年前からできていた有力な団体でありまして、それがこの珍しい一巻の書の、発行にも参与していたのでありま す。

東京にも以前は確かに狸屋敷という評判の家がありました。現に私なども中学生の頃に、二年足らずもそういう家に、兄とともに住んでいたこともありますが、よほどびくびくしていても、かつてそれらしい形跡がなく、たまたま二階の雨戸にさわる音を聴いて、がらりと開けてみたら尾の長い猫だったので、兄が狂歌を詠んだというくらいが思い出であります。あれからまたざっと六十年、地下にはいろいろの人の掘った横穴が縦横に通り抜けている世の中に、いくら理解がある趣味が豊かな人たちであろうとも、ここで狸の真相を究めさせようとしたことは、戸川先生の無理な望みでした。しかも考えてみなければならぬことは、こうしたきらめくような新しい文化の中において、なおかつ古風きわまる化け物を信じたり怖れたり、たまたまおまけだ誤解だということがわかっても、それを噂《うわさ》にして人に話してみたり、自分も時々はもしやと思ったり、さらに巧者な人は新たにこしらえて世に伝え、こればかりはいつも舶来のさらに精妙なるものをもって、さし換えておこうとする者のないことであります。

私は幼少の頃から大分この方面にむだな時間を費しましたけれども、今となってはもう問題を限定しなければなりません。我々の畏怖《いふ》というものの、最も原始的な形はどんなものだったろうか。何がいかなる経路を通って、複雑なる人間の誤りや戯れと、結合することになったでしょうか。幸か不幸か隣の大国から、久しきにわたってさまざまの文化を借りておりましたけれども、それだけではまだ日本の天狗や川童、または幽霊などというものの本質を、解説することはできぬように思います。国が自ら識《し》る能力を具《そな》える日を、気永く待っているより他はないようであります。

昭和三十一年十二月

# 妖怪談義

## 一

化け物の話を一つ、できるだけきまじめにまた存分にしてみたい。けだし我々の文化閲歴のうちで、これが近年最も閑却せられたる部面であり、従ってある民族が新たに自己反省を企つる場合に、特に意外なる多くの暗示を供与する資源でもあるからである。私の目的はこれによって、通常人の人生観、わけても信仰の推移を窺《うかが》い知るにあった。しかもこの方法をやや延長するならば、あるいは眼前の世相に歴史性を認めて、徐々にその因由を究めんとする風習をも馴致《じゅんち》し、迷いも悟りもせぬ若干のフィリステルを、改宗せしむるの端緒を得るかも知れぬ。もしそういう事ができたら、それは願ってもない副産物だと思っている。

私は生来オバケの話をすることが好きで、またいたって謙虚なる態度をもって、この方面の知識を求め続けていた。それが近頃はふっとその試みを断念してしまったわけは、一言で言うならば相手が悪くなったからである。まず最も通例の受返事《うけこたえ》は、一応にやりと笑ってから、全体オバケというものはあるものでござりましょうかと来る。そんな事はもう疾《と》くに決しているはずであり、また私がこれに確答し得る適任者でないことは判っているはずである。すなわち別にその答が聴きたくて問うのではなくて、今はこれよりほかの挨拶のしようを知らぬ人ばかりが多くなっているのである。偏鄙《へんぴ》な村里では、怒る者さえこの頃はできて来た。なんぼ我々でも、まだそんな事を信じているかと思われるのは心外だ。それは田舎者を軽蔑した質問だ、という顔もすればまた勇敢に表白する人もある。そんならちっとも怖いことはないか。夜でも晩方でも女子供でも、キャッともアレエともいう場合が絶滅したかというと、それとは大ちがいの風説はなお流布している。何の事はない自分の懐中にあるものを、出して示すこともできないような、不自由な教育を受けているのである。まだしも腹の底から不思議のないことを信じて、やっきとなって論弁した妖怪学時代がなつかしいくらいなものである。ないにもあるにもそんな事は実はもう問題でない。我々はオバケはどうでもいるものと思った人が、昔は大いにあり、今でも少しはある理由が、判らないので困っているだけである。

## 二

都市の居住者の中には、今はかえって化け物を説き得る人が多い。これは一見不審のようであるが、その実は何でもないことで、彼等はほとんと例外もなく、幽霊をオバケと混同しているのである。幽霊の方ならば、町の複雑した生活内情の下に発生しやすく、また少々は心当りのある人もあって、次々の噂は絶えず、信じて怖れおののく者も出て来るので、これをわが同志者と心得て意見を交換しようとすると、がっかりする場合ばかり多いのである。幽霊もそれ自身討究されてよい現象であり、また最初の聯絡と一致点はあったかも知らぬが、近世は少なくともまるで物がちがっていて、こちらは言わばお寺の管轄であった。それをオバケとはいう者はあっても、化け物というとまだ何だか変に聞える。お岩も累《かさね》も見覚えがあるからこそこわいので、これを化けて出るというのは言葉の間違いである。へんぐぇというからには正体が一応は不明で、しまいに勇士に遭って見顕わされるものときまっている。それを平知盛《たいらのとももり》幽霊なりなどと、堂々と自ら名乗って出たものと一つに見るのは、つまりは本物の種切れとなって後まで、なおこの古い名前に対する関心の、失《う》せていなかった証拠とも見られる。

誰にも気のつくようなかなり明瞭な差別が、オバケと幽霊との間にはあったのである。第一に前者は、出現する場処がたいていは定《き》まっていた。避けてそのあたりを通らぬことにすれば、一生出くわさずに済ますこともできたのである。これに反して幽霊の方は、足がないという説もあるにかかわらず、てくてくと向うからやって来た。彼に狙われたら、百里も遠くへ逃げていても追い掛けられる。そんな事はまず化け物には絶対にないと言ってよろしい。第二には化け物は相手を択《えら》ばず、むしろ平々凡々の多数に向って、交渉を開こうとしていたかに見えるに反して、一方はただこれぞと思う者だけに思い知らせようとする。従うて平生心掛けが殊勝で、何らやましいところのない我々には、聴けば恐ろしかったろうと同情はするものの、前もって心配しなければならぬような問題ではないので、たまたま真っ暗な野路などをあるいて、出やしないかなどとびくびくする人は、もしも恨まれるような事をした覚えがないとすれば、それはやはり二種の名称を混同しているのである。最後にもう一つ、これも肝要な区別は時刻であるが、幽霊は丑《うし》みつの鐘が陰にこもって響く頃などに、そろそろ戸を敲《たた》いたり屏風《びょうぶ》を掻《か》きのけたりするというに反して、一方は他にもいろいろの折がある。器量のある化け物なら、白昼でも四辺を暗くして出て来るが、まず都合のよさそうなのは宵と暁の薄明りであった。人に見られて怖がられるためには、少なくとも夜更けて草木も眠るという暗闇の中へ、出かけてみたところが商売にはならない。しかも一方には晩方の幽霊などというものは、昔から聴いたためしがないのである。おおよそこれほどにも左右別々のものを、一つに見ようとしたのはよくよくの物忘れだと思う。だから我々は怪談と称して、二つの手をぶら下げた白装束のものを喋々《ちょうちょう》するような連中を、よほど前からもうこちらの仲間には入れていないのである。

三

そこで話はきっすいの晩方のオバケから始めなければならぬのだが、夕をオオマガドキだのガマガドキだのと名づけて、悪い刻限と認めていた感じは、町ではすでに久しく亡びている。私は田舎《いなか》に生れ、また永い間郊外の淋しい部落に住んでいるために、まだ少しばかりこの心持を覚えている。古い日本語で黄昏《たそがれ》をカハタレといい、もしくはタソガレドキといっていたのは、ともに「彼《か》は誰《たれ》」「誰《た》ぞ彼《かれ》」の固定した形であって、それもただ単なる言葉の面白味以上に、元は化け物に対する警戒の意を含んでいたように思う。現在の地方語には、これを推測せしめるいろいろの称呼がある。たとえば甲州の西八代《やつしろ》で晩方をマジマジゴロ、三河の北設楽《したら》でメソメソジブン、その他ウソウソとかケソケソとかいっているのは、いずれも人顔のはっきりせぬことを意味し、同時に人に逢っても言葉も掛けず、いわゆる知らん顔をして行こうとする者にも、これに近い形容詞を用いている。歌や語り物に使われる「夕まぐれ」のマグレなども、心持は同じであろう。今でも関東ではヒグレマグレ、対馬《つしま》の北部にはマグレヒグレという語がある。東北地方で黄昏をオモアンドキというのも、やはりアマノジャクが出てあるく時刻だというから、「思わぬ時」の義であったらしく考えられる。

村では気をつけて見るとこういう時刻に、特に互いに挨拶というものを念入れて、できる限り明確に、相手の誰であるかを知ろうとする。狭い部落の間ならば、物ごし肩つきでもたいていはすぐに判るはずだが、それでも夕闇が次第に深くなると、そうだと思うが人ちがいかも知れぬという、気になる場合がずいぶんある。最も露骨なのが何吉かと呼んでみたり、またはちがってもよいつもりで、丁寧に「お晩でございます」といったりする。それもしないのはもう疑われているので、すなわちいわゆるうさん臭いやつである。だからこのような時刻に里を過ぎなければならぬ他所者《よそもの》は、見られるために提灯《ちょうちん》を提げてあるく。その前はおそらく松の火であったろう。見馴れぬ風体で火もなしにあるくというのは、化け物でなくともよくない者にきまっている。そう取られても致し方のないところに、旅の夕のかなしさというものは始まっている。それがこの節は町の子供などに、もう提灯は火事か祝賀会か、涼み舟ぐらいの聯想しか浮ばなくなった。そうしてまた白昼にも知らぬ人同志が、互いにウソウソと顔を見てすれちがうようになった。化け物の世界も一変しなければならぬわけである。

四

この見たことのない他所者のことを、肥前の上五島などではヨシレンモンといっている。今では小児の間にしか用のない語かも知れぬが、昔の無事太平の田舎では、それが通っただけでももう一つの事件であった。私などの小さい頃には、ヨソの人という語にこの不安を托していたが、少し西へ行くとボウチという語がある。岡山県でもStrangerを意味する語を、面と向ってはボーッツアン、陰ではやはりボウチといっている。同じ呼び方は備後《びんご》から安芸《あき》、あるいはもっと西へも及んでいるようだが、その起りはいまだ明らかでない。越中の氷見《ひみ》地方では、以前賤《いや》しめられたある部落をボーシ、遠江《とおとうみ》ではこれをホチ・ポチ、またはポチロク、三河では下級の職工にホチと呼ばれる者があるから、事によると法師という語からの分化かも知れぬが、とにかくに子供たちには気味の悪い、普通の通行人とはまったく別なものに、感じられていたことはほぼ慥《たし》かで、少なくとも中国地方のボウチには、薄暮の影響があったかと思う。九州の南部は日向《ひゅうが》でも大隅《おおすみ》でも、ヤンボシといえば化け物のことである。夜分山路をあるくと時々出逢うもの、坊主が首を縊《くく》った処には必ず出るという、ぼうとした大きな人影のような妖怪だそうで、ただの山伏もヤンボシまたヤンブシといって通ずるが、こちらは通例ヒコサンといわれている。

だから黄昏に途《みち》を行く者が、互いに声を掛けるのは並の礼儀のみでなかった。言わば自分が化け物でないことを、証明する鑑札も同然であった。佐賀地方の古風な人たちは、人を呼ぶときは必ずモシモシといって、モシとただ一言いうだけでは、相手も答えをしてくれなかった。狐じゃないかと疑われぬためである。沖縄でも以前は三度呼ばれるまでは、返事をしてはならぬという、はなはだ非社交的なる俗信があった。二度までは化け物でも呼び得るからと言ったが、むろんこれは夜分だけの話であろう。加賀の小松附近では、ガメという水中の怪物が、時々小童に化けて出ることがある。誰だと声を掛けてウワヤと返事をするのは、きっとそのガメであって、足音もくしゃくしゃと聞えるという。能登でも河獺《かわうそ》は二十歳前後の娘や、碁盤縞《ごばんじま》の着物を着た子供に化けて来る。誰だと声かけて人ならばオラヤと答えるが、アラヤと答えるのは彼奴《あいつ》である。またおまえはどこのもんじゃと訊くと、どういう意味でかカハイと答えるともいう。美濃の武儀《むぎ》郡でも狸が今晩はといって戸を開けたりすることがあるが、誰じゃと声かけるとオネダと答えるそうだ。オレダということができぬので、化けの皮が露われるのである。土佐の幡多《はた》郡でも、狸には誰じゃときくと必ずウラジャガと答えるという。すなわちオラとはいい得ないのである。そこでこちらでも「ウラならもとよ」と言い返してやると、もう閉口して化かすことはないという。人のいたって多い都会のまん中にも、今なお「今晩は」・「どなた」・「あのわたくし」などという問答はよく行われ、あぶない話だがこれだけでただちに承認される。それほどまでに我々は、互いの語音を記憶し合っているので、従って己をウラという地方の人々は、うっかり土佐の幡多郡へは行けなかった。しかしそんなに近づいてからでは、遁《に》げるにも実は骨が折れる。これはまず一つの噂であって、人々はそれよりももっと遠くから、用心していたに違いないのである。陸中大槌《おおづち》地方の小児等は、狐は人に化けても手頸《てくび》のクロコボシがないからすぐ判る。だから狐らしいと思ったら、手を出して見せろというがよいなどというが、そんな大胆な事はいよいよできそうにもない。

## 五

親たちが日暮に子供の外に遊んでいるのを、気にすることは非常なものであった。子供も臆病なのから順々に、まだ蝙蝠《こうもり》も飛び出さぬうちから、家の近くへ近くへと戻って来るし、そうでなくとも心の内では、ご飯だよと捜しに来られるのを待っている。そういう中にわずかばかり、誰も呼びに来ぬ児がまじっていた。

親の無い児は入日を拝む
おやは入日のまん中に

という子守唄があるが、奉公に来た者でなくとも、何か家の様子で飯時にも自分の方から、そろそろ還って行かねばならぬ児はあった。こういうのがしばしば神隠しに遭ったのである。

東京では「蛙が鳴くからかえろッ」という田舎じみた童言葉が、今でも町なかに唱えられているが、田舎ではかえってそういう口合いは聴かない。佐渡の島には「あとの子は貉《むじな》の子」という諺《ことわざ》があると、中山徳太郎翁は書き留めておられる。これも多分は遅れた子をからかう語であろうが、そういう不安は少しは伴のうていたと思う。小児を夕方に誘うて行く怪物を、多くの地方では隠し神といっている。沖縄人はこれを物迷いと名づけ、神という土地でも今はただ怖れるばかりである。丹波の夜久野《やくの》では暗くなるまで隠れんぼをしていると、隠し神さんに隠されるといい、若狭の名《な》田《たの》荘《しょう》でも、またずっと離れた肥後の玉名郡にも、同じ言葉がある。栃木県の鹿沼辺では、カクシンボといっている。隠れんぼは今は単なる遊戯であるが、最初あるいは信仰と関係のあったものかと私は想像している。秋田県雄勝《おがち》郡ではカクレジョッコ、夜分隠れん坊をすると、カクレジョッコに攫《さら》われるという点は同じである。

　神戸市ではこれをカクレババという者がある。小児は夕方に隠れんぼをすることを戒められる。路次の隅や家の行きつまりなどに、隠れ婆というのがいてつかまえて行くからという。島根県その他ではこれをコトリゾといっていた。子取りは本来は産婆のことだが、夙《はや》くそういう名をもってこの妖怪を呼んだのである。足利時代にも『臥《が》雲日件録《うんにっけんろく》』か何かに、丹波から子取尼という者が出て来た風説が載せられ、実際またそういう悪党もなかったとは言えぬが、今ある名称に至っては空想の産物である。出雲《いずも》の子取りなぞは子供の油を絞って、南京皿を焼くために使うなどと、まるで纐《こう》纈城《けつじょう》かハンセル・グレッツェルのようなことを伝えており、東北では現にアブラトリという名もあって、日露戦争の際にも一般の畏怖であった。東京では普通にヒトサライという判りやすい語を使うが、信州の埴科《はにしな》地方ではフクロカツギが通称で、大きな袋を持ってあるいているように想像せられる。これも夕方に隠れ鬼をしていると隠すのである。親が子供の「なぜ？」に答えるために、こんな急ごしらえの名前をお化けに附した例は多い。私などの幼ない頃には、泣くとやって来るのはチンチンコワヤであったが、これなどはよく考えてみると夜蕎麦《よそば》売りの声色であった。名前が出たらめだから怖いのまで虚誕であったと、いうことはできぬようである。

## 六

　この事はずっと以前、『山の人生』の中にも説いておいたが、秩父の山村では五月高麦の頃に、小児の神に隠される者が最も多く、その怪の名をヤドゥカといっていた。ところがヤドゥカとは高野聖《こうやひじり》のことであって、迂散《うさん》くさい旅人には相違ないが、要するにただの人間に過ぎない。だから怖くはないとも言われぬのは、それにもかかわらず子供が隠されたからである。不思議の根源はもう少し底にあったように思う。隠し神は子どもを取り匿《かく》すからそう名づけたと見てよいが、神戸の隠れ婆や秋田県のカクレジョッコなどは、もう一度どうしてそんな名ができたかを、考えてみなければならぬ。関東では子供が隠れ座頭に匿されるということを、半ばは戯れにだろうが近頃まで説く人があった。

あるいは夜中に踏唐臼《ふみからうす》の音をさせ、または箕《み》を屋外に出しておくと借りて行く怪物だなどともいっていたが、さて子供を取ってどうしてしまうのかはまったくわからない。つまりは子供の時々見えなくなる事実と、こんな名前とを結びつけたまでである。羽後の横手では、隠れ座頭は踵《かかと》のない盲人だというが、これには害をした話はなく、かえって市《いち》の日にこの座頭を見つけると、福を授かるなどと伝えていた。北海道でも江差と松前の間の海岸に、昔は隠れ座頭という化け物が出る場処があったそうだが、見た人はもちろんなくて、ただそういう名の岩窟があるのみであった。だんだん考えて行くと、座頭と解したのはまったくの思い違いで、これだけは古くからある隠れ里の口碑が、少しずつ化け物話に変って行く過程らしいのである。茨城県のどの地方かには、隠れ座頭の餅《もち》を拾えば長者になるという説があった。その餅は山野の草の間などに、ゆくりなく見出されるものであるという。そうかと思うとその隣県の芳賀《はが》郡あたりには、隠れ里の米搗《つ》きという話があり、たまたまその音を聴いた者は、長者の暮らしをすると伝えている。ちょうど鼠の国の昔話にもあるように、昔の米搗きは三本の手杵《てぎね》で、唄をうたって賑《にぎ》やかなものであった。それが地面の下などから聴えて来るのである。あるいはまたシヅカモチとも称して、夜中にこつこつと遠方で餅を搗くような音を、人によって聴いたり聴かなかったりする。静か餅を搗き出されるというのは、その音がおいおい遠くなって行くことで家の衰える前兆、これに反してだんだん近く聴えると、搗き込まれたといって運が開ける。その音を聴いた人は後向きに箕を突き出すと、その箕へ財宝が入って来るとまで言われている。『諸国里人談』その他近世の見聞録に、隠れ里の話は余るほど出ているが、それはことごとくめでたい瑞相《ずいそう》とあって、人に災いしたという言い伝えなどは一つもない。しかもこまごまとした内容が忘れられて、名称ばかりが後に残ることになると、とかく人はこれをお化けの方へ引き付けたがる。信仰は世につれて推し移りまた改まるが、それが最初から何もなかったのと異なる点は、こういう些《さ》細《さい》な無意識の保存が、永い歳月を隔ててなお認められることである。その中でもことに久しく消えないものは畏怖と不安、見棄てては気が咎《とが》めるという感じではなかったかと思う。もしそうだとするとこの隠し神の俗信などは、前期の状態のことに不明に帰した場合である。私の方法以外には、これを遡《さかのぼ》り尋ねて行く道はおそらくあるまい。

## 七

もとより一つや二つの事実に拠《よ》って、大きな断定を下すことは許されない。ゆえに私たちは他にもこれと同じような過程をとって、進化して来たらしい化け物があるか否かを、探してみようとしているのである。一つの類例は本所の七不思議などと称えて、オイテケ堀という怪談がある。魚釣りの帰りなどに「置いて行け置いて行け」と路傍から呼びかける声ばかりのオバケで、気がついてみると魚籠《びく》は空っぽになっていたという類の評判がある。しかしこれは江戸以外には稀《まれ》にも聴かぬ話で、狐や山猫はよく携えている食物を奪うというけれども、闇の横合いから声を掛けるということはない。声を掛ける各地の路の怪は、むしろ反対に持って行けというのが普通である。多くの昔話に伝わっているのは、昔正直な爺様《じいさま》が夜の山路を通ると、しきりに路脇から「飛びつこうか引ッつこうか」と呼ぶ者がある。あまり何度もいうので「飛びつくなら飛び付け」とつい答えると、どさりと肩の上へ重い物が乗りかかった。家へ担いで戻って燈の下でひろげて見れば、金銀一ぱいの大きな袋で、これによってたちまち長者になる。それを大いに羨《うらや》んで隣の慾ばり爺が、同じ時刻に同じ処を通ると例のごとく、これに答えて「引っつくなら引っつけ」というや否や、どさりと背一面に落ち被さったのは松脂《まつやに》であった云々。こういう話がわずかずつ形を変えて、今もまだ多くの女子供の記憶に活きている。

運は生れる時から一人一人に、定まったものがあって動かせない。もしくは善心の男に授かるべき福分《ふくぶん》は、どんなに真似《まね》ようとも横着者には横取りができない。強いて真似るとかえって災いを受ける、というような教訓が昔話にはよくついてまわっている。不思議はまことに不思議だが、これには少しでも化け物の分子は伴なわぬ。従って他日そういう事件の起りそうな夜路をあるいても、怖しくもこわくもならなかったわけである。ところがこのごとき現実は当然に夙《はや》く信じられなくなって、しかもその全部をまるまるの作り話とは認めない人々が、何とかしてその要点だけでも保留しようとするらしいのである。薩摩の阿久根近くの山の中に、半助がオツと称する崖がある。地名の起りは明治十年頃の出来事だというそうだが、四助と三助という二人の友だちがあった。ある日四助は山に入って雨に遭い、土手の陰みたような処に休んでいると、どこからともなく「崩《く》ゆ崩ゆ」という声が聞え、あたりを見まわしても人はいない。四助はこの声に応じて「崩ゆなら崩えてみよ」というと、たちまちその土手がくずれて、たくさんの山の藷《いも》が手もかけずに取れた。三助はこの話を聴いて大いに羨み、やはり同じ山に往《い》って松の木の下を通ると、またどこからともなく「流るる流る」という声がする。「流るるなら流れてみよ」と答えたところが、今度は松脂がどっと流れて来て、三助がからだを引き包んで動けなくなった。三助の父の半助、炬火《たいまつ》を持って山へ捜しに来て、おーいと喚《よ》ばわるとおーいと答えるので、近よって松の火をさしつけたら、たちまち松脂に火が移って三助は焼けてしまい、父の半助は驚いて足を踏みはずして落ちた。それで半助がオツと称するというのは、歴史のように見えるが、疑いなく改造せられたる昔話である。これと下半分だけ似通うた話は、濃尾の境には伝説となって多く残っている。いずれも木曾の川筋にあるから、源流はすなわち一つであろう。尾張の犬山でもヤロカ水、美濃の太田でもヤロカ水といって、大洪水のあったという年代は別々でも、この名の起りはまったく同じであった。それは大雨の降り続いていた頃の真夜中に、対岸の何とか淵のあたりから、しきりに「遣《や》ろうか遣ろうか」という声がする。土地の者は一同に気味を悪がって黙っていたのに、たった一人が何と思ったか、「いこさばいこせ」と返事をしたところが、流れは急に増して来て、見る間に一帯の低地を海にしたというのである。これと同様の不思議は明治初年に、入鹿《いるか》池《いけ》の堤の切れた時にもあったというが、それも一種の感染としか思えない。木曾の与川《よがわ》の川上では古い頃に、百人も の杣《そま》が入って小屋を掛けて泊っていると、この杉林だけは残しておいてくれという、山姫様の夢の告《つげ》があった。それにもかかわらず伐採に取り懸かると、やがて大雨が降って山が荒れ出した。そうしてこれも闇の夜中に水上の方から、「行くぞ行くぞ」としきりに声を掛けた。小屋の者一同が負けぬ気で声を合せ、「来いよー」とやり返すとたちまち山は崩れ、残らず押し流されてたった一人、この顚末《てんまつ》を話し得る者が生き残った。話はこういう風にだんだんと怖ろしくなって来るのである。

## 八

伝説と昔話とは、今でもごっちゃにして喜んでいる人があるが、二者の堺目はかなり截然《せつぜん》としていて、説く者聴く者の態度が共にまったく別であった。すなわち昔話はどうせ現世の事でないと思っているから、できるだけ奇抜なまた心地よい形にして伝えようとしているに反し、伝説は今でも若干は信ずる者があるので、怪異をありそうな区域に制限する。従うて時代時代の智能と感覚はこれに干渉し、しばしば改造を加えて古い空想を排除する。化け物の話などはその好い例で、昔話の天狗、狐、鬼も山姥《やまうば》も皆少々愚かで弱く、伝説の方ではほとんと常に強剛で人を畏服《いふく》せしめる。この点だけからいうと近代に入って、人はかえって怯懦《きょうだ》となり無能となったようにも見え、事実また妖魔の世界も進化しているのだが、これは要するに迷信の最後の残塁を意味するのである。かつて昔話の中に誇張せられているような奇跡が、一般に承認せられていた時代がなかったら、今ある怪談のごときものだけが、唐突として我々の間に、生れ出るわけはなかった。いわゆるヤロカ水の史実もこれを暗示しているが、これと関聯してまだ幾つかの例証がある。たとえば姿は見せないで、声だけで人を嚇《おど》すという化け物の中に、越後ではバリオンまたはバロウ狐というのがいる。あの土地の人なら少しずつ皆知っていることと思うが、これが狐ときまったのはそう古いことでない。バロウは方言で「負われよう」を意味する。南蒲原《かんばら》郡の昔話に、昔悪い狐が晩方になると、路のほとりへ出てバロウバロウといい、村の通行人を怖がらせた。ある一人の若者があって、おれが往ってぶて来ると、皆の留めるのも聴かず、擂鉢《すりばち》を被って一人で出かけた。果してバロウバロウというから「さアばれ、さアばれ」と、縄で背中へぐるぐる巻きにして戻って来た。狐は逃げようとして若者の頸筋《くびすじ》に咬《か》み付くが、堅くて歯も立たない。

大きな尻尾を出して降参したけれども、構わずに焼き殺してしまった云々。まずざっとこういう風に、昔話の方では取り扱っているのである。ところが他の一方にまだ少し信じている土地では、伝説はずっともっともらしい形で残っている。同じ越後でも古志《こし》郡上条村の、大榎《えのき》の下へ出たバローンという化け物、これは狸であった。剛胆な一青年が行ってこれを負い、逃げようとするのを無理につれて来て、仲間と共に殺して煮て食った。そうしたら食った者が皆死んでしまったなどと伝えられる。

この二通りの話は今でも全国に並び行われている。たとえば岩手県遠野の昔話には、老翁が夜分山畠小屋にいて鹿追いをしていると、向いの山に美しい娘が一人、両腋《わき》に瓢簞《ひょうたん》を抱えて現れ、

おひょうらんこ・ひょうらんこ

ししっぽひの爺様さ行ってばッぽされたい

という歌をうたう。爺はおかしくなって「そんだら早く来ておんぶされ」というと、娘はすぐに飛んで来て爺様の背に負《おぶ》さった。と思ったらすぐに消えてしまって、背中には大きな黄金の塊が乗っていた。そうして爺様はたちまち長者になってしまう。津軽の昔話では山中の荒寺へ、元気な若者が化け物退治に行く。本堂の来迎柱の下から化け物が出て来て「おぼさるおぼさる」としきりにいうので「そったらにおぼさりたがらおぼされ」と答えると、「そら負ぼさる」といって若者の背中へ、がらがらと何か来て乗っかった。それを夜が明けてから見ると残らず大判小判云々。こんなのもまたちっとも怖くはないようである。そうかと思うと羅城門《らじょうもん》の綱、美濃の渡《わたり》の平季武《たいらのすえたけ》、さては『太平記』の大森彦七以来、負われて甚だしく物凄《ものすご》かった例もだんだんにある。それがことごとく負われようと呼び掛けたというのは、前の話と無関係とは思われない。三州長篠《ながしの》の乗越《のりこし》峠などでは、夕方そこを通ると「負んでくれ負んでくれ」と呼ぶ声がするといい、近村の某という男はそういわれると急に肩が重くなり、麓《ふもと》の寺の灯が見える処まで来ると、急に軽くなったと思ったというような話が、つい近年の実事としても噂せられる。阿波《あわ》の徳島の市外に、オッパショ石と称して名所のごとくなっていたものも、やはりこの亜流であって、オッパショはすなわち「おんぶしよう」である。諸書

の記述は区々《まちまち》になっているが、星合茂右衛門という勇士これに遭い、しからば負うてやろうと担いで来ると、だんだんに重くなるので奇怪に思って、おのれと言いさま地上に投げ付けたら二つに割れた。それ以後オッパショといわなくなったという説もあって、久しい後まで路傍に転がっていた。その真偽はともあれ、怪談は普通勇士によって、過去へ送り込まれることになっているのである。

## 九

ところが今一つ、諸国のオバケ話のおかしい特徴は、こうして出処進退を誤って退治せられたというやつが、しばらくするとやがてまた現われるという評判の立つことである。信州桔梗《ききよう》ヶ原の玄蕃丞《げんばのじよう》、芸州比治山《ひじやま》のお三狐を始めとし、狐狸にはことにこの話が多いが、その他の化け物でも、岩見重太郎一流の壮快なる征服記が、数多く公表せられているにかかわらず、その割には彼等の数が減少していない。これはおそらく風説が限地的のもので、互いに他を統一するだけの力がないためであろうが、また一つには昔話と伝説との対立併存、ことに退治譚《たいじたん》が昔話の系統の方に、属している結果かと私は思っている。記録がこの問題を解釈する資料にならぬことは、この一点からでも主張し得られる。何となればその大部分が、我々の耳に快い人間勝利の記念塔に他ならぬからである。たとえ幽《かす》かであっても現実に感じられ、また黄昏の幻の中に描かれるものを尋ねなければ、とうてい化け物の由来の全面を知ることができない。それが今日はわざと忘れようという時代に臨んでいる。この点永久に不明でもよろしいと思う人以外、誰でも心せわしく国の隅々を、採訪しようとせずにはいられぬのである。

しかもその仕事は相応に面倒である。相手が多くは我々とは話したがらぬ人たちで、その上に各自の経験は限られている。うかとある人ある土地の談話のみによって、結論を下そうとすれば必ず誤る。比較と綜合が何よりも大切なのである。そこでその資料にわずかばかりの見聞を掲げておくのだが、今日北九州の海で働く人々が、現実に畏怖《いふ》しているウグメという怪は、船幽霊のことである。不知火《しらぬい》湾内でも、海で死んだ者の亡魂がウグメになるといい、一方に島や汽船に化けて漁夫を迷わすと言いながら、他の一方では「あか取り」を貸せといってついて来るとき、底を抜いて貸さぬと舟を沈められるなどと、まるで東国の海坊主と同じようなことを信じている。海上の妖魔は九州・沖縄方面では、もとはシキ幽霊またはソコ幽霊と呼んでいた。夜分に水の色を真白にし、あるいはいろいろの幻を見せて、船乗りの肝を冷させていた。それがいつの間にかウグメと呼ばれるようになったのが、ウブメの間違いであることには証拠がある。つまり化け物は名前までが変幻出没していたのである。

十七世紀の初頭になってロドリゲエスの『日葡語典《にっぽ》』にも、すでにウブメは産婦の死して化したるものと信ぜらるる亡霊、下《しも》にてはウグメというとあって、その語だけはもう生れていた。これを海の怪とするにいたったもとは、出雲《いずも》・石見《いわみ》あたりで今もあるように、この赤児を抱いた精霊《しょうりょう》が、浜や渚《なぎさ》に現われることが多かったためで、海姫・磯女もおそらく同一系統の、日本ではかなり注意せらるべき、大きな未解決の問題かと私たちは思っている。少しちがっているのは壱岐《いき》島のウーメが、青い火の玉で空を飛びまわるものと言われ、肥前諫早《いさはや》地方のオグメが、三度手を叩くと山の峰から飛んで来るというなどであるが、その他はだいたいに西国も東日本と同じに、陸上のウグメは子持ちの女性である。たとえば豊後直入《ぶんごなおいり》郡のある寺の入口では、ウグメが現われて通行の人に児を抱いてくれと頼む。抱いてやるとやがてその子が藁打槌《わらうちづち》であったり、石であったりするものだという。東松浦の山村でも、妊婦が死ぬとウグメになるといい、抱いてやると赤児はいつも石塔になるというかと思うと、また一方にはウグメには何か欲しい物があるとき、頼めば授けてくれるとも伝えている。この点はことに自分等の面白いと思うところで、弘く古く尋ねて行くほど、これがむしろウグメ本来の使命であったかとさえ思われて来るのである。

一〇

山口県の厚狭《あさ》郡あたりでは、同じ産女《うぶめ》の怪をアカダカショ、またはコヲダカショともいって、古い道路の辻などへ晩方に出るものといっていた。やはりその名のごとく子を抱かせようとしたと思われる。化け物の目的が人を畏怖せしむるにあり、ないしは随筆家のいわゆる姑獲鳥《うぶめ》のように、人間の赤児に害を加えるにあるならば、いっそ手ぶらで現れた方が仕事がしやすかったろうと思うのに、必ず自分の乳呑児《ちのみご》をかかえて、母子二人で出て来るというのには意味がなければならぬ。伊予の越智《おち》郡の某川は、折々死んだ児が包に入れて、棄ててあるという気味の悪い処だが、時として赤子の啼声《なきごえ》が川に聴えるのを、土地ではやはりウブメといっていた。夜更けてこの堤を通行すると、そのウブメが出て両足にもつれるような感じのすることがある。そんな時には自分の草履《ぞうり》を脱いで、それそれこれがお前の親だよと投げてやると、一時は啼き止むともいい、また子供だけで夜釣りなどに行く時は、このウブメは決して出て来ないともいっている。つまり赤児を啼かせることが、以前はウブメの怪の要件といってもよかったのである。二百年ばかりも前に出た『百物語評判』という書には、ウブメは産の上にて見まかりたりし女、その執心このものとなれり。その形腰より下は血に染み、その声オバレウオバレウと啼くと申し習わせりと記してある。越後のバリオンなどと大分近くなって来るが、こういって母の方が啼くのでもあるまいから、やはり子をつれて出るというのが眼目であったろうと思う。

ウブメに百人力を授かったという話は、かつて『日本昔話集』にも掲げておいた。頼まれて抱いているうちにだんだんと重くなったということは、『今昔物語』の中にも出ているが、これをじっと辛抱していたら、ウブメが還って来て大いに感謝し、その礼に非常な腕力を授けてくれたという類の話が、今でもそちこちにあるのである。あるいはまた莫大の金銀財宝を、褒美に貰ったという話もある。そうかと聴いてわざわざウブメの赤児を抱きに、出かけて行く者もまあああまいけれども、とにかくに彼の真意は人を試みるにあって、キャッと言わせるだけが目的でなかったことは、近頃までも想像していた人が多かったのである。越後のバリオンなども三条附近で伝えているのは、負われようというのを承知して負うてやると、それは重いもので還ってから見ると黄金の甕《かめ》だったなどといい、これにも富と幸運との輸送者であったかのごとく、解している信仰はあったのである。肥後の天草島ではこれをもっと露骨に、カネノヌシなどと呼んでいる。大晦日《おおみそか》の真夜中に、武士のような姿をして現れる怪物で、これと力競べをして勝てば大金持となる。よってその名を金の主というとある。『吾妻昔物語』に出ている北上川原の化け物は、ある大胆な男が大刀を抜いてその列の一人を斫《き》ると、ぐゎらりと音がして地上に落ちこぼれたものは黄金珠玉であったというが、この話も古く各地方に行われている。つまりは怖れなく胆力のある者が、かねて目ざされて大福長者に取り立てられるために、こういう霊怪をもって試験せられたというまでの話であった。それをとうてい事実とは信じ得なかった人々が、いよいよ誇張しておかしい昔話を流布せしめただけでなく、一方にはその小部分の不思議な因縁の、普通の人にもさもありなんと思わるる個条を、大事に保存してひとりで勝手にこわがっていたのである。こういう分裂はよく見ると川童にも山男にもある。信じて聴従する者には無限の恩恵を施す代りに、多数の不信者の「世の中にお化けなどがあるものか」という者は、毎度真青《まつさお》になって気を失うような目に遭わせられた。それと同時に心の奥底でただ少しばかり、不思議はまったくないとも言えぬと思っている人々には、双方二種の口碑《こうひ》が、いつまでもチャームとなって残ったのである。お化けを前代信仰の零落した末期現象ということは、私の発明ではむろんない。ただ我々は外国の学者に盲信せず、自分の現象を検し、自分の疑惑を釈《と》くことを心掛ける必要を認めるのみである。こんな話ならばまだまだたくさんにあり、私はまたおおよそこれを順序立てて、並べておこうという用意もある。ただ果して当世の読者の好奇心と忍耐とが、どれだけまで続くだろうかを問題とするのみである。

（「日本評論」昭和十一年三月）

## かはたれ時

黄昏《たそがれ》を雀色時《すずめいろどき》ということは、誰が言い始めたか知らぬが、日本人でなければこしらえられぬ新語であった。雀の羽がどんな色をしているかなどは、知らぬ者もないようなものの、さてそれを言葉に表わそうとすると、だんだんにぼんやりして来る。すなわち夕方が雀の色をしている方の心持でもあった。これがちょうどまた夕方の心持でもあった。すなわち夕方が雀の色をしているゆえに、そう言ったのでないと思われる。古くからの日本語の中にも、この心持は相応によく表れている。たとえばタソガレは「誰そ彼は」であり、カハタレは「彼は誰」であった。夜の未明をシノノメといい、さてはまたイナノメといったのも、あるいはこれと同じことであったかも知れない。

私は今国々の言葉において、日の暮を何というかを尋ねてみようとしている。加賀と能登ではタチアイといい、熊野でマジミというなども深い意味があるらしいが、それはなお私には雀色である。信州では松本の周囲において黄昏をメソメソドキ、少し北へ行くとケソメキともいって、暗くなりかかるという動詞はケソメクである。これも感覚を語音に写す技能と言ってよいと思うが、あの地方では人が顔を合せにくい事情などがあって、そしらぬ振《ふり》をして通って行くことを、ケソケソとして行くといっている。越中の山近くの町で、夕方のことをシケシケというのは、しげしげと人を見るというなどが元のようでもあるが、富山の附近の者は気ちがいのことをシカシカといっているから、最初はかえってシカとせぬことをシカシカといったのであろう。『曠野集《あらのしゅう》』の附句に、

何事を泣きけん髪を振おほひ
　しかぐ物も言はぬつれなさ
恥かしといやがる馬にかき乗せて

これなどにはまだ少し古い感じが遺っている。

尾張の名古屋などは、以前の方言は黄昏がウソウソであった。ウソはいつかも奥様の会で話したごとく、近世一つの悪徳と解せられるようになる以前、ほとんど今日の文芸という語と同じに、あらゆる空想の興味を包括していたことがあった。むつかしく言えば現実の粗材、すなわちもう一歩を踏み込んでみないと、そ

れを経験とも智識ともすることのできぬものの名であった。迂散などという漢字を宛《あ》てようとした動機が、この言葉の中には籠《こも》っている。タチアイという言葉が夕方を意味したのも、この方からおいおいにわかって来るかも知れない。今でも取引所の中ではよく使っているが、タチアイは本来市立《いちだち》のことであった。仲間でない人々が顔を合す機会は、もとは交易の時ばかりであったゆえに、同じ用語をもっていわゆる雀色時の、人に気を許されぬ時刻を形容したのではなかったか。富山の町でも夕方をタッチャエモト、金沢ではまたイチクレとさえいっているのである。

地方の言語がおいおいに集まって来れば、もう少し説明がはっきりとすることと思うが、今でも黄昏がいかなる時刻であったかは、これだけの材料からほぼ推測し得られる。皆さんがあるいは心づかれないかと思うことは、人の物ごし背恰好《せかっこう》というものが、麻の衣の時代には今よりも見定めにくかったということである。木綿の糸が細く糊《のり》が弱くなって、ぴったりと身につくような近頃の世になると、人の姿の美しさ見にくさはすぐ現れて、遠目にも誰ということを知るのであるが、一夕《ゆうべ》を心細がるような村の人たちは、以前は今少しく一様に着ふくれていたのである。見ようによってはどの人も知った人のごとく、もしくはそれと反対に、足音の近よるを聴きながら、声を掛け合うまでは皆他処《よそ》の人のように、考えられるのがケソメキの常であった。そうして実際またこの時刻には、まだ多くの見馴れない者が、急いで村々を過ぎて行こうとしていたのである。

鬼と旅人とをほぼ同じほどの不安をもって、迎え見送っていたのも久しいことであった。ところがその不安も少しずつ単調になって、次第に日の暮は門の口に立って、人を見ていたいような時刻になって来た。子供がはしゃいで還りたがらぬのもこの時刻、あてもなしに多くの若い人々が、空を眺めるのもこの時刻であった。そうして我々がこわいという感じを忘れたがために、かえって黄昏の危険は数しげくなっているのである。

（「ごぎょう」昭和五年十一月）

# 妖怪古意——言語と民俗との関係

## 一

東北の名物は算《かぞ》えきれぬほどあるが、特に言語の側から考えてみるによいのは、秋田沿海部のナマハギなどが主たるものであろう。昔の年越の節《せち》であった旧正月十四日の夜深に、村の青年の中から選抜せられた者が、蓑笠《みのかさ》で姿を隠し、怖ろしい面を被って鍬《くわ》と庖丁《ほうちょう》とを手に持ち、何か木箱ようの物をからからと鳴らしつつ、家々に入って来て主人と問答する。小児等がこれを懼《おそ》るることは鬼神に対すると同じであるが、成人の男子はかつて自分もこれに扮したことのある者が多いゆえに、単に厳粛なる一つの儀式としてこれを視ている。南太平洋の多くの島々で、Duk-duk その他の名をもって知られている神秘行事と、細かく比較をしてみなければならぬ重要現象の一つであるが、その点は他にも発表したものがあるから今は説かない。ここにはただその名称のよって来たるところ、言葉がどの程度にまで人間の心の動きを、永い後の世に痕《あと》づけているかということを、この尋常でない事実に沿うて、考えて行こうとするだけである。

## 二

ナマハギは現在もなお行われている。秋田では通例生剝の字をこれに宛てて、ナマハゲと呼んでいる者が多く、また八郎潟の西岸の村々、男鹿《おが》の神山の麓の里ばかりに、限られたる風習のごとく思っている人もある。その推断の共に誤りであることは、比較によっておいおいに明らかになって来るのである。ナマハゲという語の意味は、土地のこれに携わる人々にも、もう説明ができなくなっているが、わずか前まではナモミハギといっていたことは、今なお次のような唱えごとを口にしつつ、その生剝がやって来るのを見てもわかる。

ナモミコ剝《は》げたか剝げたかよ　庖丁コ磨《と》げたか磨げたかよ　あずきコ煮えたか煮えたかよ

同じ県の河辺郡戸米川《とめがわ》村女米木《めめき》、または由利《ゆり》郡大《だい》正寺《しょうじ》村などにも、同じ行事があって現にこれをナモミハギといっている。そのナモミは『秋田方言』によれば、火斑《ひがた》すなわち長く久しく火にあたっている者の、皮膚に生ずる斑紋《はんもん》のことで、由利郡でそういうとあるが、他の郡にもない語ではあるまい。ヒガタは国語辞典などにはまったく出ていないが、東京でも知られている語であり、またヒダコともアマメともいって通ずる。一言でいうならば働かぬ者の看板である。それをこの年の夜の怖ろしい訪問者が、庖丁を磨ぎすまして身から剝ぎ取り、小豆《あずき》と一しょに煮て食ってしまおうというのが、右の唱えごとのできた時の趣意であった。これにも若干の演戯性を含んでいるが、とにかくに以前は小さな子供ばかりを、嚇《おど》かそうとしていたのでないことは想像し得られる。

## 三

右のナモミが野草の名の、オナモミ・メナモミと関係があるらしいことは、夙《はや》く折口君などがこれを説いた。関係はあるかも知らぬが少なくとも直接ではなく、また今はまだ少しも証跡がない。火斑のナモミは北部の地に行くと、mがgに変ってナゴメとなっている。青森県の西津軽郡では、やはり小正月に同じ行事があって、これをナゴメタグレ、もしくはシカダハギというそうである。シカダは火斑のことでナゴメも同じもの、タクルという動詞は捲《ま》き起すことで、剝ぐというよりも一段と適切に、惰《なま》け者の皮をむく意味をよく表現している。

これとほとんど同一の語は、また太平洋の側面にも行われている。たとえば岩手県下閉伊《へい》郡の岩泉地方では、ナモミは火斑を意味しまたナモミタクリの行事もある。これも正月十四日の晩に、蓑に手甲《てっこう》、蒲脛巾《がまはばき》、雪靴という装束で、面を被って家々を巡るのがナモミタクリであり、その仮面をナモミメンと呼んでいる。九戸《くのへ》郡久慈《くじ》町でも小正月の天ナガミという者がやって来るが、これは子供の行事であってホロロ・ホロロと唱えつつ家々を訪れて餅を乞うばかりで、そのナガミを剝ぎまたはタクルということは言わない。この地方的の変化も私たちには意外ではない。成人の忘れた多くの儀式を、引き継いで保管する者はいつも児童であったからである。

同じ岩手県でも上閉伊の釜石附近では、右の小正月の訪問をナナミタクリといい、これが大ナナミと小ナナミとの二種に分れていた。小ナナミは前の久慈地方のナガミのごとく、少年たちの餅をもらいあるく行事であり、大ナナミは男鹿のナマハギと似ていた。神楽《かぐら》面の中のなるべく怖ろしいのを被り、腰には注連縄《しめなわ》を蓑に巻いて、家々にあばれ込むのは若者団の役目であった。このナナミタクリと秋田のナモミ剝ぎと同じ語であることは、比較によってまったく疑いがないのである。嶺を一つ隔てた遠野の盆地などは、この名がもうなくなって同じ行事だけがある。箱に何かを入れてからからと鳴らして来る代りに、ここでは小刀を瓢《ひさご》の中に入れて、打ち振って村中をあるくということである。それをモコまたはモウコという者もあるが、本当の名はヒカタタクリであった。惰けて火にばかりあたっているような者を、ひどい目に遭わそうということは中世以後の風であろうが、いつの間にかこれほど広く、互いに相知らぬ土地まで行き渡っていたのである。

## 四

だから今後の採集によって、なお他の地方からも似た例が出ることと思っている。能登の鹿島郡などでは、除夜の晩はアマメハギという者が来て、足の皮を剝いで行くからといって、子供たちを早く寝させる習わしがある。もちろん半ば以上戯れであろうが、かつてこの地方にも火斑を剝ぐと称して、年越の夕に訪れた者があった痕跡には相違ない。アマメというのがまた秋田などのナモミのことだからである。同じ半島も西海岸の皆月《みなづき》あたりへ行くと現にまだ一部分にはこの行事が活きている。それは正月の六日年越の夜、青年等天狗の面を被り、素袍《すおう》を着て御幣を手に持ち、従者三人槌《つち》や擂小木《すりこぎ》を手に携えて、家々を巡って餅を貰ってあるくというのが、以前のアマメハギの残形であろうかと思われる。これと同種の行事ならば、昔の年越であった小正月の宵にも、中国・四国その他の田舎で、今なお到る処の村に行われている。ただその名称が奥羽のものと別なので、簡明に系統の同一を証し得ないまでである。甲州の平野の村々で道祖神祭といったのも、装束はこれとよく似ていたが主として新婚の家を訪い、嫁聟《むこ》をいじめて酒食の料を徴発することに力を注いだ。越後の出雲崎《いずもざき》などは獅子《しし》の面を被って来るために、普通これを獅子舞とは呼んでいるが、やはり法螺貝《ほらがい》などを吹き怖ろしい様子をして押しあるくので、小児がこれを見て閉息することは、秋田のナマハギや閉伊のモウコも同じであった。近年弊害があるので面だけは警察で禁じたといっている。そうすればついには普通の獅子舞と同じものになってしまうだろうが、その獅子舞すらも子供たちには元はこわかった。お獅子に噛んでもらうと悪い所が治るといって、悪戯《いたずら》をする私たちはしばしば手をその口の中へ入れられた。その日は年越の宵ではなかったけれども、これなどもかつてはナマハギと同じ趣旨をもって、自分等の郷里の方を廻っていた名残ではないかと思う。

## 五

私は前に岩手県の海沿いを旅していた際に、閉伊の大槌の宿舎において詳しくあの土地のナゴミタクリの話を聴いた。ここではこの小正月の訪問者を、モウコ、ガンボウまたはナゴミタクリといっていた。モウコもガンボウも共に畏《おそ》ろしいものを意味している。ナゴミというのは何の事ですかと、知らぬ顔をして私は尋ねてみた。そうすると宿の主人の年四十余なる者が、きまじめにやはり妖怪のことでござりましょう。この辺ではナゴミは怖いものだと思っていますと答えた。火斑ある皮をタクリに来るということは、もうあの土地では言わなくなっていたのである。土地で忘れたということは、その単語のやや古いということを意味するだけで必ずしも独立の解釈を支持する力にはならない。モウコまたはモコという名称なども、近頃文字を解する者はほぼ一致して蒙古のことだというようになっているが、それは弘安の役などの歴史知識が、普及せぬ以前には考えられそうにもなく、たまたまそういう説を立てても記憶せられそうにも思えぬから、起原のよほど新しいものと見ることができる。しかも一方には彼が人間の火斑を剝ぎに来るということも今こそこのように弘く言い伝えられているけれども、また決して最初からあった信仰ではなく、むしろこの行事が幾分か形式化して、人がその言動に劇的の興味を、少しずつ抱き始めてから後の話と思われるから事によるとその今一つ以前の名が、モコまたはモウコであったかも知れぬのである。かりにそうだとすると、こんな小さな一語でもやはりその起りを尋ねてみなければならない。それをしなければそのまた以前の事を考えてみる足場がなくなるからである。

## 六

いわゆるモクリコクリの名称は、かなり夙《はや》くから中央の文献にも見え、これをお化けのことのように、思っていた子供も少なくはなかった。それが暗々裡に東北の蒙古説を誘発したまでは意外とも言えない。我々の不思議とするのは、むしろこの善意なる初春の訪問者が、そういう異国の兇賊の名と解せられて、何人《なんぴと》もこれを否認せぬ時代まで、なお以前からの外形と言葉とを、ほぼもとのままで持ち続けていたことである。妖怪そのものに対する日本人の観念が、きわめて目立たずに少しずつ変っていたのである。そうしてその過程を明らかにする手段が、今ではもうこの二つの幽《かす》かなる痕跡以外に、我々のために残されてはおらぬのである。単なる学者の心軽い思い付きが、多数の信奉者を混乱させた例は、この方面にはまだ幾らもある。たとえば『嬉遊笑覧《きゆうしようらん》』その他の随筆に引用せられているガゴゼ元興寺《がんごうじ》説なども、これを首唱した『梅村載筆《ばいそんさいひつ》』の筆者などには、格別の研究があったわけでもないが、誰でもこれを聴いた人は覚えていて、一生に二度や三度は少年等に言ってきかせる。昔大和の元興寺の鐘楼に鬼がいて、道場法師という大力僧に退治せられたことが『霊異記』にある。それゆえに妖怪をガゴゼというのだというのは、ちょうど陸中などのモウコと同じく、もしもこの時始めてばけ物が日本に生じたというのでなければ、これに命名しまた改名するのが、学者物識《ものし》りの役目であったことを意味するもので、二つながら我々の想像し得ないことである。これは要するにそうではないようですと言い得る者の、一人もおり合わさなかった席上の説であった。言葉はそれを使用する者の地に立って考えてみなければ、少なくともその起りを知ることはできない。そうしてモウコはまた婦女児童の語であったのである。

## 七

遠い昔の世のことは、私たちにはまだ明瞭には知れていない。人が老幼男女を通じて、一様に眼に見えぬ神霊を畏れていた時代には、多分はモノという総称があったろうということになっている。沖縄には今なおマジモノという語が行われ、またバケモノという語も内地にはできて遺っている。しかし実際にこれを怖がっている者の間には、別にそれよりも一段と適切なる語が、新たに生れて来るのが自然であり、また必要なことでもあった。ガゴやモウコという語は現在の使用階級にとっては、必ずしも簡単に過ぎもせず、また余りに幼稚でもなかった。そうして日本のかなり広い地域にわたって、今でもまだ活きて働いているのである。

前にも一度書いたことがあるから、ここにはただ分布のざっとした色分けを述べてみよう。いわゆる化物を意味する児童語は、だいたいに全国を三つに分け、それも少しずつ改まって来たようである。最近の実状によって言えば、モウコの方言区域は東北六県よりも大分広い。岩手・秋田の二県はこの頃はむしろモッコが多く、外南部《そとなんぶ》ではアモコとさえいっているが、山形県各郡はほぼ一円にモウまたはモウコである。それから仙台でも元はモウカ、福島県でも岩瀬郡などはマモウだから、わずかな変化をもってこのあたりまでは来ているのである。日本海の側では越後にモカ、出雲崎の附近はすでにモモッコで、それが富山県の北部までは及んでいる。石川県においても金沢はモウカ、能登はモウがありまたモンモウがある。蒙古の一説をもって総括することはできなくとも、これを別個の発生と見ることはまずむつかしかろう。

次に信州では長野の周囲からはまだ聴き出さぬが、犀川《さいがわ》上流の盆地ではモッカもしくはモモカ、天竜水域ではモンモが行われ、甲州もまたモンモであるという。静岡県は内田武志君の『方言新集』に、静岡市以西はだいたいにモーンまたはモーンコ、東部には一部にモーモーというのがあるが、主として行われるのはモモンガーもしくはモモンジーであって、偶然にモモンガも同一系統の語であったことを確かめ得たのである。

## 八

さて妖怪を何ゆえにモウといい始めたかについては、たわいもないような話だが私の実験がある。かつて多くの青年のいる席で試みにオバケは何と鳴くかと尋ねてみたことがある。東京の児童等はまったくこれを知らない。だから戯れに仲間を嚇そうとする場合に、妙な手つきをしてオバーケーといい、もしくはわざとケーを濁っていうこともある。つまりわが名をなるたけこわそうに名乗るのである。ところがある信州の若者はこの問に対して、簡明にモウと鳴きますと答えた。まるで牛のようだなというと、他に鳴きようがあろうとは思わなかったといった。それから気をつけているのに、子供がモウと唸《うな》って化物の真似をしているのを折々見る。これは誰でも試みることのできる実験で、もし東北のモウコが他の声で鳴くという例が幾つか現れたら、私の推定は覆えることになるのだが、私だけはこれが鳴き声というのもおかしいが彼の自らを表示する声から、そのまま附与せられた名称であって、犬をワンワンといったのと同じ態度だと思っている。

そのワンワンをまた化物の名としている地方がある。たとえば筑前の博多ではオバケの小児語がワンワン、同じく嘉穂《かほ》郡ではバンバン、肥後玉名郡でもワワン、薩摩でも別にガモという語はあるが、小児に対してはワンを用い「ワンが来ッど」などといって嚇すそうである。こういう土地でも実験は容易にできる。もし化物がワンといって現れるのでなかったら、こういう名称は新たに生れることはできなかったろう。従って歴史を奈良朝に托《たく》せんとしているガゴゼなども、一応はやはり彼が出現の合図の声に拠って、起ったものと見ておいてその当否を究むべきである。ガゴゼは自分等の郷里播磨《はりま》などで、以前はそういったということであるが、近世はもうなくなっている。京都でも文献には見えて今はそうでなく、本元と言わるる北大和もただガンゴである。ただしこのゼという接尾辞は、東北のコなどとは違って、偶然に附着したものではないように思われる。四国では阿波が一般にガゴジまたはガンゴジであり、伊予にはガンゴといい又ガガモもあるが、周桑《しゅうそう》郡の児童語には鬼をガンゴチというのがある。それからずっと飛び離れて、関東の方でも水戸附近がガンゴジまたはガンゴチ、これと隣接した下野芳賀《しもつけはが》郡もガンゴジーである。理由のない附会にもせよ、元興寺説の起ったのは、始めはこれに似よった音をもって、呼ばれていたことを推測せしめる。

## 九

化物をガゴまたはこれと近い音で呼ぶ区域は、ほとんと完全に前に掲げたモウコ区域と隔絶している。たった一つの例外らしく見えるのは越中であるが、これとても多分は対立であって、一地の二つの言い方が併存しているのではなかろうと思う。そうしてこの地方は雀、蟷螂《かまきり》また蝸牛《かたつむり》の方言でも見られるように、不思議に異種の語の入り交っている処である。大田君の『富山市近在方言集』によれば、幼児を嚇す語に「泣くとモーモに嚙ましてやるぞ」というとあるが、それは新川郡の平野でのことらしく、五箇《ごか》の山村では別に子供を威《おど》すのにガーゴンという語がある。すなわちこの県の奥地だけに、ほぼ孤立してこの系統の分布を見るのである。それからまたずっと飛び離れて、関東では常野境上《じょうや》のガンコジがあり、その南に継いで新治《にいはり》・稲敷《いなしき》等の諸郡のゴッコがある。これがどのくらいの版図を持つかはまだ調べられておらぬが、とにかくに現在はそう広く及んではいないようである。注意すべき類似はかえって遠方にある。すなわち山口県では、山口も下関も、ともに鬼やおばけがゴンゴであった。石見《いわみ》ではこれをゴンという児童もあるが、別にゴンゴジーまたはゴンゴジーというのも怖ろしい人またはモノのことだから、つまりこの地方と常陸《ひたち》の一角とは一致しているのである。そうしてこちらは九州の北部、及び四国島の北東二面とも接続している。阿波のガゴジのことはすでに述べた。讃岐《さぬき》はまだ当ってみないが、伊予にもガンゴチがあり、また喜多郡などはガンゴであって、ただその南の宇和四郡だけが、第三のガガモ系に属している。九州の方では筑前のバンバンなどがあるが、それを飛び越えて肥前は佐賀・藤津の二郡がガンゴまたはガンゴウ、対馬《つしま》でも同上、肥後は南端の球磨《くま》郡がガゴウで、嶺を越えて日向《ひゅうが》の椎葉《しいば》村がガゴもしくはガンゴ、大分県にもまた処々にガンコがある。起原が一つでなかったならば、これまでの弘い一致は現れまいと思う。

## 一〇

そこでなおこのついでに問題とすべきことは、これと東日本一帯のモウコないしはモモンガと、まるまる縁なしに別々に生れたか否かであるが、私はやはり始めは一つだと思っている。これも当然に実験から入って行くべきであるが、おそらくは化物はそういう声を発するものと、思っている子供または子供らしい人が、今でも機会あるごとに見出し得られると思う。それがもし違っていたら、すなわち私の仮定は覆るのだが、そんな心配はまずなさそうである。現在のおばけを意味する方言には、別に第三種のgmの二音を組合せたものがあって、その分布の状態は一段と広汎であり、しかもこれを調理する母音の傾向が、かなり顕著に前二者と共通している。これを両者の中間に置いて考えると、変化の道筋はおおよそ判って来るように思われるからである。少し事々しいが他日追加の便宜のために、表にしておくことを許されたい。私の手帖に抜き出してあるのは、今のところ次の十余例に過ぎぬが、これはおいおいに増加する見込がある。

鹿児島県　ガモ、ガモジン（ガゴ）
長崎市　ガモジョ（アモジョ）
出雲　ガガマ
伯耆《ほうき》東伯郡　ガガマ
加賀河北郡　ガガモ（モウカ）
飛驒一円　ガガモ
備後福山　ガモージー
伊予喜多郡　ガガモ（ガンゴ）
伊予西宇和郡　ゴガモウ
紀州熊野　ガモチ
伊勢宇治山田　ガモシ

右の諸例の中で備後や長崎のごとく、語尾に元興寺と同様の一音節を添えてあるものの多いのは、私には意味のあることに思える。我々のオバケは口を大きく開けて、中世の口語体に「咬《か》もうぞ」といいつつ、出現した時代があったらしいのである。その声を少しでもより怖ろしくするためには、わが邦《くに》ではkをg音に発しかえる必要があり、また折としてはそのg音をまなく（吃《ども》る）必要もあったかと思われる。それが今日のガモまたはガガモの元だということは、昔を考えてみれば必ずしも無理な想像ではない。私などの幼ない頃の言葉では、妖怪はバケモンでありまたガゴゼであったが、なお昔話中の化物だけは、やや古風に「取ってかも」といいつつ現われた。カムという言葉が端的に、咬んでむしゃむしゃと食べてしまうことを意味したのである。その用法は南の島にはまだ残っている。これが嚥下《えんか》の動作までを包含せぬ動詞となって後も、なお努めて日常の「食う」とか「たべる」とかいう語と、差別した語を使おうとしたことは、関東でよく聞く蚊がクウや、犬がクライツクなどと異曲同工と言ってよかろう。

## 二

鳥や獣のような言語のまるでちがったものの声でも、我々は何かこちらの言葉で物を言っているように聴こうとした。梟《ふくろう》は糊《のり》つけ乾せ、画眉鳥《ほおじろ》は一筆啓上仕り候というように解せられていた。まして化物は人間の幻をもってこしらえたもの、それが最初から意味のない声を出して来るはずはなかったと思う。しかも彼等の要求は、以前はそう過大また複雑なものでなかったのが面白い。「かもう」は多分猛獣などの真似で、実際にその意図があったのでなく、やはり「小豆《あずき》が煮えたか」と同様に、相手が慴伏《しょうふく》し畏怖するをもって目的とする恫喝《どうかつ》の語であったのであろう。その語義がいったんは不明になって、かえって語感の展開して来たことは、今ある小正月のナマハギやナゴミもよく似ている。咬もうがモウになったのはいわゆるアクセントの問題である。東北の方では西南とちがって第一音節の ga に力が入らなかったものと思われる。そうなると蒙古人のことだという新説も生れやすく、または亡霊をモウコンという新語を案出し得られた。化物と亡霊とは本来は同類でないのだが、それがモウと鳴いて出て来る奥州や信州では、亡魂と解せられている一種中間の化物が加わっている。そうして冥界の危険は世とともに痛烈になった。この混同は日本の固有信仰のために、一般に有害であったと言ってよい。

一方この邦の言語学の側からいうと、これにはまた他では得られない幾つかのよい史料を含んでいる。陸中の上閉伊などでは、お化けをモウコという語と併立して、別に西国流のガンボウという名も伝わっている。第二音節のモウに力を入れた発音のし方も、最初からのものではなくて、かつてはガの音に重きをおいていた単語が、ここにもあったことを想像せしめるのである。ガゴウという語はやや古く文献に録せられているから、これが今辺土に遺っているガモウなどの、一つの音訛《おんか》の例だということは信じ得ぬ人があるかも知らぬが、私の説明は無造作だ。一方は日本語として少し意味があり、他の一方は無意味だ。人の空想から生れた語ならば、少しでも意味のある方が前のもので、それが慣用によって約束せられた後でないと、他の一方の転訛は起り得まいと思うのである。ガゴゼ、ガンゴジ等の不可解なる接尾語が、諸処に残っているのもその痕跡だと見られる。だから古く知られているゆえに正しい元の語だとも言われぬと同時に、音韻の訛《なま》りは常にある傾向に沿うて進むとしても、それにはしばしば社会的原因とも名づくべきものが参与して、単なる生理作用だけではその過程を解釈することが不可能だということ、こういう相応に重要なる定理も、行く行くはこれから導いて来ることができそうである。つまらぬ小さな問題のように見えて、その実は決してそうでない。

一二

オニという日本語の上代の意義は、すこぶる漢語の「鬼」とは異なっていた。これを対訳として相用いた結果が、いつとなく我々のオニ思想を混乱せしめたことは、かつて白鳥博士なども力説せられたことがあった。それと同様に方言のモウコ、ガゴジ、ガモジョ等を、ただちに標準語のお化けまたは化け物に引き直すことはすなわちまた常民信仰史の眼に見えぬ記録の数十頁を、読まずにはね飛ばしてしまうような不安がある。方言は早晩消滅すべきものであろうが、残っているうちは観察しなければならぬ。そうしてその意義を尋ねるのが学問だと私は思う。いわゆる、お化け話の民間に伝わっているものは、今でもまだ若干の参考を我々に提供する。人に恨みを含み仇《あだ》を復せんとする亡魂は別として、その他のおばけたちは本来は無害なものであった。こわいことは確かにこわいが、きゃアといって遁《に》げて来れば、それで彼等の目的は完了したように見える。単に化物などというものはこの世にないはずといったり何がこわいなどと侮ったりする男が、ひどい目に遭わされるだけである。そうして時あっては産女《うぶめ》が子を抱いていた者に大力を授けたり、水の精が約束を守る者に膳椀《ぜんわん》の類を貸してくれる等、素直に彼が威力を認めその命令に従順である者に大きな恩恵を付与したというのみならず、さらに進んでは妖怪変化と見えたのは、実は埋もれたる金銀財宝であったという話にまで発展しているのである。人をそこなうために現れるのでなかったことだけはよくわかる。目的は要するに相手の承認、ないしは屈伏にあった。それゆえに通例は信仰の移り変りの際に、特にこの種の社会現象が多いものと、昔からきまっているのである。東北諸処の田舎の年の夜の訪問者が、家主も謹んで迎え、またこれに携わっている若者も、厳粛なる好意を抱いて演じているにかかわらず、単に火斑剝離者の名をもって知られ、もしくは化け物と共通の名をもって呼ばれているということは、これをやや零落せんとする前代神の姿として、始めて解し得る不思議である。彼等はただ自分の威力を畏れまた崇めなかった者をのみ罰せんとしていたのである。だからその表現には恫喝があった。取って咬もうとどなりつつその実は咬まなかった。神秘に参加せざる未成年者のみがそれを知らぬゆえに大いに慄《ふる》えたのである。しかも信仰はいよいよ変化して、今では児童の最も幼ない者の間に、わずかに残塁を保つに過ぎないのに、他の一方には何とかしてお化けを怖ろしい形に作りかえて、いつまでもこれを信じようとする者が絶えない。おばけの話の年とともにあくどくなるのは、考えてみると面白い人心である。

## 附　録

お化けを意味する我々の方言が、土地によって始終変っていたらしいことは、今ある複合語の中からもこれを窺うことができる。たとえば東京は現在一様にオバケというが、なお関西のアカンベを、ベッカコウという語だけは残っている。ベッカコウはすなわち目のガゴで、わざと目を剝いてこわい顔になることである。下野《しもつけ》の河内郡などでは、瞼《まぶた》に腫物《はれもの》ができて赤く脹《は》れているのをメカゴもしくはメカイゴという。これも眼だけのガゴであろうと思う。仙台のお化けの声はモウカであるらしいが、なお隠れ鬼の遊戯はカクレカゴであり、水に住む源五郎虫をガムシといったと『浜荻《はまおぎ》』に見えている。この源五郎虫はおそらく「田がめ」の誤りであろう。この虫の水中の挙動が似ているとみえて、これを妖怪と同じ名で呼ぶ例は、備前・丹後その他の地方にある。鹿児島県の種子島《たねがしま》などでも今では妖怪をガモというようになっているらしいが、この田鼈《たがめ》だけは東北流にタモツコウというそうである。なおこの因《ちな》みにいうと、タガメのガメも石亀のことでなく、やはり水中の怪物の名として、かなり広い区域に行われているから、あるいはガモ、ガガモの方から導かれたものかも知れぬ。

次に氷柱《つらら》を豊前あたりでモウガンコというのも、同じ言葉の適用かと思うが、北九州には今はモウという語は消えかかっている。植物の畸形《きけい》をさしてバケバケなどということは、東京附近でも折々聴く語であるが、その中で最も普通になっているのは薯蕷《やまのいも》の子のムカゴである。加賀は今日はモウカの地域であるが、零余子《むかご》のみはゴンゴといい、越中も各郡ともにガゴジョ、飛騨もガゴジョであって、ただ袖川村などがガモンジョになっている。九州も豊後・筑後・肥前などがすべてカゴで、浮羽郡吉井だけはヤマイモカンゴ、壱岐島はイモカゴ、広島県の一部ではマカゴといっている。ムカゴの「ム」は多分芋であろう。あるいはヌカゴともいって古くから文筆にも現れているが、本来はお化けのガゴから出て、もう一度優雅なk音に復したものなることは、他の諸例から類推し得られる。怪物をかつてガゴといっていた地方は、今よりも広かったものと思われる。岩手県のモウコ地帯にガンボウのまじっているのも、やはりこの地方にある時代の変化があったことを想像せしめる。

（「国語研究」昭和九年四月）

# おばけの声

## 一

オバケ研究の専門雑誌が、最近に盛岡から出ようとしている。また宮崎県の『郷土志資料』には、あの地方の妖怪変化の目録が、先々月から連載せられている。ばけ物はもちろんいたって古い世相の一つではあるが、それを観ようとする態度だけがこの頃やっとのことで新しくなり始めたのである。私たちの見たところでは、人が今日の問題などと珍しがるものでも、たいていは以前何度となく、だれかが考えてみたものばかりだ。今頃だし抜けに現れてくるという問題は、もうこの人生にはない方が当り前である。単にこれまで気のつかなかった実例、それを機縁として新しく見直そうとする心持、今一つはむしろ久しい間ほったらかしていたという事実が、次々に問題を新たにしてくれるのである。この意味からいうと、ばけ物なども大いに新しい部類に属する。たとえば我々がこれに興味を抱いているというと、すぐ「あるものかないものか」を問おうとする人が、まだ世間には充満しているのである。こうした一方からしか問題に近よることのできぬ人たちが、いわば現代のためにいろいろの面白い題目を貯蔵しておいてくれたので、新たな怪談と観察との学問が、ちょうど起らずにはおられぬように世の中はなっている。

## 二

最初まだ当分のうちは、いわゆる真面目な人々は相手になってくれぬかも知れない。しかし気楽で時間の多い子供とか年寄とかが、仲間に入ってくるならばそれで結構である。何でもできるだけ単純な目標、ことにもっとも実際的なる毎日の言葉からたどって行くのが便利なようである。私はある時同志の青年を集めて試みに「ばけ物は何と鳴くか」を比較してみたことがあった。東京などの子供は戯れに人をおどす時、口を大きく開き尖《とが》らせた十本の指を顔のそばへ持って来て、オーバーケーとうなるように発音するのが普通のようだが、これは近頃になっての改造かと思われる。というわけはオバケという日本語は、そう古くからのものでないからである。関東の近県から、奥羽・北陸の広い地域にわたって、化物の鳴き声は牛のように、モーというのだと思っている人は多い。それがどういうわけかは考えてみた人もあるまいが、おおよそ人間のしたりいったりすることに理由のないものがあろうはずはない。もし今もってそれを解説しあたわずとすれば、すなわちその根源にはいまだ究められざる事実があるのである。

多くの動物の名がその鳴き声からつけられているごとく、オバケもモーと鳴く地方では、たいていはまたそれに近い語をもって呼ばれている。たとえば秋田ではモコ、外南部《そとなんぶ》ではアモコ、岩手県も中央部ではモンコ、それから海岸の方に向うとモッコまたはモーコで、あるいは昔蒙古人を怖れていた時代に、そういい始めたのだろうという説さえある。しかし人間の言葉はそんな学者くさい意見などには頓着なしに、土地が変ればどしどしと変化して行っている。今日私たちの知っているだけでも、まず福島県の南の方ではマモウ、越後の吉田ではモッカ、出雲崎ではモモッコ、越中の入善《にゅうぜん》でもモモッコ、加賀の金沢ではモーカ、能登にはモンモだのモウだのという呼び方がある。信州でも伊那は普通にモンモであるが南安曇《あずみ》の豊科《とよしな》ではモッカといい、松本市ではモモカといっている。これから考えてみると、江戸で「むささび」のことをモモングヮ、それから一転して一般に野獣の肉をモモンジーなどといったかも知れぬ。上総《かずさ》の長生《ちょうせい》郡などでは、今でもモンモンジャといえば化け物を意味しているのである。

三

オバケの地方名は、大げさにいうならば三つの系統に分れている。その一つは九州・四国から近畿地方までに割拠するもので、主として、ガ行の物すごい音から成り立っている。鹿児島県でガゴ・ガモまたはガモジン、肥後の人吉《ひとよし》辺でガゴーもしくはカゴ、日向の椎葉山でガンゴ、佐賀とその周囲でガンゴウ、周防《すおう》の山口でゴンゴ、伊予の大洲附近でガガモまたはガンゴ同じく西条でガンゴーというなどがその例である。

対馬《つしま》では子供が両手の小指をもって目の端を張り、こわい顔をすることをタンゴウスルといい、またはガンゴメともいうそうである。これで思い当るのは東京などのベッカッコウも、本来はまた目ガッコであって、すなわちばけ物の顔という意味であったらしい。それから小児の遊びのカゴメカゴメなども、「いついつ出やる、夜明けの晩に」というからは、やはりオバケを囲んで伏せておく仕草であったのかも知れない。化け物をガンゴという言葉は奈良にもあれば、越中でも富山の周囲や五箇山ではガーゴンといい茨城県などにもゴッコまたはガゴジという語が残っている。それを大和の元興寺の昔話から、始まったように称えていたのは、本を読んだ人たちだけのひとり合点であった。

次に第三の種類はモーとガンゴとの結合したもので、九州でも薩摩のガモだの長崎のガモジョだのがある他に、紀州の熊野でガモチといい、飛騨《ひだ》は一般にガガモといっている。私の想像ではこれが多分は古い形であって、他の二つはそれから分れて出たもの、すなわち最初には彼自身「かもう」と名乗って、現れてくるのを普通としていたために、それが自然に名のようになったのかと思う。人がすでにオバケを怖れぬようになって、「かもう」ぐらいではこわさが足らず、「取って食おう」とでもいわないと、相手がオバケだとも思わぬようになってしまった。そうしてカモーを無意味なる符号のごとくに、自分勝手に変形して使っていたことはちょうど我々の固有名詞も同じであった。しかもただこれだけの単に一語からでも、なおばけ物に対する以前の感覚は推測し得られるのである。

（「家庭朝日」昭和六年八月）

（附記）『家庭朝日』という雑誌は、昔朝日新聞で新聞購読者に無料で配布したもので、編集長は津村秀夫氏だった。今は保存している人も少なく、朝日新聞社にすらないということである。幸い奈良の水木直箭《なおや》氏の手許《てもと》にあり、筆写させてもらったが、きけば水木氏も八戸《はちのへ》の夏堀謹二郎氏より送られたものとか、「妖怪古意」と内容が重なっているが、いろいろの思い出のため、加えることにした。

## 幻覚の実験

　これは今から四十八年前の実験で、うそは言わぬつもりだが、あまり古い話だから自分でも少し心もとない。今は単にこの種類の出来事でも、なるべく話されたままに記録しておけば、役に立つという一例として書いてみるのである。人が物を信じ得る範囲は、今よりもかつてはずっと広かったということは、こういう事実を積み重ねて、始めて客観的に明らかになって来るかと思う。

　日は忘れたが、ある春の日の午前十一時前後、下総《しもうさ》北相馬郡布川《ふかわ》という町の、高台の東南麓にあった兄の家の庭で、当時十四歳であった自分は、一人で土いじりをしていた。岡に登って行こうとする急な細路のすぐ下が、この家の庭園の一部になっていて、土蔵の前の二十坪ばかりの平地のまん中に、何か二三本の木があって、その下に小さな石の祠《ほこら》が南を向いて立っていた。この家の持主の先々代の、非常に長命をした老母の霊を祀《まつ》っているように聞いていた。当時なかなかいたずらであった自分は、その前に叱る人のおらぬ時を測って、そっとその祠の石の戸を開いてみたことがある。中には幣も鏡もなくて、単に中央を彫り窪《くぼ》めて、径五寸ばかりの石の球が嵌《は》め込んであった。不思議でたまらなかったが、悪いことをしたと思うから誰にも理由を尋ねてみることができない。ただ人々がそのおばあさんの噂をしている際に、いつも最も深い注意を払っていただけであったが、そのうちに少しずつ判って来た事は、どういうわけがあったかその年寄は、始終蠟石《ろうせき》のまん丸な球を持っていた。床に就いてからもこの大きな重いものを、撫《な》でさすり抱え温めていたということである。それに何らかの因縁話が添わって、死んでからこの丸石を祠にまつり込めることに、なったものと想像することはできたが、それ以上を聴く機会はついに来なかった。

　今から考えてみると、ただこれだけの事でも、暗々裡に少年の心に、強い感動を与えていたものらしい。はっきりとはせぬが次の事件は、それから半月か三週間のうちに起ったかと思われるからである。その日は私は丸い石の球のことは、少しも考えてはいなかった。

ただ退屈を紛らすために、ちょうどその祠の前のあたりの土を、小さな手鍬《てくわ》のようなもので、少しずつ掘りかえしていたのであった。ところが物の二三寸も掘ったかと思う所から、不意にきらきらと光るものが出て来た。よく見るとそれは皆寛永通宝の、裏に文の字を刻したやや大ぶりの孔《あな》あき銭であった。出たのはせいぜい七八箇で、その頃はまだ盛んに通用していた際だから、珍しいことも何もないのだが、土中から出たということ以外に、それが耳白《みみじろ》のわざわざ磨いたかと思うほどの美しい銭ばかりであったために、私は何ともいい現せないような妙な気持になった。

これも附加条件であったかと思うのは、私は当時やたらに雑書を読み、土中から金銀や古銭の、ざくざくと出たという江戸時代の事実を知っていて、そのたびに心を動かした記憶がたしかにある。それから今一つは、土工や建築に伴なう儀式に、銭が用いられる風習のあることを少しも知らなかった。この銭はあるいは土蔵の普請の時に埋めたものが、石の祠を立てる際に土を動かして上の方へ出たか、または祠そのものの祭のためにも、何かそういう秘法が行われたかも知れぬと、年をとってからなら考えるところだが、その時は全然そういう想像は浮ばなかった。そうしてしばらくはただ茫然とした気持になったのである。幻覚はちょうどこの事件の直後に起った。どうしてそうしたかは今でも判らないが、私はこの時しゃがんだままで、首をねじ向けて青空のまん中より少し東へ下ったあたりを見た。今でも鮮かに覚えているが、実に澄みきった青い空であって、日輪のありどころよりは十五度も離れたところに、点々に数十の昼の星を見たのである。その星の有り形なども、こうであったということは私にはできるが、それが後々の空想の影響を受けていないとは断言し得ない。ただ間違いのないことは白昼に星を見たことで、(その際に鵯《ひよどり》が高い所を啼《な》いて通ったことも覚えている)それをあまりに神秘に思った結果、かえって数日の間何人《なんぴと》にもその実験を語ろうとしなかった。そうして自分だけで心の中に、星は何かの機会さえあれば、白昼でも見えるものと考えていた。後日その事をぽつぽつと、家にいた医者の書生たちに話してみると、彼等は皆大笑いをして承認してくれない。いったいどんな星が見えると思うのかと言って、初歩の天文学の本などを出して来て見せるので、こちらも次第にあやふやになり、また笑われても致し方がないような気にもなったが、それでも最初の印象があまりに鮮明であったためか、東京の学校に入ってからも、何度かこの見聞を語ろうとして、君は詩人だよなどと、友だちにひやかされたことがあった。

話はこれきりだが今でも私は折々考える。もし私ぐらいしか天体の知識をもたぬ人ばかりが、あの時私の兄の家にいたなら結果はどうであったろうか。少年の真剣な顔つきからでもすぐにわかる。不思議は世の中にないとはいえぬと、考えただけでもこれをまに受けて、かつて茨城県の一隅に日中の星が見えたということが、語り伝えられぬとも限らぬのである。その上に多くの奇瑞には、もう少し共通の誘因があった。黙って私が石の祠の戸を開き、または土中の光る物を拾い上げて、ひとりで感動したような場合ばかりではなかったのである。信州では千国の源長寺が廃寺になった際に、村に日頃から馬鹿者扱いにされていた一人の少年が、八丁のはばという崖の端を遠く眺めて、「あれ羅漢《らかん》さまが揃って泣いている」といった。それを村の衆は一人も見ることができなかったにもかかわらず、さてはお寺から外へ預けられる諸仏像が、ここへ出て悲歎したまうかと解して、深い感動を受けて今に語り伝えている。あるいはまた松尾の部落の山畑に、聟《むこ》と二人で畑打をしていた一老翁は、不意に前方のヒシ（崖）の上に、見事なお曼陀羅《まんだら》の懸かったのを見て、「やれありがたや松ヶ尾の薬師」と叫んだ。その一言で聟は何物をも見なかったのだけれども、たちまちこの崖の端に今ある薬師堂が建立せられることになった。この二つの実例の前の方は、あらかじめ人心の動揺があって、不思議の信ぜられる素地を作っていたとも見られるが、後者にいたっては中心人物の私なき実験談、それもいたって端的にまた簡単なものが、ついに一般の確認を受けたのである。その根底をなしたる社会的条件は、甚だしく、幽玄なものであったと言わなければならない。

奥羽の山間部落には路傍の山神石塔が多く、それがいずれもかつてその地点において不思議を見た者の記念で、たいていは眼の光った、せいの高い、赭色《あかいろ》をした裸の男が、山から降りて来るのに行き逢ったという類の出来事だったということは、『遠野物語』の中にも書き留めておいたが、関東に無数にある馬頭観音の碑なども、もとは因縁のこれと最も近いものがあったらしいのである。駄馬に災いするダイバという悪霊などは、その形が熊ん蜂を少し大きくしたほどのもので、羽色がきわめて鮮麗であった。この物が馬の耳に飛び込むと、馬は立ちどころに跳ね騰《あが》ってすぐ斃《たお》れる。あるいはまた一寸ほどの美女が、その蜂のようなものの背に跨《また》がって空を飛んで来るのを見たという馬子もある。不慮の驚きに動顛《どうてん》したとは言っても、突嗟《とっさ》にそのような空想を描くような彼等でない。すなわち馬の急病のさし起った瞬間の雰囲気から、こんな幻覚を起すような習性を、すでに無意識に養われていたのかも知れぬのである。

わが邦《くに》の古記録に最も数多く載せられていて、しかも今日まだ少しも解説せられていない一つの事実、すなわち七つ八つの小児に神が依って、誰でも心服しなければならぬような根拠あるいろいろの神秘を語ったということは、この私の実験のようなものを、数百も千も存録して行くうちには、まだもう少しその真相に近づいて行くことができるかと思う。『旅と伝説』が百号になったということが、ただ『徒然草』のむく犬のようなものでないのならば、今度は改めて注意をこの方面に少しずつ向けて行くようにしたらよかろうと思う。いわゆる説明のつかぬ不思議というものを、町に住んでいて集めようというのはやや無理かも知らぬが、それでも新聞や人の話、または今までの見聞記中にもまだ少しずつは拾って行かれる。実は私も大分たまっているつもりだったが、紙に向ってみると今はちょっとよい例が思い出せない。そのうちに折々気づいたものを掲げて、同志諸君の話を引き出す糸口に供したいと思っている。

（「旅と伝説」昭和十一年四月）

## 川童の話

以前数年間鹿児島におられた石黒忠篤氏は、鳥の声に詳しい人であるが、親しくこのヒョンヒョンを聴いてその話をせられたことがある。その説ではムナグロ(胸黒?)という大きな千鳥の類の群だということである。『水虎考略《すいこうりやく》』後篇の巻三に、日向高鍋《ひゆうがたかなべ》の某村において、土堤普請《どてぶしん》の番小屋の側を、夜分になると水虎数百群をなして通る。ある人ぜひその姿を見んと思い、樹蔭に隠れ窺《うかが》いたれどもどうしても見ることならず。次の夜鉄砲を持参し程を見定めて一発すれば忽然《こつぜん》として声を潜めた。水虎の鳴声は飄々《ひようひよう》と聞える。日州で川童《かつぱ》をヒョウスエと呼ぶのはこのためだとある。尾花・石黒二君の説と合致しているが、ヒョウスエの称呼の由来に至ってはいまだただちには信じがたい。

右の『水虎考略』は後篇の方はあまり世に流布しておらぬ。第三巻の新聞雑記というのは天保年間にある書生が下手な漢文で筆録した三十篇の川童話である。このついでにその中から二三耳新しい箇条を書き抜いておこう。(一)肥後の天草には川童多く住み常に里の子供を海へ連れて行き水泳を教えてくれる。その言う通りにすれば何の害もせぬが、機嫌を損じるとはなはだ怖しい。子供等は時々親に頼み川童を喚《よ》んで御馳走をする。その姿小児等の目には見えて父母には見えず。ただ物を食べる音ばかりして帰る時には椀も茶椀も皆空である。これは佐賀の藩士の宅へ奉公に来ていた天草の女中の談。(二)佐賀白山町の森田藤兵衛なる者かつて対馬に渡り宿屋に泊っていると、夜分に宿の附近を多人数の足音がして終夜絶えなかった。翌朝亭主にどうしてこう夜歩きする者が多いのかと聞くと、あれは皆川童です、人ではありません。川童は昼は山におり夜は海へ出て食を求めるので、このごとく多いても別に害はせぬものだと語った。(三)肥前では人の川童のために殺さるる者あれば、その葬《とむらい》には火を用いしめず。衣類から棺まで白い物を用いさせぬ。これを黒葬といい、黒葬をすればその川童は目潰れ腕腐って死ぬものだという。(四)佐賀高木町の商家の娘十一二歳の者、寺子屋の帰りに隣家の童子に遇い、観成院の前の川で遊ぼうと約束しておいて、家へ戻って食事をし出て行こうとする時、親がこれを聞いて用心のために竈《かまど》の神様を拝ませ、荒神様《こうじんさま》守りたまえとその子の額に竈の墨を塗って出した。約束の童子つくづくと娘の額を見て、お前は荒神の墨を戴いて来たからもう一緒に泳ぎたくないといって憮然《ぶぜん》として去ったとある。それで川童であることが顕われた。この本にはまだ数十件の川童の話が載せてある。

（「郷土研究」大正三年五月）

## 川童の渡り

こういう題を掲げても、川童を鳥だと思っている人があるわけではない。むしろある鳥類を川童だと思っている者のあることを報告しておきたいのである。私はもう大分以前に、宮崎県の耳川流域でこの話を始めて聴いたのだ。が薩摩の川内《せんだい》川筋でも同じことをいうそうであり、南九州ではそちこちの人がこれを知っている。川童は秋の末から冬のかかりの、雨などの降る暗い晩にヒョンヒョンと細い鼻声みたような声で鳴いて浜の方から山手へ、空中を群をなして飛んで行くものだそうな。それから春さきやや暖かくなった頃、やはり同じような夜中に同じ路筋を逆に、山から海岸へ啼《な》いて出て来る。だからガアラッパというものは冬だけは山に入って住んでいる者に相違ないという類の話で、今でも聴こうとさえすれば、ずいぶん真顔になって教えてくれる人があると思う。

真暗な晩だというから、むろん姿を見た人はないのである。それを川童の渡りと推断するには、もう一つ別の根拠がなくてはならぬ。だが、信じて聴こうとする者にとっては、古いということが実は一つの証拠なので、なるほど近頃になって始めてそんな事をいい出したとしても、誰も耳を藉《か》そうとする人がないことだけは確かである。ところが一方には羽の音がするという人もある。そうして羽のある川童というのは聴いたこともないのだから、疑う人々はそれは一種の鳥であろうというのだが、ただ一種の鳥だけでは、私等でもまだ合点ができなかった。自分の友人では、石黒忠篤君などがその声を聴いている。そうして誰かその道の人に、あれはムナグロという千鳥の群だということを教えられたといっている。この点を私はもう一度『野鳥』の問題にしてみたいのである。果してムナグロがそんな声で啼きまたその季節にそういう去来をする習性をもつものかどうか。私は絵でよりほかその鳥をじっと見たことがないのだから当然その声は耳にしていないのである。川口君を始め九州の鳥に明るい人がこの会には多い。ムナグロならそういう誤解を引き起すかも知れぬと、いう程度にまででもこの問題を進めておきたいのが私の願いである。

話はこれだけだが前もってお礼のしるしに、私の方でも判っていることをご参考にのべておこう。鳥と人間との交渉が目標なら、こんな話でもまだ野鳥の会の領内だと思う。東京附近の人に考えさせると、川童がそのように群をなして行動するということがすでに一つの疑問であろう。この淵にはいるという話があってもたいていは一頭で、画に描いてもまた泉君・芥川君が小説に書いても皆一つで済ませている。ところが朝川善菴の随筆に出ている常陸の海辺の川童のごときは五頭か六頭か数は忘れたが、大分かたまって漁夫の眼にふれたといっている。それから北へ行くと化けて女の所へ来たなどというのは単独だが、出逢って見たという例は群になっている。寂しい水辺のよく川童の出て遊ぶ砂原には朝方通ってみると無数に足の跡があり、それが小児の足のごとくまた水鳥の趾痕《あしあと》のようであったともいっている。川童が出て来て角力《すもう》を取ろうといった話は東日本に少なく西へ行くほど多いが、これも最初に出て来るのは一頭で、勝ってはふり投げても、わざと負けてやっても、後から後から仲間が加わって来るという。姿を隠して始めから控えているらしいのである。九州の川童も人間を試みに来る時にはやはりこちらのように子供などに化けて一人で現れるのだが、いったん手に合わぬと見るといずこからともなく多数の同勢を寄せ集めて来て、手取り足取りして相手を閉口させなければ止めない。それでいて常は水の底にいっぱいいても、まるで海月《くらげ》などのように透きとおって少しも見えぬといい、あるいはまた形を変えることが自在で、馬の蹄《ひづめ》で作ったほどの小さな水溜りにも、千匹ぐらいは必ず隠れているという話もある。そんな都合のいい動物というものがある気遣いはない。強いか強くないかは別問題として、こういう出方をするからには化け物にきまっている。それが土地によっては数の力をもって我々を威迫するかのごとく、以前から考えられていたのである。

川童が冬は山に入って山童となるということを、今でも盛んに説くのは九州であるが、これは他の地方にも折々は聴く話である。山ワロは橘氏の『西遊記』にも出ているように、裸で背高で挙動が鈍く、人の言葉はわかるが一言も物を言わず、力だけは山で働く人よりも強くて、材木をかついでその駄賃に握飯《にぎりめし》を貰って悦んで還るというような、いずれ怪物ではあろうが、かなり人間に近い逸話の持主でもある。それがヒョンヒョンと啼きながら空を飛んで行くなどというのは、あまりとしても大胆な想像を描いたものだとも言われるが、もともとさようなものが全然いないか、少くとも見たという人が、実は受売りであったり、もしくは作りごとであったりしたのだとなると、こちらはまだ声だけでも聴いているのだから根拠がある。つまり双方ともに、冬は山へ行くという古くからの言い伝えが、形をかえて新たに流布しているまでのものらしいのである。紀州はドンガスだのガオロだのと、川童の異名の多くある地方であるが、それがまた冬は山奥へ入ってカシャンボというものになるという。青い衣を着た少年の可愛らしい姿に見えるが、これがなかなかの悪戯《いたずら》で、人をからかって仕方がない。カシャグというのも方言でくすぐることを意味するのだという人がある。そういう徒《いたず》ら者だがまた一方には義理固いところもあって、熊野も二川《ふたかわ》村の何とかいう旧家では、谷へ入って来るカシャンボは一人ずつこの家の外へ来て、石を打つけて到着の知らせをするともいう。吉野では川童を川太郎というそうだが、これも冬になると山に入って、山太郎となると伝えている。その山太郎はどんな事をする者かまだ判っていないが、肥後の人吉附近では山ン太郎は山の神だといい、山神の祭文《さいもん》には近山ン太郎、中山・奥山の太郎おのおの三千三百三十三、合せて一万に一つ足らぬ山太郎が、山に働く人々の祈願を叶えることを叙している。そうしてやはりまた冬の間だけ、川太郎が山に入って山太郎になるという話もあるのである。山太郎の里へ下って来る道筋は定《き》まっていた。二月朔日《ついたち》の朝早くある川の用水堰《ようすいぜき》の堤の上などに往《い》ってみると、そこには必ずたくさんの川太郎の足跡があった。長い三本の趾《ゆび》のすぐ後に踵《かかと》の跡があって、人なら土踏まずという部分がまるでなかったというから、これもどうやら鳥類の足跡のように思われる。

それから今一つ川童の声のことであるが、私たちの知っているのは、人間の子供に化けて来る時だから、むろん日本語のしかも方言で、泳ぎに行こうやとか角力を取ろうやというのだが、それでも不審に思って聴き返すと次第に判らなくなり、しまいにはキキーという声ばかり高くなるという。あるいは角力を取ってこちらが負けると嬉しがって、そこでもここでもキキーという猿のような声をするので、始めて川童につかれていることを知るのだともいっている。ところが秋の終りと春の初めに、暗夜に空を飛んで山に出入りするという土地だけが、そんな低い淋しい声で、ヒョンヒョンと啼くといっているのである。どうしてそのような一致せぬ話が、わずかな地域の間に併存しているのか。どちらも誤解であろうと言ってしまえば済むだろうが、それにしたところで昨今の誤解ではないのである。日向では川童をまたヒョウスンボという者が多く、それはこの啼声から出た名だと今でもいうが、百数十年以前の『水虎考略』にもその事はすでに述べてあるのみならず、一方には太宰府の天満宮境内を始めとし、川童を社に祀ってヒョウスエの神といった例は九州に数多く、またそのヒョウスエの神の名を唱えて、川童除《よ》けの呪文とした歌は全国に流布している。すなわちかつてある一種の冬鳥の渡りの声を聴いてそれを水の霊が自ら名のる名のごとく思った者が、かなり古くからあったことが推測せられるのである。鳥の習性には、時代の変化が尠《すくな》く、同じ現象は何千年もくり返されているだろうが、ただそれだけではむろんこんな俗信は発生しない。今でも田の神が春は山より降り、秋の収穫が終ると再び帰って山の神になるという信仰が、国の隅々に残っているように、神は年ごとに遠い海を越えて、島の我々を幸福にしようとして、訪れ来るものという考えが、夙《はや》くから渡り鳥の生態を極度に神秘化していたのであって、川童もムナグロの声も、いわば無意識に保存していた古い記録の消え残りに他ならぬのではなかろうか。

（「野鳥」昭和九年十月）

# 川童祭懐古

## 一

夏祭は都市の繁昌《はんじょう》につれて、次第に華やかなまた目新しいものになって来た。見物の衆がこれに心を取られて、いつとなくその姿を移し学び、後には農村の秋春の祭礼まで、神輿《みこし》に山鉾《やまぼこ》に同じ風流を競う例が、多くなったのも無理はないと思う、当世は変り改まり、またねんごろに根原を求め尋ねる。一たびこの行事の由来が、我々の遠祖の生活と、いかなる交渉をもつかを考えてみるのも、今においては必ずしも無意義の業とはいわれぬであろう。

誰でも知っているのは、祇園《ぎおん》はもと行厄神《ぎょうやくじん》であったことである。部下の荒ぶる神々を統御して、その災禍を神を敬い祀《まつ》る者に及ぼさぬという御力が、特に民衆の仰ぎ信ずるところであった。津島の天王の信仰は夙《つと》に東国の方に行われていたようだが、これはさらに御《み》葭神事《よしのしんじ》といって、追い放された疫神の行くえを、信徒に警戒せられる方式さえ設けられていた。この二箇所の御祭を美々しく、かつ極度に面白くしようとした動機はわかっている。

流行病に対する不安は、本来は都会のものであった。そうしてまた上代においても、やはり新たなる外来の文化とともに、まず中心の地を目ざしたことは史証がある。夏の祭が田舎にももし古くからあったとすれば、その最初の目的は別であり、方法もまたおのずから異っていたはずである。それがどの程度に感化を受け、またどれだけ以前の心持を伝えているか。これを明らかにするのは田舎の生活について視《み》るの他はないのだが、先生が町にばかり固まって住んでござる結果、今まではとかく都市の知識によって、全国を類推せられる傾きがあって難渋した。今度の川童祭復興の噂は、この意味において我々の注意しなければならぬ話である。

田舎の旧六月は水の神の祭り月であった。これを天王様とも祇園とも呼ぶのが普通になっているが、今でもその趣旨は他にいろいろとある。日が照り過ぎれば、植田の泥は柔らがず、梅雨が強く降れば挿した苗も漂《ひょう》蕩《とう》する。川の堰や流れを飲水にしておれば、毎日の涸《か》れ濁りを苦にしなければならぬ。恵みも悩みも一つ神の力であった。日本はこれほどまでに水をよく使い、水に頼り切った国民でありながら、どうして昔から水の祭が、こんなにいい加減なのかと訝《いぶ》かる人もあるようだが、実はいい加減でなく、また「昔から」でも決してないので、単に水道などで顔を洗っている人がそちらに冷やかだっただけである。いわゆる御霊会《ごりょうえ》系統の都市の祭でも、この月営まれるものは水の縁が深く、浜降《はまお》り、神輿洗い、泉の御旅所、さては船の中の伎楽《ぎがく》などと、すべて水の神の祭と態様を同じくしているのだが、何か理由があったとみえて、その神を水の支配者とする信仰は、記録の上にはまだ現れておらず、人はただ夏だからまたは涼しそうだから、くらいにしか考えていない。しかも悪い病の流行は毎年のことでもないから、次第にその目的がはっきりとしなくなって、町では涼み祭などという清遊気分が横溢《おういつ》するようになったのは、もったいない話だと私は思っている。

前年神奈川県の秦野《はだの》で簡易水道を作ったときに、赤痢が流行《はや》って大騒ぎをしたことがある。自分たちの目には水道のできるのが、遅きに失したためとしか見えなかったのに、土地ではかえってこれが水神の御気に入らなかった罰のように、解した人が多かった。町ではこの類の災禍と水に対する不謹慎とが、同時に起ることが稀《まれ》でないので、昔もこういった信仰解釈が行われ、あるいは水の神をその怖ろしさの半面から、疫病の神と見るようになったのではなかろうか。そうでなければ天王と水の神との同じ日の祭、瓜《うり》を氏神の供え物とする理由、ことに川童と胡瓜《きゅうり》との約束が、祇園様の日を期限とするわけが説明し得られぬのである。

## 二

文学に川童が二度目の登場をしたのは泉鏡花さん、故芥川竜之介氏などのお骨折であって、ご両所とも私たちの川童研究から、若干の示唆を得たように明言せられているのは光栄のいたりだが、遺憾に思うことはまだ少しばかり、川童を馬鹿にしてござる。おそらく幼少の頃に見られた近代の絵空言《えそらごと》の影響で、あれでは我々の胸に描くところの水の童子と、相去ること遠きはもとより、普通の村の人の今考えているものよりまだみっともない。やはり例の化競《ばけくらべ》丑満鐘《うしみつのかね》の類の文学に、「かっぱと伏して泣きたまう」などとしゃれ飛ばした図柄の、延長としか見られないのである。笑っちゃいけませんといいたいくらいのものである。

もっともこれには川童の側にも責任があるかも知れない。彼は零落して行く精霊の常として、やや化物根性とでもいうべきものを発揮し過ぎる。水全般の信仰を守ろうとはせずに、ただ自分一箇の存在を主張する。淵や霊泉に対する敬不敬には構わず、いやしくも川童を否認しようとすればすなわち出て嚇《おど》す、という風に考えられがちであった。そうして現在のところでは、その活躍の範囲が甚だしく限局せられ、それもだんだんに怖くなくなろうとしているのである。その滑稽化はむしろ運命だったといってよい。しかも江戸末期に出たあの鳥天狗一流の似顔画のごときは、いわばある個人の幻覚であって、二つ以上を引き合せてみれば、すぐにその真でなかったことが判る。要するに困ったものが流行したのである。

川童を水虎だ蝹《おん》だと誌した人は、日本にいるものは何でもかでも、皆支那にもあるという謬見《びゅうけん》から、出発しているのだから相談はできない。日本の実地からこの問題を考えてみようとしたのは、以前に『水虎考略』という四巻の書があり、その第一巻だけが流布している。これには諸方の見取図なるものが載せてあるが、鼻の低いもの、犢鼻褌《たふさぎ》をかいたもの、甲羅があって四つ匐《ば》いのものなどが、雑然として並んでいて、実は空想のまだ統一していなかったことを立証する。見た出逢ったという者の陳述もまた区々《まちまち》であるが、これにはなお一貫した特徴のようなものがあって、奇怪とはいいながらも心の底から、古人のそう信じていた数々の痕跡が尋ねられる。相撲を取りたがるなどというもその一つである。東北で山人または大人《おおひと》というものを除くのほか、そんな気さくな化け物は他にはいない。人に近づき交渉を持たずにはいられなかった名残かと思う。紫臀《むらさきげつ》その他の体質に特徴ある者が、特に引き込まれやすいという口碑と、かの民間説話の川童が美しい娘に壻入したというものとは、関係がありそうである。後者は汎《ひろ》く水の霊全体についてもある話で、それを恥とも不幸とも考えずに、旧家自らがそれを信じ伝えていた時代もあったのである。

それからこの水底の童子の援助の下に、家が富み栄えたという話も方々に伝わっている。むろん伝説であって、事実そのようなことがあった証拠にはならぬが、少なくともある頃そう信じた者があったことのみは推測せしめる。淵《ふち》から膳椀《ぜんわん》を貸したのが不信用のため貸さなくなったという類の、後年の絶縁を説く例は無数にある。つまりは今のように害ばかり企てるという以前に、接するにその道をもってすれば、恩恵を示した時代もあり、またその中間に悪戯をして、人を揶揄《やゆ》していた段階も長かったのである。九州の方ではことに多いようだが、川童が人間に害をせぬ約束をした話、もしくは馬を引き込もうとして失敗し、詫びて怠状《たいじょう》を書いたり、骨継ぎの秘薬を教えたりしたのも、五十や六十の例ではなかった。畠の作物ごとに瓜類を悦んで、夜分に出て来て食い荒すというだけでなく、人もその初生《はつな》りを串などに刺して、畠の端に立てて機嫌を取ったというのも、おそらく本来は供物であった。それがまた六月の川祭の行事ともなっているのである。

三

国学院大学の一部の若い学者が、この水道万能の都の中にいながら、なお上代の水の神の神徳を仰いで、できるだけ古式に近い村里風の川祭を、毎年の行事として経営しているのは、単なる好事のわざとは私には思われない。こういう感覚こそは復習をせぬと消えるからである。ただ気になるのは夏休の都合か何かで、新暦六月の畠の胡瓜もない頃にくり上げたことで、温室の小さな花落ち瓜ぐらいでは、果して「川の殿」が満足せられるかどうかである。月夜と瓜畑は歴史ある我々の田園幻想に、欠くべからざる条件であった。私などの生れ故郷では、胡瓜は祇園さんを過ぎると食べるものでないといっていた。

ところが土地によってはこれと反対にこの日をすませてからでないと、食ってはならぬという処があり、あるいはまたこの満月の一昼夜だけ、絶対に食わぬという習俗の村もある。つまりはこの頃が全国を通じて、ちょうど胡瓜のしゅんでもあり、またこれをもって水の神に供進する節日《せちび》でもあったのである。祇園には御《ご》紋瓜《もんうり》の口碑もあり、瓜生石《うりゅういし》の伝説も記憶せられているが、神と瓜との関係は今ではもう尋ねがたくなっている。

これに反してこの禁忌を犯す者の制裁は、依然として水中童子の管理するところなのである。胡瓜を食ってその香のするうちは、川に泳いではならぬという土地もある。これに子供の名と年とを書いて、川に流すとガタロに尻を抜かれぬという所もある。それを天王様に上げるという場合にも、畏《おそ》れている相手はやはり川童であった。

胡瓜は胡《えびす》の瓜と書くが、この信仰は輸入でなく、また中頃からの発明でもないらしい。古くは匏《ひさご》と川菜とをもって水の神に供え、また火鎮めの祭をしている。備中県《あがた》守淵《もりのふち》の旧伝にもあるように、今ある昔話にも瓢簞《ひょうたん》千を持って池に嫁入し、これを沈めて下さったら、私も入りますというようなのが多く残っている。目的は単なる食物以上に、これをもって水の霊の、力を試みるにあったらしいのである。

我々日本人はまだ外国の伝染病も知らぬ頃から、すでにこの神の怒りの半面を経験し、畏れ慎んでこれに触れまいとしていたのである。古風な多くの信仰は学問によって裏切られたけれども、水の災は現実になお絶えず、他には優れた説明もない場合が田舎にはあったので、妙にこの部分だけが孤立して永く伝わった。それをかわるがわる嘲り笑っているうちに、ついに今のような滑稽な化け物にしてしまったのは、国民として少しく心苦しい次第だ。

　農民の生活からいうと、今でも旧六月は水の恵みの豊かに溢れる月であるとともに、家々の小さな不安の抑えがたい月でもある。その満月の夜頃を中心として、心を引き締める物忌《ものいみ》の行《ぎょう》に入って行く心持だけは、たとえ自分はこれに倣わぬまでも、もっとよく理解してやってよかったのである。今日まで来由を知り得ない六月朔日、東部日本では衣脱　朔日《きぬぬぎのついたち》、もしくはむけの朔日などという日でも、越後では川童が天竺《てんじく》から下る日と称し、九州南部では川童の亀の子配りといって、亀の子が足らぬと人間の児を算《かぞ》え込むなどといっているのをみると、やはり戒慎して水に入らぬ日であった。夏物断ちと名づけて、この日は野菜を食わず、もしくは夕顔の下へ行くなというのにも意味がある。六月晦日《みそか》はまた川濯《かわすそ》祭などといって、私等の国では水の辺の祭としたが、西国ではこの日をまた水に入らぬ日としている例が多く、天草あたりではこれを川童供養の日のようにも考えている。

　そうかと思うと他の一方には、この日必ず海に浴するという土地もあれば、人は入らぬが牛馬だけはぜひとも入れるという処もある。つまりはただの日ではなかったのである。汎《ひろ》く全国の言い伝えを比べてみることができぬ限り、古い信仰は消えてしまわぬまでも、年を追うておかしくなる一方であろう。それを食い止めて一通りは知っておこうとすれば、どうしても都市の若い学徒の、共同の反省に待つより他はないと思う。

（「東京朝日新聞」昭和十一年六月）

# 盆過ぎメドチ談

## 一

もうそろそろ氷でも張ろうかという頃になって、メドチの話を始めるのも気が利かないが、これでも来年の夏の手まわしとしてならば、早いと褒められてもよかろう。奥南新報の記事目録は、この節きまって東京の一二の雑誌に掲げられるようになった。おおよそ日本広しといえども、こんな例は一つだって他にはない。三浦利亢君とその一味の人々とが、鼻を高くしてござることは写真を見なくともよく察しられる。しかし八《はち》戸《のへ》の諸君がこれによって、もしも世間に類のない奇事珍聞がここだけにあり、それを聴かせてもらって驚いているのだと、想像せられるようだったら、それだけは当っていない。たまにはそんな人もどこかにいるか知らぬが、我々はむしろその正反対に、ほかでも格別珍しくはない事柄、今まで何遍か承ったような話が、遠く南部の三戸《さんのへ》郡あたりにも、歴然として存するということに眼を円くしているのである。それがどうしてそのようにびっくりすべき事なのかは、共同にこれから考えて行くによい。単に他府県の人に物を教えてやるだけなら、新聞の役目の外である。それでは第一に地元の読者に相済まぬ。「村の話」が実際は国の話であり、あるいは弘く人類の話であるかも知れないわけが判ってこそ、読んでもう一度考えてみようという人が、土地にもおいおいと多くなって行くのである。問題はまだ他にも幾つかあるが、先日是川《これかわ》村のメドチの話を面白く読んで、今でも覚えているから一つその話をしておこう。

## 二

私たちの不思議とするのは、人は南北に立ち分れて風俗もすでに同じからず、言葉は時として通訳を要するほど違っているのに、どうして川童という怪物だけが、全国どこへ行ってもただ一種の生活、まるで判こで押したような悪戯《いたずら》を、いつまでも真似つづけているのかという点である。たとえば人をみて角力《すもう》を取ろうということ、これはいやしくも川童というものがいる限りは、必ず誰かにそういう経験をさせている。奥州方面だけには例が少ないかと思っていると、八戸では念入りに二人連れで化けて来ている。おかしいことには名前や外貌が少しずつ違っていながら、角力のすきな点のみが特別に一致している。九州では通例ガワッパだのガアラッパだのと呼ばれ、色も東北とはちがって半透明の白色だといい、一つの水溜りに千疋《びき》もかたまって住むなどと言われているが、やっぱり人を見ると「おい角力とれ」といって近づいて来る。取って負けてやればキキと嬉しそうな声をしてもう一番といい、負けるとくやしがって何疋でもかかって来る。今でも実際あった事のように思っている者が少しはあるが、他人が通りかかって傍から見ると、相手の姿は少しも見えず、大の男がただ一人相撲を取っているのであった。それがしまいには取り疲れて、夜が明けるとまるで病人のごとく、または熱が出たり稀《まれ》には発狂してしまう者もあって、あの地方ではこれを川童憑《つ》きといい、修験《しゅげん》を頼んで加持してもらうことになっていたそうだ。

三

これは九州でも筑後川流域、もしくは豊前の小国川《おぐに》、これに隣接する小盆地などに、近い頃まで行われていた風説であるが、他の多くの地方、ことに中国から近畿方面へかけては、噂は今少しく説話化して、もう迷信の区域は通り越している。第一に川童を見たという者が非常に少なく、たまたま出逢ったようにいう者でも、よく尋ねてみると後姿ぐらいのもので、話はいったいにぼんやりとしている。その癖に川童は角力を挑むものだそうな、うっかりと見ず知らずの者と、角力などを取ってはいけない、という類の評判ばかりはむやみに流布している。彼の頭のまん中には窪みがある。その中に水が溜まっている間はえらい力を持っている。だからぜひとも角力を取らねばならぬようだったら、まず丁寧にお辞儀をするがよい。そうすると向うもうっかりと答礼をして、その水を飜《こぼ》してしまうからなどと、さもさも誰かがそういう経験でもしたように、私も子供の頃にはよく年上の友人から教えられたものだった。中国では川童をメドチとはいわない。私などの故郷ではガタロすなわち川太郎、備前・備中では川子またはコーゴ、広島県からさきはエンコウという土地が多い。しかも奥州の三戸郡と同様に手を引けばするすると抜けるから手を引くに限るということも、またこの地方では伝えられているのである。近世の文人画に猿猴《えんこう》の月を捕る図と称して、途方もなく長い手をした猿が、樹の枝につかまって片手を伸ばし、水底の月を摑《つか》もうとするものがあった。もとは禅家などの寓意になったものだろうが、かなり流行してただの民家にもしばしば拙いのが描かれてあった。川童のエンコウも多分これから出た名であろう。私たちの郷里でも一種エンコザルという水辺に住む猿だけが、手が左右両方に抜け通って、一方を縮めると一方が伸びるという、便利至極なのを持っているように考えていたのであった。そうしてそれと川太郎とは同じものとは思わなかったけれども、後者もまた手を引けばじきに抜けるように伝えているのだから、今からふり回《かえ》ってみると、たしかに関係のあることであった。そうでなかったならば、あんな絵はこのように普及しなかったはずだ。

## 四

何ゆえに川童が人を見るといつでも角力を取りたがるのか。今まであまりありふれた話だから注意する者もなかったが、考えてみると奇妙なことである。川童の妖怪であるゆえんのもの、平たく言うと川童の怖ろしいわけは、人を引き込んで尻の子を抜くからであろうが、それと角力とは何分にも両立しない挙動であった。人の命を取るだけの自信があり、また計画のある川童ならば、何もわざわざ力を角してみる必要はないわけである。だから子供などはすでにそんな話を信ぜず、普通は彼が水浴びに誘いに来るという方を怖れていた。実際毎年の夏になると、折々そういう疑いのある悲惨事が起った。他の子供の出ておらぬ時刻に、またはその群からずっと離れた場所で、たった一人だけで子供が水の中に死んでいる。または今まで遊んでいたのが急に見えなくなる。そうしてたいていはきまった淵などであるために、現場を見た者は誰もなくても、それが川童のせいだということになるので、人間にこの説明しがたい不幸のある限り、メドチの信用はいつになっても恢復《かいふく》する見込みはないだろうが、それにしては人と角力を取って、勝って嬉しがってただ帰って行ったという話が、いよいよもって解しがたい不思議になるのである。

この点に関しては、私はもう大分前から奥州南部のメドチに注意しなければならぬと思っていた。その理由は、私等の郷里で水に溺れて死ぬ者は、他に説明のつかぬ限り、誰でも川童に引かれたという推測を受け、お互いはすべてその危険があるように怖れているのだが、東北ではどうやらそれが最初から、人について定まっていると考えられているようである。この児は水のものに取られる相があると言われて、注意をしていたけれどもやはり取られたという類の世間話は多い。川童に尻ごを抜かれる資格というのもおかしなものだが、今でもよく聴くのは紫䐢《むらさきげつ》をした者が、特にメドチによく狙われるということで、後になってからなるほどあの子供は、ほんにそうであったという場合が当地でも多いという話である。尻の紫は私の聞いたところでは、モンゴリヤ系民族の常の現象だそうで、現に日本人の中にはその例はざらにある。それが川童の眼に好ましく見えるようでは、格別我々も安心というわけには行かぬが、とにかくに彼に選択があり、その条件に合した者だけが取られるというのは、何か仔細がなくてはならぬことであった。そうして気を付けていると他の地方にも、以前は同じように考えられていたのではないかと思う節が、少しずつ現れて来るのである。

## 五

そこでメドチが角力を取りに来たという話が、また大いに参考になるのである。人を途上に待伏せして、角力の勝負を挑むという怪物は、必ずしも川童だけではなかった。土佐でシバテンまたは芝天狗というものも、他にはこれという悪戯をした話もないが、ただやたらに角力ばかり取りたがる。そうしてうかうかとその相手をしていた者が、しまいには発狂したとか、命を失ったとかいう風説ばかりが多かった。ただしこの話はまだ大分川童と似ている。土佐には川童というものも別にいたのだけれども、芝天が多く川の堤や橋の袂《たもと》に現われ、その形が七八歳の小児と似ていたなどというのも、どことなく川童の出店のようであった。ところが今一種、これとはよほど性質はちがって、しかも角力のすきな怪物が東北にはいた。津軽から秋田に連なる深山幽谷において、山人《やまひと》、おお人《ひと》また時として鬼ともいったものがすなわちそれであるが、こちらはいっこうに人を害せんとする様子はなく、ただ我々を見かけて角力を取ろうというのみで、勝ったり負けたりしているうちにだんだん懇意になり、しまいには家へ遊びに来るまでになったという話さえある。いったん交際を始めると中途で止めることができぬらしく、怒られるとこわいからいつまでも機嫌を取っていなければならぬことが、迷惑といえば迷惑だったかも知れぬが、命を奪おうとせぬのみか、時には相撲の相手をしてもらいたいために、薪を伐りマダの皮を剝ぎ畑を起す等、大きな力で山仕事を手伝ってくれたという話も伝わっている。つまり素直に彼のいうことをきいてさえいれば、本人の利得に帰することが多かった。その点がよほど九州の川童などと違っているのである。

あるいはその九州の川童とても、もとはこういう風に平穏な交際であったのかも知れない。単に川童や芝天が出て来て角力を取ろうと言っただけならば、考えてみると怖いはずはなかったのである。女や老翁の最初から自信のないものならば、第一にこれに応じて力を角する気にはならなかったろうし、たまたまその道の心得のある者でも、負けてばかりいるようだったら、彼も相手にはしようとしなかったろう。それが少しばかりの力自慢で、勝った経験のあるような男が、ついて挑まれて何のこいつがと、一番負かしてやる気になって引掛かるのである。あるいは実際こっちの方が強くて、相手を投げ倒したために後の祟《たたり》が怖ろしかったという話もある。何にもせよ人と川童との交渉は一般的でなく、必ず一定の資格ある者に限ったことは、角力も紫尻の場合と異なるところがなかった。

## 六

我々の妖怪学の初歩の原理は、どうやらこの間から発明せられそうに思われる。その一箇条としては、ばけ物思想の進化過程、すなわち人が彼等に対する態度には三段の展開のあったことが、この各地方の川童の挙動と称するものから窺い知られる。第一段にはいわゆる敬して遠ざけるもので、出逢えばきゃっといい、角力を取ろうとすれば遁《に》げて来る。夜分はその辺を決して通らぬという類、こうしていれば無難ではあるが、その代りにはいつまでも不安は絶えず、ある一定の場所だけは永く妖怪の支配に委棄《いき》しなければならない。それをできるだけ否認せんとし、何の今時そのような馬鹿げたことがあるものかと、進んで彼の力を試みようとして、しかも内心はまだ気味が悪いという態度、これが第二段である。狐・クサイの化けかかっているのを見破って、かえっていつの間にか自分が坊主にされた話、または天狗を軽蔑して力自慢をしていた勇士が、これでもこわくないかと毛だらけの腕でつかまれ、腰を抜かしたという類の話は、いずれもこの心境の所産であって、これにはしばしば角力の勝負を伴のうていた。つまり人にはさまざまの考え方があっても、社会としては半信半疑の時代であった。それが今一歩を進めて信じない分子がいよいよ多くなると、次に現れて来るのは神の威徳、仏の慈悲、ないしは智慮に富む者の計略によって、化け物が兜《かぶと》をぬぎ正体を現して、二度と再びかような悪戯をせぬと誓い、または退治せられてまったく滅びてしまったという話が起る。それは聴いていても面白く興があるので、次第に誇張せられてしまいには、馬鹿げて弱く愚鈍なる者が、妖怪だということに帰着し、それを最後としておいおいに説話の世界から消えて行くのである。現在の昔話にわずかに残っている妖怪は、この三つの種類が錯綜して、順序が明らかでないために時々は誤った解釈があるのだが、将来もう少し親切な観察者が、細かな分類をしてくれたらこれだけは判って来ることと思う。そうして川童の角力という言い伝えは、これに関してはかなり有力な参考であると信ずる。

## 七

これは同時にまた相撲という競技の今まで不明であった歴史をも暗示する。何ゆえに相撲が神社に伴い、もしくは必ず節日の行事であったかという問題は、この方面からでないと解説することができぬようだ。古人は腕力と勇気との関係を、今よりもいっそう深く結び付けて考えていた。力の根源を自分一箇の内にあるものと信ぜずして、何か幸福なる機会に外から付与せられるもののごとく解していた。石を持ち挙げてみてその重さ軽さの感覚によって、願い事の叶うか否かを卜《ぼく》したと同様に、相撲はまた神霊の加護援助が、いずれの側に厚いかを知らんとする方法の一つであった。勝った力士の自負自尊は非常であったが、その背後には常に熱烈なる信仰があったのである。神に禱《いの》って大力を得たという口碑は、東北にはことに多い。それは平素の心掛け、もしくは難行苦行の致すところでもあったが、兼てまたその人々の持って生れた約束のようにも認められていた。現在の遺伝論に照して不思議はないようなことまで、家に特別の力の筋というものがあると伝えて、その理由を説こうとしていた。これがまた地方の頭目の永く優勢の地位を保持していた理由にもなっている。

奥州などの川童が角力を挑んだのは、おそらく最初は主としてこういう種類の人たちに向ってであったろう。関は今日の語でいうと選手であり、また記録把持者であった。第二の競争者の進出をせき止めて、自分が覇を称しているからそれで関取といったのである。彼等の強力の根柢と頼むところが、近世風に自分一箇の体質または習練と称せられ、あるいはまた全然別なる神仏の御利益に基づくものと信じられている限りは、川童や山人はぜひともこれと力を角して、わが威力を承認させなければならなかった。そうして昔の習わしのままに、負けて平伏したものは庇護せられ、これと抗争してあるいは勝ちあるいは負けたものは、いつまでも悪戦苦闘を続けたのである。妖怪はつまり古い信仰の名残で、人がその次の信仰へ移って行こうとする際に、出て来てこういう風に後髪《うしろがみ》を引くのである。日本の新旧宗教はことに入り乱れている。そうして今日はおばけの話を透してでなければ、もはや以前の国民の自然観は窺い知ることができなくなった。

南部地方の怪談にはこの意味において、なお珍重すべきいろいろの資料を保存している。たとえば今日すでに童話化してしまった猿の聟、あるいは大蛇のおかたになった娘の話などにもこちらにはやや古そうな形のものが併存している。櫛引《くしびき》村のおほよが物語を始めとし、遠野には川童が聟入をして、子供を生ませたという家なども残っていた。すなわち水の神の信仰を宣伝しまた立証しなければならぬ旧家が、いやいやながらもまだ古い因縁に繫《つな》がれて、急にはこの伝説を振り棄てずにいたのである。おかしい話ではあるが、水の物に愛せられるという紫謦《むらさきげつ》の子供なども、世が世であるならばまた一箇の神主の資格であったかも知れない。

八

この問題をこれだけの簡単な言葉で、説こうとしたのは無理であったようだ。それはまた改めて詳しく述べることにして、さし当りお知らせをしたいと思うのは、メドチという語の分布および由来である。北海道の土人が水の神をミンツチと呼び、その怪談には若干の一致があることは、夙《はや》く金田一教授がこれを説いておられる。この蝦夷《えぞ》のミンツチと八戸などのメドチと、同じ語であることはおおよそ明らかだが、問題はどちらが真似たか採用したかである。南部では馬淵と北上との分水嶺が境で、岩手県ではもうメドチといっておらぬらしいが、津軽にはたしかにその名がある。ただし平尾魯仙《ろせん》翁の著書などを見ると、メドチと川童とは別々であるようにも思われ、前者は少なくとも長虫のような形に空想せられている。それにもかかわらず私はなおこれを川童の地方名のごとく信じているわけは、遠く離れてこれと近い語が行われているゆえである。現在知られている例は三箇処、能登の半島では我々の川童が明らかにミヅシで、頭の皿に水があり、相撲を取りたがり、また馬を引こうとして失敗したなどという逸話をもっている。次には滋賀県で湖水東岸地方、これもミヅシといいまた同様の俗信が行われている。この両地のミヅシと奥南部のメドチとは、聯絡がないものとは考えられない。そうすればこれはアイヌの方が後に聞いて、少なくとも日本から名を学んだのである。

それから最後にはずっと懸け離れて九州南部、薩摩と日向・大隅の一部ではまた確かにミヅシンといっている。ガアラッパまたはガオロといっても通ずるが、この方が多分新しかろう。こういう霊物には忌んで名を言わぬ場合があるので、第二の称呼が起りやすいのである。ガオロ・ガアラッパはともに「川童」の日本訓みであるが、九州では現在またカワノトノもしくはタビノヒトなどと称えてこの語を避けようとする傾向も見えている。ミヅシンは土地の人たちが「水神」の湯桶《ゆとう》よみだと解しているらしいが、これを八戸方面のメドチや蝦夷地のミンツチに比べてみると、始めて古語のミヅチと同じものであり、ただこの国の三方の端々にのみ、たまたま保存せられていたことが判って来るようである。ミヅチは蛟と書きまた虬と書いている。だから蛇類ではないかという人もあろうが、それに答えては支那ではそう思っていたというより他はない。日本のミヅチという語には水中の霊という以外に、何の内容も暗示されておらぬ。それが果して長虫であったか猿に似ていたかは、メドチを喚んで来て体格検査をした上でないと決しられぬ。我々の幻覚ないし空想は今でもまだ勝手次第である。

## 九

それから川童の手が抜けるということ、これもアイヌの中では知られておりかつ説明せられている。昔神様が多くの人数を集める必要があって、急に草を束ねて小さな人形を作り、それに生命を吹き込んで活躍させたが、用が済んでしまったのでこれを湖水に放ち棄てた。今あるミンツチの始めはこれであるという。いろいろ悪戯をするが元来が一本の棒を突き通して両腕にしたのだから、片方を持って引けばするすると抜けるのだといっている。

これと半分以上同じ話が、また三戸郡にもあったかと記憶する。少なくともこれに似た話は各地に存するのである。昔左甚五郎《ひだりじんごろう》が某地の仏閣を建立した折に、大工の手が足らぬので人形を多く作りこれに息を吹き込んで働かせた後川に捨てた。それが川童になって今でもいるのだという話は、奈良県などでも聴いたことがある。九州では肥前のある旧社の伝えとして、やはり人形が川童になった話が残っている。その顛末は『北肥後戦記』という書にも出ているが、一つの特徴はその川童を利用したという橘島田麿という人の子孫が、渋江氏と称して中世の豪族であり、今でも各地に分居して永く川童の取締りに任じ、現に右申す御社の神主の家もこれであることである。九州の川童はその災害も系統的であったとともに、これを統御して水難を防止する役目もまた非常に発達していた。これはオサキ狐を攘《はら》い除《の》ける三峰山《みつみねさん》の信仰区域だけに、オサキ持ちの家が最も多く、人狐専門の行者のいる出雲《いずも》・伯耆《ほうき》に、人狐の跳梁しているのと同様に、なまじ祈禱の効能を説く者がいるために、いつまでも住民にこれを忘却することを許さぬのであろうと思う。とにかくにこの人形の話は形跡なしには起るまい。さすればかつてこういう腕の抜けやすいある偶像を作って、ミヅチすなわち水の神を祀っていた時代があり、その風習は弘く国の南北端まで波及していたものでなかったろうか。現在はもうそうした祭り方をせぬようになったとすれば、これくらいの話の変化、想像の成長はありそうなことで、我々日本人はことにその方面では気が早かったのである。

## 一〇

最後にもう一つだけ、小さな八戸地方の世間話が、我々をして膝を打たしめた点を述べておこう。すでに信仰者を失った水中の霊物が、なお角力を取って人間の関取を押し伏せたということは、土地の人にとっては安からぬことであった。何とかして結局彼等を負かしたという話にしようというには、彼の秘密を聴き知ったというのが最も手軽でよい。これはむつかしく言うならば、人類の知識が進んで、次第に自然を制御して行くという理想を具体化したものとも言える。便利なことには見馴れぬ若い者が二人づれでやって来て、帰りに後について聴く人があるとも知らず、不用心にも自分の腕の抜けやすいという秘密を、洩《も》らしてくれたという話になっているが、これなども我々の妖怪に対する態度の変化であった。そうしてこの空想にも前の型があったのである。

川童にはめったにこんな失策がなかったようだが、同じ挿話は日本では蛇聟入の話には多かった。夜来て暁に帰って行く不思議な聟殿を見あらわすために、母が勧めて糸のついた針をその衣服のはしに刺させる。そうして翌朝はその糸をたぐって、山奥の洞穴に行って大蛇を見たというまでは、古くかつ弘い言い伝えであったが、わが邦では通例これに立聴きの話が附いて語る。静かに聴いていると岩穴の底で、唸《うな》り苦しむような声がきこえる。その傍に誰か介抱をしていて、だからあれほど私が止めたではないか。やたらに人間の娘などに手を出すから、針を立てられて銕《かなけ》気の毒に苦しめられるのだというと、他の一方の呻《うめ》く者の声で、いやおれは死んでも思い残すことはない。種を人間の中に残して来たからと答える。なアに人という者は思いのほか賢いものだ。もしも菖蒲《しょうぶ》と蓬《よもぎ》の葉を湯に立てて、それで身を洗ったらどうする。せっかく生ませようとした子が皆下りるじゃないかと言っている。これはうまい事を聴いて来たと、さっそく家に帰ってその通りにしたところが、果して盥《たらい》に何ばいとかの蛇の子が死んで出てしまい、その娘は丈夫になったという風な話は、少しずつの変化をもってどこの国にも行われている。これにも尋ねて行けばまた原《もと》の型はあろうが、近頃ではまず主として、水の神との絶縁をこういう話にして説いている。角力の川童が腕を抜かれた理由に、これを適用していることは我々の文芸であった。そうして格別古い頃からの言い伝えでもなかった。しかも他の人は知っていないこういう大切な知識を、持っているものは神主でありまたは教師であり酋長《しゅうちょう》であったことは、大昔以来かわりはなかったろう。

諸君はすなわちそれを時代に適応するように改定しつつ、今に至るまで我々の人生観を指導しておられるのである。いたずらにわずかの珍しく古臭い習俗を、告げて驚かせるをもって能事終れりと、誤解せられずんば幸いである。

（「奥南新報」昭和七年十月）

# 小豆洗い

清水時顕君の、小豆《あずき》洗いは崩れ岸を意味するアズという地名から出た流言だとの御高説は（郷土研究三巻）、御高説であるが信じにくい。最初に地名の真の意味を忘れ、次にその地名あるがために小豆を洗うような音を聞くということは、もし一箇所ならばとんだ間違いまたはよい加減な虚誕などというべき事か知らぬが、弘く全国の各地にわたって偶合のありそうもない話である。願わくはその多くの実例を並べて見せて下され、そうする中《うち》には必ずどうしてそんな音がしたかもしくは聞えたか、何ゆえにその音を小豆を洗う音と解するに至ったかという、今一段と直接なる二箇の疑問が判明することになるであろうと思う。常陸の例は清水君自ら挙げられ、阿波の例は遠藤君が報ぜられた（同四巻六二頁）。このほかに土佐・因幡《いなば》・甲斐《かい》・羽後・陸中・東京等にもあったのである。元来何の音もしなかったのを、単に地名から小豆洗いの音を幻覚したとはいわれぬようである。土佐の小豆洗いは『西郊《せいこう》余翰《よかん》』巻三幡多《はた》郡中山田村の条に、「この里なる寺門の外に赤小豆洗いという怪談あり、夜により赤小豆を炊《かし》ぐ音せり、須臾《しゅゆ》にして止むとかや」とあり、『土州《どしゅう》淵岳志《えんがくし》』中巻にも、「宿毛《すくも》の中山田という所に寺あり、この寺の門外に赤小豆洗いということあり、時々夜更けて小豆を洗う声するなり、半時ばかりにして止むという」とあるが、原因までは究めようとしなかった。これは寺の門外とあるから、やはり小溝あり橋があったのかも知れぬ。因幡の分は『有斐《ゆうひ》斎剳記《さいさつき》』に「因州の留邸《おるすい》寺尾氏の夜話に、その国の一江崎という所に一の小溝あり、その溝にて夜水中に赤小豆磨《と》ぎといいて、小豆を磨ぐ音のすること時々あり、人怪みてこれを求むる者、必ずその水中に陥る。怪我はなしと。坐に良白耕ありて曰く、わが国にもこの事あり、ただしアズキコシという。鼬《いたち》の老いたるもの必ずこれをなすといえり」とある。良白耕といった人はいずこの人であるか知らぬが、アズキコシと呼ぶ例は自分はまだ耳にせぬ。甲州のは『裏見寒話《うらみかんわ》』巻六に、「古府の新紺屋町より愛宕《あたご》町へ掛けたる土橋あり云々、ここを鶏鳴の頃通れば橋の下にて小豆を洗う音聞ゆという。また畳町の橋の下もかくのごとしといえり」とあって、鶏鳴の頃と限っているばかりであるが、津村氏の『譚海《たんかい》』巻六には、「甲州の人の談に、ムジナはともすれば小豆洗い糸繰りなどすることあり、小豆洗いは渓谷の間にて音するなり、糸繰りは樹のうつぼの中に音すれど、聞く人十町二十町行きてもその音耳を離れず、同じ音に聞ゆるなり」とあって鼬も同様だが水中におりそうにもない獣類の所為にしてしまっている。奥州の白川でも、たしか阿武隈《あぶくま》の水源地方の山村に小豆磨ぎの怪あることを、『白川風土記』の中に記してあったかと思うが、ただ今原文を検する方便がない。また山方石之介氏はかつて佐々木君が陸中遠野郷には「川に小豆磨ぎあり云々」と報ぜられたに対して、氏の郷里羽後秋田辺では、「小豆磨ぎ」は水中の怪ではなく、むしろ山の神の所為と信ぜられているといわれた。要するに比較討究のなお必要なる理由は、第一に小豆洗いの不思議のある場所が、果して常に崖の崩れまたは岸の埋まり浅くなるような場所あるいはその附近か否かということを確かめねばならぬからである。けだし音響の怪は右の二種のほか、天狗倒しとかバタバタとか、列挙すれば数多いことである。山中というも深夜というも結局は同じことで、孤独寂寥《せきりょう》の折からでなければ今の音は何だろうと平然として穿鑿《せんさく》するはずで、これを変化のわざと解するのはあらかじめ怖いということを伴なうからである。清水君は土橋ということを崩れる方へ聯想せられたようだが、これは多分はそうであるまい。昔から妖怪は必ず路傍に出て通行人を嚇《おど》かすのが原則であった。つまり小売商が市街に面して店を開くごとく、怖がる人はすなわち妖怪の花客《おとくい》であったためで、ことに峠と坂、済《わたし》と橋などは彼等の業務を行うに最も適当な地点であったのである。しこうして妖怪の中でも眼に訴える者よりは耳を襲うものの方がもっともらしい者が多く、井上円了氏を聘《へい》せずとも解説のできるものが、音響の不思議に多かったことは事実である。夜間の怪声に鳥の声または羽音であったものがあるごとく、小豆洗いを鼬または貉《むじな》というのも必ずしも冷笑すべきでない。佐渡の砂撒《ま》き狸のことは茅原老人前にこれを報ぜられたが、自分少年の時に下総《しもうさ》で聞いた話にこんなのがある。ある男月夜に利根川の堤の上を歩行《ある》いていると、何か猫ほどの物が路を横ぎって川端へ走り下り、寄洲の水際で転がっているように見えた。立ち留って見ていたところ、やがてまた走《は》せ還って、行く手のこんもりとした木に登った。猫だろうと思って何気なくその下を通ると、木の上からばらばらと砂を降らせたという。楽屋の方から先に覗《のぞ》いたからよいようなものの、これが暗夜でもあったら、また二度も三度もあったら、必ずまた砂撒き狸の根拠地を作ったことと思う。かの地方の者は確かにこれを狸だと信じているのである。かつて試みにこの話を狸通の川瀬博士にしたところが、狸はそのくらいな悪戯はするかも知れぬといわれた。実際わが邦ばかりでなかろうが、鳥獣の生活状態ことに直接食物捜索と関係のない習癖には、明白になっておらぬものが多い。オサキや犬神の話を聞いても、ある種の獣の存在が全然知られておらぬのか、しからざればある獣の著しい性質が確かめられておらぬのか、二者必ずその一だと思うことが多い。というて自分は小豆洗いの興行権者を鼬または貉と決定したのではなく、また鼬や貉では実は少々困るが、何か大きさ形などがこれに近い水辺に住む獣が、産育の時とか遊牝の時とかに、急《せ》わしく砂を掻き動かすというようなことが、小豆洗いの怪の原因でないとは断言し得られぬと思うまでである。ただし今一つ申し添えたいことは、清水氏もいわれたごとく、何ゆえに音もいろいろあろうのに、小豆を洗う音ばかり聴き取るのが例であったかという疑いである。私はその答を小豆その物に関するわが民間俗信の方面に覓《もと》めるのが自然の順序かと考える。各地の小豆阪・小豆峠の中には、アスという動詞に基づいたものも決して交っておらぬとはいわぬが、何かそのほかにも小豆に関した習俗がその地名の起原となった場合がないか否かを考えてみねばならぬ。今一段溯《さかのぼ》っては小豆がどうしてアズキというかも研究すべき一の問題である。近い頃の神符降臨の騒ぎの時も、何か赤い樹の実の降ったのを小豆が降ったと言い伝えた例もある。『怪談老の杖』巻三に、「小豆ばかりという化物の事」と題して、麻布《あざぶ》近所の二百俵ばかり取る大番士の家で、夜分はらりはらりと小豆を撒くような音がした。後にその小豆の音だんだん高くなり、ついには一斗ほどの小豆を天井の上へ量るようなる体《てい》で、間をおいてはまたはらはらとなることしばらくにして罷《や》む云々という話がある。すなわち小豆はすでに土橋の下ばかりで洗われておらず、人家の天井の上でも活躍しているのを見れば、鼬貉のみでは天下の小豆洗いを解説し尽すことのできぬのもまた明らかである。なお同種の話を多く集めた上で講究を続けたい。

（「郷土研究」大正五年五月）

## 呼名の怪

名を呼んで人の心神を奪い去る妖怪のことについて、桜井秀君の挙げられたのは元和四年と元久（文久？）二年と両度の記事であったが、そのほかにもこれと同じ不思議が、これは京都以外の地で起った。『月堂見聞集』巻二十九、享保十九年五月の条に左の記事がある。「同年九州の地夜に入り家々の戸を叩き候えば、開き候とその者絶入《たえいり》仕《つかまつり》候《そうろう》。これは去年五月の中旬の頃に御座候。この間は備中・備後地へうつり候由《よし》。ある者教えて曰く、たぞやたぞわが名を知らでいふ人はいづくへ行くぞこゝは神やど、右の歌を書き付け門戸に張る。依之《これにより》近き頃は少許《すこし》うすらぎ候由。備中国の便宜に申来《もうしきたり》候なり」。ただし後段の記事によると、九州小倉へ行った人の話に、かの地では何の事もなかったということであるから、あるいは虚説であったかも知れぬが、神宿云々の歌は文久度のものとほぼ同じであるのを見れば、由来のあることであろう。

（「郷土研究」大正五年一月）

## 団三郎の秘密

先だって八戸へ遊びに行った時に、小井川潤次郎君から耳よりな話を聴いた。あの市の周囲の村には幾処となく、隠れ里の伝説が分布して、昔は頼むと膳椀を貸してくれた。その返却を怠ったので貸さなくなったといって、古い道具の一部を持ち伝えている旧家も少なくないということである。私が始めて椀貸元の話を書いた頃には、これはまだ算《かぞ》えるほどの一致であったが、今ではまったくないという土地がかえって珍しいくらいに方々で発見せられている。しかし三戸郡の異例は、かたまって数多くその遺跡があることと、今一つはダンズという地名であった。小井川氏は曰《いわ》く、この膳椀を貸したという淵や池の辺には、必ずといってもよいほどダンツカアラ、もしくはダンズという地名が存する。他の場処にはまだ気がつかぬから、これが何か伝説と縁のある語ではないかという意外なことだがまことに大切な手掛りである。他の地方の椀貸し口碑にも、果してこの地名を伴なう例ありや否や。あるいはまた何かこの語を説明するような別の話でもあるかどうか。この答が得られたら我々の研究は躍進すると思う。

しかし自分のこれについて、聯想し得ることはわずかしかない。佐渡には二つ山の団三郎という狸の大家族がいて、金を貸していたという話がある。金山隆盛の数百年の間に、自然に落ちこぼれた財宝を拾い集めて、相川・河原田の中間の山奥に、狸が長者のような暮しをしていたというのである。島の方では医者が招かれて往って外科の療治をしたの、産婆が子を産ませてやって莫大の礼を受けたのという、他の地方でもよく聴く話が記録せられていないが、越後の方の地誌にはかえって奇抜な伝えがある。今でもこの海岸から佐渡ヶ島を望むと、ちょうど二つ山の上あたりに絶えず彩雲のたなびくを見る、あれが団三郎の住んでいる城郭だといって、すなわち隠れ里のあこがれは濃《こま》やかだったのである。島に生れた湛念《たんねん》な人ならば、あるいはまだ耳に伝えた昔語りを保持しているかも知らぬが、ここでは主人公が狸になってから、以前の伝承は変色したのである。それを復原してみることはかなり困難かと思う。

膳椀類の貸主を狸だと想像していた例は、関東の方にもあったようである。それからまた貉の内裏《だいり》と称して、地下にすばらしい大きな殿堂があり、貉がその居住者でありまた頭目であったという話は、武州にも上州にも近くまで遺っていて現に私はその見取図のごときものを一見したことがある。夢のような風説だが空《くう》には生れなかったと思う。この地方の椀貸しは半分は洞穴であった。以前は必ず水のほとり、または淵の底から出して貸したのだろうが、それが横穴の泉の出口などになると、いつとなし穴の獣の、しかも人間の姿に化けることを好む者に仮托せられる傾《かたむき》になったのかと考える。つまりは普通の人々がようやく真としなくなった結果である。佐渡の例において何よりも注意に値するのは、その隠れ里の狸の名が団三郎であったことで、この点も変えるならもっと狸らしく変えたろうから、これは偶然に古い部分の残片かと思う。ところが一方に遠く鹿児島県の方言集を見るとあの地方でも狸をダンザといっている人がある。これは珍しい一つの旁例であって、あるいはその根源に佐渡と系統を同じくする伝説でもあるのではないかどうか。それを尋ねるためにはかの地方に住む人たちの協力を求める必要がある。

こういう問題を一つの郷土の内で、解釈しようとするのはいつでも無理である。それが簡単に答えられるようだったら、とくの昔に問題の事実もなくなっていたろう。誤っていればこそ今の形で残って来たのである。団三郎という名前がまた別種の形となって、伝わっている処が四国にもある。伊予と土佐との境の山村にわたって、これを曾我の十郎五郎の忠義な家来、鬼王団三郎の兄弟の者が、落ちて来て隠れ住んだという話にしている。この両人の事蹟は『曾我物語』の中でもちょっと頭を出して最後までは述べられていない。だからいかなる遠方の山奥へでも引張って来ることは可能であるが、これがもし小説であり史実の上の人物でないとするとその始末はかなり妙なものになるわけである。ところが伊予の山などではこの後日譚がやや進展し過ぎている。団三郎は奥州の常陸坊海尊《ひたちぼうかいそん》などと同じく、また土地人の幸福に寄与していた。そうして一人の老女を伴ないそれが曾我兄弟の母の満江であったともいえば、一方にはその女性がまた山中に永く住んで、たしか近代の和霊《われい》大明神の神霊となった、山家《やんべ》清兵衛の物語とも交渉を持つような話がある。これも私にはダンザという言葉の、まったく別途の成長であったような気がするのである。土地が相接しているとかえって種々の影響感化がある。隠れ里の思想の古い起原を知ろうとするには、むしろ懸け離れた遠方の、とんでもない言い伝えを見る方が暗示は多い。そうして私の知っていたことは、佐渡と伊予・土佐と九州の南端と、偶然にも国の四方の隅々であった。これが一つの信仰の末梢現象であると、速断しようというのでは毛頭ないが、とにかくにこの四箇所の互いに知らぬ郷土誌家に今後の調査によって獲たものを、参考として交換してもらいたいと思うだけである。

（「東北の旅」昭和九年六月）

## 狐の難産と産婆

古い話が新しい衣裳を着て、今でもまだその辺をあるいている。これはそのたった二つの例である。

一つは五六年前という。筑後渡瀬《わたぜ》駅に開業する産婆、深夜に見知らぬ家に招かれて車で行った。使いの者は三十前後の商人体で、非常な早口の男であったという。鶏鳴の頃にやっと産があり絹布の夜具にねかされてとろとろとしたと思うと、江《え》の浦《うら》街道の路傍の藁《わら》の中に寝ていた。ただし枕元には紙に包んで、新しい本物の五円札があった。

今一つは三十年前の因幡《いなば》鳥取市での話。市中で有名な産婆が、これは駕籠《かご》で迎えられて一里ばかり郊外の立派な家に往った。非常な難産であったがようやくすみ、山を下り野を行くような感じをして、また送られて駕籠で還って来た。翌朝縁の外に見事な雉子《きじ》が二羽、その次の朝は鳩とか鶉《うずら》とか、鳥ばかりの贈物が一月《ひとつき》近くも毎朝続いた。産婦の家もどう考えてみてもありそうに思われなかった。狐の家に相違ないという評判であった。

　こんなタワイもない話はいくら集めても仕方がないようなものだが、土地と話手のかわるに伴のうて、少しずつの変化はある。それを重ねてみて注意すれば、末には必ずどうして始まったかが知れるはずである。場所と人名などの判明したものを、できるだけ多く集めておきたいと思う。


（「民族」昭和三年九月）

## ひだる神のこと

　三十年も以前に、学友の乾《いぬい》政彦君から聞いたのが最初であった。大和十津川《とつかわ》の山村などでは、この事をダルがつくというそうである。山路をあるいている者が、突然と烈しい飢渇疲労を感じて、一足も進めなくなってしまう。誰かが来合せて救助せぬと、そのまま倒れて死んでしまう者さえある。何かわずかな食物を口に入れると、始めて人心地がついて次第に元に復する。普通はその原因をダルという目に見えぬ悪い霊の所為と解していたらしい。どうしてこういう生理的の現象が、ある山路に限って起るのかという問題を考えてみるために、まずなるべく広く各地の実例を集めてみたいと思う。いったん印刷せられて出ている記事も、参考のため簡単に列記して、我々の共同の財産にしておこうと思う。

　最も古く見えている書物は、今知る限りでは柳里《りゅうり》恭《きょう》の『雲萍雑志《うんぴょうざつし》』巻三である。伊勢から伊賀へ越えるある峠で、著者自身がこの難に逢った大阪の薬種屋の

注文取を助けた話を載せ、これには餓鬼がつくという
とある。目には見えねどこのあたりに限らず、処々に乞食《こじき》などの餓死したる怨念《おんねん》、そこに残り侍《はべ》るにや云々とある。

同書にはさらに附記して、その後播州《ばんしゅう》国分寺の僧に逢ったところが、この人も若い頃、伊予国を行脚《あんぎゃ》して餓鬼につかれたことがある。それからは用心のために、食事の飯などを少しずつ紙に包んで持ってあるき、つかれた人があればやることにしているといった。

大和附近の山地には、ことにこの例が多かったように思われる。『和歌山県誌』下巻五八七頁に、ある書に曰くと書いて、熊野の大雲取・小雲取の山中に、幾らとも知れぬ深い穴が幾つかあって、それを飢渇穴と呼んでいた。旅する者がこの穴を覗くと、たちまち前に述べたような症状を感ずるとて、ある旅僧の実歴談を記している。道行く人に教えられて、口に木の葉を咬《か》みつつ、ようやく十町ばかりある山寺に駆け付けて助かったとある。

同じ書には、俗にこれをダニにつかれるという。同県西部の糸我阪《いとがざか》にも、これに似た処があるという。糸我の阪は県道で、相応に人通りある処である。

ダニとあるのは聞き誤りかも知れない。森彦太郎君の『南紀土俗資料』方言の部に、山路などあゆみて疲《ひ》憊《はい》するをダリつくというとあり、また日高郡山路《さんじ》の山村において、ダリにつかれた時は、米という字を手《たな》掌《ごころ》に書いて嘗《な》めるまじないのあることを、同書俗信の条に記している。

大和の方ではまた、宇陀《うだ》郡室生《むろう》寺の参詣路、仏隆寺阪の北表登り路中ほどに、ヒダル神のといつくという箇処のあることを、高田十郎氏の一人雑誌『なら』第二十七号の奥宇陀紀行にのせている。その難に遭った者を見たのでないが、そこに文久三年に建てた供養塔があり、法界万霊の文字の下に、十六字の偈《げ》と一首の歌が刻してある。

まこゝろに手向けたまへば浅はかの水も千ひろの
海とこそなれ

摩尼《まに》山下　渓水津々《しんしん》　若供一杓　便是至仁

今でも食物を持たずに腹をへらして通ると、ヒダル神が取り憑いて一足も動けなくなる難所だといっている。

はるかに懸け離れた長崎県の温泉岳《うんぜんだけ》の麓にも、同じような道の災いを言い伝えた地方があって、そこではこれをダラシと呼ぶそうである。故井上円了氏の『於《お》ばけの正体』という書に、読売新聞の記事を引用して、ある学生がこの山の字小田山という処から降った辻という阪路で、一人の被害者を救い、後に冬休で再びそこを過ぎた時、自分もまたダラシにかかった話を掲げている。動こうとすれば少しも手足が動かず、休んでいると別に苦痛はなかった。何か食物を携えていればこの難がないというが、ある年には鰯《いわし》売りの男が、鰯の荷の側で昏倒《こんとう》していた例もあるという。

同じ地方の実例の最も具体的なものが四つ以上、本山桂川君の編輯《へんしゅう》していた『土の鈴』第四号に出ている。同じく温泉岳の周囲ではあるが、南高来《たかき》郡愛野村から島原の城下へ行く岩下越の峠附近とあって、前のとは別の地点かと思われる。室生の例のごとく精確に一つの地点とはきまっていなかったようである。これもダラシといい、これにつかれると軀中《からだ》がだらしなくなるといっているが、突然手足がしびれ力がなくなり、冷汗が出て腹がこわばる。または腹を抑えてアイタアイタといいながら来る者を見たともあって、前の学生の実験とは少しの相異がある。わずかの食物の食い残りを近い藪《やぶ》の中へ投げたら治ったともある。以前旅人がこの辺で餓死し、その魂が附近に留っているともいい、またかつてここで首を釣って死んだ者があるともいう。米の字を手掌に書いて、嘗めるとよいというのも紀州に似ている。

右のごとく名称は各地少しずつの差があるが、便宜のために分りやすいヒダル神の名を用いておく、少しでもこれに近い他の府県の実験談と、もしこの問題を記載した文献があるならば報告を受けたい。理由または原因に関しても意見のある方は公表せられたい。これだけはすでに世に現れた材料であって、自分はまだ特別の研究を始めたわけではない。

（「民族」大正十四年十一月）

## ザシキワラシ（二）

紀州高野山の旧記の中に、座敷稚子《ざしきわらし》の事が見えぬというのは、多分二人の紀州人のいわれた通りであろう。しかも私が書物にはなくても、実際あった事かも知れぬといったのは、あの大阪の雑誌に出たという話が、これを信じて報告した人の話らしかったためばかりではない。私はまだ『新社会』を読んではいないのである。

東京にも百年ほど昔、一種のクラボッコが住んでいた例がある。家の人に多少は世間へ隠す心持もあったので、存外に夙《はや》く忘れてしまわれ、または他の不思議と混合せられたのが多いのであろう。本所二丁目の、相生町《あいおい》と緑町との横町であった。梅原宗得という人の家の古い土蔵に、妖怪とはいっても、別に何か害をした話のない妖怪がいた。いろいろの形で現れたという。この土蔵に入って働く者、俄《にわか》に大小便を催すときは、すなわちこの物の出ようとする前兆として、急いで飛び出したということである。

夜は鉄棒《かなぼう》を曳《ひ》く音がした。金剛三昧院《こんごうざんまい》の小僧と同じく、これも火防《ひぶせ》の神として祭られ、この家から火災除けの守札を出し、その霊験を認められていた。祭の日はどういう訳か、四月の十四日であった。燈明、菓食、音楽等をもって厚く祀ったとある。しかもただの神様ではなかった。ある年近火があって、この家も片付が間に合わなかった時に、見馴れぬ女が一人出て来て、荷物を纏《まと》めて庫《くら》へ入れてくれる。髪長く垂れて、顔はどうしても見えなかった。やがてその庫の中に自分も入って、うちから戸を閉じたということである。江戸ではるかこれ以下の奇瑞があっても、すぐに守札を受けに来る者があった。祭るのはこのためであったかも知れぬ。古土蔵は石庫で、中には何の変った事もなかったが、ただ隅の棚の上に、五六寸四方の箱が一つあって、昔から置き処を換えず、また手を着ける人もなかった。これが不思議の源であろうかということであった。この話は十方庵の『遊歴雑記』第二編の下に出ている。その梅原氏と古土蔵とは今どうなっているか。あるいはやっぱり焼けてしまったかも知らぬ。

ザシキワラシの話が、私のこれと一緒に出す田原藤《たわらとう》太《だ》の話の心得童子《こころえどうじ》と、若干の関係があるらしいのは、偶然ながら面白いことである。仏教の方で護法といい、または天童《てんどう》とも使者ともいうのは、本来その宗教の大きな力をもって招き寄せたものだから、人といってもせいぜい名僧の処へ来るまでであるが、我々の心得童子は在家にも来て仕える。そうしてその家を長者にせざれば止まぬようである。その中にはいたってザシキワラシと近い者もある。出羽の鯉川《こいかわ》という処に住む貧乏な夫婦、ある時から、ふとこの類の者の援助を受けるようになった。宝暦七年の事であるという。姿は決して見せたことはないが、いずこからともなく人の声で物をいう。後には馴れて怖くもなくなった。主たる援助は夫婦の問に応じて、何でも未来の事をいってくれて、それが皆中《あた》ることであったが、時としては食物などを彼等の求めに従い、何なりとも調えて持って来て食わせる。これと同時に近隣の家では、餅なり饂飩《うどん》なりそれだけの物がなくなる。人あってその声によってその物を取り留めんとすれば、形は見えないが力すこぶる強く、相撲を取り捻合《ねじりあい》をする体にして、かつて誰にも負けなかったとあるが、どこまでが誇張の噂であるか分らぬ。津村氏の『譚海《たんかい》』巻二に出ている。後いつとなくその怪止むとある。

佐々木君蒐集のものが、ずっと物語化した二人の娘の話などのほか、予言はおろかろくに物もいわぬらしいのは、ザシキワラシ以上の不思議である。これは後世どう説明せらるべきものであろうか。もっとも人と神との懸隔は、概して時とともに遠くなるものであるが、出現の回数がだんだんと稀になり、常の事が非常の事のようになるに至って、何も語らずも、姿を見せるだけで目的の全部を達したからと、考えておいてよかろうか。しからばすなわち民間巫道《ふどう》の衰微を示すものである。仏教の高僧が護法童子を天から呼んだと同じく、我々の巫女《ふじょ》たちは秘法をもって各自の心得童子を作ったようである。しこうしてこれを旅行等に同行する便宜のために、体軀《たいく》から引き離した魂だけにして連れていたようである。そうすればもちろん人に見えず、またいろいろの物にも宿ることができる。これを自在に利用して、陰から不審の事を説明させ、あるいは他人の身の中までも往来せしめる。ただし一つの不便は、すでに不用になっても、元々自己の体を具えぬ霊魂であれば、他には行き所がない。それゆえにいつまでも術者の家に留り住んでいる。これらが旧家に纏《てん》綿《めん》するところのザシキワラシと関係あるものではなかろうか、もしそうだとすれば、これも今ちょうど、私が「おとら狐の話」の附録において、すこしく説いてみようとする問題である。

最後に今一つ、何ゆえに座敷に住む者が多くワラシであったかということ、これはいたって重要な点であるらしい。生きた人間の中では、老人が最も賢明にしてかつ指導好きであることは、ことに我々の明治大正における経験であるが、奇なるかな神様には、若い形が多い。少くとも童子によって神意を伝えたまうことが多い。ザシキワラシもその現象の一の場合ではあるまいか。未開時代の人の考えでは、教育や修養によって人柄が改良するなどとは思わぬから、いわゆる若葉の魂の、なるべく煤《すす》けたり皺《しわ》になったりせぬ新しいものを、特に珍重して利用したのではあるまいか。仏教でいう輪《りん》廻《ね》の思想では、魂は虫や鳥に宿っても同じ魂で、人間に来てから別に成長することもないとしているのだから、一日でいえば早旦《そうたん》、一年でいえば正月が結構なように、しばらく休養して来た新しい魂を上《じょう》玉《だま》と認めて、できるならばこれを使おうとしたことが、今日に至るまで、赤児を墓地には送らぬという奇風習の、もとをなしているのではないか。それだとすれば他の亜細亜《アジア》民族の中に、ぽつぽつ残っている子供を家屋等の守護者とする手段の、話をするさえ恐しい儀などと、遠い昔において縁を繋いでいたのかも知れぬ。ザシキワラシが時として火事の前触《まえぶれ》をするといい、あるいはまたこの災いを防ぐ力があるとまで思われたらしいのも、かつては火を怖れた人がこれを祀った名残であって、すなわちこの怪物のよって来たるところを暗示するのかも知れぬ。何にしても、死んだ水子の取扱い方は、我々の父祖の変った心持を推定する好い材料であるゆえに、私はまた別に赤子塚の話において、人の運と魂との、古い関係を考えてみようと思っている。ただし家の中に埋めるという分はまだ少しも注意していなかった。これは佐々木君に頼んで、今後大いに調べて貰わねばならぬ。

その他オクナイサマとの隠れた関係、オシラサマという名前の起り、それからザシキワラシの顔の色の赤いということ、小豆がすきだということ等、それからそれへと仔細を尋ねて行くならば、今この話をただ面白いと思って読んでいる人達が、ようやく国民というものを考えねばならぬ時分になって、顧みてこれらの書物の存外に深い意味を持つものであったことを感じ始める頃には、ちっとは我々平民の歴史を知る手掛りにもなるであろう。ちょうど今から十年前に、私が佐々木君の話に拠って『遠野物語』を書いた時には、誰もザシキワラシなどを問題にする者がなかった。それが現在では、とにかく一団の研究者が起って、眼を皿のようにして解決の鍵を捜している。しこうして遠野は佐々木君の力で、学問のための一箇の高千穂峰となったのである。なしという返事が来たり、またはまるまるに答の来なかった地方でも、いつかは氷の解けて水草の青い芽が見えるような春が来ぬということもあるまい。どうにかこの書物をもって、茫洋《ぼうよう》たる湖上の一扁舟《へんしゅう》として、なおさらに処々の岸に棹《さお》さしたいものである。

　佐々木君が遠く各地を旅行するの余裕がなくて、ひたすら猿ヶ石川の小盆地ばかりから、ある限りの旧話を搾り取るようにせられたのは、気の毒ではあったがまた得がたい好経験であった。この一つの物をじっと見詰めるような態度は、我々普通の散漫な旅人には、とうてい望まれぬものであって、またこれでなくては次いで起るべき蒐集者の手本とするには足りぬのである。この篇は篇者自ら『奥羽民譚集』の第二巻と称している。しからばそのぜひとも第一巻とせねばならぬ一篇は何であるか。どうか次から次へと相互に脈絡を辿って、世に隠れたる東北文明の尊い起源を明らめ、我々の霊魂がいまだその宿を移さざる前において、鏡に向うようにこの国民の、真面目に対してみたいものである。

（大正九年二月）

（附記）
　この文章は佐々木喜善氏の「奥州のザシキワラシの話」（炉辺叢書）の巻末に書いたものである。

## ザシキワラシ（二）

明治四十三年の夏七月頃陸中上閉伊郡《かみへい》土淵村《つちぶち》の小学校に一人のザシキワラシ（座敷童）が現れ、児童と一緒になって遊び戯れた。ただし尋常一年の小さい子供等のほかには見えず、小さい児がそこにいるここにいるといっても大人にも年上の子にも見えなかった。遠野町の小学校からも見に往《い》ったが、やっぱり見た者は一年生ばかりであった。毎日のように出たという。十七八年ばかり前、遠野の小学校がまだ御倉（南部家の米倉）を使用していた頃、学校に子供の幽霊が出るという噂があって、皆が往ってみたことがあった。友人にこれを見たという人がある。夜の九時頃になると、玄関から白い衣物《きもの》を着た六七歳の童子が、戸の隙《すき》より入って来て、教室の方へ行き、机椅子の間などをくぐって楽しそうに遊んでいたという。それも多分ザシキワラシであったろうと思う。

（「郷土研究」大正三年八月）

## 己が命の早使い

『遠野物語』に、ああいった風な話を、ごくうぶのままで出そうとした結果、鏡花君始め、何だ、幾らも型のある話じゃないか、というような顔色《かおつき》をした人が、段々あったけれども、負け惜しみのようだが、自分は、あれを書いてる時から、あの話が遠野だけにしかない話だとは思っていなかった。むしろ、西は九州の果てにまで、類型のあるのを、珍重したくらいだった。けれども、それを列記したらば、その面白味が減ると思って、木地を出す事にばかり苦心したのである。

たとえば、川童《かっぱ》の駒引の話などでも、あの前から、自分は、内々研究しておって、羅生門《らじょうもん》の綱の話などと、脈絡のあるという、面白い事実を考えていた。

あの中に、今一つ、ちょっと異った話で、今お話をしようと思うのは、ある金持の家の先祖が、始めて金持になった時の、由来を書いたものである。

閉伊川《へいがわ》の原台《はらだい》の淵という処を、通って行くと、非常に綺麗な女が現われて、この手紙をある処へ届けてくれといった。無筆な男だから、後生大事に、持って来る道で、山伏に出遇った。ところが、山伏が、その話を聞いて、そりゃ剣呑《けんのん》だから開けてみろといった。そして、開けて見ていうのには、この手紙をこのまま持って行ったら、お前の命はなかったんだ。私が書き直してやろうといって、別に手紙を書いてくれた。それを、何食わぬ顔をして、その男が持って行ったらば、先方にはやはり、綺麗な女が出て来て、その手紙を受け取って、開封をして見て、非常に喜んで、お礼に小さな石臼をくれた。欲しい物があるたびに、その石臼を一廻し廻すと、何でも出て来る。

という話なんだ。ところが、こんな珍なる一つの話も、決して、突如として現れたものではない。数百年数千年の、歴史上の基礎を持っている。

まず、近頃の同じ型の話を、二つばかりしてみると——

甲州の国中に、国玉村という村がある。この村に、名は大橋といいながら、きわめて短い石橋がある。この石橋は、郡内の猿橋と大変仲が悪い。猿橋の上でこの大橋の噂をしても、きっとおそろしい事がある。

昔、武州から甲州へ行く者が、猿橋を渡る時に、うッかりと国玉の大橋の噂をした。ところが、一人の婦人が、不意と現れて来て、甲府へ行くのならこの文を一通国玉の大橋へ届けてもらいたいといった。けれども、宛先も言わなかったのを、後で心付いて、途中でこッそり開けて見たら、その中に、この男を殺せ、と書いてあった。

それからして、大いに驚いて、早速、自分の矢立の筆で、決して殺してはならぬ、と書き直して、何食わぬ顔をして、大橋へ持って行った。

ところが、橋の上でまた一人の婦人が現れて来て、はなはだ怖い顔をして見ておったが、その手紙を渡すと読み下して後に、急に顔の色が変って、お礼をいいながら別れた。そして、何の障りもなかったという事である。

これと同じ話が備前の福山附近にある。これはその地名をちょっと忘れたが——

ある馬方が、馬を牽《ひ》いて、夕方に某地の坂を通ると、やはり婦人が出て来て手紙を一つ托《ことづ》けた。事の為体《ていたらく》が何分にも不審であったゆえに、途中で出会った山伏に、内々その手紙を読んで貰ったら、その手紙には、前文御免で、

一、馬牽男の腸　一具
　右差進じ候事

と書いてあった。それから馬士《うまかた》は仰天して、やはり自分に都合の好いように書き直してもらって、これも先方へ届けた。

しかし、これも別に、金持になるような、打出の小《こ》槌《づち》も貰わなかったように書いてあった。この話の日本における元祖は、ずっと八九百年の昔にあって、『今昔物語』の中には、これに似た話が二つ三つある。その一つをいうと――

京へ帰る旅人が、美濃路のある処で手紙を一通托せられた。差出人は、やはり女であった。勢田《せた》の長橋へ持って行けば、受取人が出て来るという事であった。

これもやはり手紙を途中で開封して見たところが、些《ちっ》とも解らぬ事ばかり書いてあった。何食わぬ顔をして、これを封をして、勢多の橋まで来ると、はたして、水の垂れるような綺麗な女が出て来て、私に托かって来た手紙はないかと聞いた。旅人は恍《とぼ》けて、その手紙を出すと、女は目の前で開封をして見たが、たちまち面色変じて、お前は悪い人だ。途中でこの手紙を開けて見たろう、とそういった。

するとたちまち天地怪鳴して、旅人の命はあるとないの境ぐらいに行ってしまった。

この話のごときは、何ゆえにこういう思いも付かぬ事が、古今東西かたちを同じくしているか。不思議といえば、事実それ自身よりもこの方がなお不思議なくらいである。しかも、近頃になって心付くと、この話は支那から来ている。顧炎武《こえんぶ》の『山東考古録』という書物は、泰山を研究した書物である。この中に、かの地方の伝説と称して、こういう話が載せてある。

昔、ある旅人が、山東を旅行して、泰山の麓《ふもと》を通った時に、老人が出て来て、手紙を一通托した。揚子江を渡る日に、河の半ばで現れて来る者に、この手紙を渡してくれという依頼である。

不思議に思いながら、この男は、無邪気であったとみえて、開封もせずに、これを揚子江まで持って行った。

ところが、果して、揚子江の中流に行った時に、一人の美しい若い婦人が現れて、その手紙を受け取った。

この手紙の中には別にこの男を殺せとは書いてなかった。

何かお礼の品を貰って、いわゆるこの後話なしという事になってしまった。

しかし、その手紙というのは、泰山の山の神が、かねて自分の娘を揚子江の河の神に嫁入らせていた。そして、山東旱魃《かんぱつ》につき、少々雨を送ってもらいたいという、依頼状であったという話である。

以上の話でも解らないといえばやっぱり解らない。何ゆえにこんな突拍子もない話がわざわざ日本にまで輸入せられたか。また、かりに偶合であるとすれば、何ゆえに人の頭脳の中にこういう思い懸けぬ空想が発現したか。これらは、学者が、万年かかっても、とても明らかにする事のできない人類の秘密で、妖怪研究の妙味も、結局するところ、右のごとき神韻渺々《びょうびょう》の間に行かなければならないのかと思うと、やはり宇宙第一の不思議は、人間その物であるといわねばならぬ。


（「新小説」明治四十四年十二月）

# 山姥奇聞

## 一

遠州のどの辺であったか、汽車の走る広々とした水田の間から、はるかの北の方に県境の連峰が、ややしばらくのうち旅人の眺望に入って来る処がある。時には雪を持ち、または白い雲が揺曳《ようえい》している。

かつて私は天竜川の上流から、あの片端を越えて奥山の谷に降りて行ったことがある。人間は水路をたどって案外な入野まで伐り開いて住んでいることに驚いたが、しかし山の力がこれによって少しも弱められたり衰えたりしていないのにはさらに驚いた。平地に住む者の想像を超脱した寂漠《せきばく》たる生存、これにともなう強烈な山の情緒が、人間の心を衝《う》ってやまない。

『遠江《とおとうみ》国風土記伝』という百年前の記録に「豊田郡久《く》良幾《らき》山、奥山郷大井村字泉に至り、巌一所、明光寺の山の上、名づけて子生《こうみ》たわという。天徳年間山姥《やまうば》これに住し、時として民家の紡績を助く。多年にして三子を生む。一男名は竜筑房《りゅうちくぼう》、竜頭嶺の山の主なり。二男は白髪童子、戸口村神之沢の山の主なり。三男常光房は山住奥院《やまずみおくのいん》の山の主なり」とある。山住の常光神社は今なお参遠地方の霊神としてあおがれている。この神の使いは御犬すなわち狼であって、信徒がこれを招請して、あらゆる邪悪を駆逐治罰せしめるという。

しかも同じ書物によれば、山姥の三子はある時は里に下って民家の小児を害したために、平賀中務《なかつかさ》・矢部後藤左衛門の二人が朝命を奉じてこれを征伐し、その子孫の者ついに土着して奥山郷に住んだという。

母の山姥はこの後秋葉山に逃れ住み遺跡はかの地に存するのであるが。なお後世に至るまで毎年子生たわの岩の上で山姥を祀った。山香《やまが》の相月《あいつき》という村にも山姥の社がある。神の沢では今も雪中に白髪童子の足跡を見ることがあり、山住山の常光房もまた時として雪の上にその跡を留めて行くことがあると記してある。かの地方の山村の人は知っているだろうが、藁科《わらしな》・大井・気多《けた》・天竜の谷々には、山男の大足跡の噂は絶えたことがない。ただそれが白髪童子の三兄弟の末であるか否かは、信仰以外にこれを決する者がなかっただけである。

## 二

山姥・山姫の話は信越の境の山々を始めとして、山国の里に多い。関東から奥羽へかけては、山母はアマノジャクに近いものとされ、今では単なる童話中の妖怪にまで零落している。だが山姥も最初は山をめぐり里に通うて、木樵《きこり》の重荷を助け民の妻の紡織を手伝ったという説があり、北ヨーロッパのフェアリーなどと同じく、単なる空想の産物ではなかったろう。阪田公時《きんとき》を足柄山の山姥の子ということなども、『前太平記』以前には確かな記述もないようだが、相当根拠のある作りごとであったらしい。阿波の半田の奥の中島という村の山には、山姥石という大きな岩がある。この辺には山姥が住んで、時々里の子供を連れて岩の上に出て来て火を焚《た》いてあたらせることがある。それを見たという人も以前にはあったそうな。他の地方の山村でも、冬の特別に暖かい年は、「今年は山姥が子を育てている」と戯れのようにいう処が少なくない。それがほんとうかどうか、信じないのはもちろん我々の権利であるが、何も理由がなくこんな話の発生することはあるまい。説明ができないからといって無視しようとするのは横着だ。

私はこれについて、こんな風に考えている。

第一には、現実に山の奥には、昔も今もそのような者がいるのではないかということである。駿遠でも四国でも、または九州の南部でも、山姥がいるという地方には必ず山爺《やまじい》がいる。あるいは山丈《やまじょう》ともいうが、ジョウとは老翁のことである。山母に対しては山父という語もあり、山姥に向ってはまた山童《やまわろ》がある。これを総称しては山人《やまひと》と呼び、形の大きいために大人《おおひと》という名もあった。果して我々大和民族渡来前の異俗人が、避けて幽閑の地に潜んで永らえたとしたら、子を生み各地に分れ住むことは少しも怪しむにたらない当然のことである。問題はむしろ文明の優れた低地人が、何ゆえに彼等を神に近いものとして畏敬したかという点にある。

第二には正反対の側面から、山の神の信仰には以前は明らかに狼の恐れが含まれてあった。狼が群をなして移動する威力、あるいはその慧敏《けいびん》と狂猛に恐れをなして、祭れば害をまぬがれるだろうと考えて大口真神《おおくちのまがみ》の名を与え、さらに進んでは人間に准じてその隠れたる成育を想像した。御犬が子を生むという場処は霊地であり、またその季節には戒慎して、特に十分なる食物を寄贈する風習も各地にあった。武蔵の三峰山《みつみねさん》のごときは今でもこの時の儀式があって、御犬は夜深く吠えて祭の催促を信号すると伝えられる。また狼の首領が老女の姿を借りて人間《じんかん》に往来したという話は多い。さすれば、山姥の子育てということも、これから類推した物語りの類かも知れぬが、それにしては深山の雪に残した足跡が人の足跡であることが、改めて解釈せねばならなくなる。

三

第三には、山に入って行く女のことが考えられる。山隠れする女は多くの場合狂女で、いわば常から山の力の威圧に堪えかねていた山村の女であったが、彼等はしばしば山の神に娶《めと》られると信じて喜び進んで山に入っている。ある女は産後の精神異状から山に入ったなどという話もある。

日本固有の宗教には神の御血筋という思想がある。後には転じて高祖を神と拝む慣習に併合したが、地方の端々にはなお年久しく、明らかに人間以上の神霊を祖先とした家があった。その霊がもし男神ならば、人間の少女を配すると神の子を生むと伝えられる。別にまた上総《かずさ》の玉前神《たまさきのかみ》のように、姫神にして自然に子を設けたまう例もあった。これはやがてはわが国神道の成長力となったもので、鹿島も八幡も諏訪《すわ》も熊野も、一つとして御子神《みこがみ》若宮の信仰にもとづかずに、その教えを伝播した例はなかった。ゆえにもし山中の口碑が純然たる精神上の破産であったとしても、やはり遠江の奥山に伝えたごとく、今の神は前の神の御子と考えて祭るのほかはなかったのである。

話は長くなったが、私の説は仮定であって、まだ結論でも何でもない。ただ山岳を、いわゆるアルプス党の蛮勇によって始めて占領した空閑の地のごとく考えないように、最後にも一つだけ何か理由のあるらしい奇異なる物語を附け添えよう。

今からもう十七、八年前のこと、私は九州の南部市《いち》房山《ふさやま》の麓の村に入って、一巻の狩の伝書を見たことがある。文字が横なまって精密な意味は取れなかったが、その一節に次のような話が、唱え言として残っていた。

昔大満《おおま》、小満《こま》という二人の猟師が狩の支度をして山に入ると、一人の女が来て、私は今子を産んだ。産腹《うぶはら》を温めたいから何か食物をくれといった。それを一人は狩の前の血の忌を畏《おそ》れてすげなく拒絶したが、他の一人は快く承諾したというのである。話はこれで終って何の意味か分らなかったが、最近に佐々木喜善君の『東奥異聞』が出版せられて、始めて一千里の北の端まで、同じ神話の流布していることを知ったのである。岩手県の猟師の口伝にあっては、二人の名は万次、万三郎であった。産をした女は山の神であって、血の穢《けが》れをも厭うことなく、その望みをかなえた猟人は永く豊富なる獲物をもって報いられたことになっている。これは『常陸風土記』の富士と筑波の話、もしくは備後の巨旦《こたん》・蘇民《そみん》の二兄弟が、武塔《ぶとう》天神を待遇した話から、近世になっては瘤《こぶ》取りや花咲爺まで、賢愚善悪の二つの型が、神の選択によって盛衰した昔話のただ一つの変形というに過ぎないが、それにしても山の神が女性であり、山にあって子を産むということがその信仰の重要な一部をなしていたことは、かりに九州と東北と二つの一致がなくても、なお小さからぬ暗示である。問題はただ山を愛する人たちが、こうした山の神秘を顧みるか否かにある。

（「週刊朝日」大正十五年六月）

## 入らず山

山の神秘と、それが人界に伝わって評判になるということとは、二つまったく別々の話であった。山の人には我々の眼から見ると、少し重くるし過ぎるかと思うほどの思慮があった。第一に山小屋の火の傍では、そういろいろの山の話はしない。現在不思議なものが見えたり聞えたりしていても、不馴れな若者たちの怖れるのを憐れんで彼等が自ら注意するまでは知らぬ顔をしている。

大井川の上流で雪のしんしんと降る晩に、何度となく小屋の周囲を、どしんどしんと大きな足踏みをして、まわってあるく者がいる。何だろうと一人が驚いて問うと、相手の親爺はふんと気のない返事をしたきりで寝てしまう。やがてその足音が止まったと思うと、不意に小屋の棟に手でも掛けて、ゆさぶるかと思うような響きがした。キャッと飛び起きて再び老人を喚び覚すと、老人が怒ってどなりつけた。山に寝りゃこんなことはいくらでもある。それをいちいち騒いでいてどうする。黙って寝ろ、といったがなかなか眠れやしない。翌朝は早々遁《に》げて還って笑われたという話が、『駿河新風土記』にも出ている。あの辺はことにこういう経験の多かった土地である。

素人は山小屋に泊って、火を焚いて夜を更かしている際などに、よくこの類の話が聞いてみたくなるが、さっそくその問に答えて話すような人は少ない。山にいろいろの不思議があるということは、直接に山の威力の承認を意味する。そんなことをいってしまえば自分がまず気が弱くなる。だからだまって笑っているだけでなく、中には明白に今までいっこうにそんな経験はないと、答える者さえ多いのである。実際また個人として、そうたくさんの物凄い目に遭っている者はなかったろうが、人の話ならば長い間に、いくらでも聞いて知っているのだ。ただそんな場処で問うたり語ったりする問題ではないのである。

多くの神秘談は死の床で、もしくは老衰してもう山で稼げなくなった者が、経験を子弟に伝えようとするついでにいい残すのが普通になっていて、そういう話の聞書には真実味がある。そうでない場合に面白げに話すのは、作りごとでないまでも、受売りの誇張の多い話と見てよい。これは二三度も同じ場合に臨むと、素人にもすぐ鑑別ができるようになる。里の妖怪とは違って、山奥では嚙むとか食い付くとかいうような話は少ない。ただ何ともかともいいようがないほど怖ろしかった。またはぞっとして毛穴が皆立ったといって、話はもうそれで終りである。しかもその時限り猟は止めたといい、またはあの沢だけへは入らぬことにしているという結論に達している。またそれほど大きな不思議ではなくとも、当人はとにかくこれを承認している。何のこれしきのことというような反抗心は抱かない。それゆえにまたやたらに批評したり、考えたりする者には話したがらないのである。

中にはそういう話ならよくあるという者もあるが、それも否認ではなくて、山の人は始めから総括的に信じているのであった。山には人里において不可能なる法則が、行われていることを信じているのである。その中で私が今集めているのは天狗笑い、天狗倒しの類、または木伐り坊などと称して、斧《おの》を打ち鋸《のこぎり》を挽《ひ》く音が長い間きこえ、あるいは数多《あまた》の人の話し声笑い声、それから雪の深い高山の峰から、笛太鼓の音がきこえるなどというのも、会津の御神楽岳のみでなかった。意味が深いと思うのは一村数十人の者が、我も人も同時にこの幻覚を起すことである。眼の迷いという方にも、一人が実験し、他はそれを聞いて信ずるという場合のみでなかった。美作《みまさか》のある山奥には池があってそこの水鳥は皆片目であったので、遁げて帰ったという話もある。そういうのも皆共同の信仰であった。山を楽しむ者に完全なる個人主義が行われたら、その時は山の神秘の晴れてしまう時であろう。

（「週刊朝日」昭和六年八月）

## 山人の市に通うこと

南方殿《みなかた》の「真の山人」とはいかなる意味なるか。よく我々が「彼こそ真の日本武士」などという「真の」ならばご同意である。保守旧弊の山人の裸体徒跣《とせん》であったことは疑わぬ。しかしすべての山人の子孫皆しかりという推論には反証がある。単に裸というような顕著なる事態が記述に漏れるはずはないというだけの消極証拠ではない。拙者は『遠野物語』の第七節を引証する。すなわち言語通ぜず、日本人との合の子を殺すか食うかするような山男が、衣類などは世の常なりとある。このほかにも一二の例があるが今引いてしまうのは少し本意でない。要するに山人が米の飯を好み及び衣類を便とするに至ったのは、開化か堕落かは知らず、彼輩近代の変遷であって、拙者はこの風をもって山人中の混血児より始まり、その混血児はこれをその日本人たる片親（多くは母）より学んだものと考える。しからば衣類を織りまたは縫うのはいかがと詰《なじ》る人が、もしあったならばその人はあまりに都人士だ。木綿を産せぬ寒国の村民は古着を買うのは常のことである。すでに関東の田舎の市日にも、頭巾《ずきん》・襟巻・足袋・股《もも》引《ひき》はもちろん、襦袢《じゆばん》でも羽織でも何でも売る。一概に古着というが出来合の新着もある。皮膚のやや弱くなった山人は、こっそりと里に下ってこれを買ったと思われる。陸中の海岸大槌《おおづち》町の市の日に、語の訛《なまり》近在の者と思われぬ男、毎度来たりて米を買って行く。この男丈は高く眼は円くして黒く光れり。町の人はこれを山男だろうといっていた（佐々木氏報）。相州箱根の山男は裸体にして木葉樹皮を衣とす。深山にありて魚を捕るを業とし、市の立つ日を知ってこれを里に持ち来たり米と交易す。人馴れて怪しむことなし。売買のほか多言せず、用事終れば去る。その跡を追いて、行く方を知らんとせし人ありけれども、絶壁の道もなき処を鳥の飛ぶがごとく去るゆえ、ついに住所を知ることあたわずという。小田原の領主よりも、人に害をなす者にあらざれば必ず鉄砲などにて打つことなかれと制せらるるゆえに、あえて驚かすことなしという（譚海巻十二）。これは不幸にして古着を買った例ではないが、彼等が市に通うまでに開けていたことだけは証明し得る。市人が山男だろうと思うまでにはずいぶん永い間往来交易をしたことと思う。もっとも平和なる田舎の山にも、他国者の杣《そま》・木地屋が久しく入っていることもある。ことに嶺を越えて隣国の谷川にヤマメなどを釣る爺には、山気に染んで変に無口になっている者もある。この徒が里へ出たのであって、山男とはちと空想と申さるるお方もあろう。口の減らぬ言い草だがそれは烏の雌雄である。山男が母などに教えられいかにも杣または木地屋らしくないしはヤマメ釣の爺らしい顔をして、すまして古着を買いに来る者もまたあるわけである。しこうして町の者の方で山男だろうと見るのには何か根拠があったのであろう。実は山人が相手ということを承知の上で、もっと自動的の貿易を大規模に行った例もある。これは外国では鬼市《きし》または黙市《もくし》 Silent trade などといったこと、南方氏最も詳しく知っておられる。『諸国里人談』または蘭山の『本草記聞』などにも、『本草綱目《ほんぞうこうもく》』の交趾《こうち》国の奇楠《きゃら》の交易の話が引いてある。日本では武蔵と甲斐との境の大《だい》菩《ぼ》薩《さつ》峠、多摩川奥から秩父《ちちぶ》、大宮へ越える六十里越の道祖神の祠の前、または内外の日光の境の嶺などで、つい近頃まで黙市が行われた。もちろん当事者は無名の山人でもなく、主たる目的は双方歩行の倹約であった。しかしその起原を考えてみると、足を厭うというほかに、互いにあまり顔を合せたくない者どもが、律義を保証人としていつとなくかかる約束を設けたので、いくらも例があったものと思う。物をいわず吉凶の交際もせず単に当面の便宜のために交易だけをするとなれば、山一つ隔てた彼方《かなた》の住民が、平家の残党であろうが八掬脛《やつかはぎ》や悪路王《あくろおう》の後裔であろうが、いっこう顧みる値のない差別であったろう。

（「郷土研究」大正三年八月）

## 山男の家庭

山男が市に往来し古着を買い米を買うということは、奇怪なようだが今ではありふれた事実である。何ゆえに古着または米を買うかという問には、拙者はただその方が暖かいから旨《うま》いからと答えるの他はない。しからばいかにして古着の暖かく米の飯の旨きを知るに至ったかと問う人があったとする。これに対してはまたやや説くべき肝要なる箇条が残っていたのである。けだしこの点は山人文化史上最も顕著なる一時代を劃するもので、吾々が山人を研究すべき必要もそれから出て来るのだ。山人はその本能の要求を満たさんがために、彼等が敵視する日向人の中からその配偶者を得ねばならなんだのである。もちろん彼等の中にも色の白い女子はあった。

熊野山中にて炭を焼く者の所へ、七尺ばかりなる大山伏の来ることあり。魚鳥の肉を火に投ずれば腥《なまぐさ》きを嫌いて去る。また白き姿の女の猪の群を追い掛けて来ることありという。(秉穂録《へいすいろく》)

熊野の山中に長《たけ》八尺ばかりなる女の屍《しかばね》あり。髪は長くして足に至る。口は耳のあたりまで裂け、目も普通よりは大なりしとぞ。(同上)

日向国飫肥《おび》の山中にて、猟人の掛け置きし罠《わな》へ怪しき者罹《かか》りて死に居たり。惣身女の形にして色白く、黒髪長く赤裸なり。人に似て人にあらず。これは山の神ともいいまたは山女ともいうものにて、深山にあるものなりと。考うるに人間の始めはまったくこの山女より多く生み出せしなるべきか。さあらずはいかで赤子の内生育するの理《ことわり》あるべき。人自然にわき出でたりとは虚説に近し。後世にも阪田公時のごときその証とすべきものなり。(野翁物語巻二)

後半の原人説は引用の必要もないか知らぬが、阪田公時を後世の類例に引き、我々の難物とする山姥問題を無造作に解決した勇気が頼もしいから出しておく。

これと同じ話かと思われるのは、

日向国飫肥領の山中にて、近き年菟道弓《うじゆみ》にて怪しきものを取りたり。惣身女の形にて色ことのほか白く、黒き髪長くして赤裸なり。人に似て人にあらず。猟人もこれを見て大いに驚き怪しみ、人に尋ねけるに山の神なりというにぞ、後の祟《たたり》も怖しく、取り棄てもせずそのままにして捨て置きぬ。見る人もなくて腐りしが、後の祟もなかりとなり。また人の言いけるは、これは山女という物にて深山にはままあるものといえり云々。（西遊記巻三）

薩摩の人上原伯羽の談に、かの国の深山中には時々婦人の姿なる物を見る。髪を振り乱し泣きながら走り行くといえり。思うにこれも山気の産するところなるべし。（今斉諧《きんせいかい》巻四）

宝暦五年の秋、（土佐）高岡郡影野村往還の路より十間ほど山に入りたる所の松の枝に、髪の長さ三間余ある婦人腰を掛けていたり。村の者集まり見ればそのまま飛び下り行方知れず消失せり。下は茅原《かやはら》にて候所、分け行きたる所も見えず。草の葉一つも損ぜず候由《よし》。田中勢左衛門書中にて丙子《へいし》（宝暦六年）の正月申し来たる。影野は相間氏領知なり。かの家の家来和田彦左衛門にこの事を尋ね候えば、それは昔より折節《おりふし》村の者見申す由《よし》。五六尺ほどの茅原を行くとて、腰より上まだ六尺余も見え候由《よし》。多くは後姿または横顔を見たるばかりにて、正向《まむき》の面を見たる者なしと承り候といえり。（南路志《なんろし》続篇稿草巻二十三、怪談抄）

信州虫倉山に山女住するという洞《ほら》三あり。その中に新なるあり。古洞は谷を隔てて古木繁茂せる中にありて、山燕《やまつばめ》の巣はなはだ多し。新洞と名《なづ》くるは絶壁の中間にあるを仰ぎ見るに数十丈あり。山女は見ることなけれど、洞口草苔《そうたい》生ぜずして出入りする者あるがごとし。雪中に大人《おおひと》の足跡ありという。（越後野志巻十八）

最後の例は姿を見たというのでないから、あるいは例でないかも知れぬが、とにかく山人にも女性があることだけは、帰納法を用いても証出することができたのである。これらの山女は赤裸とある一事で、山に生れた者であることがわかる。いたっての深山にいる幸福なる山男は、これらの山女を呼ぶことができて、あるいは永く血統の純を保ち得たかも知れぬが、元々孤立独走の生活に陥りやすく、飢餓に迫られ猟人に追われてあちこちと経廻の中《うち》には、夜などは堪えがたく寂《せき》寞《ばく》に感ずる場合が多かったであろう。その結果や果していかん。日本には人を運び去るような猛獣はおらぬのに、神隠しと称して児女の失踪する者が甚だしく多い。加賀の金沢の按摩《あんま》曰く、この土地も大きに開けました。十年ほど前までは冬の夜更けに町を歩いて、迷子の迷子の誰それと呼ぶ声と、これに伴なう淋しい鉦《かね》の声を聞かぬ晩はありませなんだ云々。冬季に限ってこの事の多いのはいずれの地方にも共通の事実であるかと思う。一日の中では黄昏《たそがれ》を逢魔《おうま》が時《とき》などともいい、一人出ている者に災いがある。このごとき季節や時刻の選択は、超人間力の天魔《てんま》波洵《はじゅん》等が必要とすべきものでない。さて例も段々あるが、さのみは諸君の要求せらるるところではあるまい。拙者はただ近世迷信の進化を説明する料に、ある一点の特色を指示してみたいと思う。それは神隠しに遭った者が、他日必ず一度は親族知音に姿を見せるということである。

盛岡の辺にては黄昏に婦人小児の戸外にあるを忌むこと殊に甚だし。十年ばかり前のことなり。この町に住みて醬油の行商をなす者の妻、夕方戸口に立ちてただ一人外を見ておりしを、近所の人々気遣わしきことに思いしが、それなりにふと行方を失いたり。亭主は狂気のごとく諸方を求めあるきたれども、絶えて消息もなくしてその年を過したり。翌年の夏網張の温泉に湯治に行き、日暮に宿の外を見るに、わずか一二町さきの山腹の熊笹の中に、かの失《う》せたる妻立ちいたり。急ぎ走り出で追い掛けたれども、次第次第に遠ざかり嶺の方へ登りて、ついにまた見えずなりたりという。（柳田聞書）

陸中岩手郡雫石《しずくいし》村の農家にて、娘を嫁にやるとて飾り馬に乗せ、松明《たいまつ》の火を附けている間にその娘見えずなりたり。百方に覓《もと》むれどもその効なし、二三年の後この村の者近村に行きて酒屋に立ち寄り居酒を飲みてありしに、初夜の頃酒買いに来たる見馴れぬ女あり。よく見ればわが村のかの娘なり。あまり奇怪なれば傍人と眼を見合わすばかりにて語も掛けず、女出で行きたる後ただちに潜戸《くぐりど》をあけその跡を附けんとしたれども、はやすでに遠き影も見えず。足音も聞えず。怪物庇《ひさし》の上におり女を引き上げて還りしなるべしという。（柳田聞書）

陸中上閉伊郡鱒沢《ますざわ》村にて農家の娘物に取り隠され永く求むれども見えず。今は死したる者とあきらめてありしに、ある日ふと田の掛稲の陰に、この女の来て立てるを見たる者あり。その時はすでによほど気が荒くなりおり、並の少女のようではなかりきといえり。それよりまたたちまち去りついに帰り来たらずという。（水野葉舟君談）

同郡松崎村の寒戸《さむと》という所の民家にて、若き娘梨の樹の下に草履《ぞうり》を脱ぎ置きたるまま行方を知らずなり、三十年あまり過ぎたりしに、ある日親類知音の人々その家に集まりてありしところへ、きわめて老いさらぼいてその女帰り来たれり。いかにして帰って来たかと問えば、人々に逢いたかりしゆえ帰りしなり、さらばまた行かんとて、再び跡を留めず行き失せたり。その日は風の烈しく吹く日なりき。されば遠野郷の人は、今でも風の騒がしき日には、きょうはサムトの婆《ばば》が帰って来そうな日なりという。（遠野物語）

伊豆宗光寺村（田方郡田中村大字）にて言い伝えたるは、この村の百姓惣兵衛が娘にはつとて十七の女、ゆくりなく家を出でて帰らず。今（寛政四年）より八十余年前の事なり。はつの母亡《う》せて三十三回に当る年のその月日に、この女おのが家の前に佇《たたず》みけるを、あたりの者見つけて声を掛けたるに、答もせで馳せ出し、また行方知れずなれり。その後もこの国天城山に薪樵《たきぎこ》り宮木《みやぎ》曳《ひ》きなどに入る者、稀《まれ》にはつに行き逢うことあり。いつも十七八の顔形にて、身には木の葉など綴り合せたるあらぬ物を纏《まと》いてあり。詞《ことば》を掛ければ答もせで遁《に》げ行くこと今にしかりなりという。（槃遊余録《ばんゆうよろく》第三編、伊豆紀行）

帰化した里の女までがこのように長命することの信ぜられぬのは、年老いてまでも日本人の情合を有しているのでも明らかであるが、山に入ってやや永く生存しおることは、物馴れた保護者のあったことを想像せしめる。同じ『遠野物語』の中には、山女が故里《ふるさと》の人に逢って夫とする者の酷薄にして疑い深いことを歎いた一条が載せてあった。それから推せば取られた女は誰も彼も末は食われてでもしまったかと思われるが、元来が女という者はよくそんな事をいうもので卑近な譬《たとえ》を引けば夫婦喧嘩を仲裁しに往って恥を掻いたなどというものも同じ消息であろうと思う。酒顛童子《しゅてんどうじ》のハレムに住まば知らず、泣きながらも遁げて出なかったのには、やはり恩愛の絆があったものと見ねばならぬ。因《よ》って思うに、羅馬《ローマ》人の最初の母たちも、またこのごとくにして敵人の家庭を和げたのである。たとい夫は心強く怖しい人であっても、その子にいたってはわが乳房に縋《すが》った者である。時には母の独言《ひとりごと》にも同情し、あるいは昔恋しの里の歌に耳を傾けたものかも知れぬ。語《ことば》などは母の教えるものである。山男が天孫人種の談話を理解したとて必ずしも不思議ではない。拙者などは人煙稀少なる山奥の地では、山男が知らん顔をして土着し草屋を葺《ふ》き田を作り、今日の大字何々字何々になったのもあろうと思っている。農業などは学びがたい手練秘密のある産業でないから、やや気永に母が勧誘したら相の子の山男などはついにこれを企てたことであろう。いわんやキモノが暖かくしなやかで、米が甘く柔かだというくらいの簡単な真理は、捨てておいても覚り得たであろうと思う。次には山女のことである。女もまた人間であるとすれば、独居して偶を懐《おも》うは当然の推理であるが、これがまた多くの例証を具えている。

秋田の早口沢《はやくちざわ》と言うは二十七里の沢間なり。去る丁巳《ていし》（寛政九年）の七年初め、この沢六里ほど奥に長さ二里余の堤を一夜の中《うち》に造り出す。両方より山崩れ渓流を塞ぎ留めしを見れば四丈五丈に余る大石にて築きなせり。いかなる者の仕業にや。この山口にはニシコリという木あれば山操《やまわろ》、鬼童《おにわろ》のすだくともいう。この山中に折として童の鬼のごとくなるを見ることあり。先つ年ある人の見る一人の大童は、十人しても抱えがたき大石を背負い、うつ伏して澗水《たにみず》を飲みいたり。これを鬼童という。またある人のいえるは、杣人山中無聊《ぶりょう》のときは必ずかのニシコリを焼きて、いろいろの怪物を集め見ることあり。南部境の山奥にて焼きし時は怪しき女を出せり。薜茘《へいり》に身を纏い荊棘《けいきょく》に乱せる尺の髪は白き針金のごとくなるが、年のほどまだ四十ならず見えしは、かねて聞きたる毛女郎《けじょろう》、雪女などもこれらをいうかと思われたり。ほほ笑みて杣人に馴れ昵《むつ》ぶ有様に、杣人も無聊の折から

とてこれを犯したりといえり。（黒甜瑣語《こくてんさご》第三編巻四）

播州表より和州芳野へ大勢挊《かせ》ぎに行き通うこと年々なり。予が近在よりも行者多し。ある時帰りての物語に、当年は例の働き場所に、さしたる仕事もなく、上市《かみいち》より五里ばかり川上へ入り込み、仲間十人小屋を打ち罷《まか》りあり候が、ある夜八つ頃にてもあるべし。眼の醒《さ》めたるもの二三人ありしが、俄かに身毛《みのけ》立つばかり恐しくなりしところに、小屋の入口に下げ置きたる莚《むしろ》を揚げて来る者あり。見れば女なり。身の丈を過ぐるほどの髪を乱し、眼の光強く消え入るばかりなりしとかや。見たるものはいずれも五七日ずつ気色を煩い候いき。私は仕合《しあわせ》よく正体もなく寝入りて別条なく候いし。後に処の者に尋ね候えば、稀にさようのことあり、山姥と申す者にてあるべしという。また木の子という者、三つ四つくらいの子供のごとくにして身には木の葉を着たり。姿は影のごとくありともなしとも定まらず。杣人あるいは山働きの者ども、油断をすると中食を木の子に取られ難義仕《つかまつる》事に付、木の子見ゆるや否や棒をもって追い散らし申候。これは銘々どももたびたび見て珍しからず候えども、この辺にてはいっこう聞かぬ事ゆえお話申すと語れり。（扶桑怪談実記《ふそうかいだんじつき》巻二）

播州揖東《いっとう》郡新宮村に七兵衛という土民あり。正徳年中のことなり。山へ薪樵りに行きて帰らず。親兄弟歎き悲しみて二年を経たりしに、ある夜同村の後の山へ来たりて、七兵衛が戻りたるぞ戻りたるぞと大声に呼ばるを、元より聞き知りたる声なれば悦びて山へ走り行けば、近所の者聞き付けてともども麓に走り行くまでは峰に声しけるが、尋ね上りて見ればおらず。たしかにこのあたりなりしとて、おいおいに集まる人その近辺を残る方なく探し求めたれど、ついに見えざればせん方なく皆々帰りたり。さては天狗につままれ奴《やっこ》となりたるならんと沙汰しあえり。その後村の者久しく東武にありて帰国する折から、興津《おきつ》にて出会い物言いかわしたる由《よし》なれば、東国辺を徘徊してあるにやと、東国へ下る者には必ず頼みおきけれども、その後は逢いたる人もなく、風の音信《たより》もなかりし

とかや。右は彼が一度村の山へ戻りし時、共に尋ねに行きし人、年経て後語りける趣を書き伝うるものなり。（西播《せいばん》怪談実記巻二）

男の神隠しに遭うたのは未成年者が多い。しからざればすこしいわゆる抜けた男である。この輩《やから》が山人の社会文明に幾何《いくばく》の影響を与えたかは問題である。山姥とは言え女などに勾《かど》わかされるような柔弱さでは、果して永く髪結の亭主のごとき地位を保持し得たとは思われぬ。ただし右の七兵衛のごときは屈強な壮男であれば、あるいは話のごとく天狗につままれて奴となったのかも知れぬ。しかりとすればまことに笑止な一生涯であった。

世の物語に天狗の情郎《かげま》ということありて、爰《ここ》かしこにて勾引《かどわか》さるるあり。あるは妙義山に将《も》て行かれて奴となり、あるは讃岐《さぬき》の杉本坊の客となりしともいう。秋田藩にてもかかる事あり。元禄の頃仙北稲沢村の盲人が伝えし不思議物語にも多く見え、下賤《げせん》の者には別して勾引さるる話多し。近くは石井某が下男は四五度もさそわれけり。始めは出奔せしと思いしに、その者の諸器褞袍《おんぽう》も残りあれば、それとも言われずと沙汰せしが、一月《ひとつき》ばかり過ぎて立ち帰れり。津軽を残らず一見して委《くわ》しきこと言うばかりなし。その後一年ほど過ぎて、この男の部屋何か騒がしく、宥《ゆる》して下されと叫ぶ。人々出て見しに早くも影なし。このたびも半月ほど過ぎて越後より帰りしが、山の上にてかの国の城下の火災を見たりという。諸人委しくその事を語らせんとすれども、辞を左右に托して言わず。もし委曲を告ぐれば身の上にも係《かかわ》るべしとの戒を聞きしとなり。四五年を経てある人に従い江戸へ登りしに、また道中にて行方なくなり。このたびは半年ほどして大阪より下れりという。（黒甜瑣語第一編巻三）

一度朋友の中に復帰し得た以上は、懲りてまた行くまいと思うに、右のごとく呼び出されるのを見ると、何か抵抗しがたい力あるように人の思うのも無理はない。また神隠しが中途祈禱等の効験により発見せられた話も多い。その者の精神状態から推して医者はこれを一種の病気と見ている。遺伝に基づく心力の欠陥が病気の内とすれば、その断定も決して誤りではない。津軽南境の田代岳の麓村で、農家の娘気が変になり、おれは山の神へ嫁に行くのだと常に言い、時々飛び出す様子のあるのを、よくよく用心しているところ、ある日家人の眼を盗んで家を出で、心づいてそれと追い掛けたるに、走ること飛鳥のごとくついに田代岳に入って見えなくなった事がある。これは狩野亨吉《かのうこうきち》先生の話であるが、あの辺一帯の山彙《さんい》においては、山人は久しく相応な優勢を保っていたらしくみえる。

（「郷土研究」大正四年三月）

## 狒々

いわゆる山丈・山姥の研究を徹底的ならしむるには、ぜひとも相当の注意を払わねばならぬ一の問題がまだ残っている。それはしばしば深山の人民と混淆《こんこう》せられて来た狒々《ひひ》という獣類の特性、及びこれと山人との異同いかんである。全体狒々というような獣が果してこの島にいるかという事が、現代学界の疑問であるのに、近年自分の記憶するだけでも狒々を捕ったという新聞記事は二三にて止《とど》まらず、さらに前代の記録にわたって攷察《こうさつ》すると覚束《おぼつか》ない点が多い。本草家《ほんぞうか》に限らず、日本の学者には妙な一癖があって、支那にある物は日本にもあるという前提から議論する場合が多い。益軒《えきけん》ほどの先覚までが、往々にしてこの弊に落ちている。陸地を蹈まねば移ることのあたわぬ動物においては、ことにこの予断は危険なはずであるが、例の山Ԃ木客《さんそうぼっかく》から狒々の類までも、いつの間にか遠い国土の記述が和訳せられてわが邦のことのように伝えられている。『言海』を引いてみるとこうある。「ひひ（狒々）、怪獣の名、深山に棲《す》む、猴《さる》に似てきわめて大きく、またきわめて猛《たけ》く、人を見れば大いに笑いて脣《くちびる》その目を蔽うという。詳《つまびらか》ならず。猴の年を歴《へ》たるものをいうにや。ヤマワラワ、ヤマワロ（以上）」これでは日本でヒヒという物がこの通りであるとしか見えぬが、そうでないらしい。『本草啓蒙』四十八などを見るに、狒々の上唇いたって長く笑うとき目を掩《おお》うゆえに笑わせておいて唇の上から錐《きり》で額を突き刺して捕えるというのは実は外国における話であるようだ。日本のヒヒの唇の寸法はいまだ必ずしも検せられなかったのである。しかも支那の一地方でこの物を山笑と称しわが邦にはまたヤマワロと名づくる物が山にいるというのを、同じく「山笑う」の意と解し二物同じと認めたので、しかもヤマワロのワロはワラワの方言で山童の義であるのを察せなかった。従って狒々深山中に棲むといい「木曾、飛州、能登、豊前、薩摩にありと聞けり」とあるのも二者いずれを意味するかわからず、「人形にして毛ありて猴のごとし毛は刺《とげ》のごとくにして色赤し、死すれば脱落す」とあるも、狒々の話か山童の話であるかを決しかねる。ただ疑いを容《い》れざる一事実は、近世各地で遭遇しないしは捕殺した猴に似てこれよりもはるかに大なる一種の動物を、人がヒヒと呼んでいたということだけである。『和訓栞《わくんのしおり》』の狒々の条には安永以後のある年に伊賀と紀州とにこの物現れしことを記し、さらに天和三年に越後桑取山で鉄砲をもって打ち取ったのは大さ四尺八寸云々、正徳四年の夏伊豆豊出村で捕ったものは長《たけ》七尺八寸余云々と述べている。ただし最後のものは果して狒々であるか否か疑わしい。面は人のごとしとあるがしかも鼻四寸ばかり手足の爪は鎌のようで水掻《みずかき》があったとある。この類の怪獣記事は江戸期の随筆類には往々にして見えており、いずれも伝承の際に誇張があったとおぼしく、画図などの添う者はかえって不信用の種が多い。すなわちその獣が真の狒々か否かを究める前に、果して話のような動物があり得るかを問わねばならぬことになる。ただしいずれの場合にも何か猟師も見たことのない異獣を獲《と》えたというだけはうそでないらしい。内閣文庫にある『雑事記』という見聞録の巻四十にも、天明二年に会津磐梯《ばんだい》山《さん》の麓塔沢の温泉で滞在中の少年が幾人も取られるのでこの山に怪獣あるを知り、ある武勇の者往きてこれを打ち留めたという物の図を載せているが、これなども尾と水搔とあって鼻は天狗のように長く、それで立ってあるくとあるから、何物とも解しがたい。そこで自分などのかねがね考えていることは、これら前代の記録をあたう限り多く集めてみるも一方法であるが、それよりも急務は静岡の新聞などに冬になるとほとんと毎年一つくらいずつは現れる狒々捕殺の事件を精査して行くことである。これとても十年か二十年の間には大袈裟な噂になって、始末がつかぬようになるかも知らぬが、幸いに後から後からほぼ同じ地方に同じ出来事が繰り返されているから、今の内なら土地の人についてでも、果して猿の年経た者という世上の説が正しいかどうかを知る方法はあろうと思う。新聞の報道は常に一度きりで滅多に正誤なども出ぬから疑えば疑われるが、あるいは蜜《み》柑畠《かんばたけ》へ来て荒すのを撃ったとか、鉄砲の上手な町の医者が打ち留めて持って還ったとかいう類の話があって、志太《しだ》郡島田あたりのこともあったように記憶する。こういう実地の例によって狒々と漢訳してよい一種の猴が日本にもいること、ないしは普通の猴の中にも稀には非常に強大かつ神怪なる者のあることが立証せられることになると、神隠しその他深山の蛮民の所為と認められていた多くの不思議が何でもなくなるかも知れぬが、同時にまたいわゆるヒヒはそれほど大きなえらい動物でもないと決すると、結局古来猿神などと称して人の怖れていた怪物は正真の山男を誤認していたことを知るに至るかも知れぬ。『有斐《ゆうひ》斎劄記《さいさつき》』の一節にある宝暦中越後の山中で撃ち取った狒々のごときは、これを実見した人上京しての談話に、「獼《び》猴《こう》とは類せず別種の物ならん」というたとある。この物常に山巓《さんてん》に拠り大石の上などに踞《うずく》まりおり、これを見た人もし頓首跪《とんしゅき》伏《ふく》して通して下されと頼めばあえて害を加えず、無事に行き過ることを許したとあるなど、大分山人の方に近い話である。

（「郷土研究」大正六年三月）

## 山の神のチンコロ

日本の動物学がいまだ山の迫海《はて》の隈《くま》の総てを支配しておらぬことは、遺憾ながらすでに犬神、土瓶神《とうびょうがみ》の話についてもこれを認めざるを得なかった。出雲《いずも》の人狐、伊予の犬神などは、往々路傍にその死屍《しし》を見るという話さえあるのに、見た人が常に素人で、今もって不必要なる畏怖《いふ》を散ずることができぬ。拙者が畠にも大学あたりで調べていただきたい獣が大分いる。その一つをここへ牽《ひ》き出して来てみよう。『信濃奇勝録』巻三に曰く「八ヶ岳（諏訪郡）の麓槻木《つきのき》新田の上には老木の穴洞の中に小獣ありて住めり。これを名《なづ》けて山神の猧子《ちんころ》という。鼠よりは大きく猫の子ほどにて、鼬《いたち》のごとくにして尾は短く脚も矮《みじか》し。冬月霜の降る頃に出づ。蹻捷《きょうしょう》にしてよく走るがゆえに審《つまびら》かにその形状を視ることあたわず。毛色最も麗しく淡白淡黄あるいは黒白の駁《まだら》あり。木曾にて山神のオコジョというものこれに同じ。安曇《あずみ》郡にいう貂鼠《てんねずみ》の類なるべし」。オコジョという語は何を意味するかまだ知らぬ。とにかく普通のイタチまたはテンではないらしい。『木曾名勝図会』巻三には左のごとき記事がある。「木曾の深山に山神の猧子《えのころ》という物あり。形猫の子のごとくにして少しく大なり。頭は栗鼠《りす》に似て短尾矮脚《わいきゃく》、毛色あるは薄白くあるは淡黄にして腹の下白し、あるは鹿のごとく斑文ありて脚黒し。人を見て驚かず。三四匹ずつ群をなし、十月初雪の後山中の小屋におれば旁《かたわら》に来る。これを捕うれば山神の祟《たたり》ありとてあえて捕うる者なし」。これも山の神の何々と呼ぶ動物植物はずいぶん多い。これも前に名ができて後に怖れたのかも知らぬが、とにかく山人の住みそうな深山でなければおらぬのを見ると、今一段と深い由緒のある名称かも知れぬ。前にもいったごとく、海道では大井川の川上が山人の都であるが、そこにもこの物がいてその記事がいっそう幽怪である。『駿河志料』巻三十によれば、「駿河安倍郡井川村の山中に里人が山神の獦《えのころ》と名《なづ》くる一種の怪獣あり。小さき獣にて毛色は白または黒、あるは白黒交れる斑《まだら》もあり。鼠の大きさなれども形は黒犬のごとく、耳を垂れ尾を巻き、鳴く声もまた犬の吠ゆるに似たり。常にはこれを見ることなし。稀に見ることあれば杣人などは渓水に垢離《こり》を取り、山神の森に向いて山中無事ならんことを祈る。この獣多くは山神の森にて見るがゆえに里人かく名けしなり」とある。深山にある山神の森についてはまた言うべきことがあるが、要するに霊異ありとして斧を触れない寂寞《せきばく》の場処であるゆえほかでは見掛けぬ物も住むのであろう。同じ大井の谷の西岸、遠州上川根村千頭《せんず》郷の中にも、寸股《すまた》川の上流には細尾というわずか二戸の里があった。「深山昼暗く人を食う獣ありて住めり。俗にこれを山鼬《やまいたち》という。細尾の住民この獣のために食い尽されて今は人家なし」と、『遠江風土記伝』巻十三にあるのは、食われるところを見たような記事であるが、おそらくは同じチンコロに負わせた冤罪《えんざい》であろう。近世の博物図にも採録せられ、処々の見世物にはもちろんよく出る雷獣という動物は、拙者はこれと同じ物でなかろうかと思っている。『紀伊続風土記』の産物部に、「木狗、クロンボウ、本草に俗に雷獣という。たいてい形小狗のごとく体細く尾長し。全身黒色にして咽《のど》の下より胸まで一道の赤黄色あり。歯爪《しそう》堅利にして飛走はなはだ疾《はや》し。天気隠晦《いんかい》しまた風雨の時はその勢いますます甚し。その糞香ありて麝香《じゃこう》のごとし。先年より高野山奥及び有田郡山保田庄山中にて捕うること間々あり、日高・牟婁《むろ》両郡の山中にもまたあるべし。土佐には他色のものありといえどいまだ見当らず」とある。毛色はともあれ尾の長いというのが気になるが、クロンボウという名からかく想像する。クロンボウはまた山人族の外称の一つであった。『和漢三才図会《さんさいずえ》』巻四十に「玃、音却《きゃく》、和名ヤマコ、按ずるに飛驒・美濃の深山の中に物あり、猿のごとくにして大きく黒色長毛なり。よく立ちて行きまたよく人言をなす。あらかじめ人の意を察す。あえて害をなさず。山人呼びて黒坊という。互いに怖れざりしもし人ありてこれを殺さんとすればすなわち黒坊まずその意を知りて疾《はや》く遁《に》げ去るゆえにこれを捕うることあたわず」と記してあるのは、まさしく山男の一つ話であって、これからサトリという別名も起り、『駿台雑話《すんだい》』だったかにはこれに基づいた教訓譚までできている。この黒坊と紀州のクロンボウと同じ物だというのではないが、いずれ一方の名は他の一方から転用したもので、従って雷獣も山神と関係があるのではなかろうかと思う。もっとも『飛州志』には『三才図会』に「飛騨の黒坊のこと見ゆれども古《いにしえ》のことにや今はその沙汰なし」とある。噂話には訛伝《かでん》が多いから、吟味をしたら証拠不十分に帰せざるは稀であろうが、さりとて空からまた書物からこんな話が起ったと断定し得ない。狒々の話でもまたそうである。狒々が日本におらぬときまっても、狒々と誤り名づけられた猿だか人だかはいたのかも知れぬ。名前などはいずれ物識《ものしり》が後につけたものであれば、それに合わぬのはただちに虚誕の証拠ではない。

（「郷土研究」大正三年六月）

## 大人弥五郎

弥五郎という巨人があったという話は、かつて竹崎嘉通氏も報ぜられたことがある。その大要をいうと石《いわ》見《み》国邑智《おうち》郡田所村大字鱒淵《ますぶち》字臼谷に三丈ばかりの滝があって、その滝壺を弥五郎淵という。昔巨人名を弥五郎という者、石臼を負うてこの地を過ぎ、誤って滝に落ちて死んだと伝え、滝の中ほどの岩に足跡のごとき凹《へこみ》がある。臼谷はすなわちその石臼の流れ止った地である。弥五郎淵の水は鱒淵本村の高善寺淵と地下に通ずと称せられ、巨人の屍《しかばね》は地底を流れてその高善寺淵に浮び出たという云々。これは例の大人《おおひと》足跡の数多い村話の一であって、類型を諸国に求むれば限りもなくあるが、自分の特に珍しいと感ずるのは石見でも大人の名を弥五郎といい伝えていたことである。

『三国名勝図会』などによれば、ずっと懸け離れた日向《ひゅうが》・大隅《おおすみ》あたりで、やはり大人弥五郎のさまざまの昔話をば伝えている。たとえば大隅囎唹《そお》郡市成《いちなり》村大字諏訪原の二子塚《ふたごづか》は、塚というよりも小山というが当っている。平野の中に駢立《へんりつ》して一は高さ二十丈ばかり周り五町四十間ばかり、他の一は高さ十一丈周り二町三十間ほどで、相距たること一町内外、樹木なき芝生地である。昔大人弥五郎が草畚《そうほん》（簣《あじか》？）で土を運んでいたところ、棒が折れてその土が飜《こぼ》れ、この二つの塚になったので、片荷は土が半分残ったために少し小さいのである云々。この話もいたって弘く行われているもので、本誌にもすでに幾つかの報告があったが、これを関東各地方の「だいだ坊」山移し譚に比べて最も著しい相異は、海南二州の大人にあってはさらに重要なる後日譚の附随していることで、大人が必ずしもその非凡なる強力のみをもって名を轟《とどろ》かしたのでないことは、これによって少しずつ判って来るのである。「毛《け》坊主《ぼうず》考《こう》」の余論として今度はこの問題を片端述べてみよう。

かの地方のいい伝えでは、大人弥五郎はついに殺されたといっている。大隅姶良《あいら》郡国分村大字野口の枝宮という社は、弥五郎の四肢を斬《き》って埋めかつ祀《まつ》った故跡である。なお鼻面川には彼の鼻を埋めたといい東国分寺大字福島ではその弓を埋めたと称している。同じく国分村大字上小川には拍子川という川あり、その橋を拍子橋という。土人等は昔大人隼人《はやと》という夜《や》叉《しゃ》のごとき者あって、ここにおいて皇軍に誅伐《ちゅうばつ》せられたという話を伝えている。『大人隼人記』という書物に曰く「大人弥五郎殿は上小川の拍子橋において日本武尊《やまとたけるのみこと》御討ちなされたり、その時舞躍《ぶやく》して手拍子を取りしよりこの名あり云々」（以上三国名勝図会）。

大人弥五郎を隼人という武士みたいな名にしたのは、多分は『八幡愚童訓《はちまんぐどうくん》』などの八幡王子が隼人を誅戮《ちゅうりく》せられたという記事に合せたものであろう。同書下には次のごとく記している。「隼人打負テ頸《くび》ヲ被レ切、故ニ悪縁トナリ依レ致二其難一、御幸ノ前ニハ二百人騎兵奉レ随、隼人打取給御鉾《おんほこ》ヲ号シテ名《なづく》二隼風鉾一、実長八尺広六寸也云々」。すなわち御大将は日本武尊ではないが、御孫の応神天皇と同じきがごとくに伝えらるる王子神であったというので、つまりはこの口碑の大隅正八幡宮すなわち今の鹿児島神宮の祭と因《ちなみ》あるものなることを示している。現今この地方の神社で大人弥五郎の故事を伝えているものはいずれも八幡である。その一は日向北諸県《もろかた》郡山ノ口村大字富吉字的野《まとの》の円野《まどの》神社、古くは的野正八幡宮と申せし社の十月二十五日の例祭に、浜殿下りという儀式があって、朱面を被り刀大小を佩《は》いた一丈余の偶人を作りこれを大人弥五郎と称し、四つ輪の車に載せ十二三歳の童子数多《あまた》これを押して行く。隼人征討の故事によるものというとある。大隅囎唹郡末吉村字中島の八幡宮十月五日の祭にも、同じく浜下《はまお》りの式あって大人の形を作り神輿《みこし》の先払いとする。長《たけ》一丈六尺、梅染の単衣《ひとえぎぬ》をき大小を帯び四輪車の上に立つ、これを大人弥五郎というとある。『明治神社誌料』には同郡岩川村大字中ノ内の八幡神社の条に『地理纂考《さんこう》』を引いて、ほとんとこれと同じ事を述べているが、二社別々であるか否かを確かめ得ぬ。ただしこちらは祭日が十月十五日である。また大人弥五郎は武内宿禰《たけのうちのすくね》のことだとの説もあるという。

大人弥五郎と称する人形の祭は、前にすこしく述べおいた奥州津軽その他のいわゆる佞武太《ねぶた》流しといかにもよく似ている。旧日本両極端の地ではあるがこれは偶合であるまいと思う。ネブタはいずれの地方でも七月中元の頃の行事で弥五郎は十月下元《かげん》の前後に行われた。しかるに季節においてもちょうど二者の中間に、地理上からいっても大隅と陸奥《むつ》との中ほどなる、越前大野郡のある村においてまた同種類の儀式が行われた。『大野郡誌』によると、同郡下味見《しもあじみ》村大字西河原では正月十五日の左義長《さぎちょう》に、大なる藁《わら》人形を作って両手に日の丸の扇を持たせ、左義長の火の中へ入れて共に焼く。これをヤンゴロと名づけた。昔弥五郎という悪者あって全村を焼いたのを火刑に処した。その記念ということである。ここには大太坊《だいだぼう》のような伝説は伴わぬかも知らぬが、悪者の人形に日の丸の扇を持たせるは、兇暴によって誅罰《ちゅうばつ》せられた大人に梅染の単衣を着せ大小を差させるというのと同程度の不思議で、つまりは二者に共通なる弥五郎という名称の陰に、何か隠れたる仔細があるらしいのである。関東でも野州氏家《うじいえ》と喜《き》連川《つれがわ》との中間旧奥州街道最初の峠の名を十貫《じっかん》弥五郎坂という。坂道半分上って右手の山に弥五郎の墳《つか》があった（武奥行程記）。この弥五郎などは、いかなる経歴の弥五郎か。往来からは見えぬが石碑も立っていたそうだ。御承知の人があらば教示を乞いたいものである。

話がこれまで進んで来ると、どうしてもちょっと批評を試みねばならぬのは愛知県の県社津島神社の境内社に、弥五郎殿の社と祀らるる神の由来である。後世社家の伝うるところでは祭神を弥種継命《いやたねつぐのみこと》といい、あるいはまた弥五郎をそのままイヤイツヒコなどとも称えていたが、『塩尻《しおじり》』の著者の説によれば、この地方の名族堀田氏の旧記に、その祖先弥五郎正泰なる者、正平元年戌《いぬ》の年の七月十三日に、家の高祖武内宿禰を祀ったのが最初で、これによって社名を弥五郎殿と呼ぶのだそうである。しかし社の名は常に祭神の名に従うのが『延喜式』以来の旧例で、ことに信者もしくは勧請者《かんじょうしゃ》の名を呼ぶがごときは、なんぼ中古からの事にしても穏当でない。この社の創立のずいぶん古いことは、遷宮牒《せんぐうちょう》の残欠が伝わっていて、応永十三年十月以後たびたびの遷宮が記録せられているので疑いを挿むことができぬが、しかもその堀田家の旧記というものが果してどのくらい旧《ふる》いのか。今少し具体的にいえば、偽本の評ある『浪合記《なみあいき》』などの出てから後のものか否か、果してこれに基づいて編述したものでないかどうか、今となってはこれを明らかにする途《みち》がほとんとないのである。尾州から出て大名になった堀田家が紀氏を称し武内宿禰を祖先としていたことは人の知るところで、弥五郎殿を武内宿禰ということは大隅にもあるが、何よりも奇異に感ぜられるのは八幡でもない津島天王の末社に、紀氏の祖神が祀られていたことである。『浪合記』はもと美濃高須の徳川家にあった書で、それが世に現れたのは宝永六年の七月、その発見者はやはり『塩尻』の著者天野翁である。南朝の王子良王君難を避けて尾張に隠れ、堀田・大橋等の土豪の援助を得て、ついに津島社の神職となられたことを述べたもの、記事中に見える年号は文正元年をもって最後とするが、王子の叔父に当るという世良田《せらた》万徳丸政親が遊行上人《ゆぎょうしょうにん》に命を救われ、三河の松平に住して次第に家栄えたことを力説しているのを見ると、少なくとも徳川氏の天下になって後始めて筆録したものと察せらる。しかして津島の弥五郎殿社の根源はこの書中にそっくり出ているので、弥五郎殿社本の名は佐太彦《さたひこ》宮、堀田弥五郎夢想によってこれを崇祀し、時人願主《がんしゅ》の名によりて弥五郎という。祭神は武内大臣と平定経、定経は地主の神なりとある。この定経は『塩尻』に大橋太郎貞経ともあって、大橋一族の先祖らしいが、この家は源平乱後に尾張へ移住したもので、そのような新分家の初代を武内大臣と相殿《あいどの》に祀ったというのも、またこれを地主神というのも共に受けられぬ話である。『浪合記』の中にはまだ幾組かの矛盾撞着が潜んでいるらしいがいちいち取り立てていうにも及ばぬ。かりに全然の虚構でないにしても、茫漠たる口碑の断片をはるか後年に綴り合せ、つい一通りの鍔目《つばめ》を合せておいたに過ぎぬらしく、善意に解したところで応永以来すでに存していた津島の弥五郎社が、この社に仕えていた社家中の有力者堀田・大橋の遠祖と関係があることを知るまでである。ただ我々として注意すべきはこの社の創立を七月十三日とすることと、その一名を佐太彦宮と呼んだ点である。大人はある地方では猿田彦《さるたひこ》のことだとも伝えている。伊勢の多度《たど》神社はこの神を祭ると称し、その末社中に三つの何々大人社がある。大人の足跡を地方によっては大《おお》の足跡といい、また神事の行列に出る鼻高の面を「王の鼻」という例は多い。因幡《いなば》などでは大人の足跡を猿田彦の神跡と解する者もあったことが『因幡誌』に見えている。しかして津島の弥五郎社のごときも、地主神とあるのが正しいとすればこれを国神《くにつかみ》たる左太彦の名に繋くるも差支えがないかも知れぬ。

『塩尻』の天野翁のごときは右の『浪合記』と内容を同じくする『堀田家譜』の記事を信じ切っておられたゆえに、他の処々の天王社の末社に弥五郎社の多いのははなはだいわれのないことだと論ぜられたが、津島の弥五郎殿にして実際社人または有力な氏子の祖先であったとすれば、その事実が永く隠されているはずもなく、これを知りつつそのような特殊の末社までを勧請するはずもない。ことに地主神に至ってはいずれの地にもそれぞれすでに存するがゆえに、それを本社から移して来る者はあるまいと思う。しかるにもかかわらず弥五郎を末社とする社が往々あったというのは、何か別途の仔細があったものと考えてみるべきであった。今日でも名古屋の広井天王（州崎神社）の境内に一の弥五郎社あり、祭神を武内宿禰と称している。元和以前に建立せられた古社である（名古屋市史社寺篇）。美濃可児《かに》郡上之郷村大字中切の牛頭《ごず》天王も古い社であるが摂社の弥五郎殿社には永禄六年の棟札《むなふだ》を伝えている。この天王もとは宝泉寺という山伏寺の鎮守神で明治の初めまでやはり真言派の法印がこれに仕えていた（明治神社誌料）。この社でも津島の天王と同じく祭礼には車楽《だんじり》を牽《ひ》き出すのが例であるが、その期日は旧暦七月十四日で、彼は十一艘《そう》の飾り船を出すのに反して、ここは二輛の真の車楽を牽くことになっている。土地のいい伝えでは近郷の送木《おくりぎ》という里に昔時送木御所という人があって神鉾《かみほこ》を献納したといい、今でもその村の者が来て鉾だけは装《かざ》る例になっているというのは、何か尾張の方の伝承と異った由緒が存していたものと思われる。

津島の車楽祭《だんじりまつり》は海道第一の評ある花やかな祭であった。その期日は各地の祇園と同様に六月の十四日で、十一艘の船を飾り立てて神輿《みこし》に供奉《ぐぶ》するのはいわゆる浜下りの一形式であろうが、これをしも「だんじり」というのは珍しいことと考えられていた。他に確とした旧記もないから不本意ながらまた『浪合記』を引くが、『浪合記』にはこの儀式の起ったのは永享中の事で、いわゆる四家七名字の祖先の者ども天王の神託を拝し、良王君に讐《あだ》をなす佐屋の台尻大隅守がこの日祭を見に押し渡るを待ち受け、十艘の飾り船をもってその船を取り巻き、ことごとく大隅が一類を討ち取った。それよりしてこの日の祭には右の光景を象《かたど》って十一艘の船を出すことになり、後世に至るまでだんじり討《うち》と囃《はや》すべしとの良王の命に従い、毎年この囃子《はやし》変ることなしとある。この話の真偽いかんは必ずしも佐屋に台尻氏なる者が住んでいたか否かを詮議《せんぎ》するまでもなく、八幡の祭に大昔王子のために誅戮《ちゆうりく》せられたという大人弥五郎の人形を車に乗せて曳《ひ》いた例、あるいは越前西河原の兇賊弥五郎の記念祭なるものを考え合せてみれば、測り知ることがあまりむつかしくない。「だんじり」が津島の天王だけのものならばあるいはこういう話も永く用いられ得るか知らぬが、縁もゆかりもない中部諸国の神祭に、この物を牽き出して神幸《しんこう》を送る例は多いので、「だんじり」という語の意義こそは不明であるが、鉦鼓《しようこ》歌舞の花々しい歓楽の背後に、今人の感覚にはやや強烈に失する殺伐なる昔語りを潜ましめていたことが、髣髴《ほうふつ》として窺い知られるというに過ぎぬことである。若狭高浜町の県社佐伎治《さきじ》神社などでも、以前は六月上酉日《とりのひ》の大祭に太刀振《たちふり》という式あり、氏子等刀を抜いて撃ち合いをして後、やはり「だいじりうった」と口々に訇《ののし》ったという。この社の祭神は素戔嗚尊《すさのおのみこと》ほか二神で祇園祭には相違ないが、祭の式は津島天王と異っているのに、伴信友《ばんのぶとも》翁のごとき学者までがこの社の式内の神なることを主張しつつも、しかもその「だいじりうった」を尾張から模倣したもののように説かれるのは、理窟に合わぬことである。

自分の見るところでは、尾張の台尻大隅守は取りも直さず越前または日向・大隅の弥五郎である。従って今日社家の伝うるところに合致すると否とを問わず、津島末社の弥五郎殿は必ず車楽祭の最初の目的と関係するところがなくてはならぬ。しこうして弥五郎が果して実在の人物であったか否かに答うる前に、ぜひとも一考してみねばならぬのは牛頭天王と御霊会《ごりようえ》との関係である。京都ではいわゆる八所の御霊のごとき、近世に至ってすでに儼然たる独立の社となったが、山城朝廷の初期に御霊の祭を行わしめられた頃には、時に臨んで祭場を設備し、これを古来の神々のごとく常在の社地とは認められなかったのである。御霊会が年々時を定めて繰り返さるることになって後、すなわち祇園・今宮等の社は起ったのである。これらの臨時の社がかの時代の神道に同化した道筋は非常に簡単であった。僅々百年余の間に早くも主なる宮社の中《うち》に地位を占めて、むしろ次第にその当時の諸大社を御霊化したといってもよい。しかも御霊に対する世人の畏怖は増しても減ずることがなかったゆえに、古い御霊が高い地位に昇るとともに第二第三の御霊が祭られ、ついに前述のごとき兇賊退治の昔話を発生するに至ったのである。御霊は日本の語でいえば、「みたま」である。太古以来の国魂郡魂《くにたまこおりたま》も同じことで、本意は現人神《あらひとがみ》すなわち実在した人の霊を祀るというに過ぎなかったが、平安朝初期の御霊は特に冤枉《えんおう》をもって死んだ人々をのみ祭るような信仰に変化した。武家全盛の時代を経過して、名だたる多くの荒武者が神となったのも、つまりはこの威力の怖しさを体現した結果であって、何でも強い人が死んでなる神というところから、御霊の社とさえいえば多くは何の五郎という人を祀ると伝えられた。美濃で落合五郎、信濃で仁科《にしな》五郎、会津で加納五郎、下総《しもうさ》で千葉五郎、相州で曾我五郎の類、もちろんそんな武士はあったにしても、神と称えたのは御霊の音に近かったためである。なかんずく鎌倉では御霊の宮を鎌倉権五郎ということ、最も弘く信ぜられた説である。もと梶原村にあって彼が後裔鎌倉権八郎某なる者これに奉仕したともいうが、要するに最初は鶴岡の八幡に従属していたものに違いない。八幡はそれ自身が祇園とともに最古の御霊祭場から発達した神である。それゆえに九州などでは八幡社の末社に御霊が多く、また意外な西国の田舎に権五郎景政が建立したなどという八幡が多くある。いずれもこの神が今のように盛んになった当初の動機を暗々裡に語るもので、権五郎の権も弥五郎の弥もどういうはずみに附着したかは知らぬが、御霊すなわち人間の亡霊のぜひとも慰撫《いぶ》しかつ送却せられねばならぬことを固く信じていた人々の、やさしい心持を今日に遺《のこ》しているものに他ならぬ。しこうしてその弥五郎の御霊という思想中に、国魂すなわち先住民の代表者ともいうべき大人に対する追懐もしくは同情を包含していた例がありとすれば、いよいよもってわが邦民間におけるこの種信仰の由来古いものなることが察せられるのである。

（「郷土研究」大正六年一月）

（附記）

信濃時事の記者中原君の話に、三河八名《やな》郡富岡の附近で、ヤハタヤゴロウ（八幡弥五郎）という神の名を耳にしたことがある。ただし軍隊にいた頃の忙しい行軍中のことで詳しい話は知らぬという。この件誰か御承知の人は御報告を乞う。

## じんだら沼記事

相模野のまん中、今の横浜線淵野辺《ふちのべ》の駅から東南へ小一里のところに大沼小沼という二つの沼がある。これが以前『郷土研究』へ報告せられたじんだらの沼であることは、他にはもう沼らしいものがないのだから推定してよかろう。あの奇抜な人を楽しましめる伝統が果して現在どういう形で行われているかを試すべくこの十一月末の晴れたある日落葉を踏んで訪ねて行ってみた。昭和五年に出た二万五千分一図に比べると地形はもう大分変っていて、附近には開いたばかりの畑が多い。場処は正確にいえば神奈川県高座《こうざ》郡大野村で大字鵜野森《うのもり》に属する東の方の小沼はわずかな水溜りと堀とを残してあら方一毛作の水田になっている。一方それから西に並んでいる大沼の方はことごとく蘆原《あしはら》となっていて、舟もなく小高いところもないから、中央に水面があるのやらないのやらも確かめることができない。ただその西北岸の大沼神社と、それから南北に連なる大沼新田の民居とによって以前の沼の位置を誤らないだけである。

大沼新田の広い通りの四つ角には、寛延の年号を刻した石地蔵がある。もうその頃から表向きの名が大沼であったことは疑いがない。しかしこちらは面積が八町歩ばかり今一つの方もおおよそ同じ広さで、これを小沼ということは少しく当っていない。単に同じくらいな沼が二つ並んでいて、一方が早く開けて大沼と呼ばれることになると、勢い第二のものは口拍子でも、小沼とならなければならなかったのであろう。地図の上だけでは想像もつかぬことは、このいわゆる大沼の北に連なって街道と併行した細長い窪地があって、現在はこれが最も沼らしく青々とした水を湛《たた》え、周囲の畠地の縁へ水苔《みずごけ》などを多く漂着させている。その岸に住む農夫に尋ねてみると、今は水窪と呼んでいるそうだが、これが多分じんだら沼に対する、ふんどし窪なるもののことであろう。

周囲の地形を見てもよくわかるが、大沼、小沼は二つとも元はほぼまん丸な恰好をしていた。それがある時期の一部の人の間にもせよ、とにかくじんだらという名称が行われた原因かと思うと、独りで眺めていても思わず笑いたくなる。

関西の諸君にはあるいはわかるまいが、ジンダラはこちらの方言で尻餅《しりもち》を搗《つ》くことである。それも後へ倒れてただ一度だけつくのでなく、両足を前へ投げ出してばたばたさせ、そのために尻のふくらみを土に印することで、すなわちまたジダンダという語とも縁を引くかと思われる。漢語で頓足《とんそく》というのがこれに当るであろう。口惜しくてたまらぬがどうすることもできぬという場合に、昔はあぐらでいたからこれをよくしたのだが今日はもう幼な児にもこんな挙動は見られなくなり、そのためにまたダダヲコネルという複合動詞が一段と意味不明になっている。関西の方では尻餅と地《じ》団太《だんだ》とは、全然縁のないように考えられているであろうが、たった一ぺんだけ尻を土につけることを餅を搗くというのも実はおかしく、立っていて足ばかり上下させるということも誰にでも可能な芸当ではない。こんな小さな常人の習癖でも世とともにいつかは変遷し、言葉は案外に長く伝わるのである。爪弾《つまはじ》きとか後指をさされるとかいうことも今日はすでに一種の修辞であって滅多に我々はそういう挙動をする者を見かけなくなっているのである。

近頃の方言集の中には東国のジンダラを地団太と訳しているものも折々はあるようだが、それをどういうことをするのかと問い返してみると、おそらくは答はもう区々《まちまち》であろうと思う。

ところが相模野のじんだら沼では現にその痕《あと》が沼の形で残っているのだから明らかに古い方の尻餅であったことが知れる。大昔大太良坊《だいだらぼう》という滅法界に巨《おお》きな人があってここへ来てジンダラを踏んだので尻の跡が窪み、この八町歩余の二つの沼ができたといいまたその折に前に垂れていたものを、引き摺《ず》った跡がふんどし窪になったともいうのである。私は大沼新田の村人たちが今でもこのいい伝えを保存しているか否かを知りたくていろいろの形で話を引き出そうとしてみたが、もうこの名を口にする者に出逢わなかった。元はジンダラ沼といったそうじゃないかとも水を向けてみたが、ちょうどこのふんどし窪の北側に一軒はなれて住んでいる農家の主は何だか変った表情をして知らぬと答えた。ジンダラというのはこの辺では尻を突く事だがといったのをみるとまったくそういう話は聴いておらぬ様子である。伝説はこれを信ずる者が少なくなってむしろ止めどもなく展開するものだが、それも大きな背景があっての上のことで元が弱ってしまえばこれだけではひとりあるきができないものとみえる。ともかくもかつて相模野の荒々しい火山灰農業にわずかな潤いを与えていた笑いの伝承の一つは、もう消え去ろうとしているのである。

どうしてまたその大太良坊という人はここへ来てじんだらを踏んだかというとそれは『郷土研究』の報告者は聴いていなかったようだが、別に高田与清の『松《まつ》屋筆記《のやひつき》』の中に、この大沼の事を書いたものがある。大だら坊は富士山を背負って行こうとして、その綱にする蔓《つる》を捜したがなかった。それで腹を立てて去ったから、今でもこの附近には葛《かずら》ふじの類が生えぬのだといい伝えると記している。これを関西地方の巨人伝説ではいわぬことだが、こちらでは処々にこれと似た話がある。実際に土性その他の原因からこの植物の妙に少ない野山があって、それをこういう風に戯れて説明することが、以前は流行していたらしいのである。富士山をかついで行こうとしたなども、もちろんこのお山の見えぬ地方では考え出せそうもない話であるが全国を通じて今も知られている巨人のいい伝えは、綱が切れたとか、担い棒が折れたとか、何か最後の一点で思い通りにならず残念がったままで行ってしまったということになっているのが普通である。真面目に理由を考えてみてもよい問題だが自分の想像ではこれは第二次的にこの国土を支配した神々の、さらに立ち優れて有力であったことを説くためで、すなわちまた現在の多くの旧社に巨人を統御なされたという物語があり、もしくはわざおぎの行われたのと、同じ信仰の表裏とも考えられ、むつかしい語でいえば国津神《くにつかみ》思想、あるいは地祇《ちぎ》信仰の残留とも解せられるのである。

瀬戸内海から西の方のオオヒトは、名は巨人であっても形がずっと小さく力は万人に匹敵するようにいっていても、足跡は尋常のものからそう図抜けては大きくないらしい。それで時としては武蔵坊弁慶の逸話にも托せられ、そうでなくてもよほど人間味が多く加わっており、同じ誇張でも、関東で見るような笑い話の種にはなりにくい。これも自分の解釈は神敵観との融合があって、神の勝利の花々しい光景を胸にえがくためには、あんまり大きくては始末が悪かったからではないかと思う。しかし『播磨風土記』の多可郡の条には、天につかえて屈んであるいたという人の記事もあり、九州でも筑後の矢部川の奥には、谷を蹴開いたという巨霊の話が伝わっている。そういう昔語りも学者の手にかかると何とかかんとか古史の記録を調和させようとし、または時代の常識で合理化させなければ承知しないが、文字のない人々が旧い事を伝えようとした動機には、それとはまた格別なものがあったらしいのである。第一には親々の固く信じたということに同情して、それをいつまでも覚えておこうという心持ち、第二には「昔」という時の中にはどれだけ多くの神秘奇瑞があったか知れぬという一種の憬慕《けいぼ》、さらにまた現在生活の不如意と不安とを、しばしばこういう思い出によって忘れようとした、素朴な芸術欲などと、これから進んで我々が明らかにしなければならぬものが、まだ幾らでもあるのである。

学問がだんだんと民間に普及するにつれてこういう省みられなかったものが省みられることは、自然でありまた我々の努力を要せぬかも知れぬが、讃岐は旧国でありかつよく開けた地方であるがゆえに、大切な資料も利用者のまだ出て来ぬうちに、消えたり改まったりしてしまう懸念が多い。行く行くこの会に熱意ある会員の数を増して、互いに他の人のまだ心付かぬ文化現象に手分けをして観察の歩を進め、末には巨人の尻餅や地団太というような埋没した古い信仰の痕跡までが、一目に見渡されるようにしてもらいたいものである。学問は興味から、もしくは好奇心から入ったものが最も根強い。そういう考えに基づいて、私はこの頓《とん》狂《きょう》な一つの話題を提供する。

附　大太法師伝説四種

（一）昔デエラボッチという非常に大きな人がいた。ある時富士山を背負おうとして、相模原の原中をふじ蔓を見つけて歩いたが、どうしても山を背負うだけのふじ蔓が見つからない。それを残念がってジンダラ踏んだその跡が、今原の中ほどにある鹿沼《かぬま》と菖蒲沼《しょうぶぬま》とである。

〇ジンダラとは「地団太」というのと同じで、臀《しり》を地に下し手足を振り動かし、体を揺りつつ口惜しき表情をなすこと。

○菖蒲沼の西の端を横浜線の鉄路が通っている。鹿沼に水の湛えている時は、淵野辺の停車場で汽車の窓から見える。二つの沼の距離は三四町くらい。

（二）相模原の中ほどに幅一町ばかり南北に長く凹《くぼ》んでいる褌窪《ふんどしくぼ》という凹地がある。デエラボッチが褌をひきずった跡だそうな。

（三）南多摩郡由井村字小比企《こびき》から南、同村宇津貫《うつぬき》へ越える所に、俗に池の窪と称する凹地がある。東西に長くて（長さ十五六間幅十間くらい）、ちょっと足跡といえばそうも見られる形をしておる。昔デエラボッチが富士の山を背負おうとして一跨《ひとまた》ぎ蹈張《ふんば》った。一足が駿河の国に、他の一足がここに印せられたのだと言い伝えておる。

○池の窪はふだんは乾いておるが、五月雨《さみだれ》頃などには水を湛えて湖水のようになる。

（四）同郡川口村山入小字縄切《なぎれ》に、附近の山から一つ飛び離れた小山がある。これは昔デエラボッチがどこからか背負って来たのであるが、ここまで来ると縄が切れて落ちた。デエラボッチは縄を繋ごうと思ってふじ蔓を捜したが見つからなかったので口惜しがって「この山へふじは生えるな」といったから、今もって葛《ふじ》が生えない。背負って来た山はここに残って縄切という字の名がその由来を語っておる。

○同郡由木村にも一つ巨人に関する伝説がある。ただしデエラボッチとはいわず。（中村成文）

（「讃岐民俗」昭和十三年十二月）

（附記）

この問題に関しては『一目小僧その他』の中の「ダイダラ坊の足跡」をおよみ下さると参考になると思う。

## 一つ目小僧

舌切雀の重い葛籠《つづら》の中へ、やたらに詰め込まれたような有合せのおばけにも、尋ねてみれば由緒もあり系図もあるというのは、斯道《しどう》に心を寄せる我々にとってまことに張合のあることである。深夜に少年の笠を目深かに被って酒買いに行くのを、すれ違いさまによく見ると顔の真中に円い眼が一つあったという話など、今は五歳の幼童も承認せぬような事件であるが、ある時代にはこれを固く信じた人々も多かったとみえる。拙者などはこれは狸が化けるので、狸は飄逸《ひょういつ》にしてしかも智謀周密でなかったために、かかる類の妖怪を現ずるのだというように聞いていたと記憶する。しかるに拙者よりは年下の住《すみ》広造氏の言によると、飛州高山などでは雪入道と称して目が一つ足が一本の大入道の話が、同氏子供の頃にも語り伝えられていたという。雪の降る夜の明け方に出るものということである。高瀬敏彦氏の報ぜられた紀州伊都《いと》郡のユキンボも雪夜に飛びあるくとあるが、一本脚とのみあって目の沙汰は何ともない。かつ小児のような形という。前に出した熊野山中の「一本ダタラ」(郷土研究四巻)も同様に、雪の朝樹木の下などにできる円形の窪みをもってその足跡という由《よし》で世にいう雪女または雪の精のごとく、雪降るによって始めて現れる者とも考えられていたのでなく、雪はむしろ足跡の話についているのであろう。越中の旧事を録した『肯構泉達録《こうこうせんたつろく》』巻十五に、婦負《おい》郡蘇夫《そぶ》岳の山霊は一眼隻脚の妖怪にして、かつて炭を焼く者二人これに殺され、少し水ある蘆茅《あしかや》に投げ棄ててあり、また麓《ふもと》の桂原という里の者夫妻薪を採りに登りて殺さる。脳を吸うとみえ頂に大なる穴が明いていた。『山海経《せんがいきょう》』にいうところの独脚鬼ならんか云々とある。石川日観・石川泰恵二人の話を集めたゆえに『観恵交《かんけいこう》話《わ》』と題してある一書にも、いずれの地方のことかまだ知らぬが次のような一条がある。曰く「左衛門《さえもん》佐《のすけ》殿領分の山にセコ子という者あり。三四尺ほどにて眼は面の真中にただ一つあり。そのほかは皆人と同じ。身に毛もなく何も着ず。二三十ずつほど連れ立ちありく。人これに逢えども害をなさず。大工の墨壺をことのほか欲しがれどもやれば悪しとてやらずと杣《そま》ども語りけり。言葉は聞えず、声はヒュウヒュウと高く響く由なり」と。害はせずとあるが一つ目小僧が隊をなして横行したら相応に怖しいであろう。また『日東本草図《ほんぞうず》彙《い》』という書には挿図まで添えてこんな話を掲げている。上州の草津温泉は毎年十月八日になると小屋を片づけて里へ下る習いであった。ある年仕舞いおくれ二三人跡に残った者、夜中酒を求めに里へ下るとて温泉の傍を通ると、湯滝の滝壺の中に白髪銀のごとき老女がいて、どこへ行くか己も行こうというのをよく見ると顔の正中に一つしか眼がなく、その眼が的然と照り輝やいていたので、小屋へ飛んで帰って気絶した云々。仏経などの中には捜せばこの類の鬼もいるかも知らぬが、人間並に男女あり老幼あり、上野《こうずけ》にも越中にも飛騨にも近江にも土佐にも、見た聞いたという話がこう多いのには、何かまたしかるべき仔細がなければならぬ。一本足で飛びあるくというに至っては何分にも手がつけられぬが、これも平瀬氏報告のごとく単に山の神はちんばというだけになれば（郷土研究四巻一一号）あり得べき想像になる。いわゆる顔の真中に眼が一つもこれと同様の誇張で、本来は山の神が眇者《すがめ》であるというたのを、今も用いる語法で「目が一つ」と言い伝えたとすれば、すなわちまた神の片目の一例に他ならぬ。磐城平《いわきたいら》地方で山神様はかんかちだから十月にも出雲へは行かれぬという由《よし》高木氏の報ぜられたのは、あたかもその証拠であろうと考える。このついでにいうが、神が目を傷つけられたという昔話は、「片目魚考」に引かれたほかにも、伯耆《ほうき》、伊豆、新島《にいじま》等本誌に多くの報告が見えている。また片目の魚の話の中でもことに好参考となるのは、遠州横須賀辺で天狗が夜炬火《たいまつ》を持って泥鰌《どじょう》を漁しその目を抜いて行くので、この辺の泥鰌に片目が多いという一条である。本年一月十八日の東京日日新聞に、琉球ではハブ（蛇）を捕えてその左の目を抉《えぐ》って呑むと精力を増すという俗信があって今もこれをやるのを聞いて、東京の某富豪も近頃ハブの左眼を本場の琉球から取り寄せてひそかに用いているとある。これも何かの関係があるらしく思われる。

（「郷土研究」大正六年三月）

## 一眼一足の怪

『紀伊国続風土記』巻八十、牟婁《むろ》郡色川郷樫原《かしはら》の条に、昔一蹈鞴《ひとつだたら》と称する妖賊《ようぞく》ありて、熊野の神宝を奪い雲取の旅人を掠《かす》む。狩場刑部左衛門《ぎょうぶざえもん》なる者三山衆徒の頼みに応じこれを退治しその功をもって三千町ある寺山を色川郷十八村の立合山にしてもらい、死して後はこの地に王子権現と祀られたとある。南方《みなかた》先生は曰く、右のヒトツダタラはただの泥坊ではあるまい。熊野の山中には今でも「一本ダタラ」という怪物住むという。その形は見たものがないが、幅一尺ばかりの大足跡を一足ずつ雪の上に印して行った跡を見るという。このダタラは多分かのダイダラ法師のダイダラと同じく大人を意味する語で、漢字に書けば大太郎で、すなわち元は大男の異名であったろう云々。何太郎を何ダラという例は三太郎法師をサンダラボッチ、沖縄の芝居にも京太郎と書いてキョーダラというのがある。また大力の男を大太郎というのは、『宇治拾遺』には盗賊の頭の大太郎、『盛衰記』には日向嫗岳《ひゅうがうばだけ》の神の子に大太童などがある。また一足の怪ということは熊野ばかりの話ではない。安芸《あき》の宮島でも雪の晨《あした》に廻廊の屋根舞台の上などに、常人の足を三つ四つも合せたほどの大足跡が、一丈ばかり隔てて雪の上に印しているこ とがあるといい（芸藩通志十七）、土佐でも高岡郡大野見郷島ノ川の山中で、文政の頃官命をもって香簟《こうたけ》を養殖している頃、雪中に大なる足跡の一二間を隔てて左足ばかり続いているのを見た者がある。あるいは右足ばかりの跡もある。これは「一つ足」と称して常にある者である。香美《かみ》郡にもあるという話である（土佐海続編）。宮島の方は左右の足で大股《おおまた》に歩いたのかも知れず、土佐の「一つ足」もただ片足で飛んだのかも知れぬが、土佐にはずっと前から隻脚にしてさらに片目なる怪物が山奥にいると伝えられ、しかもそれは山男のことだとの説もある。高知藩御山方の役人春木次郎八繁則という者、宝暦元年四十歳で土佐郡本川郷の山村に在役中見聞を筆記した書物に「山鬼というものあり、年七十ばかりの老人のごとし。人に以《に》たり、眼一つ足一つ、蓑《みの》のようなる物を着す。本川の人『山ジイ』という。俗にいう『山チチ』なるべし。変化《へんげ》の物にあらず、獣の類なる由、されど常に人に見ゆることなし。大雪の時足の跡あり、人往来の道を通る。六七尺に一足ずつ足跡あり、丸き物なり、径四寸ばかり、たとえば杵《きね》にて押したるように足跡あり、飛び飛びして行くよし、足跡は見けれどもその姿を見ず、越裏門《えりもん》村の忠右衛門という者の母は行き逢いたる由、昼のことなり、人のごとくたこりて来るとなり。忠右衛門母は行きちがいけれども、見返りたれば行方なしという。あまり胆を潰し家へ立ち帰り、行く所へ行かずやめたり、何事もなし。昨日のことと語りしままに書付けおくなり」とあり、またその次には「山鬼と蛇と百足《むかで》と道行くことを争いたるという書あり、その書の名を忘れたり、サンキはけだものなり」ともある（寺川郷談）。この話は多分足の一本の者とない者と百ある者との争いであろう。されば山城八瀬村の元祖のごとくいう山鬼などと別で、この辺では山鬼は足一本ときまっていたのである。これよりは時代は大分後かと思われる土佐の怪談集の中にまたこんな説もある。「ある人云く、この一眼の者は土佐の山中には見る者多し、その名を山爺という。形人に以《に》て長《たけ》三四尺、惣身《そうしん》に鼠色の短毛あり、一眼はなはだ大にして光あり、一眼はなはだ小さし。ちょっと見れば一眼と見ゆるなり。人多くこれを知らず、一眼一足という。歯はなはだ強き物にして、猪猿などの首を人が大根類を喰うごとくたべ候由。狼この物をはなはだ恐れ候ゆえ、猟師この山爺を懐《なつ》け獣の骨などを与え、小屋に掛けたる獣の皮を狼の夜分に盗み取るを防がする由、土州の人の話なり」（南路志続編稿草二十三）。本川郷の山爺には身長の記事がないが、六七尺に一足跡とあるからは三四尺の小男とはとうてい思われぬが、それにしても杵で押したような丸い跡とあるなど熊野の話とも打ち合わず、しかも見たことはないという本物の話ばかりが一致するのも妙である。また雪の中の足跡などに右とか左とかがそう明瞭に分るわけはないから、結局山中の怪物が片足だということは、別に何かかく想像すべき理由があったのではあるまいか。片目という方はいよいよもって空な話のように思われる。しかしこれをいうのは土佐ばかりではなかった。『阿州奇事雑話』巻二の山父・山姥の話は、半分以上『笈埃《きゅうあい》随筆』や『西遊記』などの受売りと見受けるが、しかもその末に録した同国三好郡の深山で山父が小屋へ来て、例のごとく人の心を読んだという話の中に、その山父が一眼であったことを述べている。『落穂余談』巻五にはまた次のような話もある。「豊後のある山村の庄屋山中に猟する時、山上二三尺のくぼたまりたる池の端に、七八歳の小児惣身赤くして一眼なる者五六人いて、庄屋を見て竜の髭《ひげ》の中に隠る。これを狙い撃つに当らず、家に帰れば妻に物憑《つ》きて狂死す。我は雷神なり、たまたま遊びに出たるに何とて打ちけるぞといいけり。これを本人より聞きたる者話すといえり」。山猱《さんどう》一足にして反踵《はんしょう》とは支那の書物にもあるそうだが、これら山にいる大小いろいろの一つ目が、何ゆえに一つ目と伝えられているかについては、なお研究せねばならぬと思う。

（「郷土研究」大正五年十一月）

## 片足神

土佐山中に住む怪物で山ジイとも山鬼ともいうものの一本足であるという俗信（郷土研究四巻四七七頁）と思い合さるるは、『南路志』の同国安芸《あき》郡室戸村大字元字船戸の条に、「片足神、社は巌窟なり、この神片足なりとて半金剛《はんこんごう》の片足を寄進すること古来の風なり」とあることである。土佐では岩穴の中に神を祀る例同書に多く見えており、必ずしも山の神とは定まっておらぬ。草履《ぞうり》の類を捧げ物にする神は諸国に幾らもあり、その一二は常に片足のみ供えているが、いまだ神一足という説明は聞かぬ。秩父の横瀬川入の孤屋《ひとつや》で自分が目撃した正月に竈神《かまどがみ》に上げるという馬の沓《くつ》なども、大きいのをただ片方だけであった。書物の名は忘れたが江戸の人の紀行に、甲州の郡内某村において一足鬼形の石体を祭る社ありといい、夔《き》という神かと記してあった（徂徠《そらい》であったかも知れぬ）。山中先生の『甲斐の落葉』によれば、その地では今はすでにそれを夔という神にしてしまっているそうである。しかも実物を見るとただの狛犬《こまいぬ》の片足毀《と》れたのであるとて図まで出して笑っておられた。しかしこれを耳に疎い支那の神にしたのは法外としても、あるいは土佐の例のごとく片足として尊崇する信仰がこの辺の民間にあったのかも知れぬ。今一段問いただしてみねばならぬ事である。

（「郷土研究」大正五年十二月）

# 天狗の話

一

私が天狗を研究しているというのはむろん虚名である。ただ昔の人の生活を知るために、いろいろの方面から考えている間に、自然少しくそんな点にも心ついたのである。従って天狗に関し何らの結論をも持っておらぬ。今の人は何でも普通の論理で物を討究しようとするが、おばけにロジックはないから、不理窟でも現れる。それを嬉しがる私が分らぬのか、当世人が話せないのか、何だか知らぬが、こんな話もあるということで聴いてもらいましょう。

わが国には一時非常に奇怪な物語を喜び、利口な人が集ってはいわゆる空虚を談ずるという、一種デカダン気風の盛んな時代があった。この時代を我々はかりに今昔時代という。天狗伝説に羽が生えて天下を飛び廻ったのはこの時代のことである。今昔時代にはただの鬼と天狗とは別種の魔物と考えられておって、おのおの偉大なる勢力を振るっておった。その後鬼党は次第に零落して、平凡なる幽霊亡霊の階級まで退却してしまったが、これに反して天狗国は久しく隆々として、田舎及び山間を支配しておった。天狗の社ができたのはかえってこの次の時代である。今日といえども決してその領域は縮んではおらぬ。

ただし天狗道にも時代があれば従って時代の変遷がある。中世の歴史を見ても、南都北嶺の僧侶たちが大多数京師人の子弟である世には、その行いや殊勝であったが、いったん武家が勢力を加えてその子弟を坊主にすれば、法師でも強くてあばれる。徳川時代に百姓の子が僧になればまたおとなしくなる。正法の対象であるところの魔道でも、これと同じ道理で、武家時代の天狗にもまた、武士的気風がある。元来天狗というものは神の中の武人であります。中世以来の天狗はほとんと武士道の精髄を発揮している。少なくも武士道中の要目は天狗道においてことごとく現れている、ことにその極端を具体して見せている。すなわち第一には清浄を愛する風である、第二には執着の強いことである、第三には復讎《ふくしゅう》を好む風である、第四には任侠《にんきょう》の気質である。儒教で染め返さぬ武士道はつまりこれである。これらの道徳が中庸に止《とど》まれば武士道で、極端に走ればすなわち天狗道である。ことに高慢剛腹の風というものは、今日でも「あの人は天狗だ」などと、諺《ことわざ》になって都会にも行われている。少なくも近代魔道の一大徴候としてある、王朝時代の天狗に比べると大分変られた点がある。明治の新時代の天狗はこの上さらにいかなるアットリビュートを添えられることか、長命をして知りたいものである。この事実は一方から論ずればまた国民性の煥発《かんぱつ》とでもいうかすこぶる面白いことである。西洋でも北部欧羅巴《ヨーロッパ》に今なお活動しているフェアリーのごとき、その発祥地であるところのケルト民族の特性をよく代表している。フェアリーの快活で悪戯好《いたずらずき》でしかもまた人懐こいような気風はたしかにセルチックである。フェアリーは世界のおばけ中まさに一異色である。これに比べると天狗はやや幽鬱である。前者が海洋的であればこれは山地的である。日本は内外人の想像しているよりもいっそうの山国である。山高きがゆえに貴からず、高くはないが深山ははなはだ多いのである。我々の祖先は米が食いたさに争って平地に下った。平地と山地とは今日なお相併行して入り交わらざる二つの生活をしている、従って平野居住者がまるまる天狗伝説を忘却しても、他の一半の日本における魔道の威力は必ずしも衰微したものとはいわれぬのである。

## 二

しかしながらこれがため我々平地人にとって、いわゆる天狗道のいよいよ了解しにくくなったことはまた事実である。語を換えていわば百年の昔に比べて不可測の範囲はかえって昔より大いに拡張した。一時神道の学者は好い機会があってその一端を窺うことができたものだから、悦び勇んでその説明を試みたけれども、その効果は決して大なりとはいわれぬ。斯道が学者の取扱に適せぬ理由はいくらもあるが、第一に書いた物が少ない。多くの材料は空吹く風のごとく消えやすい口から口への話である。また幽冥《ゆうめい》に往来したという人の物語、これが史料としての価値はあまり高くない。神童寅吉《しんどうとらきち》すなわち高山平馬の話、または紀州のある学者の筆記した少年の談話の類は五つも七つもあるけれども、その間に何ら共通の点がなく、一つの世界の話とはいかにも受け取られぬ。なるほど虚誕ではなかろう、本人はまさにかく信じたのであろう、しかしこれをもって単純なる青年の一妄想でないとする根拠に乏しい。何となればその記事は一つも学問のない若者の世間的智識ないしは想像の区域を脱しておらぬ。神道の学者は神道に片よった幽冥談をことごとく信ぜんとするけれども、仏道の方にも霊現記類の書物に仏道に片よった幽冥談のよくこれに似たものがある。『続鉱《こう》石《せき》集』の下巻に出ている阿波国不朽物語などはその一例であって、形式は全然これに似ている。立山の地獄、恐山《おそれざん》の地獄の話のごときも筆者は人を欺くとも思われぬから、少くもこれを見たという人があったのであろう。これらの話が多く出て来れば来るほどこれを信ずることは困難になる。それよりも今日幽冥に交通しているきわめて少数の人々が、微々として笑って何もいわないのはいくらゆかしいか知れない。しかしそれでは我々の研究のためには全然無方便である。

誤解をせられてはこまるのは、たといすこしも研究の好材料が得られないからといって、不思議の威力には寸毫《すんごう》も増減するところはないのである。幽界の消息と称するものがかりに不実であったとすれば、幽界の勢力の強烈なることはかえっていよいよ深く感ぜられるのである。この世に不思議が絶えたらとか、近くは宝永年中より六十年に一度ずつ必ず現れる伊勢の御蔭《おかげ》参《まい》りはどうであるか、いかな楽天的学者でも単純なる社会心理の現象として説明し得られるか、御蔭参りの年には諸国に無数の御札が降る、本物の御札が空から降る、維新の際にもたくさん降った、大神宮の御祓《おはらえ》も降れば関東には阿夫利《あふり》山の御札も降った、これらは学者の説明し得なかった事実であって、しかもまた厳然たる事実である。偶然私と貴方《あなた》とがこれを見なかったからといって、一言の下に否定し得るような簡単な問題ではありません。

三

これはほんの一例、その他無数の魔界の現象があるが、これにはとうてい門外漢は手を着けられぬのであろうか、今のところではまずしかりと答えるのほかはあるまい。ただここに少しばかり、私のひとり心づいていることがある。昔からことに近代において山中の住民が堅く天狗現象なりと信じているものの中で、どうもそうでなかろうと思うことがあります。山民は幽界を畏怖するの余りに、すべての突然現象、異常現象を皆天狗様に帰してしまう。しかしその一部分は魔王の与《あずか》り知らぬものがある。この濡衣《ぬれぎぬ》を乾せば魔道の威光はかえってたしかに一段を添えるであろうからちょっとその話をしてみたい。それはほかでもないが日本の諸州の山中には明治の今日といえども、まだ我々日本人と全然縁のない一種の人類が住んでいることである。これは空想ではない、当世のロジックでも説明のできることである。順序を立てていうが、第一わが国は小さな人口稠密《ちゅうみつ》な国でありながら、いわゆる人跡未到の地がまだなかなか多い。国と国、県と県との境は大半深山である。平安の旧都に接しても、近江・丹波・若狭に境した山はこれである。吉野の奥伊勢・紀州の境も深山である、中国・四国・九州は比較的よく開けているというが、伯耆《ほうき》の大山《だいせん》、出雲の三瓶《さんべ》山の周囲は村里がはなはだ少い。四国の阿波・土佐の境山、九州の市房《いちふさ》山地方も山が深い。京より東はもちろんの事で、美濃・飛騨から白山・立山へかけての山地、次にはいやな名だがいわゆる日本アルプスの連山、赤石・白根の山系、それから信越より南会津へかけての山々のごとき、今日都会の旅人のあえて入り込まぬはもちろん、猟師・樵夫《しょうふ》も容易に往来せぬ区域がずいぶんと広いのである。これらの深山には神武東征の以前から住んでいた蛮民が、我々のために排斥せられ窮追せられてようやくのことで遁《に》げ籠り、新来の文明民に対しいうべからざる畏怖と憎悪とを抱いていっさいの交通を断っている者が大分いるらしいのである。

中学校の歴史では日本の先住民は残らず北の方へ立ち退いたように書いてあるが、根拠のないことである。佐伯と土蜘《つちぐも》と国巣《くず》と蝦夷《えぞ》と同じか別かは別問題として、これらの先住民の子孫は恋々としてなかなかこの島を見捨てはせぬ。奥羽六県は少なくも頼朝の時代までは立派な生蛮地《せいばんち》であった。アイヌ語の地名は今でも半分以上である。またこの方面の隘勇線《あいゆうせん》より以内にも後世まで生蛮がおった。大和の吉野山の国巣という人種は蝦蟇《がま》を御馳走とする人民であるが、四方の平地と海岸がすべて文明化した後まで、我々の隣人として往来しておった。新年に都へ来て舞を舞い歌を歌ったのはその中の一部であるか全部であるかは分らぬが、別に他国へ立ち退いたとも聞かぬ。『播磨風土記』を見ると、今の播但鉄道の線路近くに数部落の異人種が奈良朝時代の後まで住んでいた。蝦夷が遠く今の青森県まで遁げた時代に丹波の大江山にも伊勢の鈴鹿山にも鬼がいて、その鬼は時々京までも人を取りに来たらしい。九州はことに異人種の跋扈《ばっこ》した地方であって、奈良朝の世まで肥前の基肄《きい》、肥後の菊池、豊後の大野等の深山に近き郡には城があった。皆いわゆる隘勇線であったのである。ゆえに平家の残党などが敗軍して深山に遁げて入るといかなる山中にもすでに住民がおって、その一部分は娘を貰ったりして歓迎せられたが、他の一部分はあるいは食べられたかもしれぬ。

さてこれらの山中の蛮民がいずれの島からも舟に乗ってことごとく他境に立ち退いたということは、とてもできない想像であって、なるほどその大部分は死に絶え、ないしは平地に降って我々の文明に同化したでもあろうが、もともと敵である。少なくもその一部分は我慢をして深山の底に踏み留まり野獣に近い生活を続けて、今日までも生存して来たであろうと想像するのは、あながち不自然なる空想でもなかろう。それも田畑を耕し住家を建てればこそ痕跡も残るであろうが、山中を漂泊して採取をもって生を営んでいる以上は、人に知られずに永い年月を経るのも不思議でなく、いわんや人の近づかぬ山中は広いのである。

しかし永い年月の間にはしばしば我々の祖先にも見られた。『常陸風土記』にある海岸地方の巨人の跡の話、これは珍しくもないがただ巨人とあるが注意すべきである。この蛮民を諸国で皆大人《おおひと》といっている。出雲松江の大人塚は『雲陽志』に見えている。秋田地方は今でも大人というとは小田内君の話である。飛驒の山中に大人が住んでおって猟師がこれと交易をしたということを徂徠先生が書いている。怖いから大きく見えたのか、その足跡ははなはだ大きいという記事が『作陽志《さくようし》』にもある。しかし大人というよりも分りのよいためか、今日は山男・山女という方が通用する。また山童《やまわろ》ともいう。冬は山童夏は川童という説は誤りであろう。

山童に行き逢ったという話はたしかなものだけでも数十件ある。一つ一つの話はここには略しますが、すべて皆彼等は一言をも話さぬといっている。共通の言語がない以上は当然である。食物は何であるか知らぬが、やはり吉野の国巣のように山菓や魚や菌《きのこ》であろう。米の飯を非常に嬉ぶともあり餅《もち》を欲しがったともあり塩は好まぬともある。衣服は何もないこともある。日向の飫肥《おび》の山中で猟師の罠に罹って死んでおった山女は髪長く色白く裸体であったとある。奥州は寒いから上閉伊《かみへい》の山中で逢った女は普通の縞を着ておったが、ぼろぼろになった処を木の葉で綴っておった。多くは徒足《すあし》だろうと思うけれども同じ山中に寝ておった大人は山笹でこしらえた大きな履物を脱いでいた。

なお大人の人である証拠はいくらでもある。しばしば山の中で死んでいるのを見た者がある。寝て鼾《いびき》をかいていた山男もある、杣《そま》や木樵《きこり》は近世になっては食物を与えて山男を使役するという話がある。先に食物をやれば仕事を捨てて逃げて行く、人の先に立って行くを好まぬ。その無智であることは餅とまちがえて白石の焼いたのを嚙んで死んだ話がある。

これらの話を綜合すれば、きわめて少数ながら到る処の山中に山男はいる。分布も広い上に往来も海上のほかは自由なのであろう。多くの日本人はこれをしも「おばけ」の列に加えて真価以上に恐れているのである。そこで自分の考えでは今日でも片田舎でよく聞く神隠しということは、少なくも一部分はこの先生の仕事にして天狗様の冤罪《えんざい》である。彼等も人なり、生殖の願いは強い内部の圧迫であろう。山中の孤独生涯に堪え兼ねて、黄昏《たそがれ》に人里へ来たり美しい少年少女を提げて帰るのは、まったく炭焼が酒買いに来るのと同じである、恐ろしいというのはこちらのことで、異人種は別に気の毒だがとも思うまい。夕方になると田舎では子供の外に出ているのをひどく気遣う。地方によっては女はおとなでも夕方は外におらぬ。山坂を走ることの我々よりも達者なことは想像し得られるが、一度捕われた男女の還って来る者の少ないのは、いかなる威力であろうか。あるいは久しからずして皆死ぬからであろうか。

もっとも二年三年の内には隠された者が必ず一度は姿を見せると信じている所もある。一昨々年盛岡では近年の神隠しをいくつとなく聞いた。岩鷲山は高くはないが物深い山である。かの麓にはこの現実の畏怖が止む時もない。雫石《しずくいし》の百姓の娘が嫁に行くとて炬火《たいまつ》をつける間に飾馬《かざりうま》の鞍の上から捕えられた。二年の後夜遅く隣村の酒屋へ酒を買いに来たのがその女であった。すぐに跡から出て見た者があったが影がなかった。

私は珍世界の読者の助力でなおこの種類の話を蒐集したいと思う。旧民族の消息が明白になることは、まことに趣味ある問題といわねばならぬ。

（「珍世界」明治四十二年三月）

## 妖怪名彙

怖畏と信仰との関係を明らかにしてみたいと思って、いわゆるオバケの名前を集め始めてから、もう大分の年数になる。まだ分類の方法が立たぬのも、原因は主として語彙の不足にあると思うから、今少し諸君の記憶にあたってみたい。あるいは時期がすでに遅いかも知れぬが。

分類には二つの計画を私はもっている。その一つは出現の場所によるもの、これは行路・家屋・山中・水上のおおよそ四つに分けられる。行路が最も多く、従ってまた最も茫漠《ぼうばく》としている。第二には信仰度の濃淡によるものだが、だいたいに今は確信するものが稀で、次第に昔話化する傾向を示している。化け物があるとは信じないが話を聴けば気味が悪いというものがその中間にいる。常の日は否認していて、時あって不思議を見、やや考え方が後戻りをするものがこれと境を接している。耳とか目とか触感とか、またはその綜合とかにも分けられるが、それも直接実験者には就けないのだから、結局は世間話の数多くを、おおよそ二つの分類案の順序によって排列してみるの他はない。要するにこれは資料であり、説明というものからは遠いのだが、出所を掲げておけば後の人の参考にはなるだろう。どうかこれに近い話があったら追加してもらいたい。

**シズカモチ**　下野益子《しもつけましこ》辺でいう（芳賀郡郷土研究報）。夜中にこつこつこつこつと、遠方で餅の粉をはたくような音が人によって聴える。その音がだんだんと近づくのを搗《つ》き込まれるといい、遠ざかって行くのを搗き出されるといい、静か餅を搗き出されると運が衰える。搗き込まれた人は、箕《み》を後手《うしろで》に出すと財産が入るともいう。あるいはまた隠れ里の米搗きともいい、この音を聴いた人は長者になるという話もあった。『摂陽群談《せつようぐんだん》』、摂津打出の里の条にもある話で、古くから各地でいうことである。

**タタミタタキ**　夜中に畳を叩くような音を立てる怪物。土佐ではこれを狸の所為としている（土佐風俗と伝説）。和歌山附近ではこれをバタバタといい、冬の夜に限られ、『続風土記』にはまた宇治のこたまという話もある。広島でも冬の夜多くは西北風の吹出しに、この声が六丁目七曲りの辺に起ると『碌々雑話《ろくろくざつわ》』に見えている。そこには人が触れると瘧《おこり》になるという石があり、あるいはこの石の精がなすわざとも伝えられ、よってこの石をバタバタ石と呼んでいた。

**タヌキバヤシ**　狸囃子、深夜にどこでともなく太鼓が聞えて来るもの。東京では番町の七不思議の一つに数えられ（風俗画報四五八号）、今でもまだこれを聴いて不思議がる者がある。東京のは地神楽《じかぐら》の馬鹿ばやしに近く、加賀金沢のは笛が入っているというが、それを何と呼んでいるかを知らない。山中ではまた山かぐら、天狗囃子などといい、これによって御神楽岳《みかぐらだけ》という山の名もある。

**アズキトギ**　また小豆洗いとも、小豆さらさらともいう。水のほとりで小豆を磨《と》ぐような音がするといい、こういう名の化け物がいて音をさせるともいう。その場処はきまっていて、どこへでも自由に出るというわけでない。大晦日の晩だけ出るという処もある（阿哲《あてつ》）。あるいは貉《むじな》の所行といい（東筑摩）、または蝦蟇《がま》が小豆磨ぎに化けるともいう（雄勝《おがち》）。不思議はむしろその分布の弘い点にある。西は中国、四国、九州、中部、関東、奥羽にもおらぬという処はほとんどない。何ゆえに物は見もせずに、磨ぐのを小豆ときめたかも奇怪である。あるいはこの怪を小豆磨ぎ婆様、または米磨ぎ婆と呼ぶ例もある（芳賀）。信州北佐久郡の某地の井では、大昔荒神《こうじん》様が白装束で出て、

　お米とぎやしょか人取って食いやしょかショキショキ

といいながら、米を磨いでは井の中へこぼしたと伝え、今でも水の色の白い井戸が残っている（口碑集）。この言葉も全国諸処の小豆磨ぎの怪が、口にするという文句であってその話の分布もなかなか弘い。

**センダクキツネ**　洗濯狐。夜になると水の岸に出て、ざぶざぶと物を洗う音をさせる怪。遠州西部ではその作者を狐ときめている（静岡県伝説昔話集）。

**ソロバンボウズ**　路ばたの木の下などにいて、算盤《そろばん》を弾くような音をさせるから算盤坊主（口丹波口碑集）。

**コナキジジ**　阿波の山分の村々で、山奥にいるという怪。形は爺だというが赤児の啼声《なきごえ》をする。あるいは赤児の形に化けて山中で啼いているともいうのはこしら

え話らしい。人が哀れに思って抱き上げると俄かに重く放そうとしてもしがみ付いて離れず、しまいにはその人の命を取るなどと、ウブメやウバリオンと近い話になっている。木屋平の村でゴギャ啼キが来るといって子供を嚇《おど》すのも、この児啼爺のことをいうらしい。ゴギャゴギャと啼いて山中をうろつく一本足の怪物といい、またこの物が啼くと地震があるともいう。

**カイフキボウ**　備前和気郡の熊山古城址にいたというもの。声は法螺《ほら》の貝を吹くようでありかを知らず、その貌《かお》を見た者もない。土地では貝吹坊と呼んでいた(東備郡村誌巻四)。

**コクウダイコ**　周防《すおう》の大畠の瀬戸で旧六月の頃に、いずことも知れず太鼓の音が聴える。これを虚空太鼓という。昔宮島様の御祭の日に、軽わざ師の一行がここで難船して死んでからという(郷土研究一巻五号)。

**カワツヅミ**　信州の小谷《おたり》地方では、川童《かっぱ》は人を取る二日前に祭をするのでその鼓の音が聴えるという。それを川童の川鼓といって大いに怖れる(小谷口碑集)。

**ヤマバヤシ**　山中で深夜どこともなく神楽《かぐら》の囃子《はやし》がすることがある。遠州阿多古《あたご》ではこれを山ばやしといい、狸のわざとしている。熊村では日中にもこれを催すことがあって、現に狸が腹鼓を打っているのを見たという者さえある(秋風帖)。

**タケキリダヌキ**　竹伐狸。夜分竹を伐る音がする。ちょんちょんと小枝を払う音、やがて株を挽《ひ》き切ってざざと倒れる音がする。翌朝往って見ると何事もない。丹波の保津村などは竹伐狸のわざといっている(旅と伝説一〇巻九号)。

**テングナメシ**　普通には天狗倒しというが陸中上閉伊郡などは天狗なめし、ナメシの語の意味は不明である。木を伐る斧の音、木の倒れる葉風の感じなどもあって、翌朝その場を見ると一本も倒れた木などはない(遠野物語)。

**ソラキガエシ**　天狗倒しのことを福島県の田村郡、また会津でもそういっている。鹿児島県の東部でも空木倒しという。斧の音、木の倒れる音はして、地に着く音だけはしないと前者ではいい、他の一方でもまるで木を倒す通りの音をさせるが、たった一つ材木の端に牛の綱を通す穴をあける音だけはさせぬので、真偽を聴き分けることができるという。その音のする場所は一定している。

**フルソマ**　土佐長岡郡の山中で、古杣というのは伐木に打たれて死んだ者の霊だという。深山で日中もこの声を聴くことがある。始めに「行くぞう行くぞう」と呼ぶ声が山に鳴り渡り、やがてばりばりと樹の折れる響き。ざアんどオンと大木の倒れる音がする。行って見れば何の事もない（郷土研究三巻四号）。

**オラビソウケ**　肥前東松浦郡の山間でいう。山でこの怪物に遭い、おらびかけるとおらび返すという。筑後八女《やめ》郡ではヤマオラビという。オラブとは大声に叫ぶことであるが、ソウケという意味は判らぬ。山彦は別であって、これは山響きといっている。

**ヨブコ**　鳥取地方では山彦すなわち反響を呼子または呼子鳥という（因伯民談一巻四号）。何かそういう者がいてこの声を発すると考える者もある。

**ヤマノコゾウ**　伊豆賀茂郡では山彦を山の小僧という。駿河でも山の婆々《ばば》、遠江《とおとうみ》には山のおんばアという名もある。山彦という名も山の男ということだから元は一つである。あるいはこれをまたアマンジャクという土地も関東にはある。天の邪鬼とも書いて、人の意に逆らう悪徳をもつというのも、やはりこの山中での経験ではなかったかと思う。サトリという怪物があって人の心中を見抜くという昔話も、起りは口真似からそういう想像に走ったのであろう。

**イシナゲンジョ**　肥前江ノ島でいう海姫、磯女などの同系らしい。五月靄《もや》の深い晩に漁をしていると、突然に岩が大きな音をして崩れ落ちるように聞える。次の日そこに行って見ても、何の変ったこともないという。

**シバカキ**　夜分に路傍で石を投げる怪物だという（玉名）。シバは多分短い草の生えた処のことで、そこを引掻くような音もさせるのであろう。

**スナカケババ**　奈良県では処々でいう。御社の淋しい森の蔭などを通ると砂をばらばらと振り掛けて人を嚇す。姿を見た人はないという（大和昔譚《むかしばなし》）のに婆といっている。

**スナマキダヌキ**　砂撒狸は佐渡のものが著名であるが、越後にも津軽にもまた備中阿哲郡にも、砂まきという怪物がいるといい（郡誌）、越後のは狸ともまた鼬《いたち》の所属ともいう（三条南郷談）。筑後久留米の市中、また三井《みい》郡宮陣村などでは佐渡と同じに砂撒狸と呼んでいる。利根川中流のある堤防の樹でも、狸が川砂を身にまぶして登っており、人が通ると身を振って砂を落したという話が残っている（たぬき）。

**コソコソイワ**　備前御津《みつ》郡円城村にこの名の岩がある。幅五尺ほど、夜分その側を通ると、こそこそと物いう音がする（岡山文化資料）。

**オクリスズメ**　山路を夜行くとき、ちちちちと鳴いて後先を飛ぶ小鳥がある（南紀土俗資料）。声によって蒿雀《あおじ》かという人もあるが、夜飛ぶのだから鳥ではあるまい（動物文学三三号）。那智の妙法山の路にも以前はよく出た。紀州は一般に、送雀が鳴くと狼がついて来るといい、または送り狼がついているしらせだともいう（有田民俗誌）。伊予の南宇和郡では、ヨスズメという一種の蛾がある。夜路にあるけなくなるほど飛んで来ることがある。そのヨスズメは山犬のさきぶれだという（南予民俗二号）。

**オクリイヌ**　また送り狼ともいうも同じである。これに関する話は全国に充ち、その種類が三つ四つを出でない。狼に二種あって、旅犬は群をなして恐ろしく、送犬はそれを防衛してくれるというように説くものと、転べば食おうと思って跟《つ》いて来るというのとの中間に、幸いに転ばずに家まで帰り着くと、送って貰ったお礼に草鞋《わらじ》片足と握飯一つを投げて与えると、飯を喰い草鞋を口にくわえて還って行ったなどという話もある（播磨加東）。転んでも「まず一服」と休むような掛声をすればそれでもう食おうとしない。つまり害意よりも好意の方が、まだ若干は多いように想像せられているのである。

**ムカエイヌ**　信州下伊那郡でムケエイヌという狼の話は、さらに一段とこの獣の性質を不明にしている。送り狼のように跡からついて来るのでなく、深夜山中で人の来るのを待ち受け、人が通り過ぎるとその頭上を飛び越えて、また前へまわるなどといっている（下伊那）。多分送り犬の信仰が衰えてからの分化であろう。

**オクリイタチ**　伊豆北部でいうこと。夜間道行く人の跡について来るという。草履を投げてやればそれからはついて来るのを止めるともいう（郷土研究二巻七号）。

**ベトベトサン**　大和の宇陀郡で、ひとり道を行くとき、ふと後から誰かがつけて来るような足音を覚えることがある。その時は道の片脇へ寄って、ベトベトさん、さきへおこしというと、足音がしなくなるという（民俗学二巻五号）。

**ビシャガツク**　越前坂井郡では冬の霙《みぞれ》の降る夜路を行くと、背後からびしゃびしゃと足音が聴えることがあるという。それをビシャがつくといっている。

**スネコスリ**　犬の形をして、雨の降る晩に、道行人の足の間をこすって通るという怪物（備中小田）。

**アシマガリ**　狸のしわざだという。正体を見せず、綿のようなものを往来の人の足にからみつけて、苦しめることがあるといっている（讃岐高松叢誌）。

**ヤカンザカ**　東京の近くにも、薬缶坂という気味の悪い処があった。夜分ひとり通ると薬缶が転がり出すなどといっていた（豊多摩郡誌）。

**テンコロコロバシ**　備前邑久《おく》郡のある地に出るという怪物。夜分ここを通るとテンコロがころころと坂路を転がって行くのを見るという。テンコロは砧《きぬた》すなわち衣打ち台のことだが、それに使う柄の直《す》ぐに附いた木《き》槌《づち》をもテンコロといっている。また茶碗転ばしの出るという場処もあった（岡山文化資料二巻六号）。

**ツチコロビ**　小豆《あずき》洗いの正体は藁《わら》打ち槌の形で、一面に毛が生えており、人が通ると転げかかるといっている地方も九州にはあるが（郷土研究一巻五号）、これは野槌《のづち》などという道の怪との混同らしい。野槌はたけのいたって短い槌のような形をした蛇で、道の上を転がって来て通行人を襲うと伝えられ、中部地方の山地にはそれが出るという峠路も多かったというが（飛騨の鳥）、この空想は名称から後に生れたものと思われる。ツチはミヅチが水の霊であると同様に、本来はただ野の霊というに過ぎなかったことは、古く学者もこれを説いている。しかし現在はこの槌形の怪は全国に弘まり、伯耆《ほうき》中津の山間の村でも、槌転びというくちなわがいて、足もとに転がって来て咬《くら》い付くといっている。

**ヨコヅチヘビ**　越後南蒲原《かんばら》郡のある堤防の上の路には、以前ヨコヅッヘンビ（横槌蛇）というものがいたという。頭も尾も一様の太さで、ぴょんぴょんと跳ねて動いていた云々（三条南郷談）。

**ツトヘビ**　またはツトッコという蛇がいるということを、三河の山村ではいい伝えている。あるいは槌蛇とも野槌ともいい、槌の形または苞《つと》の形をしていて、非常に毒を持ち、咬《か》まれると命がないと怖れられていた

（三州横山話）。あるいはまた常の蛇が鎌首をもたげて来たところを打つと、すぐにその首が飛んで行ってしまう、それを探してよく殺しておかぬと、後にツトッコという蛇になって仇《あだ》をするともいっていた（郷土研究三巻二号）。見たという人はあっても、なお実在の動物ではなかった。

**タンタンコロリン**　仙台で、古い柿の木の化けた大入道だという。柿の実を取らずにおくとこれになったともいうから、コロリンのもとは転がって来るといっていたのであろう。

**キシンボウ**　肥後では椿の木を擂木《すりこぎ》に用いると、後に木心坊になるというそうである（民族と歴史六巻五号）。古椿が化けて火の玉になったという話は、記録にも二三見えている。以前京都でもいったことである。おそらくこの木は擂木にしなかったのであろう。

**ツルベオトシ**　釣瓶落しまたは釣瓶卸《おろ》しという怪物が道に出るという話は、近畿、四国、九州にも分布している。井戸の桔槔《きつこう》というものが始めて用いられた当座、その突如たる運動に印象づけられた人々の、いい始めた名と思われる。この妖怪も大木の梢などから出しぬけに下って来るというので怖れられたのである。あるいは大きな杉に鬼が住んでいて、下を人が通ると金の釣瓶ですくい上げたという話もある（愛知県伝説集）。人をさらうためだけなら金にも及ばなかったろう。何かこれには隠れた意味がありそうである。

**フクロサゲ**　信州大町の附近には、昔狸が出て白い袋を下げたので、袋下げといっている処がある。田屋の下の飯つぎ転ばしというのも同じ怪であったという（北安曇《あずみ》郡郷土誌稿巻七）。

**ヤカンヅル**　夜遅く森の中を通ると樹の上から薬缶が下るといっている（長野附近俗信集）。

**アブラスマシ**　肥後天草島の草隅《くさずみ》越という山路では、こういう名の怪物が出る。ある時孫を連れた一人の婆様が、ここを通ってこの話を思い出し、ここには昔油瓶下げたのが出たそうだというと、「今も出るぞ」といって油すましが出て来たという話もある（天草島民俗誌）。スマシという語の意味は不明である。

**サガリ**　道の傍らの古い榎樹《えのき》から、馬の首がぶら下るという話のある場処は多い。備前邑久郡にも二つまであって、その一つは地名をサガリといっている（岡山文化資料二巻六号）。

**ヌリカベ**　筑前遠賀《おんが》郡の海岸でいう。夜路をあるいていると急に行く先が壁になり、どこへも行けぬことがある。それを塗り壁といって怖れられている。棒をもって下を払うと消えるが、上の方を敲《たた》いてもどうもならぬという。壱岐《いき》島でヌリボウというのも似たものらしい。夜間路側の山から突き出すという。出る場処も定まりいろいろの言い伝えがある（続方言集）。

**イッタンモメン**　一反木綿という名の怪物。そういう形のものが現れてひらひらとして夜間人を襲うと、大隅高山地方ではいう。

**ノブスマ**　土佐の幡多《はた》郡でいう。前面に壁のように立ち塞がり、上下左右ともに果てがない。腰を下して煙草をのんでいると消えるという（民俗学三巻五号）。東京などでいう野衾は鼯鼠《むささび》か蝙蝠《こうもり》のようなもので、ふわりと来て人の目口を覆うようにいうが、これは一種の節約であった。佐渡ではこれを単にフスマといい、夜中後からともなく前からともなく、大きな風呂敷のようなものが来て頭を包んでしまう。いかなる名刀で切っても切れぬが、一度でも鉄漿《かね》を染めたことある歯で嚙み切ればたやすく切れる。それゆえに昔は男でも鉄漿をつけていたものだといい、現に近年まで島では男の歯黒めが見られた（佐渡の昔話）。用心深い話である。

**シロボウズ**　泉州では夜分路の上でこの怪に遭うという畏怖が今もまだ少し残っている。狸が化けるもののようにいうがむろん確かな話でない。狐は藍縞《あいじま》の着物を着て出るというから、この白坊主とは別である。

**タカボウズ**　讃岐の木田郡などで評判する怪物。背の途法もなく高い坊主で、道の四辻にいるという。阿波の山城谷などでは高入道、正夫谷《しょうぶだに》という処に出る。見下せば小さくなるという（三好郡誌）。

**シダイダカ**　阿波の高入道とよく似た怪物を、長門《ながと》の各郡では次第高という。人間の形をしていて高いと思えばだんだん高くなり、見下してやると低くなるという。

**ノリコシ**　影法師のようなもので、最初は目の前に小さな坊主頭で現れるが、はっきりせぬのでよく見ようとすると、そのたびにめきめきと大きくなり、屋根を乗り越して行ったという話もある。下へ下へと見おろして行けばよいという（遠野物語再版）。

**オイガカリ**　備後の比婆《ひば》郡などでいう化物の一種。あるいていると後から覆いかかって来るものという。

**ノビアガリ**　伸上り、見るほど高くなって行くという化け物。川獺《かわうそ》が化けるのだという。地上一尺ぐらいの処を蹴るとよいといい、また目をそらすと見えなくなるともいう（北宇和）。こういう種類の妖怪の、物をいったという話はかつて伝わっていない。出て来るのではなくて、人が見るのである。

**ミアゲニュウドウ**　東京などの子供が見越し入道というのも同じもの、佐渡では多く夜中に小坂路を登って行く時に出る。始めは小坊主のような形で行く手に立ち塞がり、おやと思って見上げると高くなり、後には後へ仰けに倒れるという。これに気づいたときは、

　見上げ入道見こした

という呪文を唱え、前に打ち伏せば消え去るといい伝えている（佐渡の昔話）。壱岐では東京と同じに見越し入道というが、夜中路をあるいていると頭の上でわらわらと笹の音を立てる。その時黙って通ると竹が倒れかかって死ぬから、やはり「見こし入道見抜いた」といわなければならぬといっている（続方言集）。

**ニュウドウボウズ**　入道坊主、見越し入道のことである。三河の作手《つくで》村でかつてこれを見たという話がある。始めは三尺足らずの小坊主、近づくにつれて七八尺一丈にもなる。まずこちらから見ていたぞと声を掛ければよし、向うからいわれると死ぬという（愛知県伝説集）。

**ソデヒキコゾウ**　埼玉県西部では袖引小僧の怪を説く村が多い。時は夕方路を通ると後から袖を引く者がある。驚いて振り返ると誰もいない。あるき出すとまた引かれる（川越地方郷土研究）。

**オイテケボリ**　置いてけ堀という処は川越地方にもある。魚を釣るとよく釣れるが、帰るとなるとどこからともなく、置いてけ置いてけという声がする。魚を全部返すまでこの声が止まぬという。本所七不思議の置いてけ堀などは、何を置いて行くのか判らぬようになったが、元はそれも多分魚の主が物をいった例であろう。

**オッパショイシ**　土地によってはウバリオン、またはバウロ石などともいう。路傍の石が負うてくれというのである。徳島郊外のオッパショ石などは、ある力士

がそんなら負われいといって負うたらだんだん重くなった。それを投げたところが二つに割れ、それきりこの怪は絶えたと伝えられて、永くその割れた石があった（阿波伝説物語）。昔話の正直爺さんが、取り付かば取り付けというと、どさりと大判小判が背の上に乗ったというのと、系統を一つにする世間話で、実は格別こわくない例である。

**シャクシイワ**　作州箱村の箱神社の近傍にある杓子岩は、夜間人が通ると味噌をくれといって杓子を突き出したのでこの名があるという（苫田《とまだ》郡誌）。味噌を持ってあるく人もそうあるまいから、これはもと味噌を供えて祭った石かと思われる。

**ヒトリマ**　火取魔という名はただ一つ、加賀山中温泉の例が本誌に報告せられたのみであるが（民間伝承三巻九号）、路傍に悪い狐がいて蠟燭《ろうそく》の火を取るという類の話は諸処にある。果してこの獣が蠟燭などを食うものかどうか。あるいは怪物の力で提灯《ちょうちん》の火が一時細くなるという石川県のようないい伝えが、他にもあるのでないかどうか。確かめてみたい。

**ヒヲカセ**　火を貸せという路の怪が出る場処が、三河の北設楽《したら》郡にはある。昔鬼久左という大力の男が夜路を行くと、さきへ行くおかっぱの女の童がふりかえって火を貸せといった。煙管《きせる》を揮《ふる》って打ち据えようとしてかえって自分が気絶してしまった。淵《ふち》の神の子であったろうという（愛知県伝説集）。あるいはこれとは反対に、夜分人が通ると提灯のような火が出て送って来るというような所もあった。ある村の古榎《えのき》の木の下まで来ると消える。それでその古木を伐ってしまったら出なくなったという（同上）。

**ミノムシ**　越後では評判の路の怪であるいは鼬《いたち》のしわざともいう。小雨の降る晩などに火が現れて蓑《みの》の端にくっつき、払えば払うほど全身を包む。ただし熱くはないという（西頸《くびき》城郡郷土史稿二）。信濃川の流域にはこの話が多く、あるいはミノボシともいう。多人数であるいていても一人だけにこの事があり、他の者の眼には見えない（井上氏妖怪学四七九頁）。雨の滴《しずく》が火の子のように見えるのだともいう（三条南郷談）。越前坂井郡でも雨の晩に野路を行くとき、笠の雫《しずく》の大きいのが正面に垂れ下り、手で払おうとすると脇へのき、やがてまた大きい水玉が下り、次第に数を増して眼をくらます。狸のしわざといい、大工と石屋とにはつかぬというのが珍しい（南越民俗二）。秋田県の仙北地方で蓑虫というのは、寒い晴れた日の早天に、蓑や被り物の端についてきらきら光るものでいくら払っても尽きないというから、これは火ではない（旅と伝説七巻五号）。『利根川図志』に印旛《いんば》沼のカワボタルといっているのは、これは夜中に出るので火に見えた。これも越後のミノムシと同じものだろうといっている。

**キツネタイマツ**　狐火と同じものらしいが、羽後の梨木羽場《なしぬきはば》という村では、何か村内に好い事のある際には、その前兆として数多く現れたといっている（雪の出羽路、平鹿郡十一）。どうして狐だということが判ったかが、むしろより大きな不思議である。中央部では普通に狐の嫁入というが、これは行列の火が嫁入と似ていて、どこにも嫁取がないからそう想像したのであろうが、それからさらに進んで、狐が嫁入の人々を化かし、または化けて来たという話も多くできている。

**テンピ**　天火。これはほとんど主の知れない怪火で、大きさは提灯ほどで人玉のように尾を曳《ひ》かない。それが屋の上に落ちて来ると火事を起すと肥後の玉名郡ではいい（南関方言集）、肥前東松浦の山村では、家に入ると病人ができるといって、鉦《かね》を叩いて追い出した。あるいはただ単に天気がよくなるともいったそうである。

**トビモノ**　光り物という言葉は中世にはいろいろの怪火を呼んでいる。この中には流星もあり、またもっと近い処を飛ぶ火もあった。茨城県北部では現在も飛び物といっている。蒟蒻玉《こんにゃくだま》が飛びものになって光を放って飛ぶことがあるという。山鳥が夜飛ぶと光って飛びものとまちがえることがあるともいう。京都でも古椿の根が光って飛んだという話などが元はあった。

**ワタリビシャク**　丹波の知井《ちい》の山村などでは光り物が三種あるという。その一はテンビ、二は人ダマ、三はこのワタリビシャクで蒼白《あおじろ》い杓子形のものでふわふわと飛ぶという。名の起りはほぼ明らかだが、何がこれになるのかは知られていない。

**トウジ**　暴風雨中に起る怪光をトウジという（土佐方言の研究）。不明。

**ゴッタイビ**　鬼火のことという（阿山郡方言集）。

**イゲボ**　伊勢度会《わたらい》郡で鬼火をイゲボという。他ではまだ耳にせぬので、名の由来を想像しがたい。

**キカ**　薩摩の下甑島《しもこしきじま》で火の玉のことだという。大きな火の玉の細かく分れるものという。鬼火の漢語がいつの間にか、こんな処に来て土着しているのである。

**ケチビ**　土佐にはことにこの話が多い。たいていは人の怨霊《おんりょう》の化するものと解せられている（土佐風俗と伝説）。竹の皮草履を三つ叩いて喚べば近よるといい（郷土研究一巻八号）、または草履の裏に唾《つば》を吐きかけて招けば来るというのは（民俗学三巻五号）、もとは人の無礼を宥《ゆる》さぬという意味であったらしい。佐渡の外海府《そとかいふ》にも人魂《ひとだま》をケチという語がある。

**イネンビ**　沖縄では亡霊を遺念と呼び従って遺念火の話が多い（山原《やんばる》の土俗）。二つの注意すべき点は、たいていは定まった土地と結び付き、そう自由に遠くへは飛んで行かぬことと、次には男女二つの霊の火が、往々つれ立って出ることである。これは他府県でもよく聴く話で古い形であろうと思う。ただし亡霊火と現在よばれているのは、もっぱら海上の怪火のことで、これは群をなしまたよく移動する。

**タクラウビ**　備後御調《みつぎ》郡の海上に現れるという怪火で、火の数は二つというから起りは「比べ火」であろう。『芸藩通志』巻九九に見えているがこの頃はもういわぬようである。芸備の境の航路にはまた京女郎・筑紫女郎という二つの婦人の形をした岩の話などもあって、もとは通行の船の信仰から起ったことを想像せしめる。

**ジャンジャンビ**　奈良県中部にはこの名をもって呼ばれる火の怪の話が多い。飛ぶときにジャンジャンという音がするからともいう。火は二つで、二つはいつまでも逢うことができぬといい、これに伴のうて女夫《めおと》川《がわ》・打合い橋などの伝説が処々にあった（旅と伝説八巻五号）。柳本の十市《とおち》城主の怨霊の火と伝うるものは、また一にホイホイ火ともいう。人が城址の山に向ってホイホイと二度三度喚ぶと、必ずジャンジャンと飛んで来る。これを見た者は病むというから（大和の伝説）、そうたびたびは試みなかったろうが今でもいたって有名である。

**ボウズビ**　加賀の島越村では坊主火という火の玉が、飛びあるくことが有名である。昔油を売る男が悪巧《わるだく》みをして鬢附《びんづ》けを桝《ます》の隅に塗って桝目を盗んだ。その罰で死んでからこの火になったといっている（能美《のみ》郡誌）。

しかし油商人なら坊主というのは少しおかしい。

**アブラボウ**　近江野洲《やす》郡の欲賀《ほしか》という村では、春の末から夏にかけて夜分に出現する怪火を油坊という。その火の焔の中には多くの僧形を認めるといってこの名がある。昔比叡山の僧侶で燈油料を盗んだ者の亡霊がこの火になったと伝えられる（郷土研究五巻五号）。河内枚岡《かわちひらおか》の御社に近い姥《うば》が火を始めとしてこの怪し火には油を盗んだ話がよく附いている。あるいは民間の松の火が、燈油の火に進化した時代に、盛んにこの空想が燃え立った名残かも知れぬ。越後南蒲原のある旧家に昔アブラナセという妖怪がいて家の者が油を粗末に使うとすぐに出て来てアブラナセ、すなわち油を返済せよといったという話がある（三条南郷談）。鬼火ではないがこれと関係があるらしい。以前は菜種はなく皆胡麻《ごま》油であった。つまり今日よりもはるかに貴重だったのである。

**ゴンゴロウビ**　越後本成寺村には、五十野の権五郎という博徒が、殺された遺念といってこの名の火の燃える場処がある。今では附近の農家ではこれを雨の兆とし、この火を見ると急いで稲架《はさ》を取り込むという（三条南郷談）。

**オサビ**　日向の延岡附近の三角池という池では、雨の降る晩には筬火《おさび》というのが二つ出る。明治のなかばまでは折々これを見た人があった。昔二人の女が筬を返せ返したで争いをして池に落ちて死んだ。それで今なお二つの火が現れて喧嘩をするのだと伝えている（延岡雑記）。二つの火が一しょに出るという話は、名古屋附近にもあった。これは勘太郎火と称してその姿と二人づれであった。

**カネノカミノヒ**　伊予の怒和《ぬわ》島では大晦日の夜更に、氏神様の後に提灯のような火が下り、わめくような声を聴く者がある。老人はこれを歳徳神《としとくじん》が来られるのだというそうである。肥後の天草島では大晦日の真夜中に、金ン主という怪物が出る。これと力くらべをして勝てば大金持になるといい、武士の姿をして現れるともいった（民俗誌）。多くの土地ではこれは一つの昔話だったようである。夜半に松明《たいまつ》をともしてたくさんの荷馬が通る。その先頭の馬を斫《き》れば黄金だったのに、気おくれがしてようやく三番目の馬を斫ったら、荷物は全部銅銭であって、それでも結構長者になったなどといっている（吾妻昔物語）。

**ヤギョウサン**　阿波の夜行様《やぎょうさま》という鬼の話は『民間伝承』にも出ている（三巻二号）。節分の晩に来る髭の生えた一つ目の鬼といい、今は嚇《おど》されるのは小児だけになったが、以前は節分・大晦日・庚申《こうしん》の夜のほかに、夜行日という日があって夜行さんが、首の切れた馬に乗って道路を徘徊した。これに出逢うと投げられまたは蹴殺《けころ》される。草鞋《わらじ》を頭に載せて地に伏していればよいといっていた（土の鈴一一号）。夜行日は『拾芥抄《しゅうがいしょう》』に百鬼夜行日とあるのがそれであろう。正月は子《ね》の日、二月は午《うま》の日、三月は巳《み》の日と、月によって日が定《き》まっていた。

**クビナシウマ**　首無し馬の出て来るといった地方は越前の福井にあり、また壱岐島にも首切れ馬が出た。四国でも阿波ばかりでなくそちこちに出る。神様が乗って、または馬だけで、または首の方ばかり飛びまわるという話もある。

　示現《じげん》諸相の中でも、最も信者の少ない妖怪のいい伝えは、実在の言葉で採録しておくより他に、その形体を把捉《はそく》するの途《みち》がないので、諸君の力を借り、できるだけ多くの名と説明とを集めてみようとするのである。まだなかなか続きそうなので、これからは時々中絶するつもりであるが、中絶しても蒐集を止めているのではない。五十音順にでも整理しておいて、なお続々不足を補われんことを希望する。

（「民間伝承」昭和十三年六月―十一月、十四年三月）

# 妖怪学（抄）

井上円了

## 序言／第一章　総論

# 序言

妖怪学は応用心理学の一部分として講述するものにして、これに「学」の字を付するも、決して一科完成せる学を義とするにあらず。ただ、妖怪の事実を収集して、これに心理学上の説明を与えんことを試むるに過ぎず。すなわち、心理学の学説を実際に応用して事実を説明し、もって心理考究の一助となすのみ。かくのごとく、妖怪の事実を考究説明して他日に至れば、あるいは一科独立の学となるも知るべからず。ゆえに、これを講述するは、哲学ならびに心理学研究に志ある者に、裨益《ひえき》するところあるは明らかなり。これ、余が妖怪学の講義を始むるゆえんなり。

しかりしこうして、余、いまだ妖怪の事実を究め尽くしたるにあらず、今日なお事実捜索中なれば、各事実について、いちいち説明を与うることあたわず。ただ、余が従来研究中、二、三の事実につき説明を与えしもの、あるいは雑誌、あるいは新聞、あるいは諸小冊子中に参見せるあり。今これを集録し、その部類を分かち、さらにその後研究したる事実を増補し、左に「妖怪学講義」として掲載することとなれり。読者、よろしく心理学講義の一部分とみなすべし。

# 第一章　総論

今、妖怪学を講述するに当たり、まずその意義を略解せざるべからず。余のいわゆる妖怪とは、いたって広き意味を有し、一切、妖怪不思議に属するものを総称するなり。およそ宇宙間の諸象の中に洋の東西を問わず、世の古今を論ぜず、普通の道理にて説明すべからず、一般の規則にて解釈すべからざるものあり。これを妖怪といい、あるいは不思議と称す。その種類、民間に存するものいくたあるを知らずといえども、これを大別すれば左の二種となる。

- 妖怪
  - 物理的妖怪
  - 心理的妖怪

物理的妖怪とは、有形的物質の変化作用より生ずるものにして、心理的妖怪とは、無形的精神の変化作用より生ずるものをいう。

今その一例を挙ぐれば、狐火《きつねび》、流星、不知火《しらぬい》、蜃気《しんき》楼《ろう》、および京都下加茂社内へ移植する木はみな柊《ひいらぎ》に変じ、尾州熱田に移養する鶏はみな牡鶏に化すというがごときは、物理的妖怪なり。これに反して、奇夢、神感、狐憑《きつねつ》き、予言のごときは、心理的妖怪なり。もし、物理的妖怪の種類についてこれを分かてば、左の数種となるべし。

- 物理的妖怪
  - 物理学的妖怪（すなわち物理学の説明を要するもの）
  - 化学的妖怪（すなわち化学の説明を要するもの）
  - 天文学的妖怪（彗星《すいせい》、流星のごとき天文に属するもの）
  - 地質学的妖怪（化石、結晶石のごとき地質に属するもの）
  - 動物学的妖怪（熱田の鶏の類）
  - 植物学的妖怪（下加茂の柊の類）

その他、人身の構造、機能上に関する妖怪は生理学に属する等の類、なお種々あるべし。つぎに、心理的妖怪にも、その種類ははなはだ多し。これを分類するに、事実の上に考うる法と、これを説明する学科の上に考うる法との二様あるべし。

まず、事実上の分類によるに、左の三種となるべし。

第一種、すなわち外界に現ずるもの

幽霊、狐狸《こり》、天狗《てんぐ》、鬼神、その他諸怪物

第二種、すなわち他人の媒介によりて行うもの

巫覡《ふげき》、神降ろし、人相、墨色《すみいろ》、九星《きゅうせい》、方位、卜筮《ぼくぜい》、祈禱《きとう》、察心、催眠、その他諸幻術

第三種、すなわち自己の身心上に発するもの

夢、夜行、神感、神知、偶合、俗説、再生、妄想、癲狂《てんきょう》、その他諸精神病

そのうち、第一種の幽霊、狐狸等は、人身の外部に現存し、あるいは外界に現見するものにして、たとい精神作用より発するにもせよ、夢および巫覡等と異なるところあれば、しばらくその一種を別置するなり。第二種は、他人ありてわが心身の事情変化を考定審判するものにして、神を降ろす術、狐をつける法、人相、家相、九星、方位、干支《かんし》、卜筮等、みなこれに属す。察心とは、人の心を察知する術、催眠とは、人為によりて人の眠りを催起する術なり。かくのごとき魔法、幻術に類するもの、世間はなはだ多し。第三種は、人の媒介をまたずして自己の身心上に発するものにして、夢のごとく夜行のごときこれなり。夜行とは夢中の動作を義とし、睡眠中、あるいは言語を発し、あるいは起座し、あるいは歩行して、自らなにも知覚せざるがごときものをいう。神感とは、自然に神の感通告示ありて、遠路のことを感知し、あるいは未来のことを予知するの類をいい、神知とは、教育を受けず、経験に接せずして、自然に種々のことを知るの類をいう。例えば、二、三歳の子供が書をよくし字を知り、下女が論語を読むがごとき、これ神知の一種なり。偶合とは偶中暗合のことにして、偶然に想像と事実と暗合するの類をいう。例えば、親戚の者の病死を感じて、事実これに合するがごときこれなり。俗説とは愚俗の説明にして、例えば、海上にて風波に際会すれば、愚俗これを解して曰く、「海神、祟《たたり》をなすなり」と。また、山上にありて暴風に会すれば、「これ、山神怒りをなすなり」との類をいう。再生とは、これまた俗説の一種にして、愚俗中には、「死したる子供の身体に黒点

を印して葬るときは、必ずこれと同じき場所に黒点を有する子供の、後に生まるるあり。これ、前の子供の再生なり」と唱うるものあるがごときこれなり。妄想とは、空想中に天国現見し天神を現見して、そのまま実在せりと信ずるがごときをいう。その他、精神諸病のこれを、第三種に属するもの、いくたあるを知らず。

右の表を、あるいは左のごとく分類すべし。

妖怪
- 外界（幽霊、狐狸等）
- 内界
  - 他人（巫覡、神降ろし等）
  - 自身（夢、夜行等）

今、外界とはわが目前の物質世界をいい、内界とはわが体内の心性世界をいう。すなわち、夢、夜行等は心性の変動より生ずるはもちろん、巫覡、神降ろし等も心性の作用にほかならざれば、これを内界に属するなり。ただし幽霊のごときは、これまた心性作用の変態なること疑いなしといえども、その体の外界に現見するをもって、しばらく外界に属するなり。

以上数種の妖怪、その理由を説明する法、古今大いに異なるところあり。けだし、その異なるところあるは人の賢愚、時代によりて同じからざるによる。これを要するに、その説明の順序、三時代に分かつことを得べし。

まず、第一時代にては、人知いまだ無形の心を考うるに至らず。しかれども、多少知力の発達せるありて、種々の変化を説明せんとするに当たり、夢のごときに至りては、わが体ここにありて遠方の物を見、遠方のことを知るは、けだし、我《が》なる体に二種あり。その一種ここにありて、他の一種かれに遊ぶによると解釈せり。これを一身重我説と名づく。重我とは、我に二重の体ありて、内外相合してこの一身を成立するを義とし、昼間は二種の我相合して作用を現し、夜間はその一種出でて野外に遊ぶ。これ、夢の起こる原因となす。この重我説ようやく発達して、身心二元説となる。身心二元説にありては、身は有形、心は無形なることの道理明らかに知らるるも、重我説にありては、二元ともに有形にして、同一の作用をなすものと信ぜり。しかれども、古代にありて、大抵この説に基づきて妖怪の説明を下せり。例えば、人の死するがごとき、これを夢と同一に解釈し、一我ここにありて他我ほかに遊ぶより、死の起こるなりと信ぜり。ただ、その夢と異なるは、他我の遊ぶ所、夢よりは一層遠く、かつその遊ぶ時間、夢よりは一層長きの別あるのみ。これをもって、夢のときは、その人を呼びてたちまち醒覚《せいかく》せしむることを得るも、死のときは、なにほど大声にてその名を呼ぶも蘇生することなし。けだし、死のときは他我の出でて遊ぶ所いたって遠くして、呼び声のこれに達することあたわざるによると信ずるなり。その他、病気、癲狂《てんきょう》、狐憑き等は同一理によりて説明し、一我ここにありて他我ほかに出ずるときは、他人の我その不在をうかがいてわが体中に入り、また両我ともに一身中にあるも、他人の我のその力一層これより強きものあるときは、わが他我を制して身内に入り、わが体を苦しむることありという。以上は第一時代の説明なり。

つぎに第二時代の説明は、身心二元の関係を知り、心元は全く無形にして、有形の肉身と全くその性質を異にすることを知り、物心のほかに一種霊妙の神体ありて物心二者を支配するものと信じ、一切物心の変化は、その体の媒介または感通より生ずるものと考うるなり。これを鬼神交感説と名づく。この説によりて、一切妖怪に属する事実を説明せり。これ、重我説より一歩進みたるものなれども、いまだ今日の学説にあらず。ゆえに、そのつぎに第三時代ありて起こる。

第三時代は学術の時代にして、妖怪の原因を重我説に帰せず、鬼神説に帰せず、万有の理法、普通の規則に基づきて説明を与うるものなり。すなわち、物理学、化学、天文、地質、生理、心理の原理原則にその原因を帰するをいう。

以上の三時代、これを概言すれば左の三条となるべし。

第一は、万物各体の内に存する他体にその原因を帰すること

第二は、万物各体の外に存する鬼神にその原因を帰すること

第三は、天地自然の規則にその原因を帰すること

このうち第三時代の解釈法は、余がこれより試みんと欲するところのものにして、古来、人の妖怪不思議と称して道理の外に置きたるものを、道理以内に引き入れんことをもって、余が研究の目的とす。しかして

その説明法に、外界一方より起こる原因と、内界一方より起こる原因との二種あり。その一はさきにいわゆる物理的妖怪にして、その二は心理的妖怪なり。余はそのうち、ひとり心理的妖怪を説明せんとす。これ、余がさきに示すごとく、応用心理学の一部分として講述するによる。

心理的妖怪は、我人の精神思想作用の上に現ずるものなれば、心理学のみにて解釈し尽くすべきがごとしといえども、これに数種類ありて、精神病によりて発するものは病理的妖怪と称し、生理学、精神病学の説明をまたざるべからず。また、宗教上に関し、あるいは形而上の問題に関するものは、宗教学および純正哲学の説明をからざるべからず。その他、社会学、人類学等の説明を要するものあるべし。今、概括してその種類を表示するときは左のごとし。

心理的妖怪
- 病理的（精神病に属するもの）
- 迷信的（宗教上の迷信、妄想より生ずるもの）
- 経験的（平常の経験上、事実の符合適中するの類）
- 超理的（理外の理にして人知以外にありと想定するもの）

これ、余がさきに妖怪の分類に二種ありと述べたるうちにて、第二種の学科の上に考うる分類法と知るべし。すなわち、病理的妖怪は心理学のほかに生理学、病理学等によりて研究せざるべからず、超理的妖怪は純正哲学をまたざるべからず、迷信的、経験的はもっぱら心理学の研究を要するなり。

およそ世間の人は、世界に理外の理ありと信じ、そのいわゆる理とは、人知以外にありて知力の及ばざるものをいう。すなわち超理的これなり。しかれども、超理的必ずしも人知以外に存するにあらず。もし、果たして人知のほかにあるときは、我人これを知るべき道理なし。いやしくも、その超理的たるを知れば、これまさしく人知以内にあるものなり。かつ超理的とは、わが感覚上接見することあたわざる事物の本体に名づくるものにして、その体もとより直接の経験によりて知るべからざるも、推理論究の方法によりて知ることを得べし。これ、純正哲学の起こるゆえんにして、その学の目的は全くこの理外の理を推究するにあり。もし、仮に人知以外の道理、真にありとするも、いずれより以上は理外にして、いずれより以下は理内なるや、その限界を定むることはなはだ難し。けだし、今日までの結果に考うるに、その間に一定の限界なきもののごとし。ゆえに、世間一般に理外の理なりと確信せるものも、我人は進みてその理のなんたるを考究せざるべからざるなり。

また世人は、一切の妖怪はみな理外の理なりという。このいわゆる理外とは、人知以外を義とするにあらずして、万有自然の規則に反するものを義とす。万有自然の規則とは、原因あれば必ず結果あり、結果あれば必ず原因ありというがごとき、必然の天則を意味するなり。この天則に反したる不必然のものを名づけて妖怪という。すなわち、余がさきに普通の道理をもって解釈すべからざるものと説きたるはこれなり。しかして、その実、全く解釈すべからざるにあらず、ただ世間にて解釈すべからざるものと信ずるのみ。今、妖怪を不必然となすも、これまた世間の説のみ。余の考うるところによるに、そのいわゆる妖怪は、みな普通の道理をもって説明すべきものと信ず。さきに、学術上の道理をもって説明すべしといえるものこれなり。これ、余が研究の目的とするところのものと異なるべしといえども、必ず世人一般の信ずるところなれば、その説明は畢竟《ひっきょう》、世人の妖怪を解して理外の理、不必然の道理となすは、その思想の浅きによることを知らざるべからず。なんとなれば、もし宇宙間に必然と不必然との二種の規則あるときは、これ二種の道理あるものなり。道理に二種あるは、すなわち真理に二種あるなり。これ、あに論理の許すところならんや。しかして、事々物々の日夜変化するもの、一つとして必然の規則に従わざるはなく、我人の古来経験上にて考定せるもの、また、みな因果の道理にもとづかざるはなし。

これによりてこれをみるに、宇宙間には唯一の因果必然の規則あることを知らざるべからず。しかして、その規則に反するものの世に存するを見るは、全くその研究の足らざるによる。昔時、理外の理、不必然の道理と想定せるものにして、今日学術の進むに従い、因果必然の理法なることを発見せるもの、幾種あるを知らず。昔日の妖怪にして今日の妖怪ならざるもの、その例ははなはだ多し。これによりて将来を推すに、今日の妖怪のまた他日の妖怪にあらざるを知るべし。かつ、道理に必然と不必然との二種ありと許すも、いずれの点より不必然にして、いずれの点より必然なるや、一定の分界なきは明らかなり。果たしてしからば、余輩は宇宙間唯一の必然の天則のみ存せることを論定せざるべからず。これ、妖怪研究の起こるゆえんにして、かつ、学理にもとづきてその道理を考究するの必要なるゆえんなり。

かくのごとく論じきたるときは、余は世に全く妖怪なしと論定するもののごとし。しかるに余、あえて妖怪なしと断言するにあらず。ただ、余が妖怪となすものと、世人の妖怪となすものの、その種類を異にするのみ。けだし、世人はいやしくもその有するところの知力をもって説明しあたわざるもののあるときは、これを一に妖怪となし、その妖怪の果たして妖怪なるやいなやを討究せず。しかるに余は、妖怪のなにをもって妖怪なるやを自ら問いて、自ら答えんとす。かくのごとく推究するときは、世間一般に妖怪なりと信ずるものは真の妖怪にあらずして、一般に妖怪にあらずとなすもの、かえって真の妖怪なることを発見すべし。しかして、その妖怪は絶対の大〔妖〕怪にして、その胎内に一切の妖怪も非妖怪も、みなこれを包有せるをもって、世間普通の種々雑多の妖怪は、妖怪の一分子、一元素にも足らざるものなり。果たしてしからば、その大妖怪はなにものなるや。狐か狸か、はた天狗か、はた大入道か。狐狸、大入道はその形見るべく、その声聞くべく、握るべく、さぐるべし。これ、いまだ妖怪と称するに足らず。しかして、そのいわゆる大妖怪は、「師曠《しこう》の聡」あるも聴くべからず、「離婁《りろう》の明」あるもみるべからず、「公輸子《こうしゅし》の巧」あるもさぐるべからず、声もなく臭《におい》もなく、実に妖怪の精微、かつ至大なるものなり。

この精微至大の体、ひとたび動きて二象を現ず。その一はこれを心と名づけ、その二はこれを物と名づく。この二者互いに相接し相交わりて、その間に隠見するものは小妖怪に過ぎず。ゆえに、そのいわゆる小妖怪は、波石相激して、その間に白雪を躍らすがごとし。見る者誤り認めて白雪となすも、真の白雪にあらず。今、世人の一般に妖怪なりと信ずるもの、あたかもこの白雪のごとし。ゆえに余は、そのいわゆる妖怪は真の妖怪にあらずして、この妖怪を現出するものひとり真の妖怪なりという。もし我人、この真の妖怪を接見せんと欲せば、よろしくこの偽物妖怪を一掃して、半夜風波の静定するを待ち、良心の水底に真理の月影を観見せざるべからず。これ、我人の理想の真際に接触せるときなり。余は、この理想の本体を真の大妖怪というなり。もしまた、我人、外界にありて千万無量の物象を観察し去りて、その裏面に一貫せる理法の中心に洞達し、その実体いかんを想見するときは、また、この大妖怪に接触することを得べし。そもそもこの大妖怪は、物心相対の雲路の上にはるかに三十三天をしのぎ、須弥山《しゅみせん》上なお幾万由旬《ゆじゅん》の高き所に一大都城を開き、理想その帝王となり、物心の二大臣をこの世界にくだし、千万無量の諸象を支配せしむ。これ、真に妖怪の巨魁《きょかい》にして、我人の究め尽くさざるを得ざるものなり。これを究めざる間は、決して世に妖怪を尽くすことあたわず。しかして、三十三天なお高し遠し、いわんや理想の都城をや。なにを階梯《かいてい》としてこれにのぼり得べきや。曰く、実験と論究との二者なり。この二者は、物心二大臣より理想の朝廷へ差遣する使節なり。もし、我人その都城にのぼらんとするときは、この使節に随伴せざるべからず。しかして、その使節も関門以内に入るあたわず。ゆえに、我人も関門をもって限りとせざるべからず。果たしてしからば、世に妖怪の根拠を断絶することあたわざるべし。ただ、我人は偽妖怪を払い去りて、真妖怪を現じ出だすをもって足れりとせざるべからず。これによりてこれをみるに、妖怪研究は万有普遍の規則にもとづき、内外両界の関係を究め、物象の実体、心象の本源にさかのぼり、妖怪の真相を開現するにほかならざるなり。

以上、総論を略述し終わりたれば、これより、一、二、三の種類を挙げて説明を試みんと欲す。しかしてその順序は、さきに列するところの分類によるべきは当然なるも、余が妖怪の研究はなおその途次にありて、いまだ究め尽くさざるところあれば、従来、多少説明を与えたりしものを左に掲載せんとす。その説、すでに他の雑誌上に見えたるものありといえども、今、さらにこれを補正増加して、段節を設けていちいち説明すべし。

# 狐狗狸のこと

狐狗狸はコックリととなえ、明治二十年ごろ民間に行われたりし一種の魔術体のものにして、余がかつて『哲学会雑誌』ならびに『妖怪玄談』第一集に掲載して、世上に示したるものなり。今、その要を摘載して説明を付すべし。まず、その使用法の大略を説示せんとす。当時、某氏の報知によるに、

（前略）その法、生竹の長さ一尺四寸五分なるもの三本を作り、緒《お》をもって中央にて三叉《さんさ》に結成し、その上に飯櫃《めしびつ》の蓋《ふた》を載せ、三人おのおの三方より相向かいて座し、おのおの隻手《かたて》あるいは両手をもって櫃の蓋を緩くおさえ、そのうちの一人はしきりに反復、「狐狗狸様、狐狗狸様、御移り下され、御移り下され、さあさあ御移り、早く御移り下され」と祈念し、およそ十分間も祈念したるとき、「御移りになりましたらば、なにとぞ、甲某が方へ御傾き下され」といえば、蓋を載せたるまま、甲某が方へ傾くとともに、反対の竹足をあぐるなり。そのときは三人とも手を緩く浮かべ、蓋を離るること五分ほどとす。それより後は、三人のうちだれにても、種々のことを問うことを得べし。すなわち、「彼が年齢は何歳なるか、一傾を十年とし、乙某かまたは丙某が方へ御傾き下され」というとき、目的の人三十代なれば三傾し、五十代なれば五傾すべし。端数を問うにこれと同じく、ただ一年を一傾となすのみ。また、「あなたは甚句《じんく》おどりは御好きか御嫌いか、御好きならば左回りを御願い申します」といえば、好きなれば回転し、嫌いなれば依然たり。このときもまた手を浮かぶるなり。左右回りに代うるに御傾き何遍と望むも、あえて効なきにあらず、かえって効あり。その他、なんの数を問うも、なにごとをたずぬるも、知りたることは必ず答えあり。甚句おどり、かっぽれおどり、なににても好きなるものは、たとえ三人は素人なるも、三叉《さんさ》足が芸人の調子に合わせておもしろくおどるべし。このときも手を緩く浮かぶるなり。傍観者にして伺いたきことあるときは、三人のうちへ申し願いすべし。ま

た、傍観者自ら代わりておさえんとするも勝手次第なり。信仰薄きものは、たとえ三十分間おさえおるも移ることなく、男女三人なればよく移り、空気流通して精神を爽快ならしむる場所にては、移ること遅し。櫃《ひつ》の蓋の上に風呂敷を覆えば、なおよく移るなり。

その他、種々の仕方あれども大同小異なれば、そのつまびらかなるは『妖怪玄談』に譲り、これよりその説明を与うべし。まず、世人一般に考うるところによるに、コックリとは狐狗狸にして、狐か狸のようなる一種の妖怪物がその仕掛けに乗り移りて、われわれに遠近大小、過去未来、吉凶禍福、種々様々の事柄を告示するものと信ずるなり。これを告示するの法、あるいは竹の足のあげ方により、あるいはその上に載せたる蓋の回転の模様によるとの別あるも、あらかじめわれわれの方にてこれを定め、「わが言うところのごとくなるときは竹の足をあげよ、わが言うところに反するときは右に回転せよ、あるいは左に回転せよ」といって、その答えを見るなり。しかして、これを行うに当たりて、あるいは衆人一同に「コックリ様、御移り下され」というときは、衆人中一人のみ導師となりていうときと、衆人のほか別に崇敬者を立てていわしむるときとの種々の仕方あるも、その実、ほかの場所に存在せる妖怪の霊を呼びて、その装置の場所に招くの意をあらわすものなり。余、先年、豆州にありて聞くところによるに、同国下田港近辺は日本全国中最初に流行し、当時その地にありては毎夜諸方に相会して、吉凶禍福、細大のこと、みなこのコックリに向かって請願して、その応答を求む。ある者、自身の妻に色男あるかなきかをたずね、「色男あらば足をあげて下され」といいたるに、そのときコックリは足をあげたり。よって、妻には色男あるものと信じ、家に帰りて早速離縁したるものあり。愚民のこれを信仰する、かくのごとくはなはだしきに至れり。

余、この怪事の、あるいは愚民の固信するところとなりて、ために文明の進歩を害し、社会の不利を生ずることあらんことを恐れ、また、これに乗じてますます愚民を誑惑《きょうわく》して私利を営まんとするものあらんことを恐れ、当時諸方の通信を請うて、ことさらこの一事を捜索検討し、自宅においても前後数回、試験を施したることありき。その試験の成績によるに、竹の尺寸、風呂敷の有無、さらに関係なきものなり。はじめに帝国大学学生四、五名とこれを試みしに、さらにその成績なし。つぎに、いまだ学識に富まざる年少の書生をその中に加えて試みしに、なおはかばかしき効験を見ず。つぎに、その年少の書生と四十前後の婦人とをしてこれを験せしむるに、果たして、要するところの成績を得たり。その後十余日を経て、再びその書生と婦人と余と三人相会して、大小長短一定せざるいろいろの竹を用い、いろいろの蓋を取りてこれを試みしに、みな好成績を得たり。その後また、竹に代うるに他の器械をもってし、あるいはキセル三本を用い、あるいは茶壺のごときものを用い、蓋に代うるに平面の板を用いたりなどせしも、みな多少その効験あるを見たり。これによりてこれをみるに、その装置に一定の法式を要せざること明らかなり。しかして、世間に一定の法式を用い、婦人をその中に加え、はなはだしきに至りては、その人を選び、その家を選び、その日を選んでこれを行うがごときは、他に考うべき原因あるによる。しかるに、愚民はこれを行って効験なきときは、これ不吉の日にこれを行いたるによるなり、これ不善の人のその中に加わりたるによるなりといいて、毫《ごう》もその原因を究めざるは、実に笑うべきことならずや。

余、はじめに、コックリのいずれの地にはじめて起こり、たれびとの発明せしものなるやを究めんと欲し、諸国の友人、同志にその流行のありさまの報知を請いたるに、余が手に得たる報知によれば、東海諸国に起こりしは明らかなり。しかるに、人の伝うるところによるに、この法は三百年前よりすでに日本に伝わり、信長公はじめてこれを用いたること、旧記中に見えたりといい、あるいは徳川氏の代にこれを行いたること、古老の伝うるところなりというものありて、本邦固有の法なるがごとく考うるものあれども、すでにして余、先年豆州に遊び、この怪事は下田港より起こり、アメリカ人の伝うるところなりということを聞き得たり。

明治十八年ごろ、アメリカの帆走船、下田近傍に至りて破損したるものあり。その破船のことに関して、アメリカ人中、久しくその地に滞在せしものありて、この法を近辺の者に伝えたりという。そのとき英語をもってその名を呼びたるも、その土地のもの英語を解せずして、その名の呼び難きをもって、コックリの名を与うるに至りたるなり。コックリとはコックリと傾くを義として、竹の上に載せたる蓋のコックリと傾くをいう。これより一般に伝えて「コックリ様」と呼び、その名に配するに「狐狗狸」の語を用うるに至りしなりという。果たしてしからば、この法は全く西洋より舶来したるものと知るべし。さらに進みて、西洋にかくのごとき法の存するかを考うるに、西洋に従来テーブル・ターニングと称するものあり。その語、テーブルの回転を義として、その法、コックリ様と毫《ごう》も異なることなし。今、その使用法を述ぶるに、テーブルの周囲に数人相集まり、おのおの手を出して軽くテーブルに触れ、暫時にして、その回転を見るに至るなり。また、テーブルに向かって種々のことを問答することあり。これをテーブル・トーキングと称す。すなわち、テーブルの談話を義とす。その方法、すでに回転したるテーブルに向かい、「神様は存在するものなるやいなや、もし存在するものならば回転をやめよ」といいたるとき、テーブルこれに応じて回転をやむることあり。あるいはまた、地獄極楽の有無を問うて、「その存在せざるときは、足をもって床をうつべし」というに、テーブルまたこれに応じて、自らその足をもって床をうつことあり。その状、あたかも人がその間に立ちて応答するに異ならずという。今、わが国に行わるるところのもの、これと同一なることは言をまたず。ただその異なるは、一はテーブルを用い、一は三本の竹と飯櫃《めしびつ》の蓋を用うるの別あるのみ。これによりてこれを考うるに、下田に来たりしアメリカ人は、かつてその本国にあるときこの法を知りたるものにて、その下田にあるの際、手もとに適宜のテーブルなきゆえ、臨時の思い付きにて、竹と蓋とをもってこれに代用したるならんと想像せらるるなり。しかして、そのアメリカ人は、その法を呼んでテーブル・ターニングといいてこれを伝えたるも、その土地の者、洋語に慣れざるをもって、その名称の代わりにコックリの語を用いたるならんと思わるるなり。ゆえに余は、コックリはすなわちテーブル・ターニングとその起源を同じくするものと信ず。

以上、コックリの伝来を述べたれば、これより、道理上その原因を説明せんと欲するなり。普通の人はその原因を考えて、これ狐か狸の所為なりと信じ、または鬼神の所為なりと唱え、やや知識あるものは、これ決して狐狸、鬼神のなすところにあらず、電気の作用なりという。あるいはまた、妖怪を信ぜざるものに至りては、これ決して天然に起こるものにあらず、その中に加わりたるもの、故意をもってこれを動かすによるという。あるいはまた、故意をもってこれを動かすにあらざるも、真に動くにあらざるも、動くように見ゆるなりという。しかれども、余が実験せるところによるに、その動くことは必然にして、これに加わるものの必ずしも故意をもって動かすにあらざること、また明らかなり。すなわち、自然に動き自然に傾くものなり。その盛んに動くに当たりては、自らこれをおさえんと欲するも、とどむべからざるの勢いあり。ゆえにその原因は、決して人の有意作用に帰すべからず。しからば、これを電気作用に帰せんか。曰く、もしこれを電気に帰すれば、その電気と装置の間にいかなる変化を起こして、あるいは動き、あるいは傾くの作用を示すかを説明せざるべからず。近ごろ世間に「電気」の語を濫用して、物理上説明し難きものあれば、みなこれを電気に帰するも、これ決して余の取らざるところなり。ゆえに、電気のいかにしてこの作用を起こすか、いまだつまびらかならざる以上は、その原因を説明したるものと許すべからず。しからば、これを狐狸、鬼神の所為に帰してやまんか。曰く、狐狸もとよりかくのごとき作用を示すべき理なく、鬼神そのなにものたるいまだ知るべからざれば、これに帰するもまた、その原因を説明したりと称し難し。これ、余が狐狸、鬼神のほかに、その原因を発見せんことを求むるゆえんなり。さらに疑いを起こしてこれを考うるに、その動くもその傾くも、鬼神のこれに憑《よ》りて生ずるものならば、いかなる人ありてこれを行うも、鬼神の力よりその要するところの成績を示すべき理なれども、知識、学問あるものにはその験《しるし》なく、無知、不学のものにその験あり。別して女子のごとき信仰心の厚きものに効験著しきは、鬼神のなすところにあらずして、他に考うべき原因ある一証なり。また、その人の問いに応じて答えを与うるも、十は十ながらことごとく事実に合するにあらず、十中の八九は合することあるも、一二は合せざるなり。これまた、他に考うべき原因ある一証なり。ゆえに、余はその原因を左の三種に定めて、いちいち論明せんと欲するなり。

第一は、外界のみによりて起こる原因、すなわちコックリの装置自体より生ずる原因

第二は、内外両界の中間に起こる原因、すなわち人の手とコックリの装置と相触れたるときの事情より生ずる原因

第三は、内界のみにより起こる原因、すなわち人の精神作用より生ずる原因

このうち、第三の原因をもって最も大切なる原因とす。しかして、第一の原因は格別説明を要するほどのものにあらざれども、第一より第三に及ぼすはその順序よろしきをもって、まずはじめに第一の原因を述ぶべし。

まず第一の原因は、コックリの装置すなわち三本竹と飯櫃の蓋の、すでに動揺、回転しやすき組み立てを有するをいう。三本足はいたって動きやすきものにして、その左右に回転するにも、上下に動揺するにも、最も適したる組み立てなり。別してその竹の長さを限り、その結ぶ所の点を限るがごときは、すなわち自然に動揺するに最も適したる点を取るなり。これをもって、その装置は外より軽くこれに触るるも、ただちに動かんとするの勢いを有す。これ、その回転する一原因なり。

第二の原因は、内外両界の間に起こる原因にして、いかなるものも多少の時間、手を空中に浮かべて一物を支えんとするときは、必ず手に動揺を生ずるを見る。けだし、活動物はその一部分たりとも、永く静止して一点に保つことあたわざるものなり。また、衆人中一人くらいは手を静止することを得るも、衆人ことごとく同時に静止することあたわざるべし。もし、その中の一人、一寸手を動かせば、その動勢をコックリに伝え二寸動揺を示すべきは、装置の事情すでにしかるなり。これに他の人々の力の同時に加わることあるときは、またいくたの動揺を増すに至るべし。かつ、ひとたび回転したるものは、習慣性の規則に従ってますます回転せんとするの勢いあり。別して、衆人の力再三重ねてこれに加わることあるときは、数回小回転の後、著しき大回転を見るに至るべし。そのはなはだしきに至りては、ほかよりこれを抑止せんと欲するも、ほとんど抑止することあたわざるの勢いあるも、また自然

の道理なり。かくして、手も身体もともに動揺するの習慣を生ずるに至れば、これを無意無心に任ずるも、自然に動揺するを見る。

これを要するに、第一に、人をして数分間その手を蓋の上に浮かべしむるときは、必ず疲労を生じて動揺せんとするの事情あり。第二に、その装置すでに動揺しやすき組み立てを有するをもって、これに些少《さしょう》の変動を与うるも、大なる動揺を呈するの事情あり。第三に、一人これを動かせば衆人これに響応して、ますます著しき動揺を生ずるの事情あり。第四に、数回これに動揺を与うるときは、ますますその動勢を増進するの事情あり。節五に、数回回転の後は、手も身体もともに動揺するの習慣性を生じて、これを制止せんと欲するも、たやすく制止すべからざるの事情あり。第六に、その装置もまた習慣性を生じて、手をもってこれに触れざるも、自然の勢い回転を永続せんとするの事情あり。これらの諸事情あるによりて、コックリ様の回転を見るに至るなり。その回転はなはだしきに至れば、あるいは足をあげ、あるいは足を転じて踏舞の状をなし、室中を自在に横行するの勢いを示すに至る。余、かつてこれを試みたるに、二、三人にてなすよりは、四、五人にてなす方よろしきように覚えたり。これ、衆人の力相加わること多ければ、ますます著しき回転を示すべき道理あるによる。しかれども、衆人の与うるところの動揺の調子、互いに応合するにあらざれば、かえってその動揺を妨ぐる事情あるをもって、三、四人にてなす方、かえってよろしきことあり。もしその回転の際、一人不意に笑いを発してその調子をくるわするときは、たちまちその回転をとどむるに至るは、けだし、この道理あるによる。しかれども、この第一、第二の原因のみにては、いまだコックリ様の説明を与えたりと称すべからず。なんとなれば、コックリ様はなにびとこれを行うも、必ずその効験あるにあらずして、信仰強きものまたは婦女子のごときものありてこれに加わるときはその回転を見、知識に富み信仰力薄きものは、なにほど試むるも、これをしてその回転を示さしむることあたわず。これによりてこれをみれば、さらに他に考うべき原因なくんばあるべからず。これ、余が第三の原因を設くるゆえんなり。

第三の原因は、コックリ様の説明を与うるに最も必要なる原因にして、これ、全く心性作用よりきたるものなり。今、余は便宜のために、この原因を内因と外情とに分かちて論ぜんと欲す。内因とは、人の心性、身体の性質より生ずるものをいい、外情とは、その心性作用を促すところの種々の事情をいうなり。まず、第一に内因を述ぶれば、主として不覚筋動と予期意向とによりて生ずるなり。今、この二者を知らんと欲せば、まず不覚作用につきて一言せざるべからず。不覚作用とは、人のその心に識覚することなくして発動するところの心性作用をいう。およそ、人に不覚作用の起こる原因に六事情あり。一は習慣より生じ、一は眠息より生じ、一は意向、一は激動、一は疲労、一は錯雑より生ずるなり。まず、その第一の起こるゆえんを述ぶるに、例えば、我が輩が詩歌を作ることを稽古するに、はじめに種々工夫思慮してはじめて成るものも、多年この一事をもって習慣となしたるものは、口を発すればただちに詩となり歌となるに至る。これ、いわゆる習慣によるものなり。つぎに第二の起こるゆえんを述ぶるに、例えば、人の眠息の間、夢中にありて知らず識らず工夫思慮の成ることあり。これ、眠時は脳の全部たいてい休息し、一部分のみ作用を呈することあるによる。つぎに第三の事情を述ぶるに、人の心性はその力にたいてい一定の分量ありて、一方に全力を注げば他方にその力を欠くことあり。これまた、不覚作用を生ずるの一原因なり。例えば、意を凝らして一心に読書するときは、さらに他の作用を覚えざるの類をいう。つぎに第四の事情は、脳の激動して感覚を生ぜざることにして、例えば、火事のときに自ら識覚せずして働き、酔中になにをなしたるかを自ら覚えざるがごとし。つぎに第五は、脳のはなはだ疲労したるときは、自らなすところの作用を識覚せざることあるをいう。つぎに第六は、種々の思想錯雑して混同するときは、また自らなすところを覚せざることあり。

以上の諸事情によりて、人に不覚作用を生ずるに至るなり。これにあまたの種類ありて、思想作用を覚せざることあり、感覚作用を覚せざることあり。例えば、夢中に思案工夫して自ら覚せざるは、その第一種に属し、火事場に自ら傷つきて苦痛を覚せざるは、その第二種に属し、歩行して自らその歩行するを覚せざるは、その第三種に属す。しかして、その思想作用の筋肉の上に発現して自らこれを識覚せざるもの、これをここに不覚筋動という。すなわち、コックリ作用の主原因なり。例えば、人すでにその心にコックリの回転すべきを知るをもって、その自ら思うところのもの、知らず識らず手の筋肉の上に発顕するをいう。他語にてこれを言えば、人おのおの自ら識覚せずして、その手をもって運動をコックリの上に与うるによる。しかして、その運動を生ずる原因は予期意向なり。予期意向とは、あらかじめかくあるべしと自ら期して、その一方に意を注ぐをいう。これ、いわゆるさきの意向によりて生ずるものなり。例えば、子供がその目前に菓子あるを見て、一念にこれを味わうべしと思うときは、知らず識らずその手を出だすに至り、また、人が音楽を聴きて、一心にこれを聴かんとするときは、知らず識らずその方に耳を傾くるに至り、また、浅草の奥山の見せ物などを見るときは、これを見るの一方に意を注ぐをもって、その足の次第に前に進み、その頭の次第に前に出ずるに至り、あるいはまた、ひとり幽室に間座して心に古人の詩を想するときは、知らずその句を口に発するに至るものなり。これみな、その心を注ぐところのもの、知らず識らず発して運動を現ずるに至るものにして、余のいわゆる予期意向より不覚筋動を生ずるの一種なり。

今、コックリの回転ももとよりこの理にほかならず、これを試むるものは大抵みな、あらかじめコックリの回転すべきを知り、また、その回転の人の問いに応答するを知るものなり。しかして、その知るところの思想、知らず識らず発現して筋肉の運動を起こし、ただにその回転の結果を見るのみならず、その回転のよく人の問いに答えて、事実を告ぐるの結果あるを見るに至るなり。例えば、人の年齢をコックリに向かって問うに、その答えあるは、これを問う人、あらかじめそのたずぬるところの年齢を知るによる。たとい明らかにこれを知らざるも、その大約を察知するによる。けだし、不覚筋動はただにその明らかに知るところのものより生ずるにあらず、その想像するところのもの、その推察するところのものより生ずるなり。しかれども、想像および推察は往々事実に合せざることあるをもって、コックリに向かって過去の事跡を問うときはたいてい事実に適中するも、将来の事情を問うときは適合せざるもの多しという。かつコックリの回転は、これを試むる人ことごとく不覚筋動を生ずるを要せず、その中の一人、この不覚筋動によりて回転の微力を与うるときは、他の人の力自然にこれに加わりて、次第に大運動を見るに至るは必然の理なり。けだし、コックリの仲間に婦人を一名加うれば速やかに回転するといい、信仰者一人これに加わればたやすく回転するというも、この理なり。

先年、豆州下田港にて、巡査数名相集まりてこれを試むるにその回転を見ず、さらに他の信仰者一名これに加わりて試みたるに、たちまち回転の結果を見るに至れり。その後、巡査のみにて試みたるも、ひとしく回転したりという。これ、そのとき巡査もすでに信仰心を起こしたるによる。信仰心とは、心のある一方に会注《かいちゅう》帰向することにして、余のいわゆる予期意向なり。予期意向なきときは回転を生ずべき理なきはもちろんにして、その力弱きときはその回転もまた弱く、その力強きときは回転もまた強きの異同あるをもって、その回転の強弱は信仰心の厚薄によるものなり。信仰心なきものは一方に意を注ぐことなきのみならず、いまだ手の感覚を支配するの知覚を失せざるをもって、不覚筋動を現ずるに至るべき理なし。これ、不信仰者および虚心平気の者には、コックリの回転を現ぜざるゆえんなり。これをもって、婦人および愚民のごとき信仰心を起こしやすきものに、最も著しき結果を見るに至るなり。さらに一例を挙げて予期意向の影響を示すに、例えば、かすかに一声を聞きてその声判然せざるときは、これを人語なりと予期して聞くときは人語となりて聞こえ、これを禽音《きんいん》なりと予期して聞くときは禽音となりて聞こえ、その声わが思想によりて変ずるなり。鶯声《うぐいすのこえ》を聞きて「法華経《ほけきょう》となく」と思えば法華経となりて聞こえ、鵑声《ほととぎすのこえ》を聞きて「不如帰去《ふじょききょ》となく」と思えば不如帰去となりて聞こゆるなり。また、夜中、形色の判然せざるものに接すれば、あるいは人のごとく見え、あるいは鬼神のごとく見え、あるいは幽霊のごとく見えて、その予期するところに応じて、その形色一定せざるなり。これ、人の思想異なるに従って、異なりたる感覚を生ずるによる。この理また、コックリの説明を与うることを得るなり。今、これを試むるに当たり、その中に加わりたるもの、特にその回転を固信するときは、いまだ判然たる運動を現ぜざるに、すでに現ずるがごとく見ゆるなり。これまた、コックリの回転を見るの一原因なり。

つぎに、第二の外情より生ずるところの影響を述ぶるに、これ、予期意向を促すところの事情にして、他語にてこれを言えば、信仰心を起こさしむるの事情なり。例えば、種々の儀式を設け、装飾をなして丁重にこれを行うがごときは、いわゆる人の信仰心を促すものにして、あるいはその中の一人粛然として、コックリ様御移り下されと祈願するがごときは、大いに人の注意を引くものなり。その他、唱歌、音曲を設くるがごときもの、みな人の精神作用を促すものなり。

以上、この内因、外情と、外界の諸事情とによりて、コックリの回転を見るに至るなり。ただにその回転を見るに至るのみならず、これによりて未来を知り、吉凶を卜《ぼく》することを得るなり。しかれども、その未来を知り古凶を卜するがごときは、十が十ながらことごとく当たるにあらず。俗に「当たるも八卦《はっけ》、当たらぬも八卦」というの類にして、卜筮《ぼくぜい》をもって吉凶を卜すると同一理なり。ゆえに知るべし、コックリは狐狸のなすところにあらず、鬼神のなすところにあらず、電気の作用でもなければ、器械の装置でもなく、また故意をもってなすにもあらず、ただ器械の装置に心性作用の相合して生ずるものなり。しかして、心性作用はその主因となるものなり。ゆえに、つまびらかにこの原因を知らんと欲せば、心理学に入りて精神作用のいかんを論ぜざるべからず。今ここに述ぶるところのものは、極めて簡単なる説明にして、先年『哲学会雑誌』に掲載せるものを、中略してここに論述したるのみ。

# 日本妖怪変化史（抄）

江馬　務

## 第一章　序説～第四章　妖怪変化の出現の時期・場所と景物

# 第一章　序説

日本の妖怪変化《へんげ》の変遷を説くに際して、まず妖怪変化の意義を確定しておく必要がある。大概の辞書を見れば、「妖怪」は変化と解し、「変化」は妖怪と解し、両語同一の義にとっている。しかしながら私は、年来この方面を研究して、明らかにその意義に差異あることを認めている。それで私の日頃考えている両語の意義を述べてみれば、「妖怪」は得体の知れない不思議なもの、「変化」はあるものが外観的にその正体を変えたものと解したらよいであろう。

こういえば、読者はこういわれるかも知れない。――昔も今も理は一つである。妖怪変化などいうものは世にあるはずのものでない、なるほど、あるいは主観的には存在するかも知れないが、客観的に存在しないから、今日、自動車だの飛行機などの動いている世に、こんな世迷い言を聞くにあたらぬ、と。一応は、ごもっともである。しかしながら、そうした論議で楯つく読者と、私との見地は、根本的に異なっていることをまず自覚していただきたい。本書は、妖怪変化を実在するものと仮定して、人間との交渉が古来どうであったか、換言すれば、われわれの祖先は妖怪変化をいかに見たか、いかに解したか、いかようにこれに対したかということを当面の問題として論ずるのである。

さて妖怪変化を論ずるにあたってまず論ずべきは、彼らの本体である。それを研究すると、

一、人
二、動　物
三、植　物
四、器　物
五、自然物

の五種、およびこれらのうちのいずれか一つに類似した本体のわからないものとなる。この五種に類似したものは、すなわちこの五種に的確に入らないものであるから、「妖怪」と名づけるのが適当であろう。たとえば、川の中に住んでいる「河太郎」（河童）、海の中

の「海坊主」というようなものである。また、単に動物に類似しているといっても、猿に似ているというような単純なのでなく、ある部分は猿に似、ある部分は虎に似、ある部分は蛇に似ているというような、きわめて複雑なのもある。源三位頼政に退治られた「鵺《ぬえ》」というやつは、すなわちそれである。

次に一言しておくべきは、「化ける」ということである。変化に属するものは、すなわちこの化けることを特徴としている。化けることを静かに考察すると、

一、現世的 ┐ ┌ 精神的
二、輪廻的 ┘ └ 実体的

の四種がある。現世的に化けるとは、現世において、そのものの一種の能力により魔力に拠《よ》ってまったく前の姿態と変わったものとなることで、狸や狐の化けるのは、すなわちこれに属する。輪廻的に化けるとは、宗教的思想に拘束された結果起こったことのようで、死して後、すなわち後世で、また別の正体となることである。すなわち幽霊の類がこれに属する。しかしてこの変化の化け方の両方便がまた、精神的なのと、実体的なのと、二種に分類することができる。精神的というのは、その変化の精神だけが化けものの活動をするので、正体は実現されないものである。たとえば人の生霊《いきりょう》というもののごとく、現在生存せる人の精神がさまざまの方面に働くのである。実体的というのは、これに反して、化けものが正体を現じて、ある活動をする場合である。しかるに妖怪は、変化に比すると、大概は融通のきかぬ手合が多く、たいてい勇士にかかると三尺の秋水などで斬り伏せられ、死んでしまって、お終《しま》いである。

ただ、ここにちょっと断っておくことは、妖怪と変化とはその区別が劃然《かくぜん》としていないことで、たとえば「鬼」のごとき、人が死して鬼になることもあり、また妖怪として鬼というものもあり、かく両者共通のものもあることで、これはそのつど考えねばならぬ。

以上述べた妖怪変化はわれわれの祖先とはさほど縁の遠いものでなく、古《いにしえ》からずいぶん密接な関係を有していて、現にあちこちに怪談が絶えず、狸に誑《たぶら》かされた人もあれば、枯尾花ならで幽霊を見た人もある。試みにわが国上下二千年の歴史を通覧すれば、この種の記事の散見しないことはないくらいである。しかして

この妖怪変化がまた、時代によってさまざまに異なった色彩をもち、特殊な活動をとげている。あたかも人間の世界と軌を等しくしているのも可笑《おか》しいではないか。これから、まず眼を転じて、妖怪変化の沿革と種類から記していこう。

# 第二章　妖怪変化の沿革

わが国妖怪変化沿革の大略を按ずるに、その性質からして、

第一期　神　代
第二期　神武天皇より仏教伝来まで
第三期　仏教伝来より室町時代の応仁の乱まで
第四期　応仁の乱より江戸時代末期まで
第五期　明治以後

の五期に分割することができる。

　神代においては、後世から見て霊妙不可思議のこと多く、妖怪変化はほとんど普通のことにみなされ、森羅万象が意想外の魔力を有していた観があった。

　天窟戸《あまのいわと》の変のときには天地晦冥《かいめい》となり、群妖が起こった（古事記）。伊弉冉尊《いざなみのみこと》の小便は自ら化して罔象女《みずはのめ》という神となり（日本書紀）、素戔嗚尊《すさのおのみこと》が八岐大蛇《やまたのおろち》を退治するときは、櫛稲田姫《くしなだひめ》を櫛に化して頭に挿したなど、とんだ魔力があったものである（日本書紀）。人の怪異では、高皇産霊神《たかみむすびのかみ》の子少彦名命《すくなひこなのみこと》は神の教養《おしえごと》に順《したが》わず、神の指の股から堕《おち》って行方不明となったが、鷦鷯《さざき》（みそさざい）の羽の衣を着て、白蘞《かがみ》（うきくさ）の皮をもって舟となし、湖水に浮んで、海のあなたから出雲に漂着した。大国主命《おおくにぬしのみこと》がこれを掌の上に載せて翫《もてあそ》ぶと、その頬を齧《かじ》ったという。人といえば人、妖怪といえば妖怪の神もあった（古事記、日本書紀）。子を生むときに龍の姿を現わした彦火々出見命《ひこほほでみのみこと》の妃、豊玉姫《とよたまひめ》もまた、動物の変化として見ることもできる（日本書紀）。

　高天原《たかまがはら》から下界へ使した雉子《きじ》も立派に人言を発して、大神の使命を伝えているし、因幡白兎《いなばのしろうさぎ》や鰐《わに》もたがいに人言をもって相争うている（古事記）。これらは動物の例であるが、植物でも天地開闢《かいびゃく》のおりには草木みな言を発していたと伝えられているから（日本書紀）、動物が人言を発するのも無理からぬ話である。伊弉諾尊《いざなぎのみこと》が投げられた鬘《かずら》が葡萄《ぶどう》になったのも変であるが、桃の実を投げられて醜女《しこめ》が逃げ出したのも不思議といわで何といおう（古事記、日本書紀）。

器物で化けたのは、やはり伊弉諾尊が投げられた櫛が一転して筍に化した例である（日本書紀）。

当時は黄泉国《よもつくに》との交通が自由で、現に伊弉諾尊は探険をしておられる。しかして再び本土へ帰朝して来られたのは、すなわち蘇生して地獄話をする後世の例と同じであろう。黄泉醜女はすなわち鬼で、国史における鬼の初見である（古事記、日本書紀）。

以上のごとく、神代においてはその伝説はほとんどまったくこれ霊妙、奇蹟で充ち満ちている。しかしながら、後世のごとく人や動物などの幽霊というものは、ほとんどない。すべてみな、これ現世におけるあらゆる摩訶《まか》不思議を説いている。しかして人の能力というものには、後世の幽霊に見るごとく、ずいぶん恐ろしく偉大なものが多い。素戔嗚尊が泣くと青山が枯山となり、歩くと天地が動揺するなども（古事記、日本書紀）、普通ではない証拠である。

以上で、人間と物象の交渉の古いものであるを知られる。

第二期の神武天皇から欽明朝の仏教伝来に至る間は、前代のごとき霊妙な事蹟はすべて跡を絶ったが、それでも、後世に見ゆる人や動物の死後において化けるものや、いわゆる妖怪はまだまったくなく、みな現世的の変化にすぎない。

その例を挙げると、伊吹山の山神が蛇になったのや（日本書紀「景行紀」）、播磨国の文石小麻呂《あやしのおまろ》が暴逆の行があったので、雄略天皇十三年、これを春日小野臣大樹に討たしめられたとき、大樹は決死隊百人をもって小麻呂の家を焼いた。時に火炎中から馬のような白《しろ》狗《いぬ》が飛び出し、大樹に喰ってかかった。大樹が刀でこれを斬ると、小麻呂になって死んだとある（日本書紀）。これは人が動物に化けた例であるが、動物が人に化けた例では、推古天皇三十五年に狢《むじな》が人になって歌ったことが伝えられているのを最初とする（日本書紀）。また植物が化けた例では、欽明天皇五年に佐渡島東禹武《うむの》邑《さと》の人が椎《しい》の実を拾って灰の中へ入れて炮《や》こうとすると、その皮が二人の人になって火の上へ一尺ばかり飛び上がって相闘ったことを、越の国から都へ通信している（日本書紀）。しかしながらまだ器物が化けたことは記してない。しかし鬼というものが存在することは、すでに欽明天皇の頃の仏教渡来前に知られていたとみえ、粛慎《みしはせ》人を鬼に比べている文がある（日本書紀）。しかしこの鬼も、後世の鬼と同じ意味のものなるやいなやは不明である。日本人は、死後の世界・輪廻転生の理はこの頃には想像していなかったものと思われる。

次に、欽明天皇十三年に公式に仏教が伝来して、初めてわが国の思想界が一転し、来世・輪廻転生・因果応報の思想が明瞭になってきた。妖怪変化は奈良朝末葉までに充分に後世の基礎を形成されている。

奈良朝少し以前には天狗や鬼が初めて出ている。舒明天皇九年二月に、大星が東から西へ流れ、音は雷に似ていた。時人は流星とか地雷とかいったが、時の有識者僧旻僧《そうみんほうし》は天狗《あまつきつね》であるといっている（日本書紀）。また斉明天皇七年八月、天皇の御大葬を朝倉山の上から鬼が大笠を着て拝見したとある（日本書紀）。当時はまだ天狗も鬼もさまで社会的に活動していない。

奈良朝になると、これらの輩《やから》は漸次人間と接触しきたり、生物界では来世思想が覿面《てきめん》に現われてきた。人が生前に悪事をなし、因果応報で死後に動物に転生すると信ぜらるることとなった。

讃岐国美貴《みき》郡大領小屋《こや》県主《あがたぬし》宮手《のみやて》の妻が道心がなかった報いで、宝亀七年死んだが、棺の下でよみがえり、その棺の蓋を開いた。見れば、腰から上は牛で、額に角が生えていたという（日本霊異記）。同じく宝亀年中、修行人を妨げたがため天竺《てんじく》大王が白猴《はっこう》に転生し、近江国野洲御上嶺《みかみね》の堂の僧恵勝《えしょう》に法華経を誦するを乞うた（日本霊異記）。聖武天皇の天平年中に一僧が生前銭を貪った報いで、死して大蛇となった（日本霊異記）。そのほか、骸骨となって自己の要求を人に請うている話も多い。宝亀九年に備後国葦田《あしだ》郡の人、品知牧人《ほむちのまきひと》が深津の市に買物に行った帰り途《みち》、日暮れて、とある竹藪に宿すると、夜半しきりに呻吟《うめき》の声が聞え、目が痛い、目が痛いといったので、一夜いも寝られず、翌朝見ると、一つの髑髏《ひとかしら》があって、目から笋《たかんな》（筍）が生えていた。昨日の痛い痛いといったのはこれだと、それを抜いてやったが、その応報で、市で買物するのに意のごとくなった。髑髏は、後、現われて、その家に恩を謝したことを記している（日本霊異記）。また、かの物部《もののべ》守屋《もりや》は、死して数千万の啄木鳥《きつつき》となって寺を啄《こつ》いたが、聖徳太子は鷹となってこれを降伏せられたという（日本霊異記）。これも人の霊が動物となった例である。

動物で化けたのに狐の例がある。欽明天皇の朝に、美濃国大野郡の人が嫁を探していると、曠野で一人の美人に会った。早速、意気投合して夫婦となり、子までなしたが、この妻にとかく犬が吠え、ついに噛みつかんとした。妻は犬に追われて、たちまち狐の姿となった。夫は驚いて、なんじ、われを忘れたか、子までなせし仲でないか、来つ寝（来て寝よ）、と叫んだ。よって「きつね」という語が出来たのであると（日本霊異記）。

植物に関した話はあまりまだ見えないが、妖怪では、鬼がそろそろ活動し出した。天平の昔、大和国十市《とおち》郡菴知《あむち》村の東に富豪があって、その娘、万の子というのはまだ良縁がなかったが、ある男が縁談を持ち込み、結納に色絹の車三台を持って来、ついに一夜の契《ちぎ》りを結んだが、その夜、哀れや、娘は頭と指とを残したのみで、余りはみな噉《く》われてしまっており、夫は姿も影も見えなかった（日本霊異記）。まったく鬼に噉われたのである。

また斉明天皇の朝、「恙《つつが》」という虫が出て、人を刺し殺したこともあった。これも一種の妖怪であるとせられている。

かくのごとく奈良朝においては、従来あまり聞こえなかった人間の幽霊が現われ、また前世の応報が動物と化して人に見えることが激増してきた。しかしまだ後世のごとく人の幽霊や動物の霊が目ざましい活動はしておらぬ。また動物のなかにも狐などが、人になりすまして人間を誑《ば》かすようなことが、おいおい頻繁となってきた。が、植物や器物は、まだ化けるということはない。妖怪では、鬼などが漸次活動し出してきて、無辜《むこ》の人を殺害するようなことが起こってきたのである。

平安朝・鎌倉時代においては、奈良朝の妖怪変化の活動がいっそう拡張された上に、生霊と器物や自然物の精霊が活動するようになってきた。

まず人物では「死霊」と「生霊」と「幽霊」の三種がある。「死霊」は、死して後、その精霊が仮りの姿を見せないで活動をするもの、「生霊」は、その人の生存中にその精霊が遊離して活動するもの、「幽霊」は、死して後そのうつせみの姿を現わして活動するものである。

死霊の例としては、藤原忠実の珍蔵していた箏《そう》が藤原基通の女《むすめ》に伝わっていたが、夜更けてその箏が自然に鳴った。これ、忠実の宿執《しゆくしゆう》のなせる業である（古今著聞集）。

生霊の例としては、ある下臈《げろう》が東国へ下向する途、一人の女が現われて民部大夫某の家に案内を乞い、その家の門前へ立つやいなや姿が消えてしまった。中では死人が出来たように騒いでいる。下臈はあまりの不思議に、帰り途、その女の近江の住所に立ち寄って、そのことを報じると、その女は御簾《みす》越しに面会して、本望を達したのを喜び、その男を饗《もてな》し、絹など与えたという。これ、その女の怨《うら》みが生霊となって、姿を仮りそめに現わしたものであった（今昔物語集）。『今昔物語集』にも、この事実から、女の心は怖ろしいものだと付加している。

また幽霊の例としては、宇多院が源融《みなもとのとおる》の別業たりし河原院へ行幸になったとき、夜半、西の対の塗籠《ぬりごめ》に衣冠に笏をもって畏《かしこま》っている人がいるので、誰かと尋ねられると、彼はこの家の主人だと御答をしたという（今昔物語集）。

これは人の姿をした幽霊であるが、この時代にも、人間の死後、動物に姿を易《か》えて現われることは、前代にも譲らない。京都上京出雲寺の別当が没して、その霊が三尺の大鯰《なまず》となり、寺の瓦の間に挿まっていたのを、寺が大風で吹き倒れたとき、童《わらべ》が殺した。別当の子、上覚がこれを煮て食したところ、骨が喉に立って、立ちどころに死した（宇治拾遺物語）。かの頼豪が鼠に化したのも、藤原実方の霊が雀になったのも、有名な話である。人が鬼や天狗に化することもまた前代と同じい。日蔵上人が吉野の奥で丈七尺の鬼に出会い、この鬼が懺悔の涙に咽《むせ》びながら、自分は四、五百年昔の人間であるが、人のために恨みを残して成仏ができず、この姿になったと愚痴をこぼしたとあるなどは、これに属する（宇治拾遺物語）。

なお、この時代から怨霊《おんりよう》はついに大海を支配すると信ぜられ、義経が大物浦《だいもつ》で荒い風波に遭ったのもまた、これ平家の怨霊の然らしむる業であると称せられている。

動物においてもまた人と同じである。が、感覚が鈍なだけに、生霊の死霊のといった例は少ない。播磨守佐伯公行の子、佐大夫の親族、河内禅師という者が、黄斑の良牛を一匹所有していたが、その牛が突然行方不明となった。一夜、禅師の夢に、死んだ佐大夫が現われて、罪深くて、死後乗物なく、苦痛に堪えられないから、君の牛を五日間借ると告げた。やがて五日を経て、件《くだん》の牛は喘《あえ》ぎながら禅師の宅へ戻って来た（今昔物語集）。これくらいが関の山である。

しかし動物のなかでも人を化かすものは前代よりもしだいに増加し、その手段もまた巧妙となっているのは、多年の父祖の経験とでも申そうか。その化かす動物はといえば、何といっても狐、これに次いで狸、猪、稀れに猫、蜘蛛《くも》、むささびという順序となる。

頼豪の化した鉄鼠　『百鬼夜行』抄出

いま狐の例をとれば、仁和寺の東、高陽川という所に狐があって、そこを日暮れて馬に乗って通る人があれば、必ず美しい童に化け、尻馬に乗せてくれと請い、狐とは知らず乗せてやれば、四、五町で馬から落ち、狐になって、こうこうと鳴きつつ姿を消す。さる剛気な滝口（宮中を護衛する武士）が、その街道を通ると、案の定、女童が来たので、尻馬に乗せ、指縄《さしなわ》で縛り、土御門の御殿へ連れて入り、大勢の滝口の前でこれを射た。すると女童はたちまち狐の姿を現わし、大勢の滝口から土御門殿の建築までもたちまち掻き消えて、鳥辺野の中に居ったという、だまされも甚しい恐ろしい話がある（今昔物語集）。

いまひとつ、猪の例を説いてみれば、ある男、播磨国印南野を通ると日が暮れてきたので、とある菴《いおり》に宿った。夜更けて、火を点じ念仏して来る大勢の人がこの菴の前に近づいてきた。見ると、葬式らしい。やがて棺を埋め、塚を作ると、塚が動き出し、土の中から裸の男が肘《ひじ》や身に火が燃えているのを吹き掃《はら》って菴へ来る。この男驚いて、これこそ鬼に相違なしと、太刀を抜いて矢庭に斬って逃げた。夜明けて、ここへ来ると、墓も菴もなく、大きな野猪が一匹斬られていたのであった（今昔物語集）。

かくのごとく、動物が人に化け、多数の人や家を現わすのであるから、したがって植物などに化けることなどはきわめて容易なもので、狐が春日野で家二軒ぶりの大杉と化したこともある（今昔物語集）。動物の生霊も、往々にして何々憑《つき》ということを起こしている。狐憑《きつねつき》などいうこともこの時代には盛んにあったもので、狐が女に憑いて、女が、われは狐なり、祟《たた》りをなしに来れるにあらず、など口走ることもある（今昔物語集）。こうした場合には修験者に命じてこれを祓《はら》わせることになっていた。

植物が化けた話は、器物・自然物の怪異とともに、この時代にはその例証に乏しい。さる僧が肝心の仏事を営まず、遊女・傀儡《くぐつ》を集めて遊び暮していたが、麦縄（素麵）を折櫃《おりびつ》に入れて多く蓄えていた。翌年、この折櫃の蓋を開くと、ことごとく蛇になっていた。まったく仏罰の然らしむるところである（今昔物語集）。

器物が化けるのは、当時の迷信として、器物はすべて精があり、これが仮りに姿を現わすのであると信ぜられていたのである。東三条殿に式部卿《しきぶきょうのみや》宮が住んで居られた頃、南の山を三尺ばかりの丈の五位の者が往来するので、陰陽師に占わしめられると、ものの気《け》で、銅の精のなせる業である。宮の辰巳《たつみ》の角の土中に埋っているとのことに、発掘してみられると、はたして五斗納《ごといれ》の銅の提《ひさげ》があったとある（今昔物語集）。

自然物では水の精の話がある。陽成院のおわしました頃、御殿の西の対で人が寝ていると、三尺ばかりの翁が出て来て、にわかにその顔が冷やかになったので、いち早く苧縄《おなわ》で縛りつけた。その翁が一生の願いに盥《たらい》に水を入れてくれというので、試みに入れてやると、頸を延ばすやいなや水の中へ落ち入って、姿は解け、盥の水がにわかに多くなって、縁から洩れこぼれた。これすなわち水の精なるものである（今昔物語集）。

なお、当時、妖怪として最も盛んに活動したのは鬼と天狗で、何といっても両大関の姿である。光孝天皇の御代、武徳殿の松原を若い女が三人歩いていた。八月十七日の月明であった。松の木の本に一人の男が佇《たたず》んでいた。が、男は三人のうち一人の女を引張って、松の木陰で女の手をとらえて物語していたので、他の二人は待っていたが、いっこうに戻って来ないので、近寄って見ると、哀れや、いまの女の手足ばかりが散乱しており、男はいなかった。これ鬼の業である（今昔物語集）。また、かの大森彦七が伊予国金蓮寺で一佳人に出会い、背負うてゆくと、鬼の姿を現わした話も、かなり有名である（太平記）。また、仁治の頃、伊勢から法師が京へ来たが、さる山寺の法師に伴われて所々方々を見物し、清水寺の鐘楼へ上がったが、たちまち法師に檜皮《ひわだ》と裏板《うらいた》との間に縛りつけられ、件の法師は天狗の姿と化して姿を消した（古今著聞集）。これらは、鬼、天狗の物語である。鬼、天狗は、ときとしては、まったく意想外のものに化けて人を誑《たぶら》かす。鬼が油壺に化けた話もある。小野宮実資が大宮通を通過すると、油瓶《あぶらがめ》が車の前を踊りつつゆく。ついにその瓶は、ある家の戸の鎰《かぎ》の穴から内へ這入《はい》った。すると、この家の娘が死んだという（今昔物語集）。そのほか、妖怪では、清盛が福原に居るときにその邸の中庭に多数の髑髏《されこうべ》が上になり下になり、後には大きな一つの髑髏となって清盛を白眼《にら》んだ、などいう凄い話もある（平家物語）。

　これらは例を主として平安朝にとったが、鎌倉時代もこれらと大差がない。以上を要するに、平安朝・鎌倉時代は妖怪変化に多少の増加を見、その能力が拡張せられ

調度の変化　『付喪神』抄出

天狗（上）鬼（下）『百鬼夜行絵巻』抄出

たにすぎないので、いまだ根本的に大なる発展は見なかったのである。

室町時代の応仁の大乱に至るまでも、大略、右の状態が持続した。ただ多少異なってきた傾向の一つは、幽霊の性質が明らかに詩的・知的になってきたことであろう。永享年中、義教将軍の臣、蜷川新右衛門が、鳥辺野を、夜、長刀かついで行った。風もひとしお身にしむ秋の夜で、虫の声も秋を喞《かこ》ちがおなので、心の中にそぞろあわれを感じ、歌を案じていると、火葬の火の燃えた薪に向かって一人の女が坐しているので、恐れもせず独り坐しておわする心はと尋ねると、

　夏虫のもぬけのからの身なればや何か残りて物におそれめ

という。蜷川は、しからば何者ぞと反問すると、

　岩松無声風来吟

というかと思うと、かき消すように姿を消したという(狗張子《いぬはりこ》)。こうした幽霊の傾向が、謡曲の精霊の詩的な情緒を編み出したものである。

次に、この期に至って、動物のなかでも鼠などが大袈裟に人を欺くこともあった。京都四条の徳田某が、賀茂辺の古御所を買い求めて移ったが、一夜、衣冠正しい人が来て、自分の息の婚儀を執行するから御屋敷を今晩だけ貸して下さいと依頼に来た。承知して貸すと、その夜半、提灯《ちょうちん》大小百ばかり二行に連り、輿、乗物、数々舁入《かきい》れ、貴賤男女二、三百人、珍膳奇羞につき、歓楽に満ちた。やがて風が燈火を吹き消したので、徳田が点火したが、そのときはもはや誰一人もなく、道具も主人の茶道具などはみな破壊されていた。独り床に掛けてあった牡丹花下の猫の一幅だけは無難であった。主人の友に村井澄玄という老人が、それは老鼠の業であろうと評していた(狗張子)。道具が化けるという思想は、康保の頃からあるという伝説であるが、室町時代には大いに発達したのらしい。『付喪神《つくもがみ》』という草紙に、

　陰陽雑記云、器物百年を経て、化して精霊を得てより人の心を誑かす、これを付喪神と号すといへり。

とあるのは、すなわちこれで、かの『百鬼夜行絵巻』や『付喪神』の画はこの思想に基づいていることが多い。

また、この期には、妖怪の方面にもさまざまの奇異

なのが生じた。足利直義の館には、身は笈《おい》、頭は山伏《やまぶし》で、口に刀の折れたのを啣《くわ》えているものが寝所へ出たこともある（本朝続述異記）。また仙洞では、一匹の犬が二、三歳の童《わらべ》の生首を啣えて御殿の棟木《むなぎ》へ上がり、西に向かって三声吠えて消えたこともあった（太平記）。

これを要するに、仏教伝来から室町時代の応仁の乱頃までは、明らかに一つの特徴ある時期といってよい。すなわち、この時代には妖怪変化というものが、ほとんど各種物象から出揃うた時代であった。が、動物が死して霊となり、とくにある人に見えることはまだない。妖怪変化の理知が発達していないため、極端な能力を発揮することができなかったことと、妖怪変化のいわゆる代表者のみが活動していて、いまだその各員が活動するに至らなかったのである。しかるに次の第四期の戦国時代からは、妖怪変化に関する伝説は俄然として増加し、彼らどもの最も活躍の時期に入るのである。

足利邸に出現した笈の化けもの
『絵本武者備考』抄出

戦国時代から江戸時代末期に至る約四百年間は妖怪変化跳梁《ちょうりょう》の時代である。まず人間から始めると、生霊は精神的、具象的の二種となり、死霊、幽霊のほかに一つの病的変化が加わった。

生霊の例を引くならば、京都西の京に江崎源八という人があった。妻との間に子がなかったので、妻にも承諾させて妾の腹に出来た源太郎という子を自分の家へ引き取った。しかるに、あるとき、寝ていた妻の鼻の穴から一匹の蜘蛛が出てきて、源太郎の耳の中へ入った。源太郎はただちに悶死した。これ妻の生霊のなせる業であるとて、妻に暇を出し、自らは遁世したという（怪醜夜光魂《かいしゅうやこうのたま》）。生霊がその姿を現わす例では、越後国蒲原《かんばら》の宇平次という百姓の娘、沼垂の進之丞という青年の美貌に心迷わし、夢寐《むび》、彼のことを思いつめていたが、一夜、進之丞が丑満《うしみつ》の頃、書見をしていると、雨がひとしきり降って、心寂しくなったとき、前栽の繁みに青い火が燃えると同時に、娘の姿が現われ、この夜から一つ衾《しとね》に二世かけて夫婦の契りを結んだ。

そのうちに娘は一子を分娩した。宇平次方では、娘が外出の覚えがないのにこの始末に、不審にたえず、これを娘に質《ただ》すと、ただ毎夜、進之丞方へ通う夢を見ていたばかりであると答えたので、これ遊離魂のなせる業とて、ついに正式の夫婦としたという（拾遺お伽婢《とぎぼう》子《こ》）。

死霊の例としては、但馬国城崎郡に、平家の侍、越中の次郎兵衛盛継の塚がある。湯本の与八という者、この塚の前を通ったとき、友を顧みて、平家の臣のなかでも忠光、景清、みな源頼朝をねらったが、この盛継ばかりはねらったこともなく、暗々《やみやみ》とここで討たれ、志は劣っていたと悪口して通ったが、家に帰るとたちまちに発熱し、えらい勇士を貶《そし》ったことが口惜しいと飛び上がって狂った。彼の伯父、祖泉という禅僧が、彼に向かって、なんじ何者ぞと尋ねると、彼、われこそは越中の盛継なり、平家の御内《みうち》にて忠光、景清、盛継は命を全うして源氏の大将一人なりとも討取り仇を報ぜんと落ちゆき、われはこの山中にあって時節を待ちしに、運尽きて見あらわされ、討たれしこそ口惜しけれ、わが塚を尊ぶこそ本意なれ、われを譏《そし》ること腹だたしやというたので、祖泉は払子《ほっす》で、

堕㆓在無間㆒、五逆聞雷、喝十瞎驢、死眼豁開。

と大喝したところ、与八は手を合せて、ありがたき御示しにより悟道しましたといって、正気に返り、同時に霊は去ったという（怪醜夜光魂）。

次に、幽霊に関して例を引くと、慶長の頃、成田治左衛門という武士があった。京都に居た頃、さる美女と深く契ったが、三年を経て女は病で空しくなった。末期《まつご》のとき、その女が成田の手をとって涙を流し、形は煙となり土となっても、魂は永久に君の側を離れませぬといったが、はたして死後数十日を経てより、夜更けて亡妻が来たって、枕もとに寄りそい、打ち萎《しお》れた姿を見せた。成田は気味がわるいので、大坂へ逃げたが、また大坂へも出た。成田はかくして、ついに霊に侵されて空しくなってしまった（怪談登志男）。これは恋愛の幽霊である。こうした幽霊話は無数あるが、割愛して、人が動物以下に化けた例を申そう。

人間は生きているうちに動物になることも、ときとしてはある。永正年中に洛西鳴滝に彦太夫という百姓があり、性無道で、神仏を信ぜず、乞食に物を施さず、

母に早く死ねなどと悪口していた。五日間の病気でついに狗《いぬ》になり、食物も食せず、ついに百日目に死んだという（狗張子）。

これは生前での出来事であるが、また死後に転生することもある。慶長の頃に武蔵国千住の郷に住んでいた一人の百姓の娘はきわめて眉目清秀であった。近所の弥一郎という男、この娘に恋いわたり、千束の文を遣ったが、娘は見向きもしないので、ついに恋死してしまった。さて娘の家では適当な婿を選び、婚礼をさせたが、その翌朝、夫婦が起きないので老女が部屋へ入って見ると、婿は、哀れ、息絶えておって、蛇が眼、鼻に入っていた。これ、恋死した男の姪蛇であった（怪談登志男）。

虫になった例もある。宝暦の頃、下野国に吉六という男が住んでいたが、六兵衛という村の衆に軽蔑せられたのを遺憾に思い、ついに彼を殺したが、自分も獄舎の中にほうり込まれ、中で死んだ。しかるに吉六の妄魂は虫となって、人を恐怖させた。これを「吉六虫」という（怪談登志男）。大谷広円という僧が蛸《たこ》に化したのも面白い例である（都草子）。

人が骸骨になって動き出すというようなことも古くからあったことであるが、この時代にもあった。長間の佐太という人が、文亀年間、洛北蓮台野を通過したところ、古塚に光りがある。見れば、一具の白骨が起ち上がり、佐太に抱きついてきた。佐太少しも驚かず、力まかせに突き倒した。白骨は、頭、四肢、離ればなれとなって倒れたが、光りも消えたということである（拾遺お伽婢子）。

なお、この期には、前述のように病で妖怪となる人がある。「寝太《ねぶと》り」は、寝てから後に身体がだんだん太く膨《ふく》れるもの（絵本百物語）、「二口女」は、頭の後ろにも口が出来て食物を両方から摂取するもの（絵本百物語）、ことに「轆轤首《ろくろくび》」というのは、人間の頸《くび》が漸次延びて飛行するものである。絶岸和尚という僧、肥後のしころ村という所に宿ったが、風凄じく、寝られず、夜更けて念

二口女　『絵本百物語』抄出

仏していると、丑満の頃、その家の女房の首が抜けて出て、窓の破目から外へ出、その首の通うた跡には白い筋が見えていた。夜明け方に筋が動き出して、また首は元に戻った。昼になってその女房の頸を見れば、頸の周囲に筋があったという（百物語評判）。これすなわち過去の業因である。

いまひとつ、病気として不思議なのは、離魂病というものである。これは一身で両身に見える病である（玉箒木、狂歌百物語）。

次に動物の方面で観察すると、動物にもまた人間と同じく生霊、死霊、幽霊がある。生霊の例では、京堀川の仏具屋宗兵衛方で丁稚《でっち》を使いに出したが、因幡薬師の門前で肩に何か物があるように感じて帰り、その裏口で突然笑い出した。宗兵衛が尋ねると、自分は因幡薬師に年久しく住んでいる狐であるが、昨日、薬師の藪の中で寝ているのを驚かした者があったので、恨めしく思う矢先、この丁稚が通ったので、この者の所業と心得、そのまま取り付いたら、人違いであった。それがおかしさに笑うぞ、といったとの話がある（太平百物語）。

これは生霊、俗に狐憑《きつねつき》というやつであるが、死霊のほうの話では、備中国に松浦正大夫という侍があった。生来、殺生を好んでいたが、手飼いの猫を殺したので、その霊が妻に憑き、夫婦、奥の間に臥居《ねい》たとき、女房、にわかにものに襲われ、手足で這いまわり、御身は情なき者かな、われ、なんじの仇となりしこともなきに、よくむざむざ殺せし、この恨み晴らさんと、いまなんじの妻の皮肉《ひにく》に入ったり、見よ、十日のうちに責め殺さんぞ、といったとある（太平百物語）。これすなわち動物の死霊の憑いた結果である。

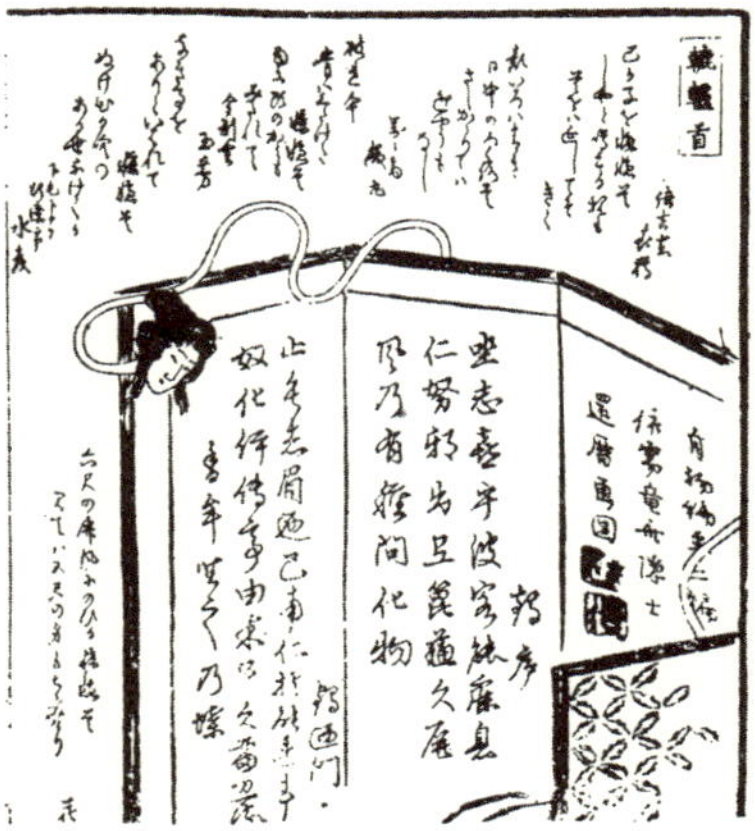

轆轤首　『狂歌百物語』抄出

すっぽんの化けもの　『怪談旅之曙』抄出

いまひとつ、動物の死霊が祟《たた》った例では、江戸の煙草屋の長兵衛という者、飼っていた大猫が雨に濡れたまま夜具へ入ったというので、その猫を殺したが、後に彼の右の腕が痛み出し、ついに腕首に猫の毛が生え、翌年、猫を殺した日に死んだという（行脚怪談袋）。

また鼈《すっぽん》は昔から執念深いものとなっているが、丹波の、ある百姓が鼈を売って渡世していたところ、鼈の怨念はついに十丈の高入道となって出現した。この百姓の子が生まれると、その子は上唇《うわくちびる》が尖《とが》り、眼が丸く鋭く、あたかも鼈のごとくで、髪は身よりも長く、手足に水掻《みずかき》があり、母の乳を吸い出し、蚯蚓《みみず》を食するのが常であった（怪談旅之曙）。

天文の頃、宇佐美の藩士、斎郷内蔵介家では、犬の霊がお吉という娘の侍女に化けた話もある（怪物輿論）。

しかし動物の生前に化けるのは、その例いくらでもある。なかんずく狐、狸、鼠、猿、獺《かわおそ》、鯰《なまず》、猫、女郎蜘蛛《じょろうぐも》、亀、狗、猪、蛇、蛙、蚖《いもり》をもって最も多しとし、殊に狐狸が最大多数を占めている。

この狐狸は、あるときは人、あるときは他の動植物、あるときは建築物・器物、あるときは他の妖怪に化ける。いま人の例を述ぶれば、播州竜野で狸が、先年死んだと同様の人に扮して二階から下りて来たことや（小夜時雨）、俳人嵐香が上州玉川を通ると、一人の僧が蔓《つる》を頭と手に巻き、念仏しているので、聞いてみると初めて正気がついた。かの僧いわく、昨夜、狐が団子を食おうとしたので、杖で打ったが、後、独り山道を歩行《ある》いていると、大名の行列が通った。供の者が私を捕えて高手小手に縛《いまし》め、首を刎《は》ねるというので、こちらも再三詫び

狸の化けもの　『小雨時雨』抄出

たが、許されず、いまはこれまでと観念し、合掌して目を閉じ、一心に阿弥陀経を読誦していたところ、太刀取、われを呼ぶよと思ったが、それが御許であった。そして縄と見えたのはこの蔓であったと答えたという（行脚怪談袋）。また狸が建造物になった話もある。ある人が京の建仁寺三門が東方に出来ているので、不審を起こして通っていると、そこへ飛脚が馬を連れて通ったが、馬の嘶《いなな》きが聞こえるとにわかにその三門が消滅した。これ、狸が三門に化けていたのが、日頃恐れている馬が来たので、逃げたのである（怪談見聞実記）。

なお他の動物の化けた例を二、三述べると、猫のは、京都の本行院という寺に川口甚平という人が、和尚に会いに来て、ふと三疋の子猫が女に化けて居るのを見、驚いて、これを和尚に告げた。和尚も驚いて、早速、三疋とも追放した。猫は甚平を恨み、甚平はこれから何となく苦しみ出し、猫の俤《おもかげ》が身に添う病となって、ついにはかなくなったということである（太平百物語）。

亀と蟇《ひき》とが化ける例は、京伏見街道朽木橋橋詰の喜衛門という農夫が、九尺ばかりの二人の法師に遭い、件《くだん》のそれに連れられて霞谷の洞窟の中へ入れられた。件の法師がその窟の口に番をしていたが、二人の睡眠を見計らい、喜衛門は鋤で二人を斬り殺して帰宅した。いかにも不審でたまらず、翌日行って見ると、窟口に一尺ばかりの亀と蟇が打たれて死んでいた（狗張子）。

蜘蛛の例では、美作国高田の孫六という郷士が、別荘で竹縁に端居して仮寝していると、女郎蜘蛛が女に化け、一夜の枕を交さんと勧め、ついに大厦《たいか》高楼へ伴いゆかれた話がある（太平百物語）。京五条烏丸に大善院という寺がある。山伏覚円が泊すると、夜二更、風雨山を崩すような音がして堂内震動すると、天井から大きな毛の生えた手が出て、覚円の額を撫でたので、覚円はたちまち刀で切ると、たしかに手応えがあって、ついに長さ二尺八寸ばかりの大蜘蛛となった（狗張子）。

鼠の例では、朝倉藩の平井某が独酌で酒をのんでいると、丈三寸ばかりの冠服の者、十四、五人の手下を率いて通過したが、そのうちの二人が皿の中へ入って魚を取らんとしたので、某は弓でこれを射殺した。後、長官七、八名が叩頭して謝罪に来た。これ鼠の化けものであった（夜窓鬼談）。

蛇が化けた例は、佐田源内という武士が琵琶湖畔で、

鼠の小人　『絵本妖怪奇談』抄出

ある美人に誘われ、いうがままにその美人の住居たる金殿玉楼の中に入って一夜の契りを結んだが、朝起きて見ると、蛇の窟に居たので、初めて蛇に誑《たぶら》かされたことがわかったという話もある（拾遺お伽婢子）。

猿の例では、信州駒ヶ嶽の麓に老を養う夫婦が一人の娘をもっていたが、ある日、その国の国守の使いと称して、むくつけき男が長剣を帯し、供人大勢を伴い、しばしば来たって娘を貰いに来た。夫婦は夢のような話をいぶかり、ある僧にこれを相談したが、僧がこれを聞いて哀れを催し、呪《まじない》を教えて、万一の用心とした。その使者これを知らず、ある日また娘を所望に来たところ、僧に教えられた法を修したので、火がたちまち室内から燃え出し、使者を焼き殺した。その使いは六尺あまりの猿となって死んでいたと（お伽空穂《うつぼ》猿《ざる》）。

獺の例としては、獺が甚太郎という少年に化け、孫八というものと相撲をとった話もある（太平百物語）。蚖の例では、蚖が濠の中から出て来て、六人の大坊主となり、佐渡の金満家、儀右衛門の妾を、夜間、石磐ででも圧えつけるように圧えつけた。その臭い呼吸が鼻に入ったときは酒に酔ったようになった。それで隅田小太郎という勇士がこれを退治た話もある（北陸奇談）。

以上は動物が化けた例でも、たいてい人間に化けている。しかるに動物が動物に化けた例もある。俳人向井去来が紀州を旅したとき、一人の男と道連れになったが、海岸へ出るとその男は、望みの所へ来たと大いに欣《よろこ》び、別れを告げた。去来、その由を尋ねると、男いわく、われは真は千年を経た白蛇で、今は行の終りである。天命により天上して竜となるのであると答えたが、たちまち颶風起こって砂塵を捲き、雨は車軸を流し、逆浪起こると、黒雲が上より蔽いかかった。男はたちまち白蛇となり、波の中に姿を見せ、海浪を蹴立て、長霓《ちょうげい》（虹）のごとく天に上ったので、去来はじめ駕の者も、生きている気もしなかったという（行脚怪談袋）。

狐狸は化けるとまでいかなくても、復讐することがある。江戸の品川の巨作という人が、浅草の常心という人の所へ訪れる途、堤上に狐がいたので石を投げたが、さて常心の所で談笑していると、夜更けて大石を烈しく投げつける者があるので、その復讐とわかったという（太平百物語）。

植物が化けるということもあった。植物には松、槐《えんじゅ》、榎《えのき》、柳、芭蕉などがその例をもつ。

甲州身延山の槐が年古《ふ》りて精が留《たま》り、通行の人が器物、衣類を供えて通らなければ祟《たた》りをした。茂次という百姓が母親の急病で、供物をせずに通ったが、精は甲冑の武士となり、追いかけて来たので、茂次はいろいろと謝し、宥《なだ》め賺《すか》して許されたという（太平百物語）。

植物はさすがに、動物のごとく感情がないので、生霊、死霊もない。幽霊もない。ただ精が抜けて仮りに別の容姿を現わすのみである。参州賀茂郡長興寺の門前に二龍松という松があった。これが童子となり、寺へ参って硯《すずり》を借り、詩を題した。

客路三川風露秋
袈裟一角事㆓勝遊㆒
二龍松樹千年寺
古殿苔深僧白頭

そして二人は松の蔭へ入って姿を消してしまった（百物語評判）。

また、榎の精や、三十三間堂棟木由来の柳の精の話もあるが、活山居士という隠士が美濃国大井の里に世を外に住んでいたが、ある中秋、一人の嬋娟《せんけん》たる美人が来て、一夜の宿を乞うた。居士はこれを許したが、寝室を別にして臥した。するとその女は、しきりに同衾を迫った。居士は困って、手を取って突き出すと、軽きこと一葉のごとくであった。居士は、翌朝、その女の行方を見届けると、ある芭蕉の葉に詩が書いてあった。

緑袖羅衣粧㆓月明㆒
有情何事却無㆑情
通宵不㆑許㆓同床夢㆒
頻扣㆓華鐘㆒報㆓暁更㆒

そこで芭蕉の精と知れたということである（お伽厚化粧）。豊太閤が堺妙国寺の蘇鉄《そてつ》を桃山城中に移植したとき、芭蕉の精が一老翁になって堺恋しいという詩を吟じたので、旧園に移したのも、有名な挿話になっている（夜窓鬼談）。

次は器物の化けもので、これも箒、団《うちわ》、笛、碁石、木像羅漢、仁王、面、絵馬の例がある。摂津国花隈の城主荒木氏の臣、塩田平九郎、諸国流浪の末、故郷へ帰り、とある荒屋へ宿ると、三人の武士の関東の合戦の談話を隣りの間でひそひそしているのが聞こえるので、灯火を点じて行って見ると、姿は消えて俤げもない。それで不審に思い、家内を捜すと、箒と団と笛とがあって、塵土に埋もれていた。それでこの三種のものを山際に埋めて、厚く葬ったという（狗張子）。

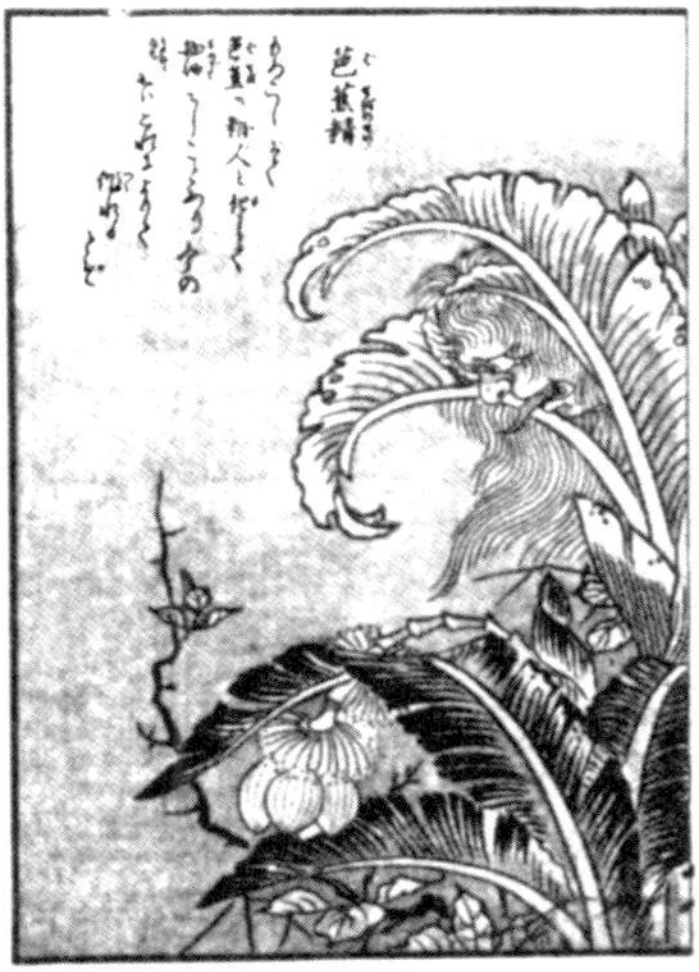

芭蕉の精　『百鬼夜行拾遺』抄出

碁石の例は、江戸牛込の清水昨庵という、いたって碁の好きな人が、柏木村円照寺で逍遥していると、寺の門前に色の白い人と色の黒い人が居って、馴染になった。その名前を聞くと、一人は山家のもので知玄、一人は海辺の者で知白というかと思うと姿が消滅したので、これが囲碁の精とわかったという（玉箒木）。

面の例では、泉屋銀七という者が、あるとき老母の隠居へ行ったところ、遠寺の鐘九ツを打ち、北風烈しくなった。そのうちどこからともなく一人の女髪を乱し、空色の布子《ぬのこ》に紺の前垂して上り口に後ろを向いていて顔を見せない。銀七その名を聞くに返事もない。不審に思って上り口へ行こうとすると、件《くだん》の女は味噌桶のほうへ向かったが、いつしか姿は朦朧《もうろう》として消えた。銀七はそこで、その妖を捜すと、春日の古面が出て来た。銀七はこれこそすなわちその女の主と、早速、村の社へ献上したので、妖魅もなくなった（お伽厚化粧）。古面の化けることは「面癘《めんれ》鬼《き》」とて、古からあることという。

仁王の例は、武蔵国足立郡箕田の勝願寺の仁王は、白昼、婦人、小児を脅し（お伽厚化粧）、羽後国の羽黒山麓の某寺の十六羅漢は肥後の優婆塞《うばそく》が宿ったときに動き出した（夜窓鬼談）。

また浅草の駒形道安という人、絵馬の研究に熱心であった。あるとき雨に遭い、さる堂で通夜していると、絵馬の精が現われ、製作上の秘訣を教えた（夜窓鬼談）。大磯の化地蔵というのは、石の地蔵が化けたことで（怪談さうし）、これらは器物の化けた例である。

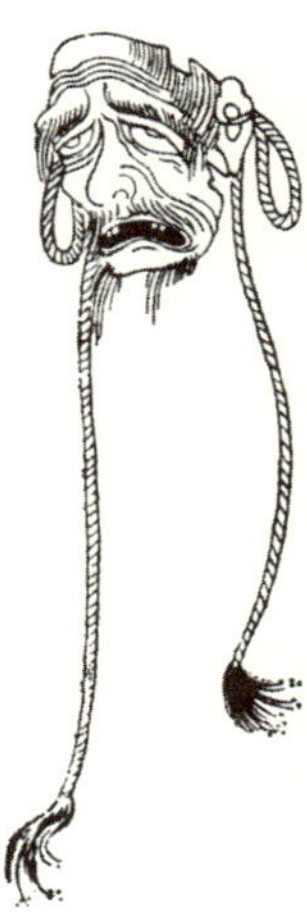
面厲鬼
『百鬼夜行』抄出

次に自然物の化けたものには雲雷、花精、雪などがある。秀吉がまだ羽柴筑前守といって姫路に居た頃、城の脇に榎の樹があった。ある夏の日、雷がその樹に落ちて樹が二つに裂けたが、雲霧深く閉じこめて樹は動揺し、なかなか晴れなかった。秀吉大いに不審がっていると、天に声あり、自分は雷雲であるが、榎に挿まれて天に上られぬ、君願くは仁愛を垂れて、われを再び天上に上らしめ給えと聞こえた。秀吉は早速、臣にこの樹の股を裂かさせ、雷は無事に天に帰った。秀吉の出世は雲雷の利生を施した結果であると伝えられている（拾遺お伽婢子）。

花精の例では、京の平春香が小金井へ桜見に行って、さる家で一佳人と一夜の契りを結んだが、夜明けて家も人も見えなかった。後、この佳人と同様の容貌を有した佳人と京の丸山で面会し、昵懇《じっこん》となり、たがいに相慕うに至った。その佳人がかつて清水で顚倒して死んだとき、蘇生せしめた一僧からもらった信契が偶然と彼の信契と一致していたので、ついに夫婦になったという（夜窓鬼談）。これ花神である。

「山彦」なども当時は一つの動物と信ぜられていた（百鬼夜行）。

以上はすべて変化に属するものであるが、次に妖怪について述べよう。妖怪の特徴は前述のごとくその所生・素性の不可解なるものであって、したがってその形式が人間らしくて人間にあらず、動物らしくて動物にあらず、植物にせよ、自然物にせよ、世上に存在する諸物象のなかに加えられないものばかりである。人らしいものでは、奈良元興寺に住する「元興寺《がごぜ》」、海中に住する「海座頭」、雪の夜に朧げに立つ「雪女《ゆきおんな》」、松の木の上に大きな姿を見せる「見越入道《みこしにゅうどう》」、姫路城などの古城に住する「長壁《おさかべ》」、近江国甲賀郡を夜更けて通る「片輪車《かたわぐるま》」、車の中に恐ろしい顔がある「輪入《わにゅう》道《どう》」、「三ツ目小僧」、「一ツ目小僧」、深山中の「山姥《やまんば》」、柳に出る「柳婆《やなぎばばあ》」、目鼻がなくて黒歯ばかりの「歯黒べったり」などがそれで、動物らしいものでは、川に住んでいる「河太郎」、山中に住する「覚《さとり》」「山男」「山地々《やまじじ》」、毛の多い「毛羽毛現《けうけげん》」など、器物らしいものでは、鞠《まり》のような「千々古《ちちこ》」などがある。人間と動物を兼ねたものは「天狗」「人魚」、何のなかにも入らない「のっぺらぼう」、火の燃える姿の「提灯火《ちょうちんび》」、形の見えないもので女の髪を切る「髪切《かみきり》」、寝ている最中に枕を返す「枕返し」などがある（狂歌百物語、絵本百物語、百鬼夜行）。

　さて、これら妖怪の大部分は勇士の剣戟にかかれば斬殺されてしまう。しかして怨恨によって幽霊となるほど執念のあるものも少ない。が、ときとしてはこの妖怪が化けて、人を瞞着するものがある。筑後国柳川辺りには河童多く、あるとき、藩士の妻、寺へ参詣した途、茶店に美童が居って、しきりに自分に挨拶した。おそらく僧の寵童かと思っていたが、やがて童は秋波をしきりに送りながら妻に近づいて手を握ろうとする。妻は怒って、早速その場を立ち去り、堂内で香を焚《た》い

山彦　『百鬼夜行』抄出

歯黒べったり　『絵本百物語』抄出

河童　『狂歌百物語』抄出

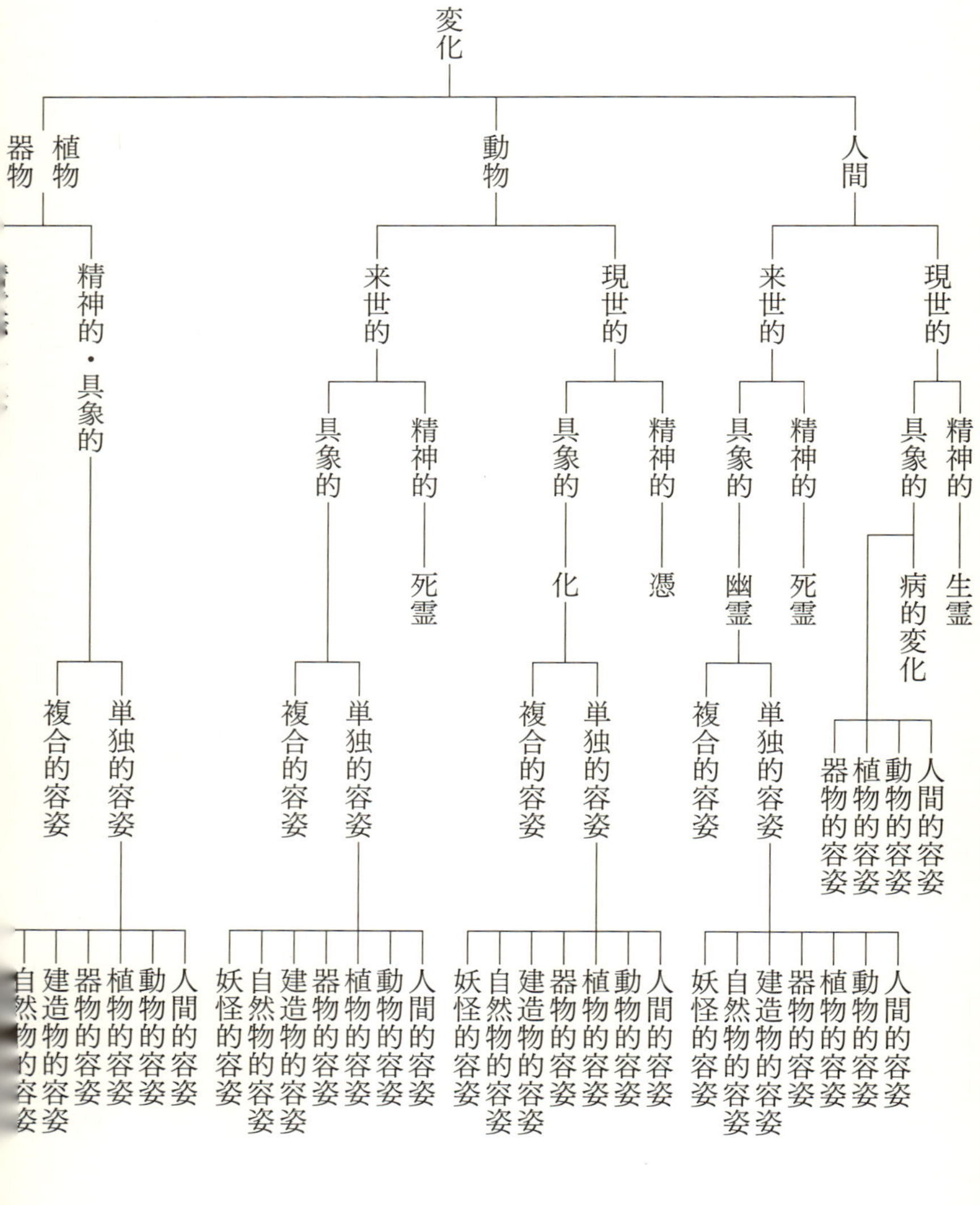
変化
器物
植物
動物
人間
精神的・具象的
複合的容姿
単独的容姿
自然物的容姿
建造物的容姿
器物的容姿
植物的容姿
動物的容姿
人間的容姿
来世的
具象的
精神的
死霊
複合的容姿
単独的容姿
妖怪的容姿
自然物的容姿
建造物的容姿
器物的容姿
植物的容姿
動物的容姿
人間的容姿
現世的
具象的
精神的
化
憑
複合的容姿
単独的容姿
妖怪的容姿
自然物的容姿
建造物的容姿
器物的容姿
植物的容姿
動物的容姿
人間的容姿
来世的
具象的
精神的
幽霊
死霊
複合的容姿
単独的容姿
妖怪的容姿
自然物的容姿
建造物的容姿
器物的容姿
植物的容姿
動物的容姿
人間的容姿
現世的
具象的
精神的
病的変化
生霊
器物的容姿
植物的容姿
動物的容姿
人間的容姿

- 妖怪
  - 単独的容姿
    - 人間的容姿
    - 動物的容姿
    - 植物的容姿
    - 器物的容姿
    - 建造物的容姿
    - 自然物的容姿
  - 複合的容姿

ていると、また童が手をとって誘おうとする。妻はさすがに武士の妻らしく、その手を捻ったところ、童は号泣して去った。さて妻はそのことを僧に話すと、僧はそのような童はまったく知らぬといった。妻は不審に思って帰宅したが、雪隠《せっちん》に入ると、誰かが手を延ばして秘所を探った。妻は刃でその手を切ったところが、三指、長爪、蒼黒で皮滑らかなものであった。程経て以前の童が来て愛憐を乞い、手の返却を乞いに来た。妻がその素性を尋ねると、河童であると答えたという(夜窓鬼談)。

江戸時代の妖怪変化界を通観すると、一は、妖怪が非常に増加してきたこと、二は、幽霊が従来は何か要求・告知するところがあって出現したものが多かったが、この期には、愛着あるいは怨恨の復讐のため種々の容姿をかりて出現するものが多くなった。それゆえに凄惨の状態が前代に見るべからざるものが多くなった。動物のなかでも狸、狐が多くなり、その瞞着の方法が大袈裟に、かつ巧妙になってきた。

以上縷述せしところによって、わが国における妖怪変化の種類が古来いかなるものであったかということを大略知りえたと信ずる。されば帰納的にその種類を前ページのごとく分類しうるであろう。

これを要するに、人間、動物、植物、器物、自然物はすべて仮象的のもので、森羅万象は相互にすべて密接なる関係を有しており、ただ一つその執念さえあれば、いずれかの物象に適帰することができるのが妖怪変化であった。

が、明治・大正の時代には学問の照魔鏡《しょうまきょう》のため妖怪変化も漸次影をひそめ、戦々兢々《きょうきょう》たる感情はかえって主客顚倒のありさまとなったのは面白い。

# 第三章　妖怪変化の生成ならびに出現の原因

妖怪変化がなにゆえに出現するか、その原因を説くまえに、あらかじめ、彼らがなにゆえに生成するかという問題を解決しておきたい。私の研究によれば、およそ次の三の原因があると思うのである。もちろん妖怪に属するものは、元来、素性の何たるを知るをえざるものであるから、次の原因とは関係はない。

一、遺執的原因
二、他律的原因
三、時効的原因

第一の遺執的原因とは、人間のある感情が高潮に達したことがあればこれが執念となって、死しても往生せず、生きていても平穏な態度を持していることができず、ここにおいていわゆる化けものとなるので、最も敏感な人間はもちろん、動物も、ときとして鈍感な植物でもこの妄執のために本来の容姿を易《か》えて出現するものである。真に恐るべきものは妄執そのものではないか。

人間遺執の怖ろしさを例すれば、能登の小金山に又六という人があった。ふと下婢の色香に迷い、ついにわりなき仲となったが、下婢はそのため増長して、大それたことに本妻を追放せんとし、自分の衣服を自分で剪《き》って、これを本妻嫉妬の所業と夫に讒言《ざんげん》した。愛に惑溺《わくでき》した又六はこれを軽信して、本妻を追放せしめんとしたので、本妻は無念のあまり病となり、ついにあえなき最期を遂げたのであった。本妻の屍《かばね》を棺に入れて又六や僧侶が通夜をしている矢先、棺がめりめりと動き出した。轟然たる音がするとともに棺から死んだ本妻が出てきて、たちまちにして憎み重なる下婢の首を抜いて口に啣《くわ》え、すっくと立ったその怖ろしさ。又六はここで前非を悔いて、言葉の限り謝罪した。本妻の幽霊はこれを見ると首をぱったり下へ落としたという。これなどは妄執によって幽霊を生じたものである（北遊記、北陸奇談）。

生きているうちに執念で化けることもないことはな

い。近江国八幡に権作という人がいた。生来器用な者で、諸芸にたずさわり、何でも心がけているので、すぐ天下一と天狗になって、大威張であった。ある日、白雪霏々《ひひ》として三上山の眺望も一入《ひとしお》であったので、権作、例の吟腸を九廻して、左の三十一文字を口吟《くちずさ》んだ。

富士を見ぬ人に見せばや近江なる三上の山の雪のあけぼの

詠じおわって、われながら巧みに詠めた、古今に名を得し公卿にもこうした秀逸の歌はあるまいと慢心むらむらと湧いたが、不思議や、にわかに面色朱のごとくなり、鼻は一尺余りも延び、両方の脇腹が痛い痛いというちに翼が生え出した。五、六歳の悴《せがれ》が恐ろしがり、泣く泣く鼻にとりつくのを、そのままにして宙へ飛騰《ひとう》した。その子供は里外れの松に引懸って死んでいたが、権作の行方はついに不明となってしまった（怪醜夜光魂）。

幽霊　『怪談百鬼図解』抄出

いまひとつ適例として愛着の話を引こう。越中国のさる十四歳の少女が隣家の十五歳の美少年に恋をした。女の父母その情を知って、強いて家の外へ女を出さない。女は思い焦れて焦れ死をするほどであったが、ある日、男が縁側に出ていると、女の首ばかりが胴から抜けて出て、塀の上から男を見つめていた。女の兄は驚いて、首と胴との連絡の細い糸を刀で切ると、無惨や、首は地に落ちて、女は空しく骸《むくろ》を家に横たえた（大和怪異記）。また、都の遊女、龍田というもの、本町の商家山本又助というものと末永く契ったが、男心と秋の空とやらで、男が変心してしまった。女はますます熱心で、指を切って又助に送るとて、一人心中の心を仄《ほの》めかした。しかるにその指、いつしか鬼となり、角が二本生えた。僧に乞うて十念を授けてもらって一念発起したので、指も同時に元のとおりになったという奇怪な話がある（怪醜夜光魂）。

動物がその執心から化けた、古い例では、源三位頼政に退治られた鵺《ぬえ》の妄執が馬に化して「木下」となり、頼政の子仲綱に愛せられたが、宗盛これを所望して得ず、ついに仲綱を殺すに至ったとは、『大和怪異記』の迂遠な論法であるが、天文の頃、西国宇佐美家の藩士、斎郷内蔵助佐友という人が、二人の娘、玉笹、小露というのをもっていた。玉笹が幼年に病があったとき、佐友は迷信に囚われ、『独異志』という書により、赤犬一匹を馬の脛に繫ぎ、馬を走らすこと五十里にして犬の頭を断って、玉笹をその瘡口《きずぐち》に向かわしめ、玉笹の体中の蛇を出したことがあったが、玉笹が十八歳のとき、この赤犬の霊がお吉という侍女になって、他の侍女の留守のとき、睡眠する玉笹の血を啜って殺したということがある（怪物輿論）。

動植物が化けるのもまた執念に因《よ》ることも多い。が、無生物で化ける原因もまた執心によることが多い。寛政十年七月、京都大仏殿焼失のとき、大坂に大仏が出現したことがある（大和怪異記）。これも大仏の一念が創立者秀吉の縁故の大坂にとどまっていたゆえであろうか。

第二の他律的原因。これは化けなければならないようになって化けるもので、大なる力がこれを誘致するのである。その大なる力というは、呪文、あるいは仏力、あるいは鬼魅的威力である。

呪文による一例を挙げると、出雲国の調介という人が友人所有の美人画に心から惚れ込み、どうかして真人間に易《か》え妻としたいと冀《こいねご》うていた。友人のいわく、それは何でもないことである。毎日、昼夜、「真々」といい続け、百日経てば画は生きるものである。それに八年の古酒を灌《そそ》げば必ず美人は画から抜け出るという伝えがある。ひとつ試みては如何、と調介に勧めた。調介は喜んで、早速その言のごとくに試みた。しかるに、不思議なるかな、その画幅から窈窕《ようちよう》たる美人が抜け出した。調介、喜ぶまいことか、ただちに夫婦となって一子を挙げた。あるとき、調介の弟進兵衛が訪れ、いつしか兄に夫人が出来ているのに驚き、その顚末《てんまつ》を尋ねると、調介これを物語ったので、これ実に妖術の致すところ、その女を害し給わずば大なる災い至らんと、名剣一口《ひとふり》を授けた。女これを聞いて、調介の疑心あるを嘆き、留まることあたわずとし、一日、古酒を吐いて消えてしまったという（太平百物語）。

次に仏力で化けたもの。これはずいぶん数が多い。敏達天皇の朝に河内国和泉郡の海上に箏《そう》、笛、琴など、管絃の音が聞こえ、遥かに光るものがあった。それで天皇は臣をしてこれを見届けしめられたところが、楠の木が浮いて光りを発しているのであった。それで天皇はこの霊木を随喜し、仏像を造らしめられた（今昔物語集）。こうした霊妙不思議は仏縁に関することが多い。

　また仏教を軽蔑し、あるいは鬼魅の威力によって化けることがある。若狭国遠敷《おにゅう》郡熊川という所に蜂谷孫太郎という者があった。学問が少々できたので、仏教を誹《そし》り、善悪因果の理、三世流転の教えを破って、地獄・天堂・娑婆・浄土の説を一笑に付していたが、あるとき、敦賀へ行くと称して出たが、今津川原で日が暮れた。見れば、累々としている死屍がみな起ち上がり、青鬼が来た。彼は一時、仏寺に身を隠し、難を免れたが、また野を駈けると、いよいよ地獄に落ち、閻《えん》魔《ま》の庁で裁判を受けた。やがて家へ無事帰宅したが、角生え、嘴尖り、朱髪逆立って、眼は碧の光りを帯び、鬼の姿となっていた。人々怖れるので、戸を閉じて家に籠っていたが、ついに空しくなったという（拾遺お伽婢子）。

　また他の怨恨等により化けた例は、さる僧、隣家の鶏を盗んで食っていたが、隣人これを知り、彼を難詰した。その僧のいわく、われわれは頭を円くし、衣を墨に染め、釈迦の流れを酌《く》んで慈悲の行を基としているもの、何でそんな悪行をするかといったとたん、口の中でコケコッコーと鳴き出し、鶏の怨のため化け出したので、ただちに罪に行われたという（妖怪奇談）。

　第三の時効的原因は、万物すべて時を経ると化けるという原則によったものである。たとえ人でも、年老いると化けることがあるというのが古き迷信である。前述の、向井去来が紀州旅行中に道連れになった男は白蛇で、これは一千年の時効で化けた例である。

　ある猟師の母親が

雞の僧　『絵本妖怪奇談』抄出

年老いて、ついに鬼となり、その息子を噉おうとした話が、平安朝時代に出来た『今昔物語集』にある。そして該書の著者たる源隆国が、

然れば人の祖《おや》の年いたう老いたるは必ず鬼になりて斯く子をも食はむとするなりけり。

とつけ加えている。また『陰陽雑記』にも、器物年古《ふ》りしものは精霊を得て化けるとあるから、上は人より下は無心なりとする器財に至るまで年所を多く経過すれば化けるものである。かの『百鬼夜行絵巻』や『付喪神』において描くところの多数の化けものはすなわちこの思想によって描写されたものにほかならぬ。しかしてその例は、いまの猟師の母、前述の箒、笛、面などの話を見れば、その余を推測せられうると思う。

以上はその変化《へんげ》する原因を述べたものであるが、次にこれが人間界に出現する原因を繹《たず》ねてみよう。それには、諸書を参考しておよそ左の四つの因由がありとするを穏当とする。

一、愛慕

二、怨恨

三、所為あるため

四、所為なきもの

その一は愛慕、すなわちある人、ある者を愛慕して変化するものである。およそ人々の感情に愛と恨みほど深い執念を残すものはないことが、これで証明される。これを、無心なりとする植物、器財の方面から見るも、一寸の虫にも五分の魂で、厚薄こそあれ、この感情に支配されるのは同じことである。されば、古来、愛慕のために出現する妖怪変化がすこぶる多い。

これを人で例すれば、京に住んでいた一人の生侍《なまさぶらい》、京に妻を残して任国へ赴任したが、任も果てて、或る年の九月頃、京へ戻って来た。もと住んでいた家へ旅姿ではいると、家は荒れはてて、人の住所とも見えない。そこにいとしの妻がひとり悄然《しょうぜん》としていた。両人は年来の積る話を交えて、やがて掻い抱いて寝たが、一寝入りすると夜がいつしか明けて、格子の間から日がさし入っていた。よく見ると、自分は骨と皮ばかりの死人を抱いている。驚いて隣家で尋ねると、夫人はこの夏、死んで、誰も後事を営むものもなく、恐れて近よる人もないので、屍《かばね》はそのままになっているのであると答えた。男は満身粟《あわ》を生じて帰ったという（今

昔物語集)。

これは女の幽霊であるが、こんどは男の幽霊の話である。武蔵国浅草の辺に某富豪があって、娘を一人もっていた。容姿端麗、小町を欺いていたが、あるとき、深川の霊巌寺に詣でたところ、この寺僧の智閑という者がその色香に迷い、その後を慕って行くうち、春の賑いで見失った。智閑はこの上は添い遂げる術もないと悲観して、つくづくひとり考えた。むしろ深川に身を投げて死し、一念の心鬼空しからずば死後に思いを霽《はら》そうと悪念を起こして、永代島の浜から死出の旅路を急いだ。娘はそんなことがあったとも知らず、角田《すみだ》川の舟を眺めていると、水の面に痩せ衰えた智閑が現われ、青い火を吹きかけた。それとともに娘は息が絶えたが、種々介抱の結果、蘇生したという(拾遺お伽婢子)。

以上は男女の関係であるが、また男子間の愛情によって出現した例には、久我の住人、徳之丞という十七歳の美少年が、その念者たる上杉憲政の家人、掃部《はっとり》新五郎にうつせみの姿を見せたことがある(狗張子)。また大伴家の侍、浅原平六の養女、死して、葬った棺の中へ隣家の筒岡権七という二十歳の青年が一つ臥をして喃々《なんなん》と語ったこともある(狗張子)。なかには恋路の闇に迷う色魔的の亡魂は誰彼なしに誘惑することもあって、好雲という僧が、甲府の茅屋で見ず知らずの幽霊と仮寝した事実もある(狗張子)。謡曲『隅田川』の梅若丸の霊は母子の関係であり、『雨月物語』の「菊花の約」の赤穴《あかな》宗右衛門の霊は親友の丈部《はせべ》左門に現われた。が、愛慕の幽霊は男女関係に最もその例が多く、きわめて平静な優美な幽霊が多数を占める。しかして愛慕の霊だけに、人間以外の姿をかりるものもきわめて少ない。

梅若丸の霊、隅田川の柳と化す　芳幾筆

人以外の物の愛慕の変化の例では、前述の、猿が人に化けて娘を求めんとした話、佐田源内が蛇の化けた女に誘惑された話をはじめ、三村某という者、ある日、眼が覚めると、はからず自分は容色美なる婦人と添臥《そいぶし》していた。驚いてその女の毛を見ると、あたかも銀の針のごとくであった。不審に思って、翌日また来たところを殺すと、六尺もあろうかという山姥、正体を現わしたというような凄い話もあるが（小夜時雨）、また石塔すら愛に引かれて妻となったという情話もある（大和怪異記）。まことに愛恋の羈絆《きはん》には、非情と思う器財すら牽引せられるありさまである。愛恋こそは実に森羅万象の共有する強烈なる一大心象である。

次に、第二の怨恨の変化について述べよう。怨恨は、愛慕と比して毫《ごう》も遜色ないどころか、いっそう感銘刺激の甚大なる情緒である。人間の怨恨によって生ずる生霊、死霊のあることも前例のごとくであるが、幽霊で怨恨より出現するものはすべて戦慄すべきものが少なくない。演劇の四谷怪談のお岩の霊、累《かさね》の霊などはその筆頭である。これは、ともに世上周知のことであるが、順序上、四谷怪談を簡略に記しておく。

お岩の亡霊、提灯に還着す
北英筆（松木善右衛門氏蔵）

幕臣伊右衛門が民谷氏の婿となり、放縦無頼なので叱責せられ、岳父は彼を家から追ったので、ついに密かに岳父を殺す。妻お岩は媒《なかだち》をもって伊右衛門の帰還を乞うたが、隣家の伊東家の娘お梅というもの、彼を見染めて病となった。伊東では新しく出産したお岩に産後薬と称して毒薬を与え、ためにお岩は容貌まったく昔と変わった恐ろしい醜い姿となった。伊右衛門はますますお岩を嫌って、按摩宅悦にお岩を殺させようとする。宅悦はお岩に伊右衛門と伊東家との関係を物語ると、お岩は憤ってお梅を殺そうと立とうとし、宅悦これを遮って、過《あやま》ってお岩を傷つけ、お岩は憤死する。伊右衛門はつねにお岩に事《つか》えていた僕《しもべ》小平を不義を働いたという口実の下に殺し、お岩と共に戸板に釘付けにして川に流した。伊東家で盂蘭《うら》盆《ぼん》の施《せ》餓《が》鬼《き》を行うていると、灯火は緑色となってお岩の姿が彷彿として現われ、伊右衛門にとりかかる。伊右衛門が刀を抜いて斬ると、それはお梅であった。お岩は呵《か》々《か》として笑った。後、彼が釣していると、例の戸板が掛ったということである（夜窓鬼談）。

かの菅原道真公の亡霊も雷となって、延喜八年六月、宮中に落ち、藤原一門の公卿を殺して宿恨を報じ、また死霊となって当の時平にも祟った。時平の最期は、耳から蛇が出て悶死した（北野天神縁起）。

これらは、亡霊がその恨みある敵に復讐したのであるが、性に渇えた亡霊が誰彼なしに誘惑の手を延ばしたように、怨の亡霊も、ときとしては、関係ない人々にも祟ることがある。寛永の始め、吉川某の家人、松岡四郎左衛門という者、他人の讒言《ざんげん》で刑せられたが、その末期に、もし来世に魂消えずして残るものならば、この恨みは必ず報ずべきものをと、切歯して首を打たれた。しかるに七日の夜、彼の亡霊は出現して、讒せし親子は両人とも取り殺され、のみならず道ゆく人々もひきつづいて死して千人に及んだという（狗張子）。

以上は亡霊であるが、生きながら変化となり仇を報じた例も少なくない。かの日高川安珍清姫の話はその一例である。醍醐天皇の御代に安珍という僧が熊野参宮の途、室ノ郡真砂庄司の許《もと》に宿ったが、その夜、その家の女、清姫が安珍に挑んだ。安珍、帰途に色よい返事をすると云い捨てて、帰途にはこの家に立ち寄らずに北に向かったが、娘はこれを追い行き、頭は瞋恚《しんい》のあまり蛇となり、天田まで来たときはまったく蛇となって道成寺に行き、安珍の隠れていた鐘を七巻き巻いて安珍を殺したと伝えられている（安珍清姫略物語）。『今昔物語集』には少し伝説に異同がある。

また、あるときは鬼になって出現することもある。ある山国に二百石ほどの武士があった。母の勧めによって妻を迎えたが、その妻は頗付《すこぶるつき》の嫉妬の深い性で、それが原因をなして、ついに帰らぬ旅に赴いた。それから以後は妻を五人まで替えたが、みな亡妻の祟りで病死した。あるときは家が震動して雷電のごとき響きをなし、あるときは亡妻が臨終の姿で髪をおどろにふり乱し、牙を嚙み出し、恨めしや恨めしやといった。またときとしては火焰の中に現われ、炎を口から吐き出す。夫婦相対するときは、妻の口を抑え、目を塞ぎ、顔を嘗《な》めさがす。その手の臭いこと、あたかも蒜《ひる》のようであった。妻死して後は一丈ほどの骨と皮との鬼になって、口は耳まで裂け、眼は牛のごとく、爪は一寸ほども延びていて、虚空を自由に駈けめぐったという(怪談旅之曙)。

動物の霊では前述の鼈《すっぽん》の例も左様である。また、生前化けて怨を報じた例では、吉田六右衛門という人、狐を打ったが、狐は彼が田舎道を行くとき、心中の男女に化けて誑《たぶら》かし、ついに憑《つ》いた(怪談見聞実記)。いま一つの例は、伏見の徳地屋という穀物問屋へ、五十ばかりの女が来て、桶を預けておいたが、その桶が自ら動くので、家の者共みな、あれよあれよというち、中から小坊主が出てきて、七尺余りの大入道となり、あら窮屈やといって、四方を睨《にら》みまわす。主人は心剛の者で、脇差とってはったとねめ、おのれ、いかなる変化なればかく人を悩ます、早くここを立ち去るべし、ぜひ災いをなさんとならば斬って捨てんといえば、入道、われは大坂真田山の狐である、この家の者、日頃わが住所に小便して、穢《けが》したるが憎さに、桃山の狐を頼んで、今朝、誑り入ったという。主人、店員のうちを調べてみると、はたして番頭の太次兵衛、色を変えて謝罪したので、主人、入道に詫び入り、翌日から三日間、赤飯と油ものを穴へ供えるという条件でようやく入道も納得したという(太平百物語)。

狐の美人　北斎筆

植物、器物が怨恨によって出現するということは稗史にあるが、実際にはほとんどないことのようである。ここに一つ、それに近い例がある。因幡国に作野屋某という金満家があった。ある夜、盗賊五人押入り、主人に案内させて土蔵を荒らした。しかるに土蔵の中から赤熊《しゃぐま》の頭に金色の目の一人の力士が現われ、盗人の前に立ち塞がったので、盗人は肝を消し、盗んだ銀箱も投げ棄てて逃亡した。これは蔵の中にいた力士の人形が怒って出現したので、早速、木像を取り出すと、汗をかいて足に土がついていたという（太平百物語）。

これは人に出現した例であるが、人形同士が怨恨によって組み打ちすることすらある。人形浄瑠璃の楽屋は夜中には必ず怪を見るもので、塩谷判官《ほうがん》と師直《もろなお》の人形はつねに争うている（絵本百物語）。かかる人形などが、ともすれば人にまで祟りをすることもある。野呂松三左衛門が人形を跨《また》いだ祟りで瘧《おこり》をふるい、人形に詫言して癒えたということもある（絵本百物語）。

妖怪が怨恨で出現することは非常に少ない。これ、妖怪が人より圧迫を受ける機が乏しいからである。その稀れな例としては、ある国の太守が山の樹を伐らせたところ、これが天狗の住居であったため、天狗が怒り、その恨みを霽《はら》すためその家の女中の髪を毎夜一人ずつ剪った。いかなる者も伐木はこれに懲りて慎んだという話がある（太平百物語）。

第三の、所為あるためのは、何か用事があるもので、その用事にもさまざまある。たとえば、何か求めんがため出現するもの、あるいは反対に何かを告知し、何ものかを渡さんがため出現するもの、その他、問答、感謝、謝罪、教訓などの目的で出現するものもある。その何かを求めんがため出現するものは、隅屋藤九郎の忰《せがれ》、藤四郎という者、応仁の乱に流矢に当って死んだが、その幽霊、髪を唐輪《からわ》に上げ、薄化粧鉄漿黒《かねぐろ》に白き浄衣《じょうえ》の姿で、諸国巡礼の僧に向かって過去帳にわが名の記入を要求したなどいう類で（拾遺お伽婢子）、この種の幽霊を題材として謡曲の精霊の部の大部分が製作されている。あと弔いてたび候えなどというのが、出現の本来の目的であれば、主として抖擻《とそう》の行脚《あんぎゃ》僧《そう》の念仏を乞うのである。また元禄年中、摂津国今宮辺りに千葉又五郎という咄《はなし》の巧みな者があった。ある夕、美しい一人の女が来て、話を所望した。千葉は有名な好色漢なので、喜んで話をしたが、なお恐ろしい話を所望するままにいよいよ乗気になって、また恐ろしい話をした。女いわく、そのくらいではまだ恐ろしみがない、妾《わらわ》がしましょうというかと思うと、驚くべし、にわかにその女の顔が鬼のような恐ろしい顔になったので、千葉はその場に倒れたきり正気がなかったが、正気づいたときにはすでにその女は雲を霞と逃げてしまっていたという（絵本妖怪奇談）。

なお餓鬼の話をしよう。五宮《いつのみや》、静かな夕、御所におわしたとき、一尺七、八寸ばかりで足一本の奇怪な化けものが来た。何者の容体ぞと仰せられると、餓鬼にて候なり、水に餓えたること堪え難く候、助けおわしませというので、宮は盥《たらい》に水を入れて賜うたところ、みな飲んでしまったという話もある（古今著聞集）。これは水を要求のため出現したのである。

次に、ある事を告知し、あるものは手渡すために出現する例を述べる。安政二年十月一日に『安政風聞集』の著者の友、中村大作は下総へ行く途中、翌二日に関東の大地震があったので、家の安否を気遣い、僕《しもべ》十介に命じて下総へ遣《や》り、自分は引き返した。十介が用事を終わって江戸本所押上へ来たときは、夜、亥の刻であった。最教寺の南の道で休んでちょっと寝入っていると、夜嵐身に沁《し》み、提灯が燃え出したので、目を覚ますと、灯の影に一人の若い女が彳《たたず》んでいる。十介、胆をつぶし、逃げ出そうとしたが、立てない。身震いしているのみであった。女のいわく、恐れ給うな、妾は柳島の蜂須賀小太夫の女《むすめ》で、足下の主人、大作主《ぬし》と縁《ゆかり》があるものである。この一包を大作主へ渡し、よろしく取り計ろうて下さい。またこれは足下に進《まい》らせんと何かを差し出した。十介はただ怖さ恐ろしさに顔をそむけて手を差し出したところ、重いものを握ったので、見ると、女の姿は影もなかった。それで、急いでこれを主人へ渡した。主人は驚いて、これを開くと、金子と一封の書である。この幽霊は、小太夫の留守中、地震で死した者で、その手紙は現に中村大作が著者にも見せたという。幽霊の書翰の一部、

一　十月二日夜地しんにて召仕又私とも一時にむなしく相はて候《そうろう》まゝ此よし御しらせ参《まいらせそうろう》……あとのことよろしく〳〵御取はからひ候やうねがひ上参

三千より

これすなわち適当なる一例である。

動物では猿が女を奪わんがため出現したことは前に述べた。鬼の例で説明すると、昔、代々宮中に伝わっていた「玄象《げんじょう》」という琵琶を紛失したので、秘法を二《に》七日《しちにち》修せられたところ、朱雀門の上から首に縄をつけて下ろした。これ鬼の所業であった（古今著聞集）。

問答のため出現した例は、周可長老という名僧が美濃国垂井金蓮寺を訪うて一泊した夜半、一人の女房、青ざめて痩せ衰えたのが、腰から下は血に染まり、物悲しげに空中に文字を書いた。

問堕二地獄一受レ苦時如何。

長老答えて、

出二円通一入二円通一何処有二地獄一。

と、また幽霊問うて、

莫レ論二地獄一試看二此体一。

長老また答えて、

其体即仏性。

というと、たちまちその姿は消え失せた。この女房はすなわち鎌倉四代管領持氏《もちうじ》の二子、春王、安王の乳母で、春王、安王の二子が垂井で殺されし後、この乳母も拷問にあい、膝に錐《きり》を揉《も》まれたが、舌を食い切って話さなかった。後、空しくなってから、この二子の墓へ京からわざわざ霊となって訪問に来るのであると知れた（玉箒木）。

都良香《みやこのよしか》がかつて「気霽レテハ風梳ル新柳ノ髪」と詠じ、その下句を案じていると、鬼が現われて、「氷消エテハ波洗フ旧苔ノ鬚」とつけたという風流なこともあった（十訓抄）。

次に、感謝で出現する例では、中古に、髑髏《ひとかしら》が人に踏まれるので道登法師が従者万侶をして木の上へ安置せしめたところが、髑髏が喜んで人の姿に化し、万侶を招待に来たことがある（日本霊異記）。が、この種のものは例が稀れである。

謝罪のために出現する例では、大納言泰通《やすみち》の五条坊門高倉の亭に狐がよく化けて出るので、狐狩りをすることとなった。その夜の夢に、木賊《とくさ》の狩衣《かりぎぬ》着た男一人現われて、まげてこのたびの御勘気を許し給え、今後悪事あらば、そのときはいかなる御勘当も受け候べし、また、吉事あらば必ず告げまいらせんといったと見えたが、その狩衣の男のいた位置に一疋の狐が居り、大納言を見て簀子《すのこ》の下へ逃《に》げ入った。その後は狐の化けることもなく、吉事には必ず予知したということである（古今著聞集）。

教訓では、土佐の悪次郎という者、讃岐国白峰の奥には恐ろしい化けものがいるという伝説の真偽を試すため、友岩八と二人で行ったが、途中に老人が杖にすがって出現し、われはこの山に年を経る榎《えのき》の精魂である、この山は恐ろしき化生《けしょう》があって日本無双の魔所である、なんじら、もし奥に分け入れば生きて帰ることあたわじ、わが言葉を信じて留り給えといったかと思えば、姿は消えたという（太平百物語）。いま一つ面白い話がある。浅草川の駒方道安という医師、本業が忙しくないので、絵馬を研究をして、なかなか外見は忙しそうに見せていた。あるとき、途中で雨に遭い、さる堂にて通夜していると、夜半、五十余りの男現われ、われは古筆の絵馬の精なり、貴殿、絵馬を批判し給うこと他に越えたれど、ただ丹青の精麁《せいそ》、手足の長短を論ずるのみで、いまだかつてその事実を論じ給わず、もっとも筆力の妙を論ぜんことこそ難かるべけれ、ことに近年、傾城《けいせい》遊女の姿を描きて、古人の掛けた絵馬の上に遠慮なく掛け置くは非礼の甚しいものなりなどと、川中島合戦その他、種々の例をあげて彼を教示したことがある（お伽空穂猿）。これらはすなわち教訓に属する例で、これもその例証はなはだ少ない。

以上の出現原因のほかに最もその例証の多いのは、怨恨もない人に単に害を与えんとするものである。これは主として妖怪変化の惨忍性を証明するに余りあるもので、狐狸の怪、ことに鬼、天狗、餓鬼をはじめ多数の妖怪の出現の原因はおおむねこの原因に基づくといっても差支はない。害といっても、あるいは人を誑《たぶら》かし、あるいは病気を与え、あるいは物品を盗み、甚しきは人を屠殺せんとするもので、その種類ははなはだ多い。

狐狸が人を誑かす類では、京都清水に紀伊氏という陶工があった。あるとき、対馬宗氏の大坂の邸に、ある者来たって、明春鮮人来朝するにつき饗具を作ることになったので、碟《さら》、碗、盂《こざら》、盤五百枚を至急製してくれと申し込んだ。紀伊氏は喜んで早速引き受け、八百四十金中四十金を手付として受け取った。それから紀伊氏は職工を集めて、日夜、工を急ぎ、いよいよ出来たので、大坂の宗氏へ送って代価を請求したところ、同所では誰も注文したものがないとのことに、紀伊氏も初めて清水坂の坑《あな》を毀《こぼ》った報いで老狐の所業とわかり、大いに後悔した。これが紀伊氏の衰亡の因をなしているとのことである（夜窓鬼談）。

天狗の例では、大原の唯蓮房が一日、十羅刹《らせつ》を念じつつ書経していると、一人の山伏が強いて彼を拉《らっ》し去ろうとした。彼は抵抗して、硯箱の中の小刀で山伏の手を傷つけたが、山伏は天狗になって空を駈けり、山中に運んだという話もある（古今著聞集）。

病を与えた方面では、一例をとると、越後、信濃、秋田等に「鎌鼬《かまいたち》」という化けものがあって、遠来の都人や侍にはこの難がないが、高股などに鎌で切られたような疵《きず》を作るのである（百物語評判）。また妖怪が怪我させた例は、明和の頃、五条柳馬場の医師、三上某の下女、夜半、母が火車に乗って門前を通過するのを見、その火焔で半身焼け爛《ただ》れて倒れた。その翌日、丹州の母が死んだということである（小夜時雨）。こんなのは外科的であるが、また加賀槌子坂では、雨夜、臼ほどの大きな横槌が雷のような音を立てて転げまわり、消えるときには、からからと笑い声がする恐ろしい妖怪がある。これを一目見ると、毒気にあたって、二、三日癒えない（北陸奇談）。こんなのは内科的である。

物品を盗んだ例は、前述の鬼が「玄象《げんじょう》」という琵琶を盗んだのが一例である。人を屠殺した例は、斉明天皇の御代に石見《いわみ》八《や》上《かみ》の山奥に「恙《つつが》」という虫が生じて、夜は人家へ忍び入って人の眠りを窺い、生血を吸って人を刺し殺したので、博士某にその虫を封じさせた。これから無事なことを「恙なし」といったのであると（絵本百物語、節用集）。

鬼は人を屠殺することが多い。昔、ある人の家の放《はなち》出《で》に侍二人、宿直していたが、東の対の棟《むね》の上ににわかに板が指し出たので、二人は不審に思っていると、七、八尺ばかり出た。やがてその板、ひらひらと飛んで内へ入った。二人は、鬼ならんと内へ入ると、出居にいた五位の番人は板に圧せられて死んでいたが、板の行方は見えなかった（今昔物語集）。また豊後国彦山の麓の百姓某が隣村の某の娘を娶《めと》り、婚礼の翌朝、夫婦の起きるのが遅いので舅が見ると、婿の屍《かばね》を妻が食していたので、騒ぎ立てた話もある（妖怪奇談）。惨忍なのは、古来、多く鬼であった。

以上で妖怪変化の出現の目的は知ることを得た。以上は主として彼らがある個人に対してわざわざ

恙虫　『絵本百物語』抄出

出現したものであるが、こんどは妖怪変化が何らの目的なくして漫然と出現するものである。幽霊をはじめ妖怪変化の出現原因はこういう理由によることがきわめて多い。幽霊の例では、慶長五年、石田三成敗れしとき、島津の軍船が豊後国守江ノ浦で討たれ、沈んで、海底の藻屑となった中村新右衛門尉という者は亡霊となって往来の船を悩まし、寛永頃、さる女はついにその執念に憑《つ》かれたことがある（狗張子）。こういうのは、その亡霊の執念は誰彼なしに祟るものであるらしく、まったく俗にいう江戸の讐《かたき》を長崎での意味となる。享保頃、大坂三河屋某、船で九州へ向かう途中、怒濤のなかに丈余の坊主が現われたというのも（小夜時雨）、近江国甲賀郡に「片輪車」というのが、夜、通過したのもこれで、「片輪車」は、車一つが火焔に包まれ、その中に女が乗っているので、ある人が戸の隙間から覗いていると、その間に子供を攫《さら》って行ってしまった。その人、悲しんで、

　つみとがはわれにこそあれ小車の
　　やるかたわかぬ子をばかくしそ

その夜、女の声で、やさしの人かな、さらば子を返すなりといって投げ入れた（百鬼夜行）。また狐の嫁入りをある人が見たとか（怪談見聞実記）、僧が百鬼夜行を見たとか（宇治拾遺物語）、こういうのはみなこの種に属する。

　最後に、妖怪変化の出現の原因に、強制せられて出現するものの例を述べよう。これは、いやでも無理に出現せねばならなくなるもので、幽霊にとっては至極迷惑千万なこともあれば、また急に出現したいような気分になるのもあろう。

　その一つは、幽霊に対する反魂香《はんごんこう》がこれである。漢の武帝が、世に先だって李夫人に面会したさに、反魂香の効験《こうけん》によって強制的に影向させたのにならったもので、この反魂香は東海の祖州あるいは西海の聚窟州《じゅくつ》の反魂樹の汁より製するものであるという。日本でも光仁天皇の御宇、尾張国阿和手の森で紀是広《きのこれひろ》がその子にこの香の威力によって面会し、また同じ頃、恩雄と

片輪車　『百鬼夜行』抄出

いう人が妻藤姫に会ったということも伝えられている。

　いま一つの例は音楽によって霊を招くもので、近江国の沼田という所に小右衛門という庄屋があった。業欲非道の者で、ついに重科によって梟首《きょうしゅ》された。が、その一念、雨の夜はその墓から二つの火の玉となって出て、沼田の社《やしろ》の鳥居に止まり、さらに付近を駈けめぐる。この沼田に興行に来た旅俳優連があったが、雨静かな夜、今晩も出ているかと見ると、出ているので、演劇で幽霊事に吹く笛を吹いてみようと笛を吹くと、小右衛門火は笛のほうを向いて近づいて来て、五、六間向うになった。火の中央に色青ざめた痩がれ男が悄然としている。一同驚いて、笛を止め、戸を閉じて、三味線に易《か》えて騒いだので、恙《つつが》なきを得たということである（お伽厚化粧）。『深窓奇談』に、駿河の宗像三平儀景という人、音楽に非常に堪能であったため、種々の妖怪変化がその演奏を耳にすべく出現したといい伝えられている。かく、音楽の呂律の調《ととの》うときは鬼神も心ひかれるものであることは、これで証せられる。

　妖怪変化の生成・出現の原因は以上述べたところで明らかであるが、もちろん上述のうち一種以上兼ね合って出現することもないではないこともまた偶然でない。

# 第四章　妖怪変化の出現の時期・場所と景物

妖怪変化の出現は、その種類によっては時期も場所も大体一定しているものがある。まず時期から述べてみよう。

雪女などというのは、一年じゅうの出現の時期が大体一定しているので、冬、雪の降った夜に限り、花の精なども、春、花の咲き乱れたときに限る。盂蘭盆《うらぼん》に幽霊の多いのも、古くから亡人《なきひと》の来る日として最もよく知られているところである。

古来、百鬼夜行の日というものがあって、この日が妖怪変化の活動の日となっている。正月・二月子日《ねのひ》、三月・四月午日《うまのひ》、五月・六月巳日《みのひ》、七月・八月戌日《いぬのひ》、九月・十月未日《ひつじのひ》、十一月・十二月辰日《たつのひ》が即ちそれで(拾芥抄)、なお伏日《ふくじつ》という日も万鬼の出現する日となっている。そしてこれらの日には人々の夜行を制したものである。

しかし妖怪変化が出現するのは、春、春爛漫の候など、陽気な頃は稀れである。もちろん花の精などは陽春でなければ出ない。『拾遺お伽婢子』に、桜花の頃に蛇の変化の例を記しているのは、きわめて稀れな例とする。秋冬など、四囲の景物が何となく蕭条《しょうじょう》悲壮な感のする頃が、妖怪変化もまた最も跋扈《ばっこ》する時期である。夏の暮れのこともあるが(玉箒木)、中秋(お伽厚化粧)、九月中の十日(今昔物語集)、秋夕(怪談登志男)、霜月二十日(西播怪談実記)、霜月下旬(太平百物語)などはその適例で、そのほか正月、五月などいう例もある。

時刻はといえば、もちろん夜が大部分をしめている。夜は陰を表示し寂滅を象徴する。妖怪変化の出現が夜間なることは偶然でない。が、器物の化けものや妖怪は、昼間に出現することが往々にある。前述の、碁の化けものや、甲斐武田家の臣、板垣信形の宅へ天狗が山伏姿で出現したのは、夜明や昼間である(狗張子)。

夜間いかなる時刻に出現が多いかというように、早くは夕刻から始まって、五ツ(八時)(お伽厚化粧)、二更《にこう》

（九～十一時）（狗張子）、子刻《ねのこく》九ツ（十二時）（太平百物語、お伽厚化粧）、ことに草木も眠るという丑満時《うしみつどき》（午前二時）（太平百物語、今昔物語集、怪談登志男、怪談見聞実記）などは最も妖怪の乗ずる時である。そして夜明けに至ると漸次その影を収める。曲亭馬琴の『化競《ばけくらべ》丑満鐘《うしみつのかね》』の中に、

夜あけの幽霊見る如く皆立ち消えて遁げてゆく……。

とあるのは、これをいうのである。

次に出現の場所であるが、これも一定したことはない。いずこを撰ばず出現する。昔は宮中に出たこともある。藤原忠平が紫宸殿母屋で鬼に値《あ》うたことがある（大鏡）。また寺院、ことに山寺、辻堂などにずいぶん怪異のことが多い（古今著聞集、拾遺お伽婢子、玉箒木、百鬼夜行、太平百物語）。とくにある寺に固定している妖怪もある。「元興寺《がごぜ》」は室町時代頃から奈良の元興寺に住している。また古城には「長壁《おさかべ》」が居る。校倉《あぜくら》にも古くは怪異があった（今昔物語集）。久しく人も住まない荒れはてた屋敷には、さまざまの妖怪、幽霊の住むことがある（狗張子）。『今昔物語集』の中の妻の霊にあう条に、

有し様にも無く家も奇異《あさまし》く荒れて人住たる気色もなし。此を見るにいよ〳〵物哀れにて心細き事限りなし。

とあるなどは、その例である。個人の家に出るものも多い（狗張子）。また雪隠《せっちん》にばかり住している「雪隠化物」という臭いのがある（太平百物語）。風呂場で出た例もある（怪談登志男）。「垢嘗《あかなめ》」は風呂場に常住の化けもので、人の垢を嘗めるのである。

しかしながら以上と反対に、人の集まる繁華な所に出ることもないではない。料理屋に出現した例などはすこぶる異数とするに足る（怪談見聞実記）。

以上は建築物であるが、その以外では、山中に出現のことはすこぶる多い（拾遺お伽婢子、太平百物語）。

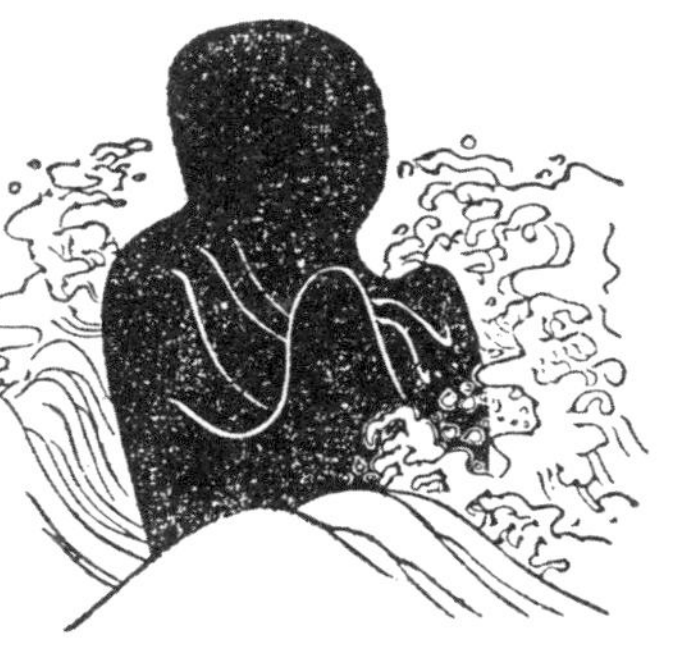
海坊主　『小夜時雨』抄出

かの「山姥《やまんば》」、「覚《さとり》」、「山精」、「山地《やまじ》々《じ》」、「山男」などは深山に住するものである。海上に住するものは「海坊主」、「船幽霊」などで（絵本百物語）、どこと限らないものであるが、また海上所を定めて出る霊もある。前述の、豊後国守江ノ浦で慶長五年、島津の一味、帰国の途、討たれて亡霊となり、沖を行きかう船を悩ますということがあったなどはその一例である（狗張子）。湖、池畔もその例がないではない（古今著聞集、お伽厚化粧）。川では、例の河童に「岸涯小僧」などいうやつが住む。「姥《うば》ヶ火」は保津川に出る怨念の火で、特定の地方に出現するものである。野原、峡谷をはじめとして松原（古今著聞集）、橋畔（今昔物語集、行脚怪談袋）、木の空洞（宇治拾遺物語）、岩窟（お伽厚化粧）などにも妖怪変化の現われる例がある。特定の野原に現われるものでは、壬生寺の畔に昔現われた「宗源火」、安達原の黒塚の「鬼婆」、甲斐国夢山麓の「白蔵主」などは有名である（百鬼夜行、絵本百物語）。

　彼ら妖怪の出現に景物というようなものが多少ある。すなわち、その当時の自然現象や人為的の現象が、出現の時機を比較的促進せしむることがある。その主なるものは、一天にわかに掻き曇り、あるいは満山濛々《もうもう》として物のあやめも分かずなどいった暗夜も多いが（小夜時雨、古今著聞集）、また下弦の月も明け方近き霜に照りそいとか（西播怪談実記）、月も小暗い場合もある。が、反対に、中秋の満月皎々《こうこう》として千里の外も隈ない時に訪れることもある（お伽厚化粧）。風は強いことが多い。秋風草木に咽《むせ》ぶこともあり（行脚怪談袋）、山颪《やまおろし》烈しく木々の枝を鳴らすこともある（小夜時雨、怪醜夜光魂、お伽厚化粧）。が、ときとして静かなる夕べのこともある（古今著聞集）。雨もそぼ降ることもあれば、また樹を倒し岩を崩さんばかりのこともあり（小夜時雨、狗張子）、雷電轟々たることもある（今昔物語集）。そのほかに虫の音、筧《かけひ》の音、遠寺の鐘声などが聞こえてくることもある（怪物輿論、怪談登志男、お伽厚化粧）。『怪物輿論』の中に、左の名文がある。

　渺々たる風の音に、狙の叫ぶ声を添えて、物凄ま

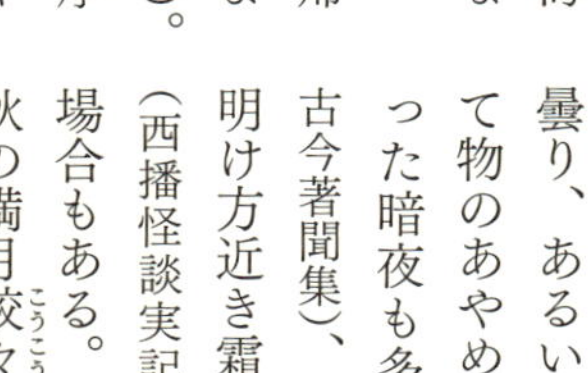

宗源火　『百鬼夜行』抄出

じき黄昏時、隠山目前に暗くして、古木森々と生茂りたる葉毎に微雨の音聞えて寂々寥々。

いたずらに美辞を連ねているが、その背景は巧みにその特徴をとらえている。

# 山童伝承

丸山　学

## 山の神

天草の村々には非常に古風な山の神祭りが今もなお伝承されている。西日本の山の神祭りの日は正、五、九月の十六日というのが普通で、営林局の作業場でもこの日ばかりはみんな仕事を休んで山の神祭りをすることが、今日もなお行われているのだが、天草の島々では少しばかりその日取りがちがっている。今は本渡市になっている志柿《しかき》では十一月の初の丑の日が山の神の日であり、大矢野島の三角《みすみ》に近い岩谷《いわや》という部落では十一月の十日だと言っていた。ウシ祭りという名で十一月に作神祭りをする部落が天草にはまだほかにも方々にある。牛は昔の農耕には欠くことのできぬものであったのだから、年末のウシの日をえらんでする祭りは、どうも山稼ぎをする人々の山の神祭りではなくて、水田耕作をする農民の祭りではないかと思われる。

さて、この山の神祭りの日の行事であるが、今日の姿では、この日には山に入らぬというのが普通である。つまり今日では行事というべきものはなくなって、このタブーだけが残っているわけである。このタブーの保存のために説話が各地に残っている。たとえば、この日は山の神が山の木を数えられる日であるから、うっかりこの日に山に入って行くと、人間も山の木の一本に数えこまれるから、といったり、またはこの日に山の神は洗濯をされるので、裸になっておられるところを見たりするとバチがあたるから、というふうに説明する。もっと念入りな説明になると、たとえば鹿本《かもと》郡の山奥で伝えているところでは、この日に山の神が十二人の子供の物を洗って一本一本の木の枝に干しておられるので、人間にはそれは見えないのだが、うっかり枝を折ったりしたら大変なことになるので、山に入ってはいけないのだと説いたりする。

こうしたたあいもない民間伝承の中に、民俗学的に見れば重要な事実がひそんでいる。たとえば山の神が洗濯をする、という表現のうちにこめられている事実から、山の神が女性であると考えられていたことがわかる。また山の神は、他の多くの日本の神々とおなじく、人間が肉眼で見てはいけないものであったことも理解できる。正月二日の朝早く年男が自分の家の親田

（オヤダ、その年に苗代をつくる田）に行って鍬入《くわい》れという行事をするのだが、それをすませたあとで家にかえるときに決して後ろをふりかえってはならぬ、というタブーがある。このわけは、田の中に立てた枝（阿蘇では松とツルノハであるが）に山の神がのりうつられるので、人が後ろを振向くとその神の姿が目に入ってしまうからである。

この鍬入れの儀式はもとは全国の農村で必ず行なったものであるが、今はもうあまり多くは残っていない。そして今それを行う人々にも、何のためにそれをするのかの理由はもう忘れられてしまっているのだが、田の中に立てる木の枝が青々として、まっすぐに伸びたものでなければならぬことは全国共通である。神の宿り給う木であるからこれは当然なことであろう。

山の神の宿り木またはアソビ木というのがどこにもある。神そのものを見ることができないかわりに、特定の木をえらんで、その神の存在を想定したのである。手近な例をあげるならば、こんどできた阿蘇青年の家のまわりの丘の上に一本だけそびえている松の木がある。あのあたりは山でなくて原野であるが、それでも一つの丘に一本だけは必ず大きな松が植えてあり、その根元には山の神の祠までしつらえたのがある。

原野でなくて立木が一面に生えている場合でも、山の神の宿り木は誰にもすぐに判別できる。それは必ず古木である。枝でも伐ったら必ずバチがあたると信じられているから、年を経て古木となることは当然である。木の種類も九州では松が多いが、時としては杉や樫や榎、ブナなどの場合もあるが、巨木で、風格のある枝ぶりをしている。かつて内大臣の奥で年老いた山師からきいたところでは、マドのある樹が山の神の宿り木だと言っていた。マドというのは幹が途中で二つにわかれて、その隙間から窓のように向うが見える状態をいうのであった。こんな木をマドというし、人によってはマト木といって、山の神がそれを的にして弓の稽古をされるのだと言っていた。古い木でなければこのようなマドはできないことはいうまでもない。

前述のように一般の山村での山の神信仰の今日の姿は、特定の日に山に入らないというだけになっているが、もともとはこの日に山の神祭りを執行したものである。その祭りがどのようなものであったかは、天草など古い村の行事を通じてほぼ推察することができよう。志柿の例では、祭りの前日にカシの木の枝を家族の人数だけ伐ってきておいて、夜の十二時が来ると一斉にそのカシの木の束をかついで、争って山の神の祠に行って、「一番山」と大きな声で叫んでその木を神前に供えるのだそうである。あとで到着したものもみな「一番山」と叫んで同じことをする。神様はこの木の数によって人間の数をかぞえるのだという。夜が明けてからあらためて各家でシトギを作って参詣し、そのあとで座を設けて各部落ごとに集って酒宴をひらく。この日に神前に供えたカシの木は、一週間あとに全部まとめて座に当った家で区長立会いのもとに焼く。この祭りの行事から知られるのは、すべての村民が本来は山の神の氏子であると考えられていたことである。

佐敷町《さしきちょう》の各部落の山の神祭りは十月十日であるが、この夜は村人のこらず神前で火を焚いておこもりをする。夜が明けるとメシトリという行事がある。これは各戸から五合ずつ米を持ち寄って飯をたいて神に供えたものを、ホリドン（神主）が神前から下げてくるのを先を争って取り合いをする。ひったくるように皆がこの飯を分け取りにして、ツトに入れて家に持ってかえり、家中で食べるだけでなく、果樹にも削り掛けを作って飯粒を塗りつける。これもたあいのない行事のようであるが、そのたあいなさの中にやはり深い意味がこもっているように思われる。飯をひったくって取り合いをするのは、その飯に御利益があると考えられていたからである。果樹にこの飯を塗りつけるのも、それによって果樹のみのりがよくなると信じていたもので、人々の生活と生産が山の神の支配の下でいとなまれると考えた証拠である。

山の神祭りを子供組や若者組が管理する例も多い。天草のある村では子供たちが山の神の祠にこもり、「田のよか、よん、よん」と唱えながら帰ってくる例がある。この唱え言の意味は、田に作る米作の収穫がよいぞ、ということである。神前で青年が力くらべをするとか、子供がイクサのまねをするなどの例もあるが、それは人間が神前で競技をして神意を判断した形の残存である。山の神は気が荒いから神前ではなるべく手荒くした方が神様がよろこばれる、というような伝承があるが、これは本来の意味が忘れられた後に考えついた説明であって、もともとは神前で人が力をつくしてワザを競い合い、その勝負によって神が誰に味方せられるかを判断するのが趣旨であった。

球磨郡では二月一日を太郎朔日といって公休日になっている。この日に山ん太郎と川ん太郎とが入れ替るという。この「太郎」というのは肥薩の境の「三太郎」と同じく山の擬人化である。同じように川にもまた坂東太郎、筑紫太郎というような呼称があることは周知の通りである。球磨で山ん太郎というのは山の神と考えて差支えないようである。この日には昔は人々は家にこもって、雨戸の隙間からおずおずと、山ん太郎と川ん太郎が入れ替るために行列をつくって移動するのをのぞいていたという。これは球磨郡に限ることでなく、水俣でもきいたことがある。この入れ替りの日を球磨郡で二月一日だとするのは、年期奉公人の入れ替り、あるいはヤブ入りがこの日であることと関係があるように思われる。熊本県下でも他の地方では、春の彼岸に山の神は里に降りて来て、秋の彼岸にまた山に還るのだと伝えているのがいちばん多い。仏教が流布してから春秋の彼岸はお寺で説教がある日としてだけ受けとられているが、昼と夜とが同じ長さである日を、日本人も仏教が入ってくるよりも前から知っていなかったはずはなく、この重要な日に何かの季節祭を持たなかったはずもない。山の神がこの日に山と川の間を去来するというわれわれの郷土の民間伝承は、この問題に貴重な暗示を投げるもののように思われる。水俣の湯出《ゆで》で私がきいたところでは、神が山に登ればコブ（蜘蛛）のイガ（網）がなくなり、川に入れば川の水が濁るのだと言っていた。春と秋の二つの彼岸を境にして、一年の季節を二つに分けた時代さえ日本にはあったかもしれない。こうなると「山の神」というのも実は特定の神の名ではなくて、季節をつかさどる神が山に居られる時に人々は山の神と呼び、川に下られたら川の神といっていたと考えるべきであろう。そしてこの神こそが日本でいちばん古く、最も重要なものではなかったろうか。

その後、日本には時代の変遷につれて多くの神々があらわれた。歴史にその名をあらわす個人を祀る神社ができはじめると、在来の神を祭るところも何かことごとしい祭神の名を掲げなければ対抗できなくなる。

このようにして山の神を祭る社は「山王神社」と名乗るのが普通になり、祭神はと人に訊かれたら、やはり固有名詞で答えなければ威がないようになって、大山祇命（オオヤマツミノミコト、男性）とか木花咲耶媛（コノハナサクヤヒメ、女性）とかいう名称がつくり出されてくる。しかしそれでもなお八幡宮とか天神様とかに対抗しにくくなると、山の神の看板をおろして他の名称をつけてしまうことになる。最近私は矢部の木鷺野《きさぎの》でその一例を見た。土地の人々は今も「山の神さん」と呼んでおり、この神様はもともと山の頂におられ、その跡が今も残っているのだが、あるとき部落の近くにとび降りられ、その時に白ゴマの木で眼をついて片目がめくらになられた。それで今でもこの部落では白ゴマを植えない、と語り伝えている。ところがその神社に行ってみると、鳥居には麗々しく「住吉神社」と記されており、神殿にはそれらしい木像が正面に立派な木箱におさめて安置されている。ところがその厨子の横には、山の神の御神体としてよく方々で見かけるような自然石のナマ石の見事なものが裸のまま安置されている。このような例はそのほかにもしばしば見られるところである。つまり地水火風の神よりも卓越した英雄王者を祀った社の方が人々の畏敬を集めるように時代が動いて来たのである。

　そこで山の神の行方はどうなるか、ということであるが、一部の山の神は前記のように衣がえをするが、他方では社殿もないまま山の中に居すわって、天草の山の神祭りの実例でわれわれが見たように、素朴な村の人々に昔のままの形で祭られながら、ほそぼそと今日に至っているわけである。

　読者はもう一つの「山の神」——即ち庶民の家々のかくれた実力者である女性のことを多分思い出され、その解明を期待されたかと思うが、それは次の機会に譲ることにしたい。

（「九州民俗抄」昭和四十年四月）

## 山　童

正徳年間に刊行された『和漢三才図会』が九州の深山中に山童（ヤマワロ）なるものが居ることを記載し、中国の古書に見える「山𤢖」の類であろうと断じ、その形態、習性及び信仰についてかなり詳細な記録を残しているが、其後の民俗関係の諸書には何等それについて新しい記載がなく、明治以後の民俗学者でヤマワロについての調査を報告したものを筆者は寡聞にして知らない。しかるに熊本県南部の山間地帯にはいまもなお濃厚にこの伝承が保存され、生々とした民間信仰として新しい説話さえも次々に発生している実情である。私は昭和二十四年十二月から翌二十五年一月にかけて、熊本県の最南部といってもよい芦北郡佐敷町、湯浦《ゆのうら》村及び津奈木村でヤマワロに関する伝承を採集し、その詳細を日本民俗学会の機関誌『民間伝承』の昭和二十五年八月号に発表した。この発表とほぼ同じ要旨を私は同年同月米国インディアナ大学で開かれた世界民俗学会の席でも発表したが、翌年帰国の後も私は引続いてヤマワロに関する伝承の採集を行なって今日に及んでいるが、漸く熊本県下だけについては一応の採集を終ったように考えられるので、ここにこれまでの採集の結果を整理することにした。

### 分　布

熊本県下におけるヤマワロの伝承の分布は、以下に掲げる資料が示すように芦北、球磨両郡において最も濃厚であり、八代《やつしろ》郡の山間地帯がこれに次ぎ、上益城《かみましき》郡の九州山脈中枢部にまで及んでいるが、阿蘇郡になるとやや稀薄になり、外輪山の内部では僅かにその名称だけが山中の怪物の名として人々の口に上る程度である。外輪山の北側小国地方ではもうその名もなく、テング（天狗）がこれに代って山の支配者となっている。

平野地帯でヤマワロの伝承が聞かれないのはいわば当然でもあろうが、芦北郡も日奈久《ひなぐ》町まではさかんにヤマワロ話が聞かれるのに対して、八代市を中心とする水田地帯にはもうヤマワロは全く伝承されず、専らガラッパ（河童）が活動する。

芦北郡の対岸たる天草の御所浦島は最近やっと電灯がついた状態で、前代文化の香りをゆたかに伝える島である上に、全島が山に覆われているにもかかわらずヤマワロの伝承濃度は極めて低く、宇土半島と同じ程度である。すなわちこの不知火海《しらぬいかい》に沿った村々では、ヤマワロは子供をおどすために使われる山の怪物という程度である。天草の他の島々、即ち大矢野、上島《かみしま》及び下島《しもしま》一帯では、ヤマワロという言葉は今ではもう殆んど人々の口には上らない。

熊本市を中心とする平野においてもヤマワロの伝承が聞かれないことはもちろんであるが、熊本市を有明海と隔てている金峰火山彙の中の村々については私はかなり詳細に調査してみたが、やはりヤマワロの伝承は極めて稀薄であって、僅かにガラッパが冬になると山に上ることを伝承しているにすぎない（資料一二三）。玉名、鹿本、菊池のいわゆる城北地区にも相当の山村があるが、ヤマワロは全くその名さえもない。福岡、大分両県と境を接する山村を私は殆ど一つ一つ立入ってヤマワロを探したがなんら聞くところはなかった。ただ菊池郡鞍岳の山師たちがヤマワロを知っていたが、この山師は、後にも述べるように土着の農民とは全く別個に山から山を旅する漂泊者であって、ヤマワロの伝承もよくきいてみると、球磨郡や宮崎、大分両県の山々を渡り歩く山師たちの間に伝承されたものであった（「日本談義」昭和二十八年一月号、拙稿「肥後の山師」参照）。

以上の分布状態からわれわれが知り得ることは、まず第一に、ヤマワロは熊本県下では南に濃く、北に進むに従って薄いということである。また山間地帯に濃厚であるとも言えるようであるが、それも阿蘇以南の山村に限られていて、たとえ山村であっても九州山脈との連帯のない地方では殆ど見出されないという点が注目される。ここでヤマワロの伝承は南九州の山間部に発生し、鹿児島、宮崎両県から北進して熊本県に入ったものではないかという推測が成立する。しかしこの推測は、近隣各県における信ずべき採集が発表されない限り推測の域を脱することはできない。また他面この伝承の本質をだんだん検討してみれば、これは全国的な山岳信仰の九州における露出面にすぎずして、九州特有の地域的な民間信仰と断ずることは早計であると考えられる点があることは、以下に記載するところによって明白である。だから分布の濃淡だけによってヤマワロ発生を推測することは、全く軽率であるといわなければならぬ。

## 名称

前章の分布を考察した場合に、私はヤマワロという名称を用いたし、今後もこれを標準名として使用したいと思うが、採集の現場では種々の異名があるので、ここにその名称について一括して考察しておきたいと思う。先ず前述の『民間伝承』に寄せた私の報告の中に出て来る名称は次の通りである。即ち芦北地方では、ヤマワロというのは三人称として他人にそのことを話す時の普通の呼び方であって、ヤマワロに向っては直接にこの呼名を使わない。このことを或る佐敷在の古老の表現をかりて言えば、「ヤマワロというのは畳の上の呼名である。」おそらくヤマワロがどこかで聞いているかもしれないような野や山では人々は別の呼び方をする。芦北地方での異名は次の四つであった。

1　ヤマンモン（山の者）
2　ヤマント（山の人）
3　ヤマンワッカシ（山の若衆）
4　ヤマンオジヤン（山の伯父さん）

このほかに芦北地方では、ガゴとクダンという二つの言葉がヤマワロの代名詞として使われるのを採集中にきいたが、この二つは怪物を意味する一般的な名詞であって、ヤマワロの別名でないことは周知の通りである。

ここに掲げた四つのヤマワロの異名は、人々がヤマワロに対して親近感を持っていることを証明する資料として役立つであろう。人々はこれらの言葉を口にする時には、口許を綻ばして微笑を湛えるのが常である。これに反してヤマワロと言う時には真面目で、いくらか威厳と警戒心とを示すのである。つまり、東洋においてひろく深い心意であるところの姓名に対する禁忌がここにも現れている。その人に向って直接にその名を呼ぶことは同族者以外には忌むべきことであった。ヤマワロという呼び方は人間の場合の姓名に該当するのである。だから人々はその代りに、ヤマワロの居住する場所（即ち山）からきた一般的な呼び方を定めてそれをひろく今日も使用している。しかし考えてみると、ヤマワロという言葉も「山童」であって、発生的には山の童児という意味の普通名詞であるのだが、この言葉の発生が古いために、人々はその起源に伴う意義を忘れて固有名詞であるかのように感じるのである。

これらの四つの異名は、芦北郡だけでなく更に北方の各地でもそのまま使われているが、山をへだてた東側の球磨郡では更に別の異名が採集された。

5 ヤマンタロウ（山の太郎）

6 ヤマンボ（山の坊）

山や川の顕著なものに対して擬人的にタロウと呼ぶことは全国的に見られるところであるが、ヤマワロは後に詳しく論ずるように山の神と密接な関係をもっているので、いわば「山の精」というような意味でこの言葉が広く使用されるのである。なお球磨郡では二月一日に太郎朔日と呼ぶ年中行事が今も行われているし（これについては後に更に説明する）、またサコンタロウ（迫の太郎）という言葉も盛んに使われる。これは迫に作られている米搗きのための腕木式の水車のことである。ついでながら、球磨郡ではヤマンタロウに対するカワンタロウ（川の太郎）という表現も用いられ、毎年二月一日にこの両者が交替するものと考えられている。（これについては熊本民俗民族学会機関誌『みんぞく』に種元勝弘氏が球磨地方の採集を報告された。）

もう一つ、最後に注意すべきヤマワロの異名を私は県下の各地で採集した。

7 セコ（背子）　セコンボ（背子の坊）

がそれである。この言葉を私がはじめてきいたのは、緑川の水源地帯になっている小峰《おみね》村（もと阿蘇郡で現在は上益城郡に編入されている）においてであった。これを使った老人によくきいてみたが、彼はヤマワロという言葉ももちろん知っていた。そしてヤマワロに向って「じきにそう呼ぶと腹を立てる」ので、目の前では尊敬してセコと呼ぶのだと言った。其後注意していると五家荘《ごかのしょう》や、更にその南の球磨郡五木《いつき》村でもセコという呼名が使われていることを知った。県外では大分県で採集されている例を一つ私は知っているだけである。

この表現にはなんとなく古語の感じが伴っているが、おそらく山の背に群居するヤマワロをさして子供に比較して呼んだものであろう。いずれにしても、セコの分布は其後球磨郡の東部の山村にもあることが種元氏の報告に見えるが、同氏もいう通りあまり一般的ではない。

ヤマワロの異名を並べる場合には河童について言及せざるを得ない。なぜなら、前にもちょっと触れたように河童がオカに上った場合にヤマワロとなるのであって、この両者は同一のものであるからである。現に陸上で河童がそのままの名称で活動する話を人々はよくきかせてくれるし、それが水辺に限らず、ずっと山奥でも行われるのである。ヤマワロや、前に掲げたようなその一連の異名が存していない土地でも、河童は全県下いたるところの陸上で活動することになっており、人々はそれを少しも不合理なこととは考えていない。河童は魚のように水から離れ得ないものとはだれも考えていない。或る五家荘の老猟師の言葉を借りて言えば、「河童はジンヅー（神通）であるから、水の中でも山の中でも、空中でさえも生きられる」のである。熊本県下における河童の通称は、大体八代以南ではガラッパ、以北ではガワッパ、天草の北部ではガラッポと訛っている。

ヤマワロがガゴやクダンと呼ばれることがあることは前に述べたが、其後の採集によれば、ヤマンバ（山婆）やテング（天狗）と混同された場合もあったことは後に掲げる資料に見られる通りである。

## 形態

ヤマワロの形態を人間に譬える時には、赤ん坊のようだとも言い、四、五歳ぐらい、或は十歳ぐらいの子供の大きさだと言ったりするが、大人と同じと言うところは決してない。全身に毛があって、後足で立って歩くという点では各地の伝承が一致している。やや変っていたのは、湯浦村女島《めしま》の老人がヤマワロの足には踵がないと言っていたのがある。手が非常に長く、岩陰にかくれて魚を獲る時など腕が「ゴムのように伸びる」と言う人もある。皮膚の色は人間と同じ茶褐色で、足が長く、岩の上にうずくまっている時など膝坊主が頭よりも上に出ているという。

ヤマワロの形態については、種元氏の球磨郡での採集の中に非常に具体的に記されているので、その要旨を摘記する。

1　徳利を逆さにしたように頭が大きい。

2　手足には犬のような爪がある。

3　手は抜手になっていて、左に伸ばすと右手が短くなり、右に伸ばすと左手が短くなる。

4　歩き方は一足とびで、左右を交互に交わさない。歩間は十五センチまたは三十センチくらいで、「クリンクリンと赤ん坊のように歩く。」

5　髪の毛が顔まで垂れ下って、その間から目がのぞく。

このようなヤマワロの明確なイメージを存しているのは球磨郡だけであって、他の地域では反対に、ヤマワロはたしかに存在するけれども目には見えないものと考えている地方が多い。私の芦北郡で採集した資料の中に次のようなのがある。

〔資料一〇一〕　山の中を歩くときには、時々立木をたたいて行かないとヤマンモン（山の者）に突き当ることがある。山の中に泊る時には石を投げて、これだけの土地を貸してくれとヤマンモンに頼んでから泊ると無事である。高い所から木や石を落す時には、その下に人がいない時でも、あらかじめ「そこのけ」と大きな声でおらぶものである。それは目に見えないがヤマンモンがその途中にいるかもしれないからである。ヤマンモンは山桃が好きだから、人間がそれを採りに行ったら、いちばんうまそうな実を三つだけヤマンモンにやって来なくてはならぬ。伐木の時に使うヨキには、ヤマンモンよけとして一方に三つ、他方に四つの刻みを入れてある。（昭和二十六年八月、於日奈久町）

つぎに掲げる資料は、ずっと北の緑川水源の小峰村での採集であるが、一つは姿のない話、もう一つは実物を見た話である。

〔資料一〇二〕　セコは姿は見えぬがたしかに居るものだ。川から峰に向ってセコのウジ（通路のこと）が通っている。夏は山ではきかぬが、木の葉が落ちる頃からオバネ（稜線）でおらぶのが聞える。子供のような声であるが、はじめは大きく、だんだん小さくなる。秋から冬にかけて、夜になるとその声がきかれる。木を倒す音などもさせる。

（昭和二十七年九月、於小峰村）

〔資料一〇三〕 セコのことをガワタロ（川太郎）ともいう。これは谷間の水のある所によく居るものだが、時々川に沿って上り下りする。夕方によく現れるもので、自分もそれを見たことがある。或る夕方、炭竈から炭を取り出していた時に、家の年寄が「ほら、お客さんの今夜は来とらすがお前は知っとるかい」と言うので、こっそり山小屋のイロリをのぞいてみたところが、セコがそこにうずくまって火にあたっていた。猫くらいの大きさだった。人間が悪いことをせぬ限り、セコは決して人にワザをするものではない。山小屋に風呂に入りに来て、熱かったので逃げて行ったという話を幼いころ知合いの山師からきいたことがある。

（昭和二十七年九月、於小峰村）

これらの資料から我々が知り得ることは、ヤマワロが人間生活をおびやかす性質を持っていないことである。赤ん坊に比べたり、「お客さん」と呼んだりするところに親近感がうかがわれる。球磨郡で伝承されているような、頭が大きいとか、クリンクリンと歩くとかいうようなことも、要するにこのような親近感の一つの表現だと見なければならない。この親近感の問題は、ヤマワロの持つ神性と関連して考えなければならぬ問題であって、後に章を改めて述べることにする。

ヤマワロの毛のことが前に紹介した種元氏の採集にも出てくるし、私も各地でそれをきいているので、ヤマワロの形態と関連して一応注意しておく必要があると思う。山の中で古い大木に毛髪のようなものが垂れ下っていることがよくあるという。私はまだ実物を見ないのでこれを植物学的に明らかにすることはできないが、寄生植物の一種ではないかと思う。とにかく、山の人々はそれを見つけると、採って来て山の神の祠に供えるという話を五木でも河俣でもきいた。もちろん山中に棲んでいるためにヤマワロの毛がだんだん伸びてきて、顔を蔽うようになるという想像は自然なことである。ヤマワロが獣類を捕えるためのワナにかかった話が方々にあるが、それも、だんだんきいてみると、毛だけがワナに残っていたので、これがヤマワロがかかって逃げたのだろうという話になって、遂にはヤマワロがワナにかかった話になってしまっている。

また別に、このヤマワロの毛の連想は、絵馬などによく描かれているヤマンバ（山婆）の画像と関係があることも当然考えられることである。

## 啼　声

芦北地区での採集に現れたヤマワロの啼声は次の通りであった。

1　ヒューヒュー（山から川へ移動する時）

2　グヮヤグヮヤ（仲間同士で話をする時）

球磨郡からの種元氏の報告には、このほかに次のような多くの表現が採集されている。

即ち、ホイホイ、シーヒョイ、ヒョイ、キャッキイ、キリ、ザワ、クオッ、ホッ、ハアー、ビュッなどの音を繰返すことになっている。この郡ではホイホイがいちばん普及しているようで、ヤマワロの異名として、おそらく子供に対する言葉であろうが「ホイホイさん」または「ヒューヒューさん」と呼ぶところがある。しかし一般にこれらの一つ一つの表現には格別の意味はないので、ただヤマワロが山で群居して、子供のようにはしゃいで騒ぎまわる性格のものであることを示すと見てよい。我々はこれらの単純な発声の連続によって、藪の中で無心に騒ぎまわっている子供の群のようなものを想像するだけである。

むしろヤマワロについて注意すべきことは、それが人間の言葉を理解し（資料一〇二）、また人間に話しかけることができると考えられている点である。前にもヤマワロの呼名について述べる時に書いたように、ヤマワロは山ではその実体は現わさないでも、人の近くにいて、人の言うことを聞いているものと理解されている。だからこそヤマワロに多くの忌詞が用いられるのである。その上にまた、人が山中で発した言葉や歌もおぼえていて、夜間にその真似をするという伝承が存するのである。芦北以後の私の採集の中から、この点にふれたもの二つを次に掲げる。

〔資料一〇四〕　八代郡河俣村は大通越えを通って球磨の五木に通ずる山村であるが、ヤマワロの伝承が非常に濃厚である。忌言葉はヤマンモン。これが捕まった現場を見た人があったが、それは椿の木を逆さに地上に立てて作ったワナで捕ったもので、赤ん坊ほどの大きさで全身に毛が生えていた。ヤマワロは小豆飯が好きだという。ヤマワロを使ったあとは礼として酒とオコゼを上げる。山仕事をする人は今でもよくヤマワロを使う。例えば大きな木を運ぶ時に、股木をたくさん作って加勢をたのむと、その股木をヤマワロが一つずつ持って下から支えてくれるので楽に仕事を運ぶことができる。金物がきらいだともいう。鉄器を川の中に漬けておけばその近くのヤマワロが泣く声をきくことができる。また歌が好きで、人間が山で昼間うたった歌をすぐにおぼえてしまって、その晩にその歌をうたっているのがきかれる。しかし一般にヤマワロの歌は調子はよいが歌詞はよくわからない。だから下手な歌をうたうと「お前の歌はヤマワロの歌のようだ」と言う。ヤマワロは山のオードー（尾根）を通路にしているのでそれを知らないで昼寝をしているとうなされる。しかしヤマワロは、人が悪いことをしさえしなければ、すすんで人に害をしたりしない。炭焼が山小屋に泊っていると、夜中にヤマワロががやがやと何匹もやって来て湯に入れてくれと言う。あとで風呂桶をのぞいてみると、脂が浮いてどろどろとして臭くなっている。また冬などイロリ端で暖まっていると、ヤマワロがやってきて睾丸をツクジル（つつく）ことがある。ヤマワロはまた人間の度胸をためすことがある。夜道をしていると大きな台場石をどさりと落したりする。それにあわてて棒を振り上げたりしてはならない。じっと腰をおろして知らぬふりをして煙草でも一服するがよい。ヤマワロが出るのは大抵夜であるが、霧の日や小雨の降るような時にも出ることがある。キコリは墨壺を持っていると安心である。自分の仕事場のまわりに墨を打っておけばヤマワロは決してその中に入って来ないものである。（昭和二十六年九月、於八代郡河俣村）

〔資料一〇《ママ》五〕　同じ球磨郡でも五木は別天地であるが、ここではヤマンタロウとはあまりいわずセコの方をよく使う。ヤマワロともいう。夏の間、山の中の一定のところに群居していて、木を倒したり、木流しの音をさせたり、土工のマイトの音まで真似をする。今この奥地に多くの土工が入り込んで発電所工事をやっているが、土工たちはヤマワロがマイトの音をさせるのをきくと、ヤマワロが加勢してくれるといって悦ぶそうである。おもに夜間に活動するが、雨の日には昼でも出る。山では人を呼ぶ時にオーイといわずヨーイというが、それはセコにだまされないためであって、セコはヨーイとは発音できないという。サシガネを山の中に忘れたら必ずセコに盗まれて見えなくなる。サシガネに限らず、すべて金物を山の中に置くときは唾をかけておいたら盗られずに済む。冬の間は山に居て夏に川に入る。（昭和二十七年八月、於五木村）

この二つの資料はヤマワロの神性と親近性とを立証するために重要なものであるが、それらの点については後章で詳しく触れることとして、ここではいま暫くはヤマワロを動物的に観察し、次にヤマワロの食物について述べることにする。

## 食　物

前に度々言及した芦北郡における採集報告（『民間伝承』十四巻八号所載のもの、以下この論文においてはこれを「芦北報告」と略称することとする）に現れるヤマワロの食物は山桃が最も一般的で、栗をイガのまま食うという所もあり、茄子が好きだと語った人もあった。魚が好きであると信じている人々は相当多いが、これは後に述べる河童との関係において理解されなければならぬ問題であり、同様に茄子は水神様の供物である。山に魚を持ち込んだ人々がそれをヤマワロに盗られた話が芦北地方には非常に多いが、それを避けるためには塩をつけておいたらよいと説くのはほほえましい解説である。

芦北報告に見える他のヤマワロの食物はやや性格のちがったものである。即ち酒と重詰と素麵とであって、これらは完全に人間の食物である。このなかで素麵はやや意外なものと見られるかもしれないが、次の事実と考え合せると首肯し得られる。即ちダシヤマと称する仕事を担当する山師たちは、伐木を山から平地に落す時には、途中の石や藪にそれがひっかからぬようにというので必ず朝食に素麵を食う習慣がある（熊本民俗民族学会機関誌『みんぞく』昭和二十七年二月号）。酒と重詰とは神に対する供物であるという点を考えておけばよろしい。

この論文の中に掲げた資料の中には山桃のほかに小豆飯と酒とオコゼが出ている（資料一〇四）が、これらが同じく神への供物であることはいうまでもない。ことにオコゼということになると、これは山の神に限定された供物であって、このあたりでどうやらヤマワロの全貌が既に示唆されてきているが、詳論は更に後章に譲ることとする。

芦北報告に出ている煙草入れが山でなくなったという二つの話は、ヤマワロが煙草をのむことを好むという意味ではない。即ち煙草そのものが問題でなくして煙管やその他の金具が問題なのである。ヤマワロが金具を嫌う話は各地いたるところにあるが、次にそのなかの二三の興味ある資料を掲げよう。

〔資料一〇五《ママ》〕　四十年ばかり前に実際見たことであるが、船の中で中年の女を男が三人も四人もあつまって取押えていた。この女はカネツケ（おはぐろ）の針を誤って海の中に捨てたために、ガラッパが怒って海の中に引き込もうとしていたのである。あとで船の人たちは梨瓜やソーメンなどを供えてそのガラッパに詫びをした。（昭和二十六年八月、於八代市）

〔資料一〇六〕　飽託《ほうたく》郡龍田村弓削出村に吉原橋という橋が白川に架っている。そこに昔から河童が棲んでいたが、或る時、岩の上にうずくまっている時に漁師に捕えられた。河童はこれからこの村の子供を引かぬという約束で命を助けてもらったが、その交換条件として、自分の棲んでいる淵に八つ目の怪物が居て大変自分をこまらせているので、どうかその怪物を退治してもらいたいと頼んだ。そこで村の百姓たちがその淵に入って探してみると、底に八つの歯のある千歯が沈んでいたのでみんなでそれを引き上げた。それ以来この村の子供でここで水死したものはない。（昭和二十六年九月、於熊本市）

〔資料一〇七〕　阿蘇郡野尻村の川上神社に河童の腕が宝物として保存されている。これは宝暦年間にこの神社の宮司の枕辺に或る夜河童が現れて、自分の棲んでいる淵に馬鍬が沈んでいるのでそれを取除けてもらいたいと頼んだので、宮司がそれを取除けてやった。そのお礼にやって来た河童を宮司が斬ってこの腕をとったものと伝えられている。（昭和二十七年一月十七日、熊本日日新聞、抄）

〔資料一〇八〕　五家荘一帯の山には土佐から大勢の山師が来ていたが、この人たちがよくセコの話をした。モトヤマ（山師の仕事の分担で伐木作業のこと）師はみな墨壺を持っているので、その墨糸を山小屋に張りまわしておいたらセコがワザをしに来ないと言っていた。セコに悪いことをすると夜やって来て山小屋を揺り動かしたりすることがあるからだ。また遠くでセコが大きな声で騒ぎ立てる時には、鋸を山小屋に下げてこれをたたけば忽ちセコの騒ぎが静まると言っていた。（昭和二十七年八月、於柿迫村）

〔資料一〇九〕　球磨郡出身の山師の話では、もし川の中に物を落して見つからない時には、川の中に墨壺の糸を張って、それにサシガネ（大工用の曲尺）とヤエン（猿の忌詞）の手を下げておけば必ず出てくる。（昭和二十七年三月、於菊池郡鞍岳）

なぜヤマワロが金物を嫌うか、という疑問が解かれなければならない。それに関しては同じく河童が金物を嫌うと信ぜられているので、この二つが同一のものであることを明らかにしなければ充分な解明には到達しないが、これも後章の問題に譲ることとして、ここではヤマワロだけについて金物を嫌うと考えられた理由を考察してみよう。

資料一〇一には、ヨキにヤマワロ除けの刻みを入れるという伝承があるが、同じ話を私は山奥の浜町でもきいた。このことが解釈のための一つの示唆となる。ヨキは木を伐る道具である。ヤマワロは山の木を伐られるのはもちろんいやである。即ち木を伐る道具はヤマワロの敵でなければならぬ。ヨキが鉄であるばかりでなく、鋸もサシも、すべてこれらの金物はヤマワロが取って隠したいものばかりである。ヤマワロは鉄そのものを嫌うのでなく、鉄で作ったものがヤマワロの居所の重要な樹木を伐り取ることを嫌ったのである。それが転じて一切の金物を嫌うことになったと解すべきであろう。そこでひいては川の底に沈んだ馬鍬を嫌うことにもなり、或はまた鋸の音さえも嫌ってそれに近づかないようになったものであろう。

　資料一〇六と一〇七は河童に関する伝承であって、同じ白川の水系に属して十五里を距てた山村と、大都市近郊の農村とで採集された伝説である。ヤマワロと河童とに同一の性格があることを理解してもらうためにここに掲げることとした。

　墨壺と指金についての話もここで説明しておく方が便利であろう。山師が使用する道具は、金物でなくてもヤマワロが嫌うことになるのは前に述べた理由によって首肯できるであろう。そこで墨壺について次のような伝承が発生する。即ち水泳に行く時に手首や足首に墨壺の糸を巻いておいたらよいとか、お守り札を肩にかける時の糸は墨壺の糸がいちばんよく、それがない場合でも黒い糸でなければならぬというような伝承が広がっているのがそれである。

　資料一〇九に見えるヤエンの手の問題は後段に譲ることとして、ここには資料一〇六及び一〇七の伝承と関係があると思われる資料を一つ掲げることとする。

〔資料一一〇〕　或る百姓が田植前の田の畔塗りをしていた時に、塗り上げたばかりの土の上に小さな子供の足跡のようなものがたくさんついていた。姿は何も見えない。こいつヤマワロだな、と思って鍬を振り上げた。その途端にどぶんと田の中で音がした。逃げたな、と思ってその水音をめがけて鍬を投げつけた。それからこの百姓は間もなく病気になって永く床についていた。この男は若い頃は草角力《くさずもう》などとってなかなか元気で、めったに病気などしたことのない人であった。（昭和二十七年三月、於七滝村）

この伝承の主人公はヤマワロであっても河童であっても差支えない。もちろん馬鍬は大きいので取って水の中に投げ入れられるようなものではないが、おそらくヤマワロが自分のいたずらで馬鍬をひいている駒を水中に誘い込み、その馬鍬で彼自身がこまることになったのであろう。

## ヤマワロと馬

河童駒曳きの話はあまりに普遍的であって、その分布を一々数え上げることは熊本県下だけに限ってもその煩に堪えないほどである。ここに取扱おうとするのはヤマワロと馬との関係であるが、芦北報告の中では馬車曳きがヤマワロを怖れて夜道をしない話や、ヤマワロが夜間に馬屋の中に入り込んで馬のチヂゴネ（たてがみ）をよじれさせる話が非常に多いことを指摘した。すべての馬にヤマワロが憑くのでなく、特定のものに限るらしい。佐敷在の農家で現に私は馬屋の入口に電灯をとりつけてあるのを見てその理由をきいたところが、この馬にはヤマンモンが憑いて仕方がなかったから近頃電気をつけたのだと答えた。ヤマワロが憑くと夜通し馬の背に載って乗りまわすので馬は眠ることができない、目の色が変ってきてやせてしまうというのである。其後の採集の中には阿蘇できいた次のような話がある。

〔資料一一一〕　ガラッパは夜、馬屋に入って来て馬のタテガミをよじらせることがある。そんな時は線香立の灰を上からふりかけてやると解ける。御仏飯を馬に食わせてもよい。（昭和二十六年七月、於八千把《やちわ》村）

〔資料一一二〕　阿蘇郡高森町の或る老人からきいた話であるが、或る夕方、山に伐って積んでおいた薪を馬を曳いて取りに行ったところが、ヤマワロがその馬について馬が荒れてどうしても薪を積ませないので、仕方がなくその晩はそのまま馬と一緒に山に寝て、翌朝やっと薪を積んで帰って来たことがある。（昭和二十七年十二月、於黒川村）

以上二つの資料は、在来のヤマワロと馬との関係について新しい問題を示唆するところはないが、阿蘇地方で採集した次の資料からは重要な意義が汲み取られるようである。

〔資料一一三〕　阿蘇郡では牛馬のことをダ（駄）といい、草場にダを放つことをダユルシ（駄許し）という。農事に必要な時には村共有の草場にユルしたダを取りに行くが、時には自分の家のダが見つからぬことがある。これはミサキ水神が隠しているのである。ミサキ水神に隠されたダは持主がその近くを通っても見えないものだ。そんな時には鬼子母神やお大師さんなどに頼むと見つかる。（昭和二十七年九月、於色見《しきみ》村）

〔資料一一四〕　廏《うまや》を新築する時には必ずサルの日に仕事を始める。これは猿がダの守り神だからである。そして廏が出来上ったらすぐに馬を繋がぬと（廏の中に馬を棲ませなければ）、他のものが入ってしまう。（昭和二十七年九月、於色見村）

〔資料一一五〕　ヤマンモン（山の者）が寒には馬屋に子を産みに来るから、寒には馬屋の堆肥を出すものではない。仕方なく出す時には隅の方に少し残しておかなければならぬ。（昭和二十七年一月、於上益城郡御岳村）

資料一一三で牛馬を隠すものをミサキ水神と呼ぶところに我々は心を惹かれる。ミサキは「水先」であろうから、改めて「水神」と呼ばなくてもこれが水の神であることは明白である。水神が泳ぐほどの川もない阿蘇の中岳の麓までも、牛馬をもとめて上って来るという信仰について我々は考えを深めなければならぬ。そしてこのような冒険を敢てするためには、この水神は陸に上ることができただけでなく、山の中でも神通力を発揮することのできるものであったことはもちろんである。資料一一四には猿が登場する。既に芦北報告の中にもヤマワロと猿との関係を示唆する伝承を報告しておいたが、ここでは明白に猿を牛馬の守護神だと言っている。猿が牛馬の守護神だと考えられた別の証拠は玉名郡木葉村の有名な「木の葉人形」である。人形といっても、これは素焼のもろい土偶のような感じのもので、決して子供の玩弄に価するものではない。私はこの村の隣村で育ったからよく知っているが、人々はこの猿の土偶を買って来て廏の入口に小さな棚を作って祭っていた。また時には家の入口にもこれを祭って泥棒除けとしたり、床の間に祭って安産のお守りとした。そこで資料一一五の意味する問題であるが、この資料を見て何人も山の神に関する全国的な信仰を思い起すことであろう。山の神はお産の神様と考えられ、人間の安産の神様として出産の時には山の神を迎えに行くところが方々にあり、私は五家荘でもそれを聞いた。だとすると、この資料一一五で馬屋に子を産みに来るヤマンモンとは山の神のことに相違ないではないか。ただ一つ残る問題は、何故に寒に子を産みに来るのか、ということである。これについては後に山の神とヤマワロとの関係を考察する場合にふれるであろう。

芦北報告の中で記したように、ヤマワロは狐や狸とは全然別のものであって、これが混同された伝承は其後の広い範囲にわたる採集でも私は一度もきいたことがない。人をたぶらかして山の中を連れまわしたりすることは、熊本県の田舎では今日でも時々発生するが、それらはいつでも狐か狸の仕業ということになっている。人に崇ることもヤマワロの仕業ではない。人がヤマワロに対して悪いことをしない限り、向うから人間にワザをすることはないと堅く信ぜられている。前にも記した通り、ヤマワロが人間のものを盗ってしまうのは、金物のようなヤマワロの存在をおびやかすものに限られている。

犬がヤマワロと重要な交渉を持つ。これは次の資料が明らかに示すように、猟師に連れられて山に行った場合である。芦北報告では犬とヤマワロとどちらが強いか明白でなく、とにかく仇同士であることだけしか明らかでなかったが、其後その強弱を物語る資料があらわれた。

〔資料一一六〕 毎月十五日以前に生れた犬ならヤマンタロウに勝つが、十五日以後の犬は負けるので、ヤマンタロウを見たら怖れて猟師の股の間に逃げ込む。この話をしてくれたのは中村徳太郎という六十二歳の老人で、球磨郡で若い時から山仕事ばかりして暮した人である。(昭和二十七年八月、於菊池郡鞍岳)

この資料は、猟師がヤマワロに対して強い信仰を持っているだけに、犬に絶対的な信頼をかけられないことを物語っているものと見ることができよう。芦北報告の中にある主人の帰りを待っていた犬の話もこれを裏書するかのようである。犬は人間よりも鋭敏だからヤマワロを早く発見するが、その場合に猟師は犬を放ってこのヤマワロを追立てさせることはできないのであって、彼がなすことは、すぐにオミキをあげてヤマワロに猟を乞うか、或は引返してしまうか、どちらかである。種元氏の採集では山太郎は木の枝で犬をさんざん叩くことになっているが、私が日奈久できいた説明では、犬が吠え立てると、ヤマワロは木の小枝を犬の口に立てて吠えられないようにするというのであった。

猿が牛馬の守護神と考えられていることは前に述べたところであるが、資料一一四において、廐を作った場合に早く馬を入れなければ他のものが入ってしまうと言っているが、その「他のもの」というのはおそらくヤマワロのことであろう。かくして牛馬を護る神とそれを奪い去ろうとするヤマワロとは立場が反対になるわけである。資料一〇九にあらわれているヤエンの手の話もこの間の消息を物語るものであって、ヤマワロにとっては金物が嫌いであると同じように猿の手はたまらないものであるに相違ない。このヤマワロと猿の対立についての資料を次に掲げよう。

〔資料一一七〕　猿廻しが川を渡る時には猿に目隠しをする。そうしないと、猿が渡し舟の上から河童を見つけたらすぐに水の中にとび込んでそれを捕りに行ってしまう。河童は十二トキ（時）しか水中に潜っておれないが、猿は二十四トキ水に棲むことができるので、河童は忽ち猿に捕まって食い殺されてしまう。（昭和二十七年八月、於八代郡上松《かみまつ》求麻《くま》村）

この資料から我々が知り得ることは河童は水棲動物ではないということである。魚のようにいつも水中に棲んでいるものではなく、むしろ実在の動物のなかからそれに近いものを求めるならば、カメとかカワウソとかに似たものと考えられていたのが一般であるということである。そう考えてくると、河童とヤマワロとを別個のものと考えることが誤謬であることを理解することができる。しかしそれにもかかわらず、同一のものにこの二つの名が必要であったというのは次に述べるような理由によってである。

### ヤマワロと河童

既に芦北報告において説いたように、この地方ではヤマワロは春の彼岸に山から川に入り、秋の彼岸に川から山に上るといわれている。ヤマワロが山におる間は人々の仕事は主として山仕事であり、川におる間は田畑の仕事である点を想うべきである。其後の私の採集の中から、このヤマワロの定期移動に関するものをえらんで次に掲げよう。第一の資料は芦北郡の南の水俣市での採集であって、芦北報告の内容とほぼ一致しているが、北進するにしたがって多少の変化があるので、その地理的配置によって南から北に順を逐って並べてみることにする。

〔資料一一八〕　これは水俣で育ったある婦人会長の話であるが、子供の頃、母親に六月一日のコッツイタチ（氷朔日）には決して川に入ってはならぬと戒められていた。この日には家の中にじっとしていて、ガラッパが山から川に入るのをきいていた。家の近くに小川があって、ガラッパはその川に沿って山から降りて来るのだった。夜中に笛を吹くような声を立てて通って行った。母の膝に抱かれて、おそろしさにふるえていたことを今でも忘れられない。（昭和二十七年八月、於種山村）

〔資料一一九〕　ガワッパが山に入ってヤマワロになるのは半夏生からである。だからこの日から後は山桃の実は食われる。ガワッパも人間と同じように土用に祭りをする。種山村に井山という人があって時々ガワッパと角力をとる。先日も人のところに屋根替えの加勢に行ったかえり、一杯のんでいたが、川を渡りよったらガワッパが出て来たらしく、盛んにあばれ廻った。つれの人には何も見えないが本人は一生懸命に角力をとるのである。この人は川漁も上手だが時々川に行って急に引返してくることがある。ガワッパが出ると網が粘って川からあがらぬそうである。（昭和二十六年十二月、於種山村）

〔資料一二〇〕　ガワッパは土用のサメ（最終日）に山に上る。ガワッパに引かれぬためには正月の餅を水に漬けておいたものを三角に切って乾かす。これをコールサンという。氷朔日の六月一日に切るからである。このコールサンを一文銭と共に袋に入れて紐をつけて肩にかけて水に入ったらよい。（昭和二十七年八月、於柿迫村）

〔資料一二一〕　小峰村ではヤマワロよりもガワッパが普通の言い方であって、山に居る時でもそう呼ぶ。ソコヒキ（底引）ともいう。ヤマワロというのは本人にきこえると悪いから、そんな場合にはセコというのだとある人が語っていた。群をなして移動する時にはガッガッと啼く。その声をきくと人々は気味悪がってみんな家の中にじっとしている。ここには山桃の木はないので、ヤマワロがそれを食うという伝承はなく、キウリを半分食って畑に捨ててあったという話をした人があった。昼は山の背に居て夜だけ谷川に下ってくるものと考えられている。したがってここでも一定の「通り筋」がある。ガワッパの啼声をきくと猟師はその日は猟をやめて帰る。（昭和二十六年八月、於小峰村木原谷）

〔資料一二二〕　阿蘇地方ではヤマワロは春の土用まで山に居て、夏のあいだ川の中に居り、秋の彼岸に川から山に上るという。（昭和二十七年九月、於色見村）

〔資料一二三〕　ガワッパは八朔の節供に川から山に上る。だからこの日は子供は川に入ってはならないと老人が戒めていた。ヤマワロという言葉は知らぬ。（昭和二十七年、於山北村）

これらの資料が示すように、ヤマワロが山から水に入る日は地方によって異っているが、特定の日にきまっているし、しかもそれが暖かになって人間の仕事の中心たる田畑の農耕のはじまる時期と併行していることは間違いない。その日は人々は家にこもって静かに祈らなければならぬ日であった。

球磨郡では前に述べたように山太郎が二月一日に川に入るのでこの日を太郎朔日と呼び、今でも重要な年中行事である。雨戸を立ててその隙間から山太郎の移動するのを怖る怖る見ていたというような話もあるが、これも水俣の場合と同じように家にこもるべき日であったに違いない。

ヤマワロが山に居ることがわかったら猟師はその山での猟をやめることは、河童が居たら魚がとれないといって止めて帰るという資料一一九の内容と一致する。これはヤマワロや河童が人間に害を与えるものと解すべきでなく、彼等の所有のものを人間が獲ろうとするのに反対するものと解すべきである。ここにもヤマワロと河童とが同一のものであると考えられる理由がある。ヤマワロが川から山に上る日についても、芦北報告は彼岸の例だけであったが、其後の採集で八朔や土用の例が出て来たが前に述べた原則は動かない。資料一二一は例外的に昼は山、夜だけ川であって、毎日移動するものとしている。この例外に対する註釈としては、伝承地の木原谷がトラックはもちろん自転車の一台もない山村であって水田地帯でなく、人々の仕事が主として山と山畑に依っていることを言えば足りるであろう。つまり人々が夏は水田に、冬は山にという作業配分がここでは行われていないということである。

資料一二三は別の示唆を持っている。それはこの論考の冒頭にも簡単に記したように、これまでの資料はすべて九州山脈の中枢部を南から北に阿蘇谷までの地帯から出ているのに対して、この資料は熊本市の西北部の孤立した山彙で採集されている。これは後にヤマワロの地方分布を考える場合に更にもう一度言及することになると思うが、ヤマワロという呼名は九州山脈地帯に沿って北上しており、他の地区、たとえば平坦地または島嶼部では非常に微弱である。しかしたとえヤマワロと呼ばれていないにしても、河童が冬に山に上ると考えられている点は示唆的でなければならない。そのような意味でこの資料一二三をここに掲出することとした。

## 生　態

ヤマワロの生態を考察することはこの民間信仰の本質を判断するための有力な基礎となるであろう。先ず山に居る時の住所であるが、芦北報告で記したように山中の一定のところに根拠を持ち、その移動もまた一定している。食を求めて人里に接近したり、時には山小屋をガブったりすることまであることは前に掲げた資料一〇八によっても知られるが、根拠地は一定していると考えられている。移動する道筋を芦北ではオサキといっていたが、北部ではウジと呼んでいるところが多い。このウジで人間が居眠りをしたり、仕事場を建てたりすればワザをされることになる。これは前に掲げた資料一〇四にもあらわれていることであるが、五家荘の西口に当る柿迫村にも次のような伝承があった。

〔資料一二四〕　山の中にはセコというのがいる。川からオバネに道を持っていていつでもそこを通る。それを知らずに昼寝をしたりしていると、セコが通りかかって知らぬ間に抱いてわきの方に移してしまう。目が覚めてみると他のところに寝ているのである。山小屋に寝ていると石を掘る音や木を倒す音をさせる。音がきこえるのは夜だけである。セコが川に入るとガワッパになる。（昭和二十七年八月、於柿迫村）

球磨郡の採集ではこの通路のことをオド（稜線）ということになっている。要するにこのような一定した通路を想定したのは山中の他の動物の習性からの連想であって、ヤマワロが実在の動物と考えられて来たことを意味する。

ヤマワロの生態について次に注意すべき点は、一般に群棲するものと考えられている点である。芦北報告の中ではヤマワロを殺してしまった馬車曳が占師のところに相談に行ったところが、山法師が「それは組放れしていたものだから殺してもよか」と教えたという話がこれを裏書する一例であるが、そのほかの話で例えば山小屋をガブリに来た場合でも、人間と角力をとった場合でも、移動するのを見たという場合でも、群をなしているのである。芦北報告の中で股のぞきをすればヤマワロの「千人揃え」が見られるという話などは最も豪勢な話である。しかし例えば次の資料のごときは、群を離れ一人で来ていた場合である。

〔資料一二五〕　或る紀州から来た炭焼が夜更けに自分の山小屋に帰ってみると、三つか四つくらいの女の子のようなのが頻りにイロリの火を焚いてあたっているので、ヤマワロだと感づいて咳払いをしたら飛ぶように逃げて行った。（昭和二十七年八月、於五木村）

この話は種元氏の球磨報告に出ている中学生のヤマワロ実見談と非常によく似ている。ただ後者は本人の実話であるから描写が精細になっている点がちがうだけである。夜、山小屋の中に火に当りに来るヤマワロはまことに人間的である。こうなると今やヤマワロは動物でなく、さりとて神でもなく、童話の中に出て来るような浪漫的な性格である。このことは他の多くの資料の中にも現れているところであって、この論考の中に掲げた資料でも、山小屋の外に沸かしてある風呂をもらいに来たり、更には小屋の中に「お客」になって来たり（資料一〇三）、山師がかつぐ材木を股木で支えて手伝ってやったり（資料一〇四）、イロリにあたっている山師の睾丸をつつくに至ってはもう全く童話中の人物である。このようなヤマワロを何人も怖れたり、憎んだりすることはできない。

このように人間と親しむヤマワロと、資料一一八に見るような畏敬対象としてのヤマワロの性格とは一見矛盾している。この矛盾はヤマワロ信仰の変遷を示すものと見ることができる。即ち人々が遠くから山を畏敬した時代にはその畏敬の対象としてヤマワロが想定され、やがて山の中で生計を求める人々が出てくるようになって、山の神に対する妥協が成立するにいたり、ヤマワロはここに山民の友として現れて来たものであろう。この点に関しては、後章であらためて山の神とヤマワロとの関係を説く場合にもっと深く言及することとして、ここではヤマワロの山中での生態の他の面についてもっと考察をすすめてみよう。

多くの資料から結論されることは、ヤマワロが群居している時にはいつも声を出して騒ぐということである。このことはヤマワロの形態を云々しない伝承者でも必ず言及するのであって、ヤマワロは形よりも音によって多く捉えられることを示している。

ヤマワロを捕捉するもう一つの契機は資料一〇一が示す「突き当る」という現象である。山道を歩く時は木をたたいて行かねばならぬという各地の伝承も同じ事を意味しているし、他の伝承者によれば、山道を曲る時や、山桃の木に登る前には咳払いをしなければならぬともいう。これをやらないと、「風に当って」病気をすることになるのである。即ちこの場合には形でも音でもなく、感覚によってヤマワロを捉えるのである。山仕事をする人々の寂寞感に伴う鋭い神経が生んだものと見るべきであろう。ヤマワロは歌が好きであるという伝承がいくつかの資料にあらわれているが、これも山中独居の侘しさから生れた信仰であって、その証拠には、これらの歌の文句はあいまいであって、ただ歌らしいリズムだけを感ずるものらしい(資料一〇四)。夜の山道では周囲が静かであるから、ちょっとした音響でも非常に大きく響くものである。そこからヤマワロが木や竹を伐ったり、石を落したりして人間の度胸を試すという信仰(資料一〇四)も発生すると見て差支えない。「度胸をためす」という伝承者の言葉の中にすでにこの判断を成立させる理由が存すると思う。

河童が人間と角力をとる話は広く知られているところであるが、私の採集の中には次のようなものがある。

〔資料一二六〕　ガラッパと人間と角力をとる時には、両方から一つずつの約束をするものだ。ガラッパの方からは頭にさわってはならぬ、ということ、人間の方からはくすぐってはならぬ、ということである。ガラッパの頭にさわると頭の皿の水がこぼれて神通力がなくなるからであり、人間の方からは、ガラッパは小さいので手許にとび込んでくすぐられるとすぐに負けるからである。海に行く時は梅干を持って行ってはならぬ、ガラッパは梅干の種が嫌いだから。泳ぎに行く時は仏壇の線香立の中の灰を額につけて行けばガラッパに引かれない。投網のユラ（錘）は鉛であるが、一つだけは必ず鉄のユラにしておかねばならぬ、ガラッパ除けのためである。（昭和二十六年八月、於日奈久町）

芦北報告の中にも私は多くの角力の伝承を記載しておいた。もちろん河童と人間との角力は水中でなくて陸上で行われるのである。この角力と、河童が水中で子供の尻子玉を抜くという伝承とは無関係ではない。更にまたヤマワロが山の中で人間と角力をとった説話があることももちろんである。ここには阿蘇山中での一つの採集を掲げよう。

〔資料一二七〕　阿蘇郡内牧町に「幽霊市」という男がいて薄馬鹿（少しばかり馬鹿者）であったが、郵便配達を仕事にしていた。或る日その男が顔や手足にいっぱいかすり傷を負うて帰って来た。きいてみると幽霊市は山の中でガッパと角力をとったのだと言っていた。この地方でもガッパは冬は山の中に居るというが、ヤマワロということはない。（昭和二十六年十二月、於内牧町）

これに類する話は芦北報告にもあらわれているし、便所から手を出して人間にそれを斬取られる例の「河童膏薬」説話もまたここで同時に考えられなければならぬ。ここには八代郡種山村での採集を掲げる。

〔資料一二八〕　八代郡種山村に家伝の膏薬を売る家がある。薬は無免許らしく、貝殻に入れて紙袋に包んであるが薬の名も書いてない。村の人は「ガワッパ膏薬」と呼んでいる。その家人の語るところによると、何代前のことかはっきりわからぬが、夜便所に行くとガワッパが壺のところから手を出して人の尻を撫でることがあるので、気丈なこの家の老人が或る時その便所でガワッパの腕を摑んで斬り取ってしまった。ところがその晩から毎夜、腕をとられたガワッパが老人の枕上に立って腕をかえしてくれとせがむ。老人が「今更お前にあの腕を返したところで体に接ぐことはできず、仕方がないではないか」と言うとガワッパは、「私は非常に効能のある傷薬の作り方を知っているので、その薬で腕を接げばきっと治るのである。もしあなたがあの腕を返して下さったら、御礼にこの傷薬の作り方を教えてあげる」と言う。そこで老人は腕を返して薬の作り方を習った。それがこの家伝薬であるが、この時に老人は河童ともう一つ約束をした。それは村の子供がよく村の川で溺れるので近くの川のほとりに石塔を立てることにした。そしてガワッパに対して、この石塔が腐るまでは村の子供を引いてはならぬ、と言って約束させた。この石塔は川の淵のところに今も立っているが、時々ガワッパが夜、川から出て来て、早く腐るように水を掛けるということである。

（昭和二十七年八月、於種山村）

ここで私は、この河童即ちヤマワロと人間との角力に関する観察を更にすすめて、次の資料と結びつけたいのである。この資料を私に語ってくれたのは死んでいた人の孫に当る老人であった。彼は私に、河童がほんとに人間を殺すことがあり得るものであるかどうか学問的に調べて下さいと真剣に頼んだのであった。

〔資料一二九〕　阿蘇郡色見村で徳川時代に起った話。村の或る長老が正月二日に会所（年貢米を取扱う役所）に挨拶に行ったまま、夜になっても帰って来ないので大騒ぎになった。村の人が総出で探したところ、翌朝小川のほとりで死んでいたが、死体には全身に爪で搔いた傷があった。この長老は村の畑を水田にするために或る川の水を堰き止める作業の責任者となってこの村仕事の指図をしていたので、その川の下流に棲んでいた河童が非常に困ってこの老人を恨んで殺したのだろうと、今でも村の人は言っている。（昭和二十七年九月、於色見村）

角力という形は古い伝承の童話化されたものであって、本来この信仰は自然力を象徴する河童乃至ヤマワロと人間との闘争の思想が存したものではないかと思う。「闘争」という言葉は当らぬにしても、山や川の中では礼を守らぬ人間は自然の前に取りつぶされるものであるという信仰を、これらの一連の説話が物語っているのではあるまいか。しかしこの仮説に立証を求めるのは、もっと山の神とヤマワロの関係を眺めてからにしなければならぬ。

以上述べ来ったところによって、ヤマワロが民間にその実在を信ぜられたことと、それが決して単なる動物として取扱われたものでなかったことが明白になったと思う。しかしそのことは、ヤマワロが直ちに神であったことを意味しない。ヤマワロは山の神と同じですか、と訊いてみると大抵の人は否と答える。しかし両者が全然無関係なものと言う人もない。この問題を伝承者についてだんだん問いつめてゆくと多くの場合、相手は返事ができなくなる。かろうじて私が得た答えは、ヤマワロは山の神の眷族《けんぞく》であるということであった。その「眷族」とはいったい何であろうか。実は私は「ヤマワロは山の神の子供である」という答えがどこかで聞かれないだろうか、とひそかに期待していた。しかしこの点は非常に重大であるから私は「誘導訊問」に陥らないように厳に注意した。私のこの期待の底には実は山の神が出産の神であるという広い範囲に現存している信仰をいつも忘れないでいた。現に九州の山村にもこの信仰があって私は五家荘でそれをきいている。そこでもし山の神が産んだ子がヤマワロであって、そのヤマワロが山の神と人間との間に活躍して山の神の威徳を執行するということであれば、話は非常に面白くなる。しかしこれは今のところ証明せられない仮説である。この仮説が成立するかどうかについては、今後なお調査と研究を重ねてゆかなければ今のところそれ以上にはすすめない。こころみに『和漢三才図会』が示すヤマワロの記載を箇条書にしてみると左の通りである。

1　貌十歳ばかりの童児の如し。
2　全身に毛あり、柿褐色の長髪面を蔽う。
3　肚短く、脚長し。
4　歩行して人言をなし、早口。
5　杣人互に怖れず、飯など与うれば悦んでこれを食う。
6　伐木の用を助け、力甚だ強し。

７　若し之を敵とすれば大に災をなす。

この内容と現在まで私が採集した内容とを比較してみると、いかにこの伝承が文字と関係ない民間に正確に維持されているかを理解することにはなるが、さてこの二百四十年前の伝承においてもヤマワロが神乃至は神の子であると考えられていたと判断する理由は見出されない。この点では『嬉遊笑覧』や『西遊記』の記載も同様であって、『大言海』に至っては明瞭に「化物。山男又はヒヒの類。半人半獣のものにて九州西南の深山に居ると云う」と述べて神としての性格は全く認めていないのである。そこでヤマワロと山の神の関係を解く鍵は、もっと古い昔に遡らなければならぬことになる。

千葉徳爾氏が最近『民族学研究』第三集に座敷童子についての入念な研究を発表されたが、それによると、この家屋に来り棲んでその家に富と幸福とをもたらすザシキワラシはヤマワロと同じく童形であるが、川の神から授かったものと考えられている。ザシキワラシが水神の申し子であると考えられるなら、山の神の申し子としてヤマワロが考えられないことはない。さきに述べた或る伝承者が言った「山の神の眷族」だというのは、このような推定の可能性を示すものといえる。このような推定の根源には、自然神が人間に作用するためには神と人間との間に一つの存在を必要としたものではないかという考えが横たわっている。そして、この神と人とを繋ぐ存在は本来童形であったと考えるのは誤りであろうか。

芦北報告に記載した「山ん神さんあっち行け、山んおじさん頼みます」という木場の火入れの時の唱え言は、山の神とヤマワロが同一のものでないことを意味すると共に、山の神に立退いてもらうために人間はヤマワロにその手続をとっていると解すべきである。津奈木村の漁村での採集によれば、ヤマワロは神の使として、冬の間も毎月の朔日と十五日にはオサキ伝いに汐を汲みに海に往復するのであった。オサキは岩が突出しているので老人たちは自分が見たらすぐ解ると言っていた。そしてこのオサキと呼ばれる通り筋の起点は山の神の祠であることはいうまでもない。また佐敷の城山の伝承によれば、ここの山の神の使は赤い着物を着て黒い帯をしめているといっており、どうやら巫女の幻想がつきまとっている。

ヤマワロの伝承がこのように広く明瞭に存しているいる肥後の村々の、どこを訪ねて行ってもヤマワロを祀った宮も祠もないという事実が、裏から、ヤマワロは神自体でなくて神の使であるという事実を証明しているように思われる。

ヤマワロと神との関係については今のところこれ以上の論述は危険であるように思われる。ここで我々の考察は熊本県下から離れて、周辺の各地でヤマワロないし山太郎がどのように伝承されているか、という問題に移りたいと思う。

山中に童形の神格を有する怪物が棲んでいるという伝承は、必ずしも熊本県下に限ったものではない。しかしそれが濃厚に今日まで残存し、発展していることは他の地方では認められないようである。鹿児島民俗学会の村田熙《ひろし》氏からの通信によれば、ワロドンというのが県下の一部に存しているらしい。このドンはもちろん「殿」を意味する敬称であるから、これはまさしく熊本県下のヤマワロと同一のものである。今日までのところ、このワロドンの伝承について詳細な調査が行われていないので、それが熊本県下から南に波及したものであるか、それともその逆であるかを判定することは前にも述べた通り困難である。昭和十年五月、鹿児島県教育会から刊行された『鹿児島方言辞典』には、ガラッパは載っているが、ワロドンまたはヤマワロは載っていない。昭和七年二月刊行の若山甲蔵著『日向の言葉』の中にはガラッパが採集されていて次のような説明がある。

ガラッパは春雨の降る頃ヒョウスヒョウスと啼いて飛ぶといひます。そのヒョウスに「坊」のボーがついてヒョウスンボーといふのでありませう。ガラッパだといつてゐるのは多くは夜飛びわたる鳥の一種であります。それをガラッパだと見て名づけたのでありませうから間違ひの擬声語であります。（同書一七三頁）

これによれば宮崎県ではヤマワロとは呼ばないが、やっぱり河童が陸にあがり、空をとんでまわるものと考えられている。このヒョウスンボという呼び方は『俚諺集覧《りげんしゅうらん》』にも出ていて、福岡県のヒャウスへまたはヒャウスと明白に同一系統である。しかし宮崎県のこのヒョースンボーについてもまだ民俗学的に信頼すべき調査報告がないので、熊本県のヤマワロ伝承との関連を論ずることは早計である。

鹿児島県のガラッパの本場は熊本県の芦北地方に隣接した川内附近である。現に私は佐敷町外れにある水神さんの祠を採訪した時に、そこの主人からこの村の奥にある涌水のもとは川内川に通ずるのだという話をきかされた。そしてこの川内地方のガラッパも冬は山に上るといわれている。また別に鹿児島には河童の方言としてガグレがあるが、これは熊本県南部のガゴと同一系統で、河童だけでなくもっと広い、漠然たる怪物を意味する方言である。

大分県では阿蘇に近い県境の地方でモンキサンというのがあって、春と秋の彼岸に山を上り下りし、もうモンキサンが上ったので山に入ってもよかろう、などと言うということをきいたが、これは現地での採集ではないからやや信頼度が低い。また河童の異名としてゴンザムシがあるが、その意味は不明である。九重山地方にはセコがある。これは前述のように熊本県下でも散発的に所々で聞かれるが注意すべきものである。前にも述べたように九州の山々で伐木の仕事をした山師は渡り者であって、大きなものはセンドウと呼ばれる棟梁のもとに数十名が組を作って各地の山で請負いで仕事をして廻った。熊本県下の山村に行ってみると、今でもそうした大センドウの名前がまだ記憶されているくらいである。一ヶ所で仕事を始めると山小屋を作って、永いのは何年もそこで働くのである。なかにはそのままその土地に居着いた者もあり、女房を貰って行く者もあった。また行く先々でその土地の者を配下に使うこともあって、これらは渡り山師に対して「地山師」と呼ばれた。このようにして、本場から来た山師の技術と精神とがその行く先々にいくらか根をおろすことになったのであるから、おそらく彼等が持っていた伝承もまたそれぞれの土地に種子をのこしておくことになったのであろう。

山中の童子についての信仰もまたこのようにして山師が残して行った種が育ったものではないか、という推定が可能である。熊本県の山中で一般に尊敬されていた山師の産地は、宮崎・大分・土佐及び紀州の各地である。このことを考えてみると、例えばセコという言葉が、点々として遠く離れた山中に伝えられている理由も納得できるようである。

伝承を考察する場合に常に念頭に置かなければならぬ一事は人的移動である。事実が自ら移り動くのでなく、人の動きに乗って事実が移動して行くのである。我々は遠く近畿の山間に山太郎・川太郎の伝承があるという報告を持っている（民俗学辞典一一一頁）。それは一見非常に奇異に感ぜられるけれども、紀州の山師が肥後の山間で永いあいだ大きな勢力をもって活躍していたことを考え合せれば納得がゆく問題である。同様にして土佐の山師もまた我々の山間に何かを残しているにちがいないと考えられる。現に今日でも肥後の山師はみんな土佐鋸を使用している。そして鋸という有形文化のほかに無形文化も必ずそれに伴っていることと考えられるが、残念ながら土佐の山師についてもまだ民俗学的にまとまった調査が発表せられていないので何ともいえないだけである。

以上の例証から我々が理解し得ることは、ヤマワロという名称は全国的ではないが、山中に童形の神格をもった集団があって、それが神の使として人間とさまざまな交渉を持ち、また人間が主として水辺や平地で働く時期には、この集団もまたそこに降りて来て同じような機能を発揮するという民間信仰は、全国的に広く伝承せられていたのである。熊本県下におけるヤマワロはこの一連の伝承の一つの露出面にすぎない。ここに至るとヤマワロという呼称は大した問題ではなくなる。例えば故浜田隆一氏の『天草島民俗誌』（昭和七年六月、郷土研究社刊）にはヤマワロという言葉は一つもないが、カワンタ（川の太郎）について、次のような点でヤマワロと一致する伝承が報告されている。

（文末の数字は原書の頁数）

1　冬は山に登って黒木の根方に居る。（六九）榊の根にかくれている。（八八）

2　夏の初めに山から下って水辺に行くが、この通路は一定していて、列を作ってホイホイホイホイと掛け声をしながら通って行く。知らずにこの行列に突き当ったものはすぐその場で死んでしまう。（七二）

3　秋分から翌年の春分までは山に居る。（八九）

4　路傍で子供のように群をなしてあそんでいて、

人が悪口を言ったりしたら皆でその人を掻きむしる。(九二)

5　四、五歳くらいの子供の大きさで、髪はバラバラにしている。(九五)

6　夜中に川べりにかくれていて、通行人の提灯を消したり丁髷の元結を切ったりする。(九七)

7　酒を持って歩く人に酒をゆすって呑む。(九七)

8　秋の彼岸頃から川を出て山の谷川のほとりに住み、蕎麦などを盗って食う。(一〇〇)

9　なごしの節供の日には山に素麵を食いに行く。(一〇〇)

10　川の神祭りの日には床屋のところに行く。(一〇一)

前にも述べたように、天草郡下で現在ヤマワロという言葉が使われているのは、私の調査によれば芦北郡に最も近い御所浦島だけであったが、二十年前に刊行された『天草島民俗誌』には、そのほかに下島の中央の一町田村と同じ島の九州本土に近い高戸村からのヤマワロ説話が採集されている(一六九・一七一頁)。しかしいずれにしてもこの島国では、ヤマワロという言葉は今日では普通には使われていない。だからもし、ただヤマワロという言葉のみをインデックスとして調査をするならば、天草本島はまず空白地帯である。玉名・鹿本・菊池等のいわゆる城北諸郡も同様である。これは他の民俗伝承の採集調査についても言い得ることであって、伝承の本質は社会的乃至は個人的現象としての「事実」であって、名称は時と所とによって変移し、或は消滅さえもすることを知らねばならない。

## 結　語

以上はヤマワロの伝承が熊本県下の各地にどのように現在分布しているかの実態を先ずとらえ、次に古文献に僅かながら採録されている事実と今日の実態とを比較してみたのである。その結果として我々が知り得たことは、この伝承は正確に古文献に記録された事実を今日もなお存しているだけでなく、更に多くの説話を次々に生んで山村の人々の話題を豊かにしているということであった。信仰の存するところ説話は次々に発生する。信仰がなくなればいわゆる「残留」（サーバイバル）となって忽ち忘却の淵に転落することも我々は知ることができた。

この調査によって我々が知ることのできたのは、熊本県下の民間伝承は北部と南部とで地域的に差異があり、その境界線はだいたい白川の渓谷ではないか、ということである。もちろんこれはまだほかの異ったいくつかのインデックスによって調査した上でなければ確定的ではない。

このヤマワロ調査が最初から目標としていたのは、ヤマワロ伝承によって九州における山神思想乃至は山岳に対する観念に何らかの特異性が認められるのではないか、ということであったが、これについては今のところ否定的な答えしか出て来ないようである。ただヤマワロという呼称が濃厚にこの地域に存していることは確実であるが、山中に童形の怪異の存在を考える思想は決してこの地方のみのものでないことを我々は知るに至ったのみならず、それが季節的に山と川との間を往来する思想もまた国内の他の地方に存しているのである。

しかしそれにもかかわらず、我々はヤマワロ伝承について考察してみることの意義は相当大きなものがあると思うのである。それは、日本人の純粋な自然哲学の一部門として、常民の山岳崇拝のあり方をここから一つ跡づけることができると思うからである。日本人にとって「山」が何であったかを知ることは、民俗学の立場からも重要な課題の一つであるに相違あるまい。

（昭和二十七年十一月、立太子礼の吉日擱筆）

（「九州民俗抄」昭和四十年四月）

## 九州河伯考

『綜合日本民俗語彙』の第五巻に河童方言の全国分布図が出ている。これを一目見てもわかるように、カッパの方言は北日本では極めてすくなく、岩手・秋田・山形・福島・新潟の各県には一つもない。僅かに青森県に「水虎」系のオシッコサマ・セッコウサマと、「水神」系のメドチ・ミズチが掲げられているだけである。これを西南日本の各県に比べると非常な相違であって、たとえば大分県と宮崎県とにはそれぞれ十六のちがった方言が記録され、他の九州各県いずれも十語以上が挙げられている。

他の民俗事象においては九州と東北には相似点が多く、柳田国男先生の『蝸牛考』の原理がそのまま適用できる現象が多く見られるのであるが、ことカッパの伝承となると、事情は全く異ってくる。このことは、民間伝承としての河童信仰が南方から日本に伝えられたものではないか、という実に重要な結論への一つの有力な示唆となる。そしてこの分布図をもう少し詳しく眺めてみると、北と南とでこのような大きな相違があるほかに、東と西でまた相当のちがいがあることに気がつく。つまり河童方言は九州で非常に多いのに次いで、黒潮の流れに沿って四国から近畿、関東にかけて相当に顕著であって、これに比べると裏日本、即ち山陰、北陸の方は、東北地方ほどではないが、やはりそれに次いで少いことはまぎれもない事実である。

厳格に伝承濃度を測定しようとするならば、ただ語彙の数のみによるのでは不充分である。なぜなら方言としては変化がなくても、一つの方言のもとに多くの人々が深くその伝承を信ずる場合があるからである。そこでわれわれの考察は、もっと質的にこの民間信仰の内容に立入らざるを得ない。この文章では全日本にわたって各地域を残らず比較してみる余裕はないので、焦点を九州に据えて、そこで信ぜられている姿を日本の他の地区と比較して考えてみようと思う。

九州の河童伝承をまず南端から見ることにしたい。沖縄のキジムンまたはキジムナーと呼ばれるのがそれで、これと同系統が奄美大島のケンモンである。童形の妖怪で水中にもぐって魚をとるのがうまい、という点では内地の河童と同じであるが、これが陸にあがってアコウやガジュマルの木の繁みに隠れている点が注目されなければならぬ。奄美のケンモンについてはもっと詳しい報告があって、頭の上に皿があり、陸上に居る時はその皿に青い火を点すと伝えている。ガジュマルの古木があるとそれにこのケンモンが宿るというので、大島では屋敷のまわりにこの木を植えない。『南島雑話』でははっきりとこのケンモンは川太郎のことであるという。人に逢うと相撲を所望し、薪を負うて山を往く人に遭うとすすんでその薪を背負うて人里近くまで運んでくれるくらいで、決して人に害を加えることはない。漁をする人がケンモンの機嫌をとり結んでおけば漁運にめぐまれると信じていることは沖縄の場合も同じである。ガラッパまたはガワラッパという呼称もこの地方でももちろん聞かれるが、ケンモンの方が民間伝承としては顕著である。

鹿児島県ではもっと多くの河童方言がきかれる。どれが優勢であるかは容易に判断しにくいが、ガラッパ・ガラパ・ガーロの系統が全県的である。この県に特有と思われるものにはワロドンがあるが、これは後に述べる熊本県のヤマワロと同系で、ヤマワロ（山童）のヤマを省略して、その代りにドン（殿）という敬称を語尾に付けたものと解することが妥当であろう。またこの県では、ミッドンという表現がきかれ、これは遠く北日本のメドチやミズチと呼応して「水神」の訛ったものに相違ない。もう一つ、ヘンコロという珍しい表現が鹿児島県の東部山村で聞かれるが、これは東隣の宮崎県のヒョースボと同系統のものと思われる。

宮崎県の河童方言は前にもちょっとふれたように、その数が非常に多いが、全県的にひろがっているのはやはりカッパ系統であって、カワロ・カワラ・ガラッパ・ガーッパ・ガラッポなどと転化している。そして、これらに対してこの県の特有のものとして前述のヒョースボがある。ヒョースンボ・ヒョーボーなどともいうが、ヒョイヒョイという表現がこの呼称の由来を説明している。熊本県の南、宮崎県と境を接する球磨郡にもヒョイヒョイドンという呼び方があって、この地方の民話に取材した作品を書いている故小山勝清の童話の中でこれがさかんに活躍する。これは河童の持つもう一つの性格を表現する点で注意すべき呼称であって、九州南東部では河童は鳥のように山間をヒョウヒョウと音をさせて飛び廻るものと考えられているのである。ヒョースボの語源として、それは兵主部という或る特定の個人の名から来たものであるという説があるが、私はこの説は全く牽強付会だと考える。語尾のボは「坊」であって、親しみのこもった擬人法であり、ヒョウヒョウと音を立てて飛び廻る「坊」をヒョースンボと名付けたと見る考え方が妥当だと信じている。

カワコ・カワロ・カワラなどの方言も宮崎県の南部で採集されているが、これはいうまでもなく全国的に流布した「川子」系のものである。九州特有のものとしては、前記のヒョースンボのほかにセコンボがある。このボも前記のヒョースンボと同じく愛称の「坊」であるが、セコの方は九州山脈の中枢部を南から北へ相当ひろく認められる方言である。セコと簡潔に呼び捨てにする山師もあるが、セコボーズとかセコボーなどと愛称をつけて、熊本県でも、大分県でも呼ばれている。このセコの語源は現在のところまだ充分に自信のある説明が私にはできない。山の背に棲む子供、という意味であろうか、或は「迫」という地形呼称から来たか、そのいずれかであろうと思う。

もう一つ、宮崎県児湯《こゆ》郡西米良村《にしめらそん》の山村調査でスイテンボーズという珍しい河童方言が採集されているのを見逃すことはできない。このボーズは、前述の宮崎県の方言にも見られる通り、愛称の「坊主」にまちがいはないが、「スイテン」という表現に私は心惹かれるものがある。なぜなら、それは福岡県久留米市の「水天宮」を思い出させるからである。周知の通り水天宮は九州河童の総本山であるが、米良の水天坊主はこれから来た語ではないかと思う。久留米と米良とは相当離れているが、民間伝承としてはこれぐらいの距離をもって同じ伝承が分布している例は決して珍しくはない。それにしても、「水天坊主」という表現はまことに簡潔的確な言い方で、もっと九州の他の地方にも存在していていいのではないかと思うが、現在までのところまだそれは見当らない。

東に廻って大分県で拾ってみよう。セコ・ヤマセコが西の九州山脈の地区にあることは前に書いた。カワコ・カワントン・カワンヒト・ガータロ・カワンモン・カワンヌシなどが平坦部に広く使われていたことを示している。九州の他の県で見られぬものにエンコ（猿猴）があるが、これは瀬戸内海を挟んで四国・中国の各県にひろがっているものである。つまり大分県が古い時代からこれらの地方との交渉を持っていたことを示すものである。

福岡県に入ると、大分県と一致するカワトノ・ガッパ・ガッコが県下各地で採集されているほかに、多少珍しいものとして佐賀県境できかれるコーラワラワがある。ワラワは「童」であるから、コーラを「河原」と解すればこの方言の出典は一応理解できる。佐賀県も福岡県と大体同じでガーッパ・ガワタロがあり、宮崎県のヒョースベがここにとんで入って来ているのが興味がある。珍しいものとしてはカワッソがある。これは九州の他の県には類例が見当らず、強いて他の地方にそれを捜してみれば高知県にカワウソがある。カワウソ（獺）は実在の動物で、今日ではまことに数がすくなくなってしまったが、毛物でありながら水中に入って魚を捕って食う習性があり、昔は相当ひろく全国各地の山間に棲息していたと考えられるので、日本人の頭の中に河童のイメージを形成するにあたって、この動物が一つの重要な役を演じたと考えることは妥当であろう。

長崎県の河童方言でもいちばん多いのはカワッパ・ガワタロ・ガンタロ・カワタロの系列であって、この点では九州北部方面の各県と一致する。珍しい例としては五島にヤマオロがある。これは次に述べる熊本県のヤマワロの系列に入るべきもので、他に類例を捜してみると山口県の西海岸にタキワロがある。タキというのは今日の日本語の「滝」の意味にもとれるが、九州の山村では山の中に屹立する巨岩を、水とは関係なくタキと呼んでいるので、そう解釈すればタキワロとヤマワロは非常に似た意味となる。この場合のワロは、前に述べた福岡県のコーラワラワの場合と同じく、童児のことであろう。

以上、九州の各県を沖縄から東廻りにまわって河童方言を比較して見てきたが、最後に中央の熊本県の順番となった。熊本県のものは結局、北部各県から入ったものと、南部から流入したものとから成っている、という観察ができよう。即ち、熊本県の北部はカッパ・ガワッパ・ガラッパが圧倒的であって、阿蘇から東部の山岳地帯ではセコが相当ひろく広がっている。そして宮崎県と境を接する球磨郡にヒョーヒョードン（またはホイホイドン）があることは前に書いたが、この郡にはほかにヤマンタロー（山の太郎）があって、全郡にわたって今日でもひろくその存在が認められている。ここでは今日でも二月一日が「太郎朔日」と呼ばれる公休日であって、家々では仕事を休んで供物を作ってヤマンタローさんの祭りをするのである。何故にこの日にこの祭りをするかというと、この日が山の太郎と川の太郎が入れ替る日だから、と説明する。二月一日という日をこの祭りにえらんだのは、この日が古い昔から第二回目の正月であり、また民間ではこの日に奉公人の入れ替えが行われていたこととも関係があるかもしれない。それよりも重大なことは、山と川とに「太郎」と呼ぶ精霊を想定している点である。そして、すくなくとも九州中枢部のこの地方では、この二組の太郎が入れ替ることを以て季節の変り目であるとしていたのであろう。このように考えてくると、カッパを「川太郎」と呼びなした全国に流布する方言も、かりそめの命名ではなくして、実は今日の言葉に訳出するならば「川の精霊」とでもいうべき、荘厳な宗教的な意味をこめたものであったのである。各地方の大きな山や川を呼んで坂東太郎とか筑紫太郎などというのも、このような「太郎」の意味に理解すべきであろう。

さてこの球磨郡の西、不知火海に面した一帯が熊本県芦北郡であるが、ここが昔から有名なヤマワロ地帯である。昔から、という意味は、正徳年間に刊行された『和漢三才図会』にこのことが次のように記されているからである。「九州の深山の中に山童《やまわろ》と云う者あり、貌は十歳ばかりの童児の如く、全身に細き毛あり、柿褐色にして、長髪顔を覆う。肚短かくて脚長く、立行して、人言を為して早口なり。杣人互に怖れず、飯雑物を与うれば喜んで食う。斫木の用を助け、力甚だ強し」とまことにこまかい記載である。そして今日でも、この記載の通りのヤマワロの伝承が存し、芦北郡一帯、八代市の南から水俣市に至るまで、それこそ老若男女、土着のものならばこれを知らぬ者は一人もない。老人は自分の体験としてヤマワロと相撲をとった話や道案内をしてもらった話をしてくれるし、中年以下の者ならば友人先輩からきいた話を取次いでくれる。ヤマワロという呼び方は平地の畳の上でしか使わず、山に入って話をする時にはヤマンモンとか、ヤマンヒトといったような呼び方をする。これはヤマワロというのはいわば本人がいない時に用いる客観的な呼称であって、本人がどこかで聞いているかもしれない場合には、もっと丁重な呼び方をするのである。とにかく、この芦北部一帯ではヤマワロは人々が山仕事をする時の庇護者であり、その故に人々の敬意と愛情との対象になっていることは、たとえば九州南部の島々においてケンモンが漁人の間で考えられているところと全く同じである。

しかし、ここで注意すべきことは、河童がその名の通り水中に棲むものと考えられている地域でも、それは魚が水中に棲むようなあり方ではない、ということである。人間に相撲を挑むというのが全国的に河童の属性として承認されているが、それは河童の方が陸上にあがらねばできないことであるからである。また前にも述べたように異名としてエンコーやカワウソが用いられている地方があるように、更には高知県ではシバテンという陸上の怪物が河童のことだとされている例もあるように、ここでも河童が水棲動物でなく、すくなくとも両棲動物として考えられていた証拠といえるであろう。宮崎県を中心とするヒョーヒョードンといったような呼称に至っては、河童を空をとぶものとさえ考えていたことになる。

さて、熊本県の河童伝承だけを抽出して観察してみると、県の南部(即ち鹿児島・宮崎両県と接触している部分)では夏の間は水中にひそんでいる河童であるが、冬には山に登るものと考えられていた。これに対して北半分ではヤマワロやヤマンタローという呼称が全然通用しないだけでなく、河童が山に登るという考えは見られないのである。このような相違がせまいこの熊本県下で極めてはっきりと見られる理由については、九州全般の河童伝承との関連によって理解する以外には考え様がないのではあるまいか。つまり、九州各県の河童伝承を見渡してみると、沖縄・宮崎・鹿児島の三県(これを南九州と呼んで差支えないが)でははっきりと河童の陸上活動の通念があるが、九州の北部、福岡・佐賀・長崎の三県ではこれが認められないからである。結論として私が言いたいことは、河童伝承のうちで、それが陸にあがって山仕事をする人間の守護者ともなるという考え方は南方系であって、この点が九州河童の非常に顕著な特色である、ということである。

水中に棲む少童があって、これを人々が精霊としてあがめ、水の神の観念と結合して重要な民間信仰の一分野であったことは、世界の多くの民族に見られるところであって、日本民族もまた全般的にこの信仰を持っていたと考えなければならぬ。つまり、水神信仰の一分野として河童信仰は南九州も北九州も同様に持っていたと考えられるのであって、私は河童信仰全般が黒潮の流れに沿って日本に北上したなどと主張するものではない。

水中少童の全人類的ともいうべき観察は、おそらく九州には早い昔に本土または大陸からもたらされていたにちがいない。それは人々が九州の土地に居住を定めると同時に存在したかもしれない。これが一応九州の全土、北から南へと滲透していたところに、もう一つの水中少童の信仰が南方から流れ寄ったものではないか。私にはどうもこれが真相のように思われる。もう一つの河童信仰、とここにかりに呼ぶものの源流を探ることは、この文章の目的ではないのでここでは触れないこととして、それがまず沖縄に上陸して、薩南の島々を辿って九州本島にあがったと考えよう。九州の山は高くはないが、深い。宮崎・鹿児島両県が国有林の面積においては今でも日本一であることを見てもこのことは明瞭である。このような地理的背景に立って、南から来た水の精霊のさかんなる陸上活動の展開となったのが、今日も見られるような九州河童伝承の大きな特色となったのではあるまいか。

この一点を除けば、九州の河童伝承には、日本の他の部分に流布するものと質的な相違は見られないようである。九州が日本の南西部にあるがために、温暖で水に親しむ期間が長いために、河童と人間との交渉も繁くなり、それについての話題が他の地方よりも豊富になってくるのは当然のことであろう。そのために九州は比較的に濃厚な河童伝承を持つことになるのである。

河童が田植の手伝いをしたとか、田主が知らぬ間に田に水を汲み込んでくれたというような説話が九州の各地にあるが、この種の河童の恩恵を語る語が、発生としては最も古いものだと考えて差支えない。田圃や水路に藁苞《わらづと》に入れた供物を立てる風習が各地に見られるが、誰にこの供物をするのかときくと、カッパさんに上げる、と答える農婦が多い。子供たちが水に入る時期になると、集団を組んでカッパ祭りをすることが、南九州の村々では今でも見られるが、これなども河童を人間の保護者と見做している点で、やはり初期の河童信仰の面影を伝えるものである。

水に溺れて死ぬことは、子供だけではなく、大人もふくめて、古い昔から人間が度々体験した苦難であったに相違ない。そして溺死人の死体を引き上げてみたときに、その肛門がひらいているのに気がつくという事実も遠い昔から人々がたびたび見聞したところであった。河童が人間の尻から手を入れて内臓を引き出して食うのだという解釈が、この事実によって裏付けられることになるのである。子供などがいつまでも水に入って遊んでいるのをやめさせるためには、このように説明することはまことに効果的であったにちがいない。しかし、このように説明することは、河童を人間の保護者と見做して来た歴史から見ると大きな転換であった。

ひとたびこの転換が実現すると、河童は人間を脅かす威力となり、多くの印象的な伝承説話の主役となって登場する。まず裸で泳いでいる人間を水中に引き込んで尻子玉を抜くというのだから、そこには当然激しい水中の格闘が想像される。この格闘が水中で行われている限りでは見物人をあつめての演出とならぬので、物語の作者は当然この格闘の場を水辺に移すことになる。河童が水中から出て来て人間に相撲を挑んだという話が、このようにして一般に広がってゆく。この相撲をスリルがあるようにするためには、河童に何かの神秘性を付与しなければならぬ。そこに頭の皿の着想が生れた。つまり水の中でこそ人間を溺死させる技能があるとしても万人が首肯するが、さて陸上で人間と互角の勝負をさせようとすれば、やはり体に水気を持たせるほかはない。福岡県吉井町の高橋明神と河童との相撲の伝承説話などに、このような説話者の工夫の過程がよく示されていると思う。それによれば明神様は河童に相撲を挑まれて、これに勝つために知恵を絞って試合時間を延長し、河童の皿の水が涸れるのを待ってこれを切抜けたという話で、大明神の賢明さを示すのにまことに格好の筋となっている。

河童が人間の尻子玉を抜いてこれを食料として生きているということになれば、水泳ぎをしている人間だけをめあてにしたのでは忽ち食糧不足となる。そこでの説話者の着想は、厠にかがんだ人間をねらわせることである。事実、カワヤという言葉からも知られる通り、日本の古い便所は川の流れに臨んで建てられていたのが多かったので、川の住人である河童を便所に忍び込ませるのには、あまり手間はかからなかった。この不敵な侵入者に対して人間も無防備ではあり得ない。胆力のある勇士が(時々は武芸に秀でた美しき姫御前が)その問題の厠で河童を取押えるのである。大抵は腕を抜きとられることになる。そこで手なしになった河童が、くだんの勇士の枕上に立って腕を返してほしいと嘆願する。ここで日本の勇士や美女はいつでも情深い性格を持っているので、それを返してやる。河童はその恩に感じて、何か永く人間がよろこぶような返礼をすることになる。

この返礼は次の二つのいずれかである。一つは今後その村の人々に害を加えませんという証文を書いて渡すというもの。これが河童の証文石というもので、門司の乙女川の馬淵をはじめ、九州各地に見られる。天草の南端牛深の久《く》玉《たま》町の某家にある証文石などは、一間の床の間をいっぱい占領するほどに大きなものである。謝礼の第二の手段は骨接ぎ膏薬の製法の伝授であって、各地の家伝の膏薬を売る家にはほとんど例外なくこの説話が語られている。河童が相撲を好むという性格との連想で、この説話はいかにも自然に聞く人の興味をそそるのである。

さて、厠での奇襲もこのようにしてあまりうまく運ばないということになると、河童の目標は人間から牛馬の方に向けられることになる。河や海の岸辺は、今でこそ堅固な堤防が築かれ、道路や住宅が水際まで進出しているところが多いが、昔は草の繁るにまかせ、人間がその土地を利用する方法としては、牛馬をその草原に繋いでおくくらいのことであった。そして、時たまこれらの牛馬が見失われたりすると、人々は、それは水中から河童が現れて、それを水中に引き込んだものと考えたのである。ところが牛馬になると、人間よりも力が強い。河童が繋いであった綱を解いて水中に引き入れようとすると、馬は反対に河童をひきずって自分の厩にかえってしまう。そこで河童が反対に人間の虜になるのである。牛や馬が水中に引き込まれたというだけでは話は簡単で、だからこの淵を馬淵というのだといったような地名説話で終るのであるが、河童が反対に厩に引き込まれ、人間にとりおさえられると、民話として一段と面白いものになる。福岡県鞍手郡小竹町の「川ん殿石」にまつわる説話がその一例であって、今はどこへ行ったかこの石の行方がわからぬようだが、昔は南良津《ならづ》の観音堂の前にたしかにあったようである。遠賀郡芦屋では牛の話になっている。取押えたのは柏原の里の伊右エ門と住所氏名まで残っていて、河童はアミダ様が世におわす限り、この里の人々には害をあたえませぬと詫びて許されることになっている。熊本県佐敷町で私がきいた話では、河童が馬屋の入口でうろたえているのを見た百姓のおばさんが、そこにあった馬の雑炊桶を河童の頭からひっかけたので、頭の皿に水が入り、河童は元気を吹きかえして逃げて行ってしまったことになっていた。

筑後柳川にも河童の手があって、藩士の某の娘が斬って取った話が伝えられているが、熊本県下では私の知っている限りでも十ヶ所に及んで河童の骨を大切に神棚などに保存している。おどろいたことには、数年前に球磨川で発見した、生々しくまだ黄色の脂のしみ込んだ骨を持ち込まれて、これが河童の骨であるかないか鑑定を求められたことがある。御丁寧にその骨には白い紐で穴あきの五円貨幣を結びつけてあった。こうして河童の骨を大切にするのはその薬効が認められているからで、熱病などの場合にそれを削って、煎じて飲めば忽ち治療すると信じられている。人間に害をするかのように信じられておりながら、なおそれよりも一時代前の、神の精霊であった時代の信仰がこうした形で残っているのである。

河童の手にまつわる民話では久留米の豆津橋の近くの百姓の話が興味がある。ある夕方、彼が一日の仕事を終って筑後川の畔に降りて行って鎌を洗っていると、それにひっかかってきたけものの手らしいものがあった。何気なしにそれを持って家に帰っていると、その夜、河童たちが大勢やって来て、その手を返してくれといって騒いで仕方がない。そこでお百姓は鎌を持ち出して嚇したので河童たちは逃げて行ったが、その後も毎晩やって来ては百姓の一家が眠れないほど騒ぐので、その手を桐の箱に入れて水天宮に奉納した、という話である。

この話で、百姓が鎌を持ち出したので河童が退散した、という段が私には興味がある。前にも書いた球磨川の、骨に五円貨幣が結び付けてあったというのも、持って来てくれた人にきいてみると、そうやっておけば同類がその骨を取返しに来ないだろうというまじないであった。

河童の活躍がさかんであれば、当然これを封ずる工夫も考えられてくる。その対策のうちで最も普及しているのはカナモノである。私どもが子供の頃には、水に泳ぐ子供の間に、手首や足首に大工さんの墨壺の糸をもらって巻きつけている者があった。これなどはカナモノの拡張解釈であって、大工が金物をよく使うので、それを墨壺の糸にまでひろげてしまったものだと思う。水の中に何か落して見つからぬ時には、大工のカネ尺をその近くの水の中に吊って一晩おくと、翌朝河童が必ず返してくれる、という話を九州山脈の奥の山村できいたことがある。これに類する話で方々の農村できかれる話は、河童が枕上に立って、自分たちが棲んでいる淵に目の光る怪物がいてどうにも恐ろしいからなんとかしてほしいとたのむ。そこで百姓たちがその淵に潜って捜してみると農耕用の馬鍬（または千歯、いずれもカナモノ）が沈んでいたので、それを引き上げてやったら、河童たちが大変によろこんで、お礼のためにどうした、というような話は随分多く、九州の各地に拡がっている。

河童封じのもう一つの手段は仏法である。つまり、仏教が日本の民間に滲透しようとした頃、そこには河童の威力がつよくわだかまっていて、布教者はその

「迷信」を打破するのに苦労したらしく、いろいろな説話が今に至るまで各地に残っている。例えば、河童に相撲を挑まれたが、大急ぎで家に帰ってお仏飯を食って来たのでその難を免れた話が、福岡県太刀洗の仁《に》王丸《おうまる》という村で彦兵衛という農夫について語られているが、これと同類の伝説が九州の各地にある。仏壇の線香立の灰を河童にふりかけたらよいと説く話もある。

河童は魚や猿などのようにいつでも群居しているものと考えられている。水神の精霊として水中に群居しているという考え方が、やがて水利土木の作業で人間に奉仕するという古記録の記事になるのは不思議ではない。この水中の少童の水利作業のことを記録した文献は中古以来、日本にはいくらもあるが、中世以降になると築城作業に河童群を使った話となる。左甚五郎の日光造営にあたってこの故智にならった話が、全国各地で語られていることは周知のところである。これが九州に入って来ると、加藤清正の熊本城を作った場合に附会される。いよいよ造営が完了するともう用事がないので、これからどうしましょうかと清正に相談に及ぶと、清正は、水にもぐって人間のジゴ（内臓）でも取って食え、と言って木槌で頭を一つずつたたいて川の中に追放した。だから河童の頭には皿ができたのだ——と笑い話になってしまうのである。

九州にはいくつも河童の本山といわれるところがある。久留米の水天宮がいちばん有名であるが、鹿児島県では、「川内《せんだい》ガラッパ」といって川内川がそれであった。熊本県では球磨川が本拠であったというのが通説であるが、阿蘇の奈羅延坊というのもいくつかの文献に出ている。筑肥方面の河童は毎年筑後川を溯って日田に出て、それから阿蘇の杖立を経て、はるばる本山の頂上にあった奈羅延坊に伺候することになっていたというのである。この奈羅延坊は、山上の祠堂が焼けてから麓の坊中（今の阿蘇駅の近く）に移って、打越神社と称して今もひろく信仰をあつめている。行ってみると境内に大きな水源池があって、昔は年中水が涸れることがなかったというが、近年は附近の畑地の開田でもう全く水がなくなってしまって、中世以来の全九州の河童の総本山も移り行く時勢に不遇をなげいている現状である。

（「九州人」No.7　昭和四十三年八月）

## 妖怪

天草は民話の宝庫であるが、こんどできた架橋第一号を渡ったところが大矢野島、その島のうちでも九州本土が目と鼻の先になっている岩谷《いわや》の裏山にオサンという名のキツネがいてさかんに活躍した。大矢野にはこのほかに七〔ツ〕割というところにオイワ、次郎田にツマグロと呼ばれるのがいて、狭い島の中で次々と話の種をまいたものであるが、新しい橋を渡っておしよせる自動車のエンジンの音で、これらの物語がどうなってゆくか少々心配である。

阿蘇の小国地方に行くとオトラというキツネが有名である。オトラは赤ん坊のとき大変な泣虫で手に負えぬので、「おまえのような子はキツネにくれてやるぞ」といって親が彼女を家の外に押し出したところが、そのまま帰って来ず、どうも本当にキツネに育てられたらしく、全身に毛が生え、皮膚は油紙のようになって、あちこちの村で見かけた人がある。それでも親の年忌年忌にはゼニサシに一文銭をたくさん差して窓から自分の家に投げ込んでおくそうな……。

キツネやタヌキ、さてはサルやテンなどにつきあいしないと成り立たなくなるのは、妖怪の歴史の上では末期的現象である。つまりそれらはオバケの零落した姿といわなければならぬ。もっとも最近の日本のテレビや漫画には、それよりもさらにおちぶれた妖怪が横行して、人々の笑いの対象となっている。

妖怪の系譜をもっと昔にさかのぼってみると、まさに「オバケ」という日本語の中にこもっているような畏怖と尊崇の感覚のこもったものが少なくない。おなじキツネでも、たとえば山口市の鴻峰稲荷のキツネなどになると、その名は天草のと同じオサンというらしいが、数千の野ギツネをしたがえて大内の殿様の津和野落ちを護ったというし、歌舞伎などにもこの種のキツネが出ること周知の通りである。天草と海一つ隔てた島原半島の富津にも全身白銀色の毛の生えた古ギツネがいて、これも名前は三助というのだが、いろいろな人助けをする話が伝わっている。「狐狸《こり》の仕業」と呼ばれるような無意味な悪戯は、昔の妖怪はしなかったのである。

河童となると、同じ妖怪でも系譜的にさらに古い。これが清水崑の漫画になると全くなまめかしいナンセンスに零落しているが、九州の田舎に行くと、田植の手伝いをしてくれたカッパの話など、いくらでも聞かれるし、子供たちが集って大まじめで河童祭りをやらかすのである。

九州のカッパの特別な貫禄は、それが冬には山に登る点で示される。『和漢三才図会』が採録したヤマワロがカッパの山に登ったときの呼名である。この徳川中期の百科辞典によれば、ヤマワロなるものは九州南西部の山中に住する妖怪であるが、昭和の今日でもほとんどその記載の通りに熊本県の芦北郡一帯に伝承されている。もっともこのヤマワロが熊本県球磨郡では山ん太郎、鹿児島県ではワロドン、日向ではヒョースベ、北九州ではセコ、南の島々ではケンモンというふうに名をかえて広がっていることは、博識なる『図会』の著者もご存じなかったようである。

この山のオバケは山中ではたらく人間の仕事を助けるのだが、人が何か失礼なことをすると、それこそ毎晩、山小屋を襲って来てゆり動かし、大きな岩や樹を倒す音をさせて眠らせない。昼食の中身を盗み食いしたり、仕事道具をとってかくしてしまう。山の老人たちは山ではこのヤマワロを決してヤマワロと呼ばず、「あん人」とか「山んもん」などの忌言葉を使う。要は日本の農山漁民の身近にあってその生業を助け保護するのが本来の仕事であったのだが、神様でなかった証拠にはヤマワロやカッパを祭る神社はどこにもない。

ヤマワロ級の古い、格式も高い日本のオバケに天狗があるが、これは北日本が本場らしく、九州には英彦山などの行者がもたらして広めたものと思われる。鬼の岩屋と呼ばれるものも九州全土にわたっていくつもあり、神様がバッチュー笠をばたばたとやってニワトリの鳴声を真似したら、鬼どもが夜が明けたと思って工事を投げ出して逃げ去ったという話が、どこにも忘れられずに語り継がれている。

およそ日本のオバケを格式別に分類してみると、まず天狗や山童級の神様に近いもの、このクラスは人間を助け、生業を指導することを本務としている。次には白坊主や壁塗りというような巨大な力を誇る怪物、そして第三位はキツネやタヌキの化けたもの、そして第四位がこの世に怨みを抱いて死んだ人間の霊魂の迷い出たもの、ということになろう。つまりオバケにも歴史があって、神様から人間へ、まじめな信仰の対象から、近ごろはやりの怪獣漫画に至るまでの配列がある。そして人間に夢がなくならない限り、この世に闇が残っている限り、オバケはなくなる時はないであろう。

〈補註〉

**ヤマワロ**（山童）童形。全身に毛あり。手足が長く、山中に群居し、歌をこのみ、人間の真似をする。山ん太郎、ヒョースベ、セコともいう。

**ガワッパ**（河童）童形。川の中に棲み、手足に水かき、頭上に皿があって水をたたえ、陸に上って人間に角力を挑む。川太郎、底引きともいう。

**カベヌリ**（壁塗り）夜道にあらわれて大きな黒い壁となって行人をさえぎる。

**シロボウズ**（白坊主）白い布を頭からすっぽりかぶり、目鼻がない。夜のさびしい道に現れて人をおどかす。

**マガリメドン**（曲り目殿）山道の曲り角にひょっこ

り現れ、これを見た人は必ず病気になる。

**ウブメ**（産女）死んだ妊婦が化けて出るので、子を抱いて闇夜の海にも陸にも出現して乳を求める。その子を受取って、夜があけてみると墓石だったりする。コダカシュともいう。

**カンスコロビ**（鑵子転び）竹山の中に住んでいて、親のいいつけをきかない子がいると、カンカンと竹の幹に突当る音をさせながらころんで来て、子供の頭をかむ。ヤカンコロビともいう。

（「民俗えつせい」昭和四十四年四月）

# 「ケンモン」と「ウバ」

金久 正

# 一

この島で広く信ぜられている魔妖なものの一つに、ケンモンなるものがある。この他に、類似のもので、ウバやガワッパ（河童）もあるが、これらはいろいろと混同され、もうケンモンのみが、ひとり横行し、他は影を潜めつつあるの感がある。

いまこの島の地形を一瞥すると、山がちで、平地に見るべきものなく、海寄りの山合いの小平地は、点々として、聚落部落をなしている。一つの部落部落を基準にして考えてみると、前方に開けた海岸の白浜の左右は山が迫り、岩石の入り乱れた荒磯がつづき、ところどころ水脈のある所などには、小さい白浜ができており、これには阿旦などが繁茂して、その奥に耕作に利用される平地のある所もある。一時代前までは、こうした人里離れた荒磯の白浜には、塩焼小屋などが立っていた。荒磯はたいてい干潮の時でないと渡らないが、これをずうっと迂回して行くと、山頂の平斜地に通ずるとこに行き当たる。海に迫る山頂の平斜地を部落部落では、ヒジャ（ヒダの訛、飯田、飛驒）と呼んでいる。ヒジャといえば、部落の人々が、耕作して唐芋その他の農作物を作ったり、ここで秣を刈ったり、その周囲から焚物を拾ったりする場所であった。海岸の展望はよく、いわば村落の前哨地である。このヒジャなる地域へは、部落から通ずる山間の正規路というべきものはなく、磯伝いか、あるいは小舟で、ここに達せられるようになっている。私たちの子供の時分は、ヒジャ行き舟といえば、ヒンマジキ（昼間食）の炊事道具などを備えて、何家族かの者たちが間組《まぐみ》で出かけ、またヒジャ帰り舟といえば、芋や焚物や秣を満載して来るのであったが、時とすると、貝や魚などもこんな舟の中に見出された。思うにヒジャ行きといえば、遊山気分もあったらしく、腕に覚えのある者は、昼間の憩いにちょっと浜辺へ出かけて、海幸にありつくことができたのであろう。私だけは、このヒジャ行きにも、もっと信仰的なものがあったろうと想像している。近頃では、幾家族ものものが舟を仕立てて、ヒジャに往くというようなことはすたれて、またヒジャの利用ということも当節は薄らいできたようである。もとは、ヒジャバヌス（比田蕃諸）すなわちヒジャにできる唐芋といえば、有名であった。

次に一部落から他の部落に通ずる山路の中間の峠辺りなどに、たいていナガネ（長根、長峰）などと呼ばれる地域のあることに注意せねばならぬ。この名称もたいていの部落に共通で、どうやら赤土のトーミチ（山間の平坦路）のある地域をこう呼ぶらしい。たいていサク（さこ、硲）があり、砂糖黍やいろいろの農作の耕地があり、水便のよい所には田もある。

以上のヒジャやナガネの地形は、民族地理学的にも看過すべからざるもので、もっと詳しく調査してみる必要があると思う。

いまこの島の怪《け》ン物、姥《うば》、河童の活動舞台ともいうべきものを、地形の上から原則的に概別するならば、ケンモンはヒジャなる地域を中心に、海浜一帯、姥はナガネなる地域を中心に山林一帯がその出没圏で、ガワッパは、部落を貫いて流れる川のミナトジリ（水門尻）と、その上流のウッコーあるいはウックンコー（奥河あるいは御垢離河の意か。乃呂やユタはここで斎戒沐浴したといわれる）と呼ばれる深淵のあたりが、その棲家であるといえよう。しかしこれはただ概別しただけで、このうち怪ン物は、部落でケンモン原と呼ばれる所は、どこでも出没し、そのため、姥や河童の姿は影が薄く、これらの性能も怪ン物が独占した形である。

## 二

河童は体が細く、手がばかに長く、雨が降って洪水のある時などは、かならず川尻に来て「厄かぶり」の人を川に引こんで溺らす。また子供などが水門尻で浴びると尻を抜くことがあるという。

その他、他所で河童について語らるべきことは、この島ではケンモンに転嫁されていることは、あとの記事から、うかがわれるだろう。

姥は怪ン物よりは体も大きく、したがって怪ン物ほど敏捷でない感がある。顔は広く赤く、頭いっぱい毛だらけで、顔におおい被さっている。山間の大木の間に棲み、雨でも降って、山中が小暗い時などは、薪採りなどに人が通れば小石や木片を投げたりして悪戯《いたずら》をするという。方言にウバガマチという語があるが、これは姥のような頭髪の意である。今の女の子供のオカッパみたいに、頭髪に手入れをしない、いわば乱頭蓬髪をそう呼んでいる。姥は頭髪が茫茫とはえて眼までおおい被さっているものと信ぜられたのであろう。なお髪を姥にするという意味のいい方も残っている。この島の山間には、姥滝などという地名もあって、よく姥の出る所とされている。これからみると、姥は山姥の上略語であろう。姥に会った時は、生木でなく、できるだけ朽ちた木の棒でたたかなければいけない。朽ちた木は折れやすいから、姥の方では、木の折れるまでたたかれたというので降参するという。また姥は頭に皿のようなものがあって、これには力水が入っており、姥に逢った時はこの皿をたたき落すと、力を失い消失するという。思うに、この皿は、一ッ目小僧の一ツ目にあたるものではあるまいか。(註) しかし部落により、あるいは同一部落でも中年と老年といったように年令の層によって、いろいろと話が混同し、この皿のあるものはケンモンであるともいう。大石文七なる人が、さる姥滝で真昼に出会ったという姥は、たたいたらパッと煙を立てて消失したという。

(註)「……ウバ、ケンモンについていえることは、ウバの頭上の皿というのは、目を皿にする、というたとえもあるとおり、一目(片目)を象徴するものであり、ケンモン説話については、ケンモンが魚の目を取って食べることや、また馬の目をついたり特に人間の「目を突く」と信ぜられているところがその中心であり、二つながら一ッ目小僧系統の話であることは明らかである。(柳田国男著「一ッ目小僧」参照)」

金久正『奄美に生きる日本古代文化』
一四章「ケンモンとウバ」補遺文章より

## 三

さてケンモンであるが、さしもこの島に跳梁を極めたケンモンも、時代は争われないものとみえて、近頃はだんだん姿を見せなくなってきたが、それでもまだそれらしいものに会った話は絶えない。人々の物の考え方の変遷は、さることながら、一方部落の生活様式の推移によって、ケンモンとの縁が薄くなったのであろう。もとは、荒磯の塩焼小屋や山間僻地の砂糖製造小屋や、炭焼小屋、さては漁撈の磯ごもりに、一人や二人の人が寂しい夜をふかす機会が多く、したがってケンモンに親しまれたり、ばかされる可能性が多かった。塩焼小屋、磯籠り、砂糖小屋といえば、たいていケンモン譚がつき物であった。明治の初期頃までは、この島のわびしい荒磯の白浜などには、塩焼小屋が方々に立っていたという。これをマシュヤドリ(真塩宿)と呼んでいた。また大正の中頃までは、部落の居住地を離れた山寄りの作場や、山間の作場には、砂糖小屋が点在していた。

これを「砂糖《さた》ヤドリ」あるいは略してヤドリ(宿)と呼んでいた。この島で砂糖黍のことは、形態の類似からヲギ(荻)といっている。このヤドリはたいてい埋柱の古風な小屋で、ヲギの殻で葺き、またヲギの殻でコベ(壁)も編んで作った。

ヲギ圧搾機の改良は、この島の農民に種々の変化をもたらし、特に大正の末ごろから発動機の圧搾機が部落部落に一台あるいは二台取り入れられるようになると、もう砂糖製造が集団的になり、今まで各「家振り」で一カ月も二カ月も要して暢気にやっていた砂糖製造が、一日や二日でできるようになって画期的一大変化が起こった。もうヤドリの必要がなくなり、駒の必要がなくなったのである。もとは、ヲギの成熟するころ、旧の三、四月となると、ヤドリと称する仮小屋に、二、三カ月間移り住んで砂糖黍圧搾用の駒曳車あるいは水車を立て、アラクワシ(新喰)、二度喰しなどと称して、朝は未明からヲギをたいてい二回ほど搾って、ゆるゆると砂糖を製造するのであった。たいていは砂糖の製造が終わり、次の植付けや田植えなどもこのヤドリですませて、本住宅に帰るのであった。また小作人や新しく分家した者で、家のない者は、このヤドリに常住する者もあった。部落の全面的自給自足ができない経済機構となった世に、発動機圧搾機の取り入れとともにヤドリの必要もなくなっては、好んで不便な山間僻地に住む人々もなくなり、もうすべてが、本部落に移り住みシンムラ(新村)なるものを作るようになって、ヤドリは疾くと取り払われるようになった。次に著しい現象は、最近十数年のうちに、この島在来の小軀の馬(駒)が、もうこの島から急に姿を没していったことである。今この駒たちはどこで余生を送っているのか、旅の筆者にはたずねてみる機会もない。この駒とは因縁浅からぬケンモンもおそらく彼らの尻尾にすがりついて、この島を去りつつあるのであろう。

まだ馬曳砂糖車の用いられていた時分までは、各農家では、この島固有のウマ（駒）を飼い、たいていは砂糖製造期にだけ馬屋から出してヤドリに連れ、使用するのであった。この島では、在来の駒をあまり交通に用いない習わしとみえて、集団的砂糖製造となると、ヲギの運搬用荷車を曳かすためにとかで、次には牛や外来種の馬が数を増し、在来の島馬は実用を失い、次々と村と別れをつげていった。今では何々神社の白駒といった特別のものでないと、もうこの島馬は農家には見出せないほど珍しいものとなった。部落によっては、小学校の教師が一、二年の生徒に馬の実物教授をするのに困るという奇現象すら呈している。

駒曳車も明治の末期ごろまでは、まだ木製のものが残っていて、これでヲギを搾る際、駒が駆けると高い音を発するので、子供らは、キャームイキャームイとおらびながらおもしろがった。キャーは擬声であり、ムイはモーレ（回れ）の子供的訛り。なおキャーには、ギャーの連想もあったろうと思う。ギャーはヲギの子供語でヲギの頭音が脱落し語尾に余分のヤがついたのである。このヤは、日常語にはもうあまり用いられなくなったが、思うに、古語の虚字「ら」に相当するもので、その純子音「r」が脱落したものであろう。これはまた複数的なものを示す「ら」と同様で、これから発生して形式語化したものであろうとの推測も、方言の上からつくのである。

木製の車が鉄製の三輪車五輪車になり、発動機の輸入となって、島の農民生活には飛躍的変革があった。もう秣刈のアス（朝飯）前の日課の必要もなくなり、ヒジャの往来もまれとなり、ケンモンから駒を獲られる気遣いもなくなった。

しかし駒に関するいろいろな俗信は、もう煙滅の一途をたどり、駒が鼻をひれば明日は晴だ、などという占式のものも、馬は未来や眼前の危険を鋭く予感する動物だなどという今ようの考え方に変わりつつあるのは、私たちの求めている返事でない。もと駒に砂糖車を曳かす時分、かならず木椀の古い物に紐をつけて駒の片方の目を塞いで駆り立てたのにも何かいわれがあったろうと思う。

## 四

ケンモンという語は、もちろんケノモノ（化の物、怪の物）の訛語で、得体の知れぬ霊物の意であろう。空模様が悪くなりそうな暗い夜など、海岸などに出ていると、人の通りそうでもない向かいの山の中腹あたりに、青白い光りが明滅しだす。時には早く、時にはゆるく動いて、みるみる一点の火が三つにも四つにも分かれ、また一つになる。これはケンモンウマツ（怪物火）という。どうかするとそんな火は、浜伝いに河童の出るという水門尻《みなとじり》にまでやって来て、消失することがある。ケンモンは指の先に火をともして歩くともいう。あるいはそのよだれが光って火に見えるのだともいう。朝まだき、まだ人も通らぬ水ぎわの白浜に行ってみると、怪ン物の足跡がついている場合がある。ケンモンの脚は細長く、先が杵の先のようになっている。だから、これをアヅミハギ（手杵足）といい、島の子供たちは、戯れに踵を水ぎわの白浜に押して跡をつけ、五つの足指の先だけをさらにその上に押して、その足跡のような型を作り、それケンモンの足跡があるなどといって、想像の足跡でみずからの好奇心を満足させていた。

昔ある荒磯の塩焼小屋で、一人の男が夜塩を焚いていると、いつのまにか一つの怪ン物が来て、カマンジョー（竈門）で火にあたっている。見ると体の割に脚ははばかに細長く、膝を立てて坐っているが、両膝は頭より高く出て、頭はその間に挟まるようにして、顔は赤く猿のようである。この男は、からかってやろうと、たぎった塩水を汲んでいきなりひっかけた。怪ン物はキャッ！　と叫んで逃げだしたが、翌朝見ると、マッタビ（蛇の一種）になって磯辺の岩間に死んでいた。翌晩になると後の山がことのほか騒々しい。木をゆさぶる音や、岩石をころがす音が、ものすごい。さては一味の仇討の陣揃いだなと心づいたこの男は、機転をきかせて、いち早く塩水を入れたツガ桶を伏せて、その中に身を隠した。やがて無数の怪ン物の襲撃が始まる。小屋中を方々捜し回り、伏せた桶の上も這い回っていたが、相手が見つからぬ。男の方では桶をひっくり返されはせぬかと、びくびくものであったが、怯ン物の方では、捜しあぐんで、ある程度で見切りをつけて退去した。思うに伏せた桶は、これに身を隠せば、何か呪力的なものがあって、他から発見されないという俗信があったのではあるまいか。この島の昔話の中にもこれと似たものがある。

ケンモンは、よく魚や貝をとって食う。いざりが好きで、指頭に明かりをつけて、磯の岩間をよく歩いている。人間もこれと間組《まぐみ》して漁をすると、魚がよく釣れ、貝がよくとれるという。人間が漁に出かけると、よくケンモンが憑いて来るが、よく釣れる代わり魚の目だけは全部ケンモンが引き抜く。これが憑いて来る時はうるさがって、これをはねようと石を投げたりすると、口をねじられたりすることがある。このものは、章魚《たこ》が一番きらいで、章魚を見せたら寄り憑かぬという。女などが夜磯のいざりなどすると、よくケンモンと岩角などで、ばったり出会うことがある。そんな時は、甘えっ子のように、あまえて憑いて来るが、その際は、かならず「ヤツデマルヤトルナヨ、ウトジャ」（八手丸や採るなよ、奥様の意。ウトジャは御刀自の訛。語尾のヤは虚字）というそうである。怯ン物は章魚のことを八手丸と呼んできらう。章魚の手が巻きついたら離れないからであろう。またこのものはギブという貝がきらいの由。ある夕刻ケンモンが、貝を捜して歩いているとギブ貝が口を開けている。ケンモンのゑずい奴は、中身をとって食おうと手をさし入れると、ギブ貝はいきなり、がぶっ！　と口を締めて、ケンモンの手を挟んでしまって、放そうとしない。そこでケンモンのいうことは、「潮ヤ満ッチ来《き》ュリ、夜ヤ暮レテ来《き》ュリ赦《ゆる》チタボレ、ギブチャーラ」と口すさみながら哀願した。また「潮ヤ満ッチ来ュリ、テダヤ暮レテ来ュリ、ユルサンナ、ブッタンケタンケ」といったともいう（潮は満ちてくる、日は暮れてくる、許してたもれ、ギブ貝様の意で、こうしたいい伝えは、みな古風な表現で、チャーラなどは廃語で、もと敬称、愛称に用いた語と思われる）。ブッタンケもギブの異称で、ケーは貝の意であろう。それでもギブ貝は許さない。もう潮は満ちて膝までつかってきた。いよいよケンモンの方は、命がけで腕を引っぱったら、手がひっちぎれた。ケンモンは、痛さのため泣きながら、散々悪口をいいながら山へ逃げた。他のケンモンらが見舞いに来た。それならみんなで仇討ちをやって手を取り返して来ようという。手切れケンモンがいうことにはそれだけはやめてくれ、こんどは、また誰が足を挟まれないとも限らぬというと、みんなは手切れケンモンの格好を笑いながら、これをたしなめたという。

人里離れた白浜の小屋などにいると、夜になれば裏の山から木の葉をざわめかし、岩石を蹴落しながら無数のケンモンが磯の方へいざりに出かける。その通る様は、もう群鳥が飛び下りて来るようであるという。その通路に白い洗濯物でも干してあれば、翌朝はかならず足跡がついて汚れている。かかる際は何か「左まき」の物を置いておけば被害がないという。

## 五

恠ン物の棲家は、ホーギ（がじまるの一種）の下であるという。よく恠ン物は子をあやすが、嘉徳部落のヒゴ山の法木からは、白昼でもケンモンの子守唄が聞えるという。これが子をあやす時は、「ヨーファン子《くわ》、ヨーファン子《くわ》（意味不明）」と歌う。これに反し人間の子守唄は、「ヨーファンヨー、ヨーファンヨー」であるから区別がつくという。ケンモンの常食は、ツンダリ（蝸牛《かたつむり》）で、法木の根元には、食い残しの蝸牛の殻がいっぱい溜っている。またナメクジを丸めて餅だといって食う。ある山間の一軒家の子供が行方不明になった。父母は心配して心あたりのところを、探してみたがいない。翌朝になって、法木の下に坐っていることがわかった。夜中にケンモンに引き回され、蝸牛をしこたま食わされたという。山路の法木の側を通る時は、よくケンモンが石を投げる。また山路で屁のあげつらいはしないものだという。かならずケンモンが出て来て「吾ン屁ヤヒランド」（吾は屁はひらざりしぞ）という。

昔三人の山男が途中で憩うていると屁の臭いがしだした。一人が他の二人に誰がひったかというと、両人とも「吾ンヒラン、ワンヒラン」という。一人がそれならケンモンがひっただろうというが早いか、ケンモンが現われて「吾ン屁ヒランド」といったそうである。

某氏が、住用村の山間《やんま》で見たという怪ン物は、七、八歳くらいの真っ裸の子供に似て、これが二人で河原で相撲をとっていたという。

ケンモンはよく人間に相撲をいどむが、その際は逆立ちして見せるとよい。ケンモンがまねて逆立ちすると、頭上の皿の力水がこぼれてケンモンは、たちまち退散するという。

なおケンモンは「ノブサダ」と呼ばれるのがきらいな由で、こう呼ばれると、怒っていろいろと人にいたずらをするそうである。

## 六

夢占いに、牛の夢は氏神のたたり、馬の夢はケンモンの夢というのがある。この意味は今でははっきりしなくなったが、この場合のたたりは、今の意味のたたりではないと思われる。今古老達の用いる「神狂《ぶ》れ」とか「神たたり」なる語を検すると、この中には災厄の意は薄く、「ある神が祭られたい、おがまれたいとその人に示顕すること」の意らしい。まだ災厄まではいかぬ、なぜ自分を祀らないかと立腹されるところである。大島方言で、現在怒るとの意味で「たたる」という語を用いている。こうみると「氏神のたたり」は、氏神様が子孫の祭り方が足らぬ、もっとよくおがまれたいと御立腹なされて示顕されることの意に解せられる。牛の夢は氏神の「たたり」の表象で、馬がケンモンの憑こうとする表象だとみるのであろう。いずれ、馬とケンモンは、因縁浅からぬものがあるとみえて、普通人には、ケンモンは仔馬の姿に見えるともいう。

もと砂糖ヤドリのあった頃は、よくケンモンが現われて、露天につないである駒にいたずらをし、馬の目の一方を突いて塞ぐという話が多かった。かかる際は、風法《かざほう》というものを行なえば、また目が開くと信ぜられた。因みにケンモンは、相手次第で、相手に似た姿になったり、また保護色的に周囲と同じ物に化けるという。

ケンモンが人間の目を突くという俗信に至っては、もうケンモン話もその絶頂だと思う。これも風法で癒すという。

## 七

この島では、地炉《じろ》の神をヒニャハムガナシ（火の神様の意。ヒニャハムは火の神のカミがハミと訛り、母音同化をなし、ヒノカミ、ヒナハム、ヒニャハムとなったもの）という。別称は、金山荒神、または三方荒神である。この神は、「かのえ子《ね》にネリヤより家に入り、ひのと未に家より天に昇る。家入り一週間の間に日柄を見て、ヒニャハムミシャクをしてこれを祭る」習わしである。これにはかならずマイシ（真石）を鼎形に立てた竈をこしらえて祭るのであったが、今は僻陬の地以外はたいていすたれて、その代わり小石を地炉棚に三つ置いて祭るようである。∴形の竈をマンダーと呼んだらしい。現在では土の竈を作る際、カマジョー（竈門）の両側にマヨ（眉）と称して、火起こしか何かで∴形にかならず印をつける。これはモンノヘ（物退け）すなわち魔除けの咒い《まじない》である。

さて佐ン物は地炉が好きで、立膝で火にあたる。佐ン物がいたずらをしたり、障りをする時は、地炉の神を祭ればよいという。

一時代前まで牛車でも砂糖を製造していたころの出来事である。ある男が、まだ夜の明けないころから、ヲギを搾って、ヲギの一番汁が溜ると車を停め、牛にはヲギの葉をやって休ませながら、自分は、砂糖鍋の火を焚きつけていると、車場の牛が駆け出して、空車を回している音がする。これはおかしいと、この男はヤドリを出て見ると、車場の台には、赤い毛のはえた犬のようなものが坐っている。はて、これがかねて聞いていたケンモンだなと考え、ケンモンは頭に力水の入っている皿があり、その水をくつがえせば力を失い、消失すると聞いていたから、この男は、長いひしゃくを持ち出してきて、咳払いを三回して、車場のヲギ汁を汲み「魔妖の者の皿打覆せ」と尊《たか》べてから、これを佐ン物にひっかけた。すると佐ン物は、「明日の昼下り、部落の上の家で騒動があるぞ」といい残してヲギ畑へ消えて行った。この男は、妙なことをいうものだとは思ったが、別に心にも止めず、その翌日の砂糖を焚いて、昼すぎ村へ行ってみると、自分の家の子供がやけどをして大騒ぎをし、今ヤドリに知らせに人を遣るところだったという。この男は、早速昨日の恠ン物を思い出し、これはきっと、ケンモンの仕業だといって、モノシリを呼び、塩祓いをして貰い、マンダー(∴)を作って厄払いをしたら、その後はケンモンはもうこの家には現われなかったという。

ケンモンについては、なおいろいろな個々人の体験談が物語られ、心理学的に興味があるが、以上要点だけを記し冗漫を避けた。

(昭和十八年九月号「旅と伝説」)

# 稲生物怪録絵巻

——江戸妖怪図録——

目次

稲生武太夫碑（広島県三次市三次町）

# 妖怪譚の白眉・稲生平太郎の化物退治

谷川健一

## 『稲生物怪録』を追って

江戸時代の国学者平田篤胤《ひらたあつたね》は怪異談が好きで、それをテーマにしたかずかずの論考がある。そのなかでとりわけ異彩を放つものに『稲生物怪録《いのうもののけろく》』がある。今から二十数年まえに、私はそれを読んで驚歎した。狐狸《こり》の演ずる凡庸な変化《へんげ》物語や朦朧《もうろう》たる幽霊談とは比較にならぬ奇抜な趣向を凝らした化物が登場して私を圧倒した。まばたきする死人、ヒキガエルに化けた古葛籠《ふるつづら》、宙を舞い歩く香炉《こうろ》、飛ぶ木履《ぼくり》、もえあがる行灯《あんどん》、女の逆《さか》さ生首《なまくび》、割れた頭の中から次々に飛び出す赤子《あかご》の群れなど、意表を衝く化物がまる一か月の間、毎日とぎれることなくつづいて現れるのだから、壮観というほかはない。

　このように手を変え品を変えて迫ってくる非凡な化物群を、縦横に活躍させる筆者の手腕に敬服する一方では、それが篤胤ひとりの頭脳から生まれたものとはとても思われぬことから、彼が題材をどこに求めたのか、その出所を知りたく思っていたが、長い間手がかりをつかめなかった。

　あるとき思い立って、妖怪譚の舞台である広島県三《み》次《よし》市を訪れた。三次市は広島市からJRで約一時間ほどの中国山中にある小都市である。一七〇メートルの比熊《ひぐま》山の南がわに、三つの川にかこまれた市街がある。川霧が夜明けの町を蔽《おお》うことが多いという。

　比熊山のふもと、三次市三次町大歳〔太才《ださい》〕にある三次法務局の構内に、二メートルばかりの花崗岩《かこうがん》の碑が立っている。昭和三年（一九二八）に建立されたもので、正面に「稲生武太夫碑《いのうぶだゆう》」の文字が刻まれ、裏面には武太夫が妖怪退治をした武勇をほめたたえた文章が記されている。この碑は全国各地のおびただしい顕彰碑のなかでも風変わりな碑の一つである。そこは武太夫の住居のあとであり、彼が日頃使用したといわれる井戸も長い間残っていた。

私は同市に住む郷土史家の卯山《うやま》与史武《よしむ》氏に会い、天明三年（一七八三）に書かれたという柏正甫《かしわせいほ》の『稲生物怪録』の原本のコピーを手に入れた。この原本は、もと大阪の古本屋でそれを見つけた人が、終戦直後、三次市の吉祥院《きっしょういん》に滞留した際に、友人であった同寺の住職に置いていったものだという。そして柏正甫の「自叙」および篤胤が寄せた序文を読んで、私の長年の疑問は氷解した。

柏の自叙によると、彼が稲生武太夫と同役であった折、夜を徹して親しく聞き出し、話の内容を書き留めておいた。柏は後年武太夫と一緒に江戸に上ったとき、また念入りに聞いてみたが、まえに筆写しておいた内容とすこしも違うところがなかった、と述べている。

この柏本の『稲生物怪録』を寛政十一年（一七九九）に筆写して秘蔵していた人物がいた。平田篤胤は人を介してその所蔵本を借り受けて筆写しておいたが、それから六年たった文化八年（一八一一）に取り出して読んでみると、文字のあやまりがあり、文章の結びがはっきりしないところもあったので、篤胤は自分の門下生に校訂をさせて、あらたに筆写本をこしらえたという。このことは、柏本に付された篤胤の序文のなかに記されている。このようないきさつから、柏本をもとにして、同題名の篤胤の書物は生まれたのである。稲生武太夫の子孫で、現在広島市に在住する稲生平《へい》太郎《たろう》氏の所蔵する『三次実録物語』のコピーも卯山氏と会ったときにもらった。

ここで稲生武太夫について一言しておくと、稲生武太夫は享保二十年（一七三五）に生まれ、幼名を平太郎といった。化物に出会った寛延二年（一七四九）は数えの十六歳で、怪異とたたかうこの物語は、元服《げんぷく》を前にした稲生平太郎の武勇物語とみられている。彼はのちに武太夫と名を改めたが、旧三次藩御徒歩組《おかちぐみ》一二石《こく》四人扶持《ぶち》であった。五万石の三次藩は広島藩の支藩であったが、享保五年（一七二〇）に広島本藩に合併された。そうして宝暦八年（一七五八）には、家臣団も広島城下へ引き揚げた。武太夫もこの年に広島へ引っ越したのである。武太夫は享和三年（一八〇三）に六十八歳で亡くなっている。

## 魔王・山本太郎左衛門と木槌のこと

さて、『三次実録物語』であるが、これは平太郎（武太夫）自身が書いたとされている。文章は稚拙であるが、描写はきわめて具体的で細かい。また、登場する武士たちの苗字も、化物が出現した寛延二年の「三次御曲輪之《おんくるわの》絵図《えず》」に照合してみると実在しており、架空の作り話ではない。この点は柏本も同様である。

『三次実録物語』の末尾に、武太夫がみずから記した手記を弘化元年（一八四四）に国前寺《こくぜんじ》に納めたと記されている。広島市にある国前寺には、平太郎をなやました魔王がさいごの日に平太郎にくれたという木槌《きづち》が今も残されている。その次第は『三次実録物語』の「槌之次第覚《しだいおぼえ》」という付記に述べられている。それによると、平太郎は木槌を転々と場所を変えてかくし置き、広島に移住した際、それを持参して床下に埋めて置いたが、享和二年に国前寺にあずけることにしたと記してある。それは平太郎の死の前年のことであった。

広島の国前寺では、魔王が平太郎に与えた木槌を寺宝として大切に扱い、魔王を山本大明神《さんもとだいみょうじん》としてあがめている。梅の古木で作られている木槌は、戦前には二十年に一度しか開帳しなかったというが、今では年に一度、一月七日に開帳している。国前寺貫主《かんじゅ》の疋田英《ひきたえい》政《せい》氏の話では、木槌が寺の外に持ち出されたことが一度だけあったという。日露戦争のとき、広島に大本営が置かれたが、明治天皇は浅野長勲《ちょうくん》公爵からその木槌の話を聞いてたいそうおもしろがり、それを見たいというので、大本営の天皇のもとに持参したことがあったという。

ところで『三次実録物語』では、魔王はさいごの日に正体を現して山本《さんもと》太郎左衛門と名乗っている。その魔王が平太郎と話をしている間、冠《かんむり》をつけ、直垂《ひたたれ》を着て、笏《しゃく》を手にもった人の姿が見えた、と記している。魔王はどこからともなく木槌を持ち出して、この木槌で西南の間《ま》の椽《たるき》を思うさま叩けば、即座に自分が出てきて助力すると述べ、五十年を過ぎない間は、この槌を他人には見せてはならぬ、といましめたとある。

平田本では、魔王は山本《さんもと》五郎左衛門と名乗り平太郎と物語をするが、その間、冠装束《かんむりしょうぞく》した人の姿が腰から上だけ現れて、魔王の話に答えながら平太郎を守護している様子であった。これは産土神《うぶすながみ》が平太郎に付き添い給う姿で、平太郎は深くありがたく嬉しく思った、と述べてある。

ところが、柏本にはこの重要な箇所がまったく欠落している。それに対して柏本に倣《なら》ったという平田本にそれがあるのはどうした訳であるのか。それ以外の箇所でも平田本と柏本ではところどころちがっているが、これはおそらく次のような事情によるものであろう。

## 『稲生物怪録』出現の背景

折口信夫《おりくちしのぶ》は平田本の『稲生物怪録』を愛読した一人であるが、その本のあることを戦後に泉鏡花に会ったとき、はじめて教えられた。鏡花は折口にむかって、稲亭《いなてい》随筆だの稲亭何だとかいう写本をよく貸本屋がもってきた、と告げている。そうして鏡花は五、六種を挙げたが、たいていは写本であったという(「鏡花との一夕《いっせき》」)。稲生平太郎の化物退治の本は、江戸期から明治期にかけてひろく流布した本であったことはまちがいない。

先年、愛知県在住の下里洋子氏から『稲平怪譚図誌《いなへいかいたんずし》』が送られてきた。その自序には、筆者が幕末の長州征討の軍にしたがって備後《びんご》三次に駐屯していたとき、『稲生平太郎一代記』という冊子を借覧することがあって、それをつれづれなるままに漢文に訳した、と書かれている。全巻が漢文に書き直され、挿絵も自己流に描き替えている。このように、幕末の三次には挿絵入りの『稲生平太郎一代記』があり、そうした類ものがさまざまな形で藩外にも流布され、江戸や京大坂などで読まれていたと思われる。柏本以外にも幾種類かの写本が出まわっており、それを篤胤が入手して参考にしたのではあるまいか。折口信夫は柏本の所在を知らず、まして『三次実録物語』も知るはずがなかったから、平田本の『稲生物怪録』に篤胤の創作もかなり混じっていると推測しているが、それは当たらない。

それでは、『三次実録物語』や柏本の『稲生物怪録』は自前の物語であり、他の妖怪譚の影響をどこも受けていないのか、という疑問がつきまとう。

化物が出現する二か月近くまえ、稲生平太郎は比熊山にのぼり、肝だめしに友人の三《み》ッ井《い》権八《ごんぱち》と百物語をしたということから、この話は始まっている。百物語というのは、夜中に人が集まって、行灯を青紙で貼り、その中に灯芯を百本ともし、恐ろしい話を一つ話すごとに、灯芯を一つ消し、百本の灯芯を全部消してしまうと、かならず化物が出ると信じられ、江戸時代に盛行した怪談会の形式であった。この怪談会の話を集めた怪談集も『百物語』と題されて出版された。太刀川《たちかわ》清によれば、それが多く刊行されるようになったのは寛延二年以降のことであるが（『百物語怪談集成』解題）、寛延二年はまさしく稲生家に妖怪が出現した年である。しかし、刊行された『百物語』の痕跡は『稲生物怪録』のどこをさがしても見当たらない。また、三次地方の口碑伝説から物怪録の素材をあおいだと思われるふしもまったくない。

ただ歴史家の及川儀《おいかわぎ》右《え》衛門《もん》（大渓《だいけい》）の『芸備《げいび》今昔《こんじやく》話《ばなし》』（一九三四年刊）や『芸備の伝承』（一九七三年刊）には、やや似た怪異談が載っている。それは三次市から東へ直線距離で四〇キロメートルほどへだたった広島県神石《じんせき》郡油木《ゆき》町の竹川内《たけかわうち》という集落に残された怪異談で、もともと油木町の佐々木清典の調査にもとづき、昭和八年（一九三三）七月に『中国新聞』に報ぜられたものである。長い引用になるが、『稲生物怪録』の背景を知る上に参考になると思うので紹介しておく。

竹川内の集落は備後と備中の境にあって、山猿が里へ出てきて畑を荒すようなことがあった。明治初年、備中と共に小田《おだ》県に属していた頃、竹川内の集落の一軒家で、大畑《おおはた》の惣二郎という百姓をしながら平和で豊かな生活をしていたものがあった。ある年のこと、備中の方から漆《うるし》かきの喜助という男がやってきて、大畑の家の向うの山で山《やま》漆《うるし》かきの仕事をしていたが、通りがかりの猟師がてっきり猿にちがいないと思い込んで、鉄砲をうちかけたところ、思いもよらぬ人間の悲鳴があがったので、うろたえてそのまま逃げてしまった。喜助の助けを呼ぶ声は、山彦《やまびこ》にこだまして悲しく断絶したが、かかり合うのが面倒と、振向きもしなかったから、大畑一家の人々を怨《うら》みながら、喜助はついに絶命した。

その後大畑の家には、いろいろな異変がつづいた。まず喜助が死んだ数日の後、家の人びとが知らない間に、家の周囲に青竹を立てめぐらし、縄を張って草履《ぞうり》や草鞋《わらじ》をくくりつけてあったのを皮切りに、小石の雨が降ったり、細く長い声で悲鳴が聞えてくる昼も幾日かあった。また星一つ見えない空に稲妻がすごく光る夜、囲炉裏《いろり》の自在鈎《じざいかぎ》にかけている茶釜の湯がにわかに沸騰して、とろとろ燃えている火中に蓋《ふた》がころがりこんだと思うと、燃えている薪が天井に舞い上り、しばらく空中を踊りまわって、奥の間へどさりと投げ出されたりした。ある時は惣二郎の妻が切っている大根が、ふいとまな板から消えて、すすけた天井から大根がバタリと落ちてきたこともあり、また夜中地ひびきするような大石が、裏山からころがり落ちてきたのに、翌朝起きて見ると落ちた跡も何の気配もないようなことがあった。そこで村の若い衆がこれを聞き込み、大畑の家に張込んで、妖怪の正体をつきとめようとし、鉄砲の一斉射撃などを試みたけれど、天井からどっと滝のように水が流れてきたりして、ほうほうの体《てい》で逃げ帰った。うちつづく怪異にすっかりしょげ返った惣二郎をなぐさめようと、彼の妻が惣二郎の好きな粟餅をついて丸めにかかると、片端から消えてなくなって、見舞いにきてくれた人の頭や顔にどこからか投げられるので、見舞客もふっつりこなくなった。明治八年の地租改正で大畑にも乗りこんできた村役たちが「生あるものなればわれらの前に姿をあらわせ」と大喝《だいかつ》したら、声に応じて白昼バラバラと砂を投げつけたので、胆をつぶして帰っていく仕末であった。その年の盆の夜、突如大畑の家の周囲から怪火が燃え上り、家内一同辛《かろ》うじて身をもってのがれた。備中の仁賀《にか》から隆盛院の山伏《やまぶし》を招いて、三日二夜《ふたや》の祈禱をしたが何の験《しるし》もなく、あらためて火伏《ひぶ》せをして喜助の怨霊を祭り、現にその小祠が残っている。村役から笠岡小田県庁に対し、妖怪変化《へんげ》のために郡民一同難儀する旨を届出て、県庁から役人が出張して調査したこともあるという。

## 想像力を超絶した妖怪群

及川儀右衛門は、『稲生物怪録』のほうは平太郎の武勇を顕彰しようとするものであって、妖怪が実害を与えなかったのに反して、油木町竹川内の怪異談は怨念、怨霊を主として、それが実際に災害をもたらした、と指摘している。雰囲気はどことなく似通っているが、両者の本質は明確に相違している。稲生家に出現する化物はいっこうにじめじめしていなくて、ただ相手を驚かすことを趣味としているといった風のところがある。平太郎が取り合わずにいると、化物はいつの間にか退散して未練がない。そこで折口は、『稲生物怪録』の化物はわれわれの先祖がもっていた神の考えから出ているのだ。だから悪意も何もなしに、人間に触れて自分のもっている技巧を示したくなるのだ、と述べている。また篤胤の化物にたいする考えは、そのなかにある神性をみとめており、近代人が化物に対して持っている考えとはちがう、と述べている。こうした怪異談は他に類例がない。

個人の想像力の域を超絶した化物たちの饗宴ともいえるこの物語は、江戸時代にも平田篤胤をはじめとして多くの読者を獲得したが、近代に入ってもその心酔者は跡をたたなかった。とりわけ文人に愛好されて、泉鏡花は『草迷宮《くさめいきゆう》』の中にそれらしき魔物をとりあげ、巌谷《いわや》小波《さざなみ》は『平太郎化物《ばけもの》日記』でお伽噺《とぎばなし》にした。折口信夫は『稲生物怪録』と題する俄《にわか》狂言を書いている。稲垣足穂《いながきたるほ》もそれの現代訳を試みた（『山ン本五郎左衛門只今退散仕《つかまつ》る』）。私もその末席をけがす一人で、幾度か三次市に足をはこび、堀田克巳《かつみ》氏所蔵の『稲生物怪録絵巻』（本巻所収）を親しく閲覧する機会にもめぐまれた。この絵巻は、万延元年（一八六〇）に書写され、文章は『三次実録物語』の流れを汲むものとされている。本書はその全貌を公開するとともに、あわせて、これまで刊本にならなかった『三次実録物語』や柏正甫の『稲生物怪録』も資料として集録し、この物語の研究に寄与する手がかりとした。これによって、日本の妖怪譚の白眉《はくび》である『稲生物怪録』が多くの読者に迎え入れられることを期待する。

# 稲生物怪録（柏　正甫）

# 三次実録物語（稲生武太夫）

稲生物怪録絵巻・詞書

稲生家に出現した妖怪一覧——各本の内容比較——

## ◉解題

**稲生物怪録**《いのうもののけろく》（吉祥院・小早川熙氏蔵）
柏正甫著。版本。全一冊。巻の上・中・下合本。平田篤胤の序（文化三年〈一八〇六〉）、柏正甫の自叙（天明三年〈一七八三〉）、猗々斎竹能の跋（寛政一一年〈一七九九〉）、平田篤胤の跋（文化八年〈一八一一〉）あり。正甫の自叙によると、稲生武太夫からの聞書きをまとめたもの。版本であり、江戸時代に流布したと思われるが、刊行年・発行元の記述なし。「いのうぶっかいろく」とも。

**三次実録物語**《みよしじつろくものがたり》（稲生平太郎氏蔵）
稲生武太夫著。書写本。全一巻。筆録年の記述なし。「右直書は弘化元甲辰年〈一八四四〉自昌山国前寺へ納之」とあり、武太夫の直書を筆写したのち、国前寺に奉納したと思われるが、現在、国前寺に武太夫本なし。また、第二次世界大戦前、浅野家に三次実録物語が存在した記録があるが、確認できず。巻末に「槌之次第覚」収録。

**稲生物怪録絵巻**（堀田克巳氏蔵）
筆者不明。全三巻。縦二三センチ。全長二一・五五メートル。本題簽《せん》なし。冒頭部欠落（平太郎・権八、百物語をすること、等）。末尾に、「享保三年（享和三年〈一八〇三〉の誤りか）亥七月」の記述と、「安政六己未年〈一八五九〉写之　万延元年庚申〈一八六〇〉仲秋巻成」の記述あり。

## ◉凡例

翻刻にあたっては、できうるかぎり原本に忠実に行ったが、読みやすさを考え、つぎのように配慮をくわえた。

一、適宜、句読点・改行をほどこし、会話文等には「　」を入れ、読みやすくした。また、濁点・半濁点は現行通りに統一した（原本にある濁点・半濁点はそのまま残した）。

一、漢字は旧字体は現行の漢字（常用漢字）にかえた。また、異体字・俗字は一部をのこし、現行の字体にかえた。なお、仮名遣いは原本通りにした。

一、読みやすさを配慮し、読み仮名を多用したが、読み仮名はすべて現代仮名遣いに統一した。なお、原本にある読み仮名は、現代仮名遣いに改めて付した。

一、誤字・誤写と思われる文字や当て字のあとには、〔　〕内に正しいと考えられる文字を付した。

一、平仮名等で意味をとりにくいと判断した言葉には、（　）内に該当の漢字を適宜あてた。

一、意味のわかりにくい言葉には、読解の便宜上、〔　〕内に意味・語注を付した。また、現時点において意味不明の場合、〔未詳〕としたものもある。とくに、三次実録物語の場合には、地域の独特な表現や言葉遣いが混じっており、意味の通じない部分があるが、後日いっそうの正確を期したい。

# 稲生物怪録

柏　正甫

此《この》ふみ〔書〕は、跋《おくがき》かける人の秘《かく》しもてるなるを、我朋友《わがとも》吉田何某《なにがし》が、そのうちの、うから〔親族〕にて、ひそかに借り、ひそかにうつし、秘《ひそか》に蔵《おさ》め置《おき》たりしを、おのれまた、ひそかにかり、人にたのみて、秘に写したるなり。

よしさはれ、後《のち》見む人は、秘にもあらはにも、そは其《その》人のまに〳〵。そも〳〵、このものがたりに、大かたの世の人は疑はじを、ものしれる人は信《うけが》はで、うけがふ人を愚《おろか》なりといはまし。己《おのれ》も、こをうけがふ大《おお》よそ人《びと》〔大凡人。平凡な人間〕の徒《とも》なり。

もの知れるひとは、をこ〔痴。愚か者〕とやいはむ、しれもの〔痴者〕とやいはむ。そはとまれ、あとあるを〔証拠があるのを〕いかにかはせむ。かばかり怪《あやし》き天地《あめつち》の中にゐて、おのが身のあやしきをさへ、えしらぬ人のさとりぬるをや。

文化三年九月十五日　　平田篤胤

## 稲生物怪録自叙

稲生何某《いのうなにがし》の家に、物怪《もののけ》のありしと聞伝《ききつた》へぬれど、また人に語らむも、猶《なお》あやしと思ひて過《すご》しぬ。然《しか》るに、予《よ》一年《ひととせ》稲生と役を同《おなじ》ふしつることありて、ある夕ぐれの徒然《つれづれ》なるに、かの物語のこと思ひ出《いだ》し、稲生をまねきて、「過《すぎ》し年、ものゝけのこと沙汰ありしが、狐狸《こり》の類にや、または人の空言《そらごと》にや」と尋《たずね》ければ、「あやしき事、余りにたび〳〵なれば、人に語らむこと、笑ひを求るに似たり。誰それもよく知るところなれば、其《その》人によりて聞《きく》べし」とて辞せしを、猶しひて尋ければ、「語らむはいとやすけれど、山鳥《やまどり》の尾の長《なが》〳〵しき事にて、容易には噺《はな》し難《がた》し」といひけるを、「たとへ語り尽《つくさ》ずとも、たゞ其《その》初め計《ばか》りにても語り聞《きか》せよ」

と望みければ、「さらば」とて居直り、其初めよりの事かいつまみ物語せしを、人も呼《よび》て共に聞居《ききおり》しに、夜もほどなく横雲《しののめ》〔明け方〕に至り、あらましに聞終《ききおわ》りて別れぬ。

予つら〱接し見るに、たゞ小児の戯れ噺《ばなし》に同じと思ひけれど、誰彼《たれかれ》と、まさに出逢し人も多ければ、猶《なお》思ひ返して、また、ある日、朝よりまねき、再び、彼噺《かのはな》しを望みしに、あとやさきと符合ならざる事もあらば、是《これ》空言なるべしと、ひそかに筆をとりて、ひとつ〱に書つづけしに、月も暮《くれ》、夜もまた鶴鳴《あけがた》に至りて、漸《ようやく》噺し終《おわり》ぬ。

其後また、「此度《このたび》は委《くわ》しく」と所望せしに、一事《ひとこと》も始め聞《きき》しに違《たが》ふ事なし。其時、予いふ、「此《この》物語、他へ洩《もら》すべからずや、いかに」と云ふに、稲生聞《きき》て、「我何ぞ虚談をせむ。もとより、其折《そのおり》から来《きた》れる人多し。よく知れるところなり。何ぞ、さのみつつむべきことあらむ」といひしかば、「予もさは思へど、彼《かの》折《おり》から参会せし人に臆したるもあり。実は、予筆をとり、初めよりの事書付置《かきつけおき》しが、其人《そのひと》是を見む時、『かくはもらしぬ』と恨みなば、いかに」といへば、稲生は、「さらに苦しからじ。もし其書《そのしょ》を見て、我にとやかく云ふとも、我はただ其実《じつ》を語るのみ。此怪事《このかいじ》、年月を経て前後を混じわすれぬさき、書付置《かきつけおか》むと思ひしに、いまだ其暇《いとま》なくて過《すぎ》ぬ。幸ひの事なり」とて、此書を一覧して、他見をゆるしぬ。

然《しか》れども猶《なお》箱に納め置《おき》しが、また年を経て、稲生と共に東都に旅立事《たびだつこと》ありて、また此物語を云出《いいいだ》し、旅《りょ》宿《しゅく》〱にて寝ながら語り合《あい》しに、猶違ふ事なし。其折から此噺しを聞《きき》ける人、ひたすらに此書を望みぬれば、さのみはいなみがたくて、箱より取出《とりいだ》しぬ。されど、年往《ゆ》き、我も人も過《すぎ》さりて、此書を見むもの、笑ひそしらむ事疑ひなし。笑ふもよし、そしるもよし、ただ其事のありのまに〱しるしつるになむ。

天明三癸卯《みずのとう》年　柏《かしわ》　正甫《せいほ》

# 稲生物怪録目録

巻の上



巻の中



巻の下



以上

# 稲生物怪録

## 巻の上

### 稲生平太郎生立《おいたち》の事　幷《ならびに》三津井権八が事

ここに、享保年中のころ、備後の国三次《みよし》郡の住人に、稲生武左衛門《いのうぶざえもん》と云《いう》者あり。夫婦のみにて、歳四十有余まで一子これなきに付《つき》、同家中中山源七《なかやまげんしち》の次男新《しん》八《ぱち》兄ハ源太夫《げんだゆう》トイフ。と云者を養子としけるが、其後三、四ヶ年過《すぎ》て、武左衛門一子を設け、平太郎《へいたろう》後ニ武《ぶ》太夫《だゆう》トイフ。と名づく。

平太郎十二歳になりける年、次男出生して勝弥《かつや》と名づく。勝弥出生ののち、間もなく両親ともに相果て、家督は養子新八に下されけり。それより四、五年ものちに、新八ふら〱と煩ひ、腹《ふく》〔服〕薬《やく》のしるしもなかりしかば、実家中山氏のかたへ、養生かた〲逗留に行《ゆき》けり。

此年、平太郎十六歳にて、弟勝弥五歳になるを養育し、権平《ごんぺい》といふ家来壱人《けらいひとり》を召遣《めしつか》ひて、稲生の家に住《すみ》ける。此家の脇に在所の蔵あり。在所中より麦など入置《いれおき》けるゆゑ、麦蔵屋敷《むぎくらやしき》とぞとなひける。

此《この》隣家に権八《ごんぱち》といふて、歳は三十有余にて、力量すぐれたる男あり。元来三次郡布野《ふの》村の出生にて、背高く力も人にまさり、角力《すもう》を好みて、十七歳より諸国を修行し、後に紀州侯へ召抱《めしかか》へられて、三ッ井《みい》権八と名《な》乗《のり》けるが、少しの訳ありて、今は故郷へ帰り、平田五《ひらたご》左衛門《ざえもん》といふものゝ家明《あ》き居《おり》けるを借りて、当分住居《すまい》しけり。角力は当時西国《さいごく》にての上手《じょうず》ゆゑ、安芸《あき》の広島などよりも、磯上乱獅子《いそがみらんじし》といふ角力取《とり》、其外《そのほか》近国よりも、寒稽古などに集りける、其中《そのなか》にも三ッ井は先生ぶんたり。

## 平太郎、権八百物語りの事 幷 備後の国比熊山の事

頃は寛延二年己巳《つちのとみ》五月の末つかた、権八は平太郎の家に来《きた》りて、長き日の黄昏《たそがれ》遅きにさしむかひ、噺《はな》しける。四方山《よもやま》のはなしのするゑ、たがひに血気噺《けっきばなし》になりて、権八云ひけるは、「我等今まで何もあやしきこと、恐ろしき事を見ざれば、今夜《こよい》比熊《ひぐま》山へ登りて、御互《おたがい》に根性をためし見んはいかに」といひければ、平太郎も、「是《これ》は一段よき慰みならん。さらば今宵《こよい》、百物語《ひゃくものがたり》〔百本の蠟燭《ろうそく》を灯して怪談を話し、話すたびに蠟燭を消し、最後の一本を消したとき妖怪が現れるという遊び〕をして、両人のうち鬮《くじ》取りにて、壱人比熊山へ登らむ」と約束を究め、権八は「私宅にて相待《あいまつ》べし」とて帰りけり。

さて、権八は我家へ帰り、全体不敵ものゆゑ、今宵の百物語を心にたのしみ、平太郎が来るを待居《まちおり》けるに、初夜《しょや》〔戌《いぬ》の刻。午後八、九時頃〕過ぐる頃、平太郎は内を取片付《とりかたづけ》て、弟勝弥を寝させて、家来権平に留守のことも云付置《いいつけお》き、権八方へ行《ゆき》ければ、「待《まち》かね申《もうし》たり」とて、両人さし向ひ、いろ〳〵の怪談取集め噺しける。折から打《うち》つゞきふる五月雨《さみだれ》の、今宵は一《ひと》しほ〔一入。いっそう〕やみもやらで、何となくこゝろぼそく、夜半も過《すぎ》つる頃、やう〳〵と噺の数もつもりて、鬮取しけるに、平太郎に当りければ、丑満《うしみつ》〔丑三つ。午前二時頃〕過《すぐ》る頃、平太郎はたゞ壱人蓑笠《みのかさ》を著《き》て、比熊山へと心ざし出《いで》て行《ゆき》けり。

そも〳〵此《この》比熊山といふは、山上に平場《ひらば》ありて、世の人千畳敷《せんじょうじき》と云ふなり。大木生茂《おいしげ》り、樵夫《きこり》の道も絶えたり。片脇に三次どのゝ塚とて、三次若狭《わかさ》の古墳《ふるつか》あり。墳《つか》のうしろに杉の大木あり。此杉幾年を経しや。梢《こずえ》は雲にも入《いる》べく、ふときは凡《およそ》八、九囲《かかえ》も有りと見え、また枝は地上に垂れて墳を覆ひ、此木へさはる人は、たちまちたゝり（祟《たた》り）ありて、ものゝけ付《つき》ぬれば、里《さと》人《びと》、天狗《てんぐ》杉《すぎ》と名付け、恐れて近寄るものなし。此ほとり、ちがや鬼茅《おにかや》生茂りて、誠にものすさまじき気色《けしき》なり。此山つゞきの奥は、三、四里がほど、杉の林ふか〴〵と続きて、鳥獣の道も絶えたり。あやしきことのみ多し。

さて、平太郎は此千畳敷へ分け登り、雲間にすかし

見れども、暗さはくらし、さらに、かの墳《つか》も見えわかず、雨はしきりに降り来《きた》り、狼の声のみかまびすしく聞《きこ》えけり。かくて、千畳敷の内、彼方此方《かなたこなた》尋ね廻り、やう〱古塚《ふるつか》にさぐり当り、彼の杉の木を三返《みかえ》り廻り、草の葉を結び、しるしとして立帰《たちかえ》るに、最早麓《もはやふもと》もほど近しと思ふところに、何かは知らず、人の声聞えし故、暫《しばら》く休《やす》らひ、やうす（様子）をうかゞひけるに、麓より登り来るものあり。あやしく思ひ、「何ものなる」と声を懸《かけ》しかば、かのもの、「平太郎さまにてはなきや」といふ。其《その》声を聞けば、三ツ井権八なり。「あまりに御帰《おかえ》り遅きゆゑ、御迎《おむかえ》に参りしなり」と、打《うち》つれ立《だち》て帰りぬ。

　されど、百物語のしるしもなく、互に笑ひ分れて、我家に帰りぬ。即時に不思議の事はなしといへども、ほどなく不思議の物怪《もののけ》ありけるは、「此時の故によりてならん」と、後《のち》にぞ皆人おそれあひける。

## 稲生屋敷物怪初《はじま》りの事
## 并上り川、原川の事

かくてその後、何の怪しき事もなくて日《ひ》数《かず》過《すぎ》ぬれば、ふりつゞきし五月雨《さみだれ》も、いつしか水無月《みなづき》〔陰暦六月〕と移り行き、照《てり》つゞきたる暑さをわすれんと、毎日、夕がたより川のほとりに出《いで》て、納涼《すずみ》しける。此《この》川の上《かみ》は比熊山の脇より出《いで》わかれて、上《あが》り川〔現在の西城《さいじょう》川〕、原《はら》川〔現在の馬洗《ばせん》川〕とて、二筋の川あり。上り川には鱒《ます》多くして原川にはなし。また、原川には鮭多くして上り川にはなし。水上《みなかみ》は同じけれども、魚の栖《す》のかはれるも、自然の道理歟《か》。「陸奥《みちのく》の石《いし》ぶみのほとりは鯉のわたらぬ」と聞《きこ》えしも、かゝることならむかし。

　さて上り川は、比熊山の脇より比原《ひばら》、宮《みや》の楷《かい》といふところを過《すぎ》て、末にてまた原川一所に流れ逢ひ、流水するどくして、滝の如き石川なり。洪水の節は、川の幅目も及ぶべからず。常は小石原、白砂原にして広く続き、納涼などには、比熊おろしに、さながら夏をわすれ、飛《とび》かふ蛍は秋天の星と詠《なが》め、月の光りは、寒夜《かんや》のこほり（氷）かと疑はる。権八はもとより、平太郎も角力《すもう》を好みければ、近所の若者どもをあつめ、上り川はら〔河原〕へ出《いで》て稽古しけるが、頃は七月朔日《ついたち》の事なりしが、平太郎と権八たゞ弐人《ふたり》、例の如く上り河原へ出かけけるに、晴渡りたる空、比熊の方《かた》より俄《にわか》に曇り来《きた》り、一天墨《いってんすみ》をそゝぎし如く白雨《ゆうだち》ぱら〳〵と降り来りければ、両人はぬれながら、我家〳〵に走り帰り、平太郎はぬれし帷子《かたびら》を片脇へほし、勝弥と共にやがて蝲《かや》〔蚊帳〕へ入《いり》て休みぬ。

さて、雨はまことに篠《しの》をつくが如くにて、雷おびたゞしく鳴《なり》わたりける。夜半過《すぎ》とも思う頃、家来の権平は次の間に休みけるが、くるしげなる声を出しぬる故、呼起《よびおこ》しければ、やう〳〵正気づきて云ふやう、「何かすさまじき大男の来りしと存ぜしが、夢にて候《そうら》へしか。今にむねさわがしく、何とやらん物凄《ものすご》く、今宵は御《お》次《つぎ》の間《ま》に休みかね候」と云《いい》ければ、平太郎いふやう、「それは臆病ゆゑなり。とくと心を鎮めて休み候《そうら》へ」と叱《しか》られ、其儘《そのまま》にて休みけるが、程なく、また始めの如く苦しげなる声の聞《きこ》えしまゝ、呼起《よびおこ》し叱り付《つけ》、やすませける。

かくて、雨はまことに車軸を流す如く、夜も最早《もはや》八ツ時《どき》〔午前二時頃〕過《すぎ》ならんと思ふ頃、さつと一吹《ひとふき》来る風に、灯火たちまち消《きえ》ぬれど、其儘打捨置《うちすておき》たりしが、しばらくありて、障子火の如くに見えけるゆゑ、平太郎は「出火《しゅつか》なり」と思ひ、驚き起上《おきあが》りければ、今まで火の如く見えし障子、又真暗《まくら》になりける故、あやしく思ひ、障子へ手を懸《かけ》、ひきあけんとすれども、釘にて打付《うちつけ》たる如くなれば、いよ〳〵不審に思ひ、力をいれてあけんとすれども、一寸もうごかず。柱へ足をかけ、両手にて力に任せて引《ひき》ければ、障子一枚ひきくだきて、とりたりしが、何かはしらず、両の肩と帯へ手を懸し如くにて、前へひき出《いだ》さんとす。

平太郎「心得たり」とて、足にては敷居をつよくふみとめ、左《ひだ》りの手にては柱を聢《しか》ととらへ、右《みぎ》りの手を伸《のば》し、たゝかんと思ふに、いかさま三、四間もあなたより、材木抔《など》にひきかけ、ひかるゝやうに覚えければ、右りの手にても鴨居をとらへ、ひき出《いだ》されぬやうにと争ふうち、またあかるくなりしかば、よく見れば、丸太の如きものに、あら〳〵と毛のはへしものにて、両の肩と帯とへ懸りしは、指などにやと思はれ、「いづくに本躰《ほんたい》あるや」と思ふうち、また真暗になりぬ。しばしして、またあかるくなりしかば、よく〳〵見れば、此光りは、向ふの屋根の上にて光り、是《これ》は大《だい》の眼《まなこ》と見えて、くわつと開く時は、蟻《あり》の這《はう》も見え、誠に朝日の如くにして、面をむけがたく、尋常《よのつね》のものならば、たちまち絶入《たえい》りもすべけれど、平太郎強気《ごうぎ》の若者なれば、少しも恐れず。是は草草紙《くさぞうし》、昔噺《むかしばな》しなどにぞあることなれど、心を鎮めて白眼《にらみ》返す。化生《けしよう》また目を閉《とじ》れば、真の闇となり、ひたひきにひき出《いだ》さんとす。

平太郎、大音《だいおん》にて、「権平、刀を持来《もちきた》れ」といへども、さらに答《こたえ》もなし。せんかたなく、「えい」と声を出して強くひきければ、著《ちやく》せし袷《あわせ》の両肩さけ、帯もきれて、しり居《い》〔尻居。しりもち〕にどふと倒れけるゆゑ、刀をさぐり取《とり》て、飛出《とびいださ》んとすれども、真暗《まくら》にて化生のあり所《どころ》も知れず。其内《そのうち》にゆかの下より光りければ、「化生は床《ゆか》の下なるか、いざや入《いり》て討《うた》ん」とすれど、床ひくければ入《い》る事あたはず。「床越《ゆかごし》に刺《さし》とめん」と思ひ、内に入りければ、不思議なるかな、畳一度に散乱し、勝弥が寝し畳斗《ばか》りは、壱枚其《その》まゝにて、権平はとくより正気を失ひしが、是も畳より転《まろ》び落《おと》されける。さて、散乱せし畳は、座敷の隅へおのれと〔自分かってに〕積みあがりたり。平太郎は、刀にて、床の透間《すきま》を刺通《さしとお》し、さし通しすれども、手答《てごたえ》もせず。

かゝる所に、門の戸をしきりにたゝきあけて、入り来《きた》る者あり。「定めて化生ならむ」と思ふ内、近よるを「誰ぞ」と問へば、権八なり。「先ほど、御家来《ごけらい》を御呼《およ》び、『刀を持来《もちきた》れ』と仰《おおせ》られしを承りしゆゑ、何事やらむと驚き、急ぎ参らむと出《いで》けるに、御門前《ごもんぜん》にて、小坊主が茶碗に水を入持《いれもち》て通ると見えしが、行違《ゆきちが》ふと、其《その》まま惣身痓《そうしんしび》れて声も出ず、口惜《くちおし》ながら下に居《お》り、聢《しか》と心を鎮め申すうち、御騒動のやうすかすかに聞え申候。やう〳〵只今《ただいま》痓れも直り、馳参《はせまい》り申し候」と云《いい》ける故、あらましやうすを噺《はな》し、まづ権平を呼活《よびいけ》て〔呼び生かして〕水など呑《のま》せけるうち、ほどなく暁《あかつき》にもなり、雨もやう〳〵やみければ、「いま一寝入《ひとねいり》してくたびれを休め申さん」と、畳を敷直《しきなお》し、三ツ井も我家に帰り、平太郎も一《ひ》と休みと、床《とこ》に入りけり。

## 一族中相談勝弥を預くる事
## 幷三日の夜大地震の怪

翌《あく》れば七月二日の朝、平太郎が家来権平は、宵よりの事思ひつゞけ、夜の明《あく》るを待《まち》かね、震ひ居《おり》けるが、寺《てら》〴〵の鐘も夜明《よあけ》をつげ、はや鳴《なき》わたる朝烏《あさがらす》に正気づきて、門前へ立出《たちいで》、忙然《ぼうぜん》〔呆然〕として居たりしが、ほどなく、近き辺りにも門戸を開きければ、かしこ爰《ここ》へ行き、夜前《やぜん》の事を、己れ一人の噺《はなし》にして、鬼の首をも取《とり》し如くに噺しあり(歩)きける故、其沙汰《そのさた》かくれなく、一族中も追《おい》〳〵来《きた》り、権八も来りて、とり〴〵に評定《ひょうじょう》しけるが、「幼少なる勝弥が事、何《なに》ぶんこゝろもとなし。平太郎も屋敷を明けて、当分一族中へ一所《いっしょ》になりて然《しか》るべし」と、打寄《うちより》て相談致しけるに、平太郎は、「変化《へんげ》の正躰《しょうたい》も見ずして、此《この》家を去《さり》がたし」とて、とく(得)心なく、弟の勝弥は、叔父川田茂左衛門《かわだもざえもん》方へ預け遣《つかわ》しける。

家来権平も永《なが》の暇《いとま》を願ひける故、「代《かわ》り聞合《ききあわせ》候《そうら》へ」と申付《もうしつけ》ければ、「甚《はなは》だめいわくに及び申《もうす》やう、昼の内は随分相勤《あいつとめ》申すべく候間、夜中の義は御めん下さるべし」と願ひけるゆゑ、「当分昼斗《ばか》りの奉公にて、夜分は下宿致すべし」と申付けり。

さて、昼の内は何事もなくくらしければ、「今宵はいかなることかあらん」と、近所より朋友五、六人来り、宵の内伽《とぎ》いたしけるが、何たる事もなく、伽の人〴〵次第に噺しもしみ〔すみ、か〕、凡《およそ》九ツ時〔午後十二時頃〕頃にもなりければ、またいつとなく噺も絶えて、物すごく成《なり》けるが、畳のすみ〴〵五寸、三寸ほどづゝ、ぱたり〳〵とあがりけり。「すはや」と各皃《おのおのかお》〔顔〕を見合せ、逃尻《にげしり》になりて居《おり》けり。平太郎は、「くたびれ候へば御免」とて蟵《かや》へ入りければ、次第に畳の角《すみ》〴〵揚《あが》ることつよく成りぬるに臆してや、其内壱人《そのうちひとり》「用事あり」とて出《いで》ければ、いづれも其尾に取付《とりつき》、暇《いとま》乞《ごい》もせず帰りける。其後《そののち》、畳の揚ることも次第にやみ、平太郎は明け過《すぎ》まで快く寝《いね》ける。

さて、三日の早朝に、権平も宿より来り、また、一族中其外《そのほか》近所の者も見舞に来りける故、平太郎云ふやう、「夜前は何事もなし。最早是限《もはやこれかぎ》りの事にて有《ある》べきまゝ、気遣ひ致さるまじき」よし申《もうし》、帰しけり。

扨《かくて》、暮合《くれあい》より権平は下宿し、近辺のもの、また五、六人伽《とぎ》に来り、宵の内、何かと取《とり》まぜ大噺《おおばなし》に成り、「何《なん》の、畳の揚るほどの事に驚く事や有《ある》べき、夜前の輩《ともがら》臆したるなり」など、とり〴〵の評判いたし、酒など飲居《のみおり》けるが、今宵はいまだ四時《よつどき》〔午後十時頃〕にもならぬうち、はや、畳の角《すみ》〴〵ばたり〴〵と揚りければ、各《おのおの》気味あしけれども、初《はじめ》の広言《こうげん》〔大言〕に恥らひ、瞬目《まじめ》にてひかへける。

さて、九ツ時〔午後十二時頃〕前にも成《なり》しかば、いづくともなく、どろ〳〵と鳴出《なりいだ》し、「何事やらん」と思ふうち、次第に家鳴《いえなり》つよく、めき〳〵ゆさ〳〵と鳴《なる》ほどに、「是は大地震なり。まづ〳〵帰り申べし」と、一人申し出《いだ》しければ、いづれも同じ心にて、一度に迯《にげ》帰《かえ》りける。平太郎は庭へ出《いで》、隣家を見れば、何事もなく、我家も屋根などは動くとも見えず。たゞめき〳〵とさわがしき斗《ばか》りなり。平太郎思ふやう、「とても此《この》家の潰《つぶ》るゝほどの事はあるまじ」と覚悟して、内へ入り、何事をも心に懸《かけ》ず、蚊屋《かや》に入りて休みければ、家鳴りも次第に鎮《しずま》りけり。

## 平太郎門前群衆の事　幷大風の怪
## 木履《ぼくり》の飛ぶ怪

かくて四日の日、近辺は勿論《もちろん》、遠里《とおざと》までも隠れなく、「三次麦蔵屋敷《みよしむぎくら》には化物《ばけもの》出て、夜中、家鳴りの音など外へも聞えける」との取沙汰《とりざた》ゆゑ、門前に見物人多く、其上《そのうえ》かゝる評判には、尾に鰭《ひれ》を付《つけ》る習ひなれば、さま〴〵にいひなして、あるひは「生霊《いきりょう》、死霊《しりょう》、狐狸《きつねたぬき》の所《しょ》為《い》」などゝの評判さま〴〵なり。殊《こと》さら三夜迄続《までつづき》て、誰かれも夜伽《よとぎ》に行き、家鳴り等は見及《みおよび》し事なれば、かしこへ寄《より》ても、爰《ここ》へ寄ても、たゞ麦蔵屋敷の噂のみにて、さらに他の噺《はな》しはなし。婦人、幼童《こども》は、日暮《ひぐれ》てよりは、便所へ行くにも家内一連《ひとつれ》にて行《ゆき》けるとなり。まして平太郎近所の家《いえ》〳〵にては、「追付《おっつけ》、我方へも物《もの》怪《のけ》の来るや」とおもひて、恐れあへり。

さて、今日は朝より大勢、稲生の屋敷見物に来るものひきもきらず、不慮〔思いのほか〕に門前市《もんぜんいち》をなしぬ。かくて其日《その》もくれて、初夜《しょや》〔午後八、九時頃〕頃までは、門前に見物の往来《ゆきき》絶《たえ》ず。見舞に来《きた》りし人も追々帰り、残りし輩《ともがら》も、「今宵は静《しずか》にて何事もなし」などゝいふうちに、平太郎の宅、大風の吹《ふく》如くに鳴出《なりいだ》しければ、くらさはくらし、小気味悪《あし》くやありけん、人の、跡《あと》へ〳〵としさり、「最早《もはや》家鳴りの音も聞《きこえ》ぬ」とて、壱人《ひとり》帰りければ、追ひ〳〵に残りなく迯帰《にげかえ》りけり。其夜は屋鳴《やな》り斗《ばか》りにて、別に変りたる事もなし。

明くれば五日の日、なほ〳〵此沙汰《このさた》隠れなし。昼は静なれども、夜に入ると、五人、七人申合《もうしあわ》せ、得《え》道具《どうぐ》杯《など》持ち、また敷物等もち運び、花見遊山《ゆさん》の如く、平太郎の門前へ寄集《よりあつま》れり。されども、門内へ入りて見る人もなく、たゞ家鳴りの音斗《ばか》り聞《きき》けるのみなり。然《しか》るに、日暮頃よりすこし雨降りて、見物も過半帰りぬ。今宵は兄の新八来り、宵のうち噺し居けるに、鴨居のうへに小《ちいさ》き穴の有りしに、その穴より新八が木履《ぼくり》〔高下《たかげ》駄《た》〕飛込《とびこ》み、内を舞《まい》ありく躰《てい》、さながら人のあゆむに異ならず。平太郎いふ、「とかく人来《きた》れば、かやうにいろ〳〵と怪事《あやしきこと》有り。まづ御帰り候へ」とて、新八をば帰しける。三ツ井権八も、日々見舞けれども、是《これ》また、「夜中はあまり来《きた》らざるやうに」と断りを申《もうし》ける。権八も先夜より少し熱気有りて、心地宜しからざれば、夜中は外へも出ずして養生しける。

さて、是《これ》より後《のち》、平太郎宅、家鳴《いえなり》、震動は夜毎《よごと》〳〵にて、後は昼夜をわかずさわがしければ、その度《たび》〳〵をばしるすにもいとまなし。

## 村役所より群集差留の事 并脇差の飛《とぶ》怪　白き物の怪

さて、其夜も明けて六日になりぬ。かくて平太郎門前、見物の人多く、近郷よりも聞伝《ききつた》へ出《いで》て、あまりにさわがしきよし聞えければ、村方役所より、「見物に出《いで》ざるやうに」と、それ〴〵の村役人に触《ふれ》させける。また、新八方へも、門前に人立て申間敷《もうすまじき》よし、申来《もうしきた》るに付き、昼九ッ時〔午前十二時頃〕頃に、平太郎方へ右の訳申聞《もうしきか》せんとて、新八来《きた》る。外《ほか》に同道壱人《ひとり》有り。右村役所より申来る趣《おもむき》、平太郎へ申聞《きかせ》て、其外《そのほか》一《ひと》つ二つ咄《はな》しいたし居《おり》ける処に、いづくともなく、ぬき身一腰《こし》、鳥の羽風の如く鳴りわたりて、新八が著《ちゃく》せし帷子《かたびら》の右りの袖《そで》を少し斗《ばか》り切りて、後《うしろ》のから（唐）紙《かみ》へ鍔《つば》元迄《もとまで》ぐさと立《たち》たり。いづれもあきれ果たる中《うち》に、新八は、「殊さら危き事かな」と、身の毛を立てけるもことわりなり。

斯《かく》て、彼の刃物を抜取《ぬきとり》見るに、家来《けらい》に貸し置《おき》し脇差《わきざし》なり。さて、鞘《さや》を尋《たずぬ》れどもなし。いろ〳〵と尋ねれども、さらに知れずして、せんかたなし。然《しか》るに、いづくともなく、「トントコヽニ」といふこゑ、人の物いふ様《よう》に聞えけり。また、桐の箱などうごかして、すれ逢《あい》てなる音にも似たれども、正《まさ》しく「とんとこゝに」と聞え、かくいふこと三声、四声聞えけるまゝ、「いづくやらん」と考へみるに、座敷に懸《かけ》たる額の辺《あたり》に聞えければ、まづ額をおろしけるに、額のうしろより、かの脇差の鞘ばたりと落《おち》たり。家来に貸置《かしおき》し故、家来の部屋に置きたるに、いかゞして出《いで》しや、不思義なり。去《さり》ながら、化物《ばけもの》も心有るにや、「鞘をあまり尋る故に、教《おしえ》くれしか」と、そゞろにをかしかりしとなり。

さて、新八其外《そのほか》も、さう〳〵にして帰りけるが、是《これ》より後は、昼もをり〳〵あやしきことのみ多かりけり。家来権平も両三日以前より、病気なりとて昼も来らず。また、代りに参るべきといふものもなきよしにて、暇《いとま》を願ひける故、是非なく永《なが》の暇を遣《つかわ》しけり。

かくて、平太郎は夕飯などしまひ、湯を心よく遣ひ、「いざ一《ひ》と休み」と思ふ折から、堀場《ほりば》権右衛門《ごんうえもん》を同道して、叔父の川田茂左衛門《かわだもざえもん》来り、此《この》ごろのやうすを尋ね聞き、今夜は両人伽《とぎ》致すべきよし申ける故、ことわりけれど、「連《つれ》て今宵は噺《はな》し申《もうす》べし」とて、兎《と》や角《かく》する内、はやくれかゝりければ、夜食などを拵《こしら》へ給て、宵の内噺しけるに、今宵はいつもより静《しずか》なりしが、いかさま夜半過《すぎ》頃にやと覚《おぼゆ》る頃、台所の方《かた》に、白き色の大きさ一《ひ》と抱《かかえ》も有るべき丸き物、至極やわらかと見えて、ふわり〳〵と舞《まい》あり（歩）きければ、両人しきりに気味悪《あ》しくや有りけん、互に頭をよせて再び見もやらず、平太郎はまた「何事をするやらん」と見る内、次第〳〵に座敷の方へ舞ひ来り、権右衛門と茂左衛門と頭を寄せゐたる中へ、ふわりと落《おち》かゝりければ、両人は「わつ」と云《いい》て飛びのきしが、暫《しば》しは、ものも得《え》云《い》はで居《おり》たり。さて、かの落し物をよく〳〵見れば、塩俵《しおだわら》の古きにてぞありける。やゝあつて両人は、夢の始《はじめ》てさめたる心地にて、こそ〳〵と帰りける。平太郎は塩俵を庭へ投捨《なげすて》、「夜伽《よとぎ》は邪魔なり」とつぶやきながら休みけるこそ、大胆なれ。

## 擂木手《すりこぎて》の怪

明くれば七月七日の朝、七夕《たなばた》の礼を述《のべ》んと、戸を引《ひき》立《た》て、まづ兄新八と叔父川田茂左衛門方《かた》へ行き、其外《そのほか》へも弐、三軒まはりけるに、逢ふ人ごとに、とかく物怪の事を尋ねける故、いまだ見ざるものには、よし語りきかすとも、「虚言《そらごと》なり」と疑はんことの口惜しければ、外へはあまりつとめず、帰宅して其後《そののち》は、人の尋《たずぬる》のうるさければ、一向他出《たしゅつ》はやめけるとぞ。

今日も暑気しのびがたく照増《てりまさ》りけるが、夕方よりかき曇り、七ツ時〔午後四時頃〕過《すぎ》、白雨降来《ゆうだちふりきた》りしが、夜に入《いり》て晴《はれ》わたり、星合《ほしあい》〔牽牛《けんぎゅう》、織女《しょくじょ》の逢う天の川〕のなみも涼敷詠《すずしくなが》め居《おり》ける。今宵は人も来《きた》らず、「伽人《とぎびと》は結句〔かえって〕世話ぞ」と思ひける。

さて、台所へ行《ゆか》んとせし処に、入口一ぱいの、白き大袖《おおそで》あり。不思義と思ひ、暫《しば》しひかへて見居《みおり》たるに、袖口より大きなる手を出《いだ》しぬ。其《その》手はすりこ木《ぎ》の如くにて、指の所は握り拳の如く丸くして、しら〱と白けたる手なり。しばらく見るうち、其手の先より、また其如《そのごと》くなる、大きさは、よのつねの人の手ほどの、擂木手《すりこぎて》数《かず》〱出《いで》、さぼてんの如く、次第に小さき擂木手となりて、其数も知れず、うじや〱とうごめく有《あり》さま、不気味なるを事ともせず、平太郎走り寄りて、捕へんとすれば、形もなく、また遠ざかり見れば、数限りもなく、わき出《いづ》るごとくなれば、何となく不気味なる有様《ありさま》を詠《なが》め居たる内、夜半の鐘の音聞《きこ》えければ、其儘《そのまま》捨《すて》おき、「扨《さて》〱益《えき》なき事骨折《ほねおり》し」と独言《ひとりごと》して蚊屋へ入りければ、かの擂木手、をり〱寝《いね》たる皃《かお》〔顔〕などへ、ひやびやとさはりて、何とやらやわらかなる様《さま》にて、はねのくれば、消えてはまた湧来《わききた》り、暁《あかつき》に至る迄、眠る事あたはず。

やうやく明けがたに至り、「よし〱、たとへ顔へさはるとも、何ほどのことかあらん。かまわず眠るべし」と思ひ、打捨置《うちすておき》ければ、かの手も次第〱に消失《きえうせ》て、跡かたなし。夫《それ》より平太郎も、いよ〱工夫付《つき》て、大かたの事はうち捨置けり。

## 八日の夜大勢夜伽に来る事
## 幷同夜煤掃《すすはらい》の怪

明くれば八日になりぬ。平太郎も夜前の擂木手《すりこぎて》には困りはてゝ、大きにくたびれ、終日《ひねもす》居眠りけれども、昼のうちながら、折《おり》〳〵畳など揚《あが》りて、思ふ様《よう》に休息もならず。昼過《ひるすぎ》頃、近所の者ども来《きた》りて申合《もうしあ》ひけるは、「今夜は大勢夜伽《よとぎ》を致しなば、たとへいかやうの事有《あり》とも、大勢なれば格別の事もあるまじ。何卒《なにとぞ》、少しなりとも平太郎を寝させたきものなり」と相談を究め、日の暮《くる》るを相図《あいず》〔合図〕に集る約束して、みな〳〵立帰りぬ。

今日も白雨《ゆうだち》ふりけれ共《ども》、其《その》夜もまた晴《はれ》わたりける。初夜《しょや》〔午後八、九時頃〕過《すぐ》る頃迄に、六、七人もあつまり、「まづ〳〵休みたまへ」とて、平太郎を休ませける。今宵は権八も来《きた》りければ、夜伽の輩《ともがら》も力を得て、銘《めい》〳〵好《すき》〴〵の噺《はな》しして、夜半過《すぐ》る頃、月も山の端《は》に隠れ、何とやら物淋しく、風もそよ〳〵と吹来《ふききたり》て、涼しすぎたる夜なれば、秋めきておのづから物《もの》あはれに覚《おぼゆ》る折りしも、畳はばたりばたりと揚《あが》りしが、人《ひと》〴〵の居りたる畳の角《すみ》〴〵も、少しづゝ揚りける故、各《おのおの》力に任せて押へ居けるが、次第に強くなりて、後は煤《すす》掃《はら》ひ抔《など》の如く、ばた〳〵と、揚りては落《おち》〳〵、灯火も消えて、座敷中ちりほこりになり、黒煙りのごとくにて、目もあけがたき次第なれば、人《ひと》〴〵も始《はじめ》はこた〔堪〕へ居《おり》けれど、力つかれて立《たち》さわぐほどに、あまり騒《さわが》しければ、平太郎寝もやらず、いよ〳〵つよくばたつけば、各《おのおの》つゐに叶はずして、壱人駈出《ひとりかけいだ》すとつゞいて、我も〳〵と迯《にげ》かへる。平太郎、権八と両人にて、やう〳〵畳など敷直《しきなお》して、まづ心を鎮め居《おり》たるうちに、次第に静《しずか》に成りければ、権八も暇乞《いとまごい》して帰り、平太郎も休みける。

明くれば九日に成《なり》ぬ。今日は度《たび》〳〵屋鳴りして、いつもよりつよく其《その》日もくれぬ。人〴〵も昨夜にこりてや、今宵は来るものなく、たゞ権八は宵の内来りしかども、是《これ》は、はじめ小坊主に逢ひしより、とかく熱のさし引《ひき》ありて、此頃《このごろ》は食も平日の通りにはたべかぬるよしを聞《きき》て、平太郎云ひけるは、「自然と物怪《もののけ》の気に当りしものならん。かならず用心第一なり。さして変りたる事もなきに、毎夜此方《こなた》へ来りて、下地《したじ》の邪気に猶《なお》邪気をかさねては、悪《あし》かるべし。かくべつ珍らしき事もあらば、其時《そのとき》しらせ申《もうす》べし。毎夜来るはむやう〔無用〕なり、とくと腹《ふく》〔服〕薬《やく》をも致し然るべし」と、くれ〴〵申《もうし》て帰しける。

此《この》のちは、権八も毎夜は来《きた》らず。さて、夜に入りてより屋鳴りも次第に弱く、間遠《まど》ふになりて、夜中変りたる事もなく、珍らしく静《しずか》なりけるまゝ、夜半頃より平太郎も、此頃になき快寝いたしけり。

## 灯火の怪

あくれば十日になりぬ。始めにしるせし如く、家鳴り、畳の揚《あが》る等の事は日々なれば、書《かき》もらしぬれど、其《その》うちにも、至《いたっ》て強き日も有り、また、さもなき日もあり。其うちにも、九日の夜半より今日一日は、いたつて静《しずか》なり。

こゝに、上田治部右衛門《うえだじぶえもん》といふ者有《あり》しが、物怪《もののけ》の事を聞て尋ね来りし故、初めよりの事あらましに咄《はな》し聞せしかば、治部右衛門いふには、「是《これ》はかならず狐狸か、または猫また〔猫股。化猫《ばけねこ》〕抔《など》の所為《しょい》なるべし。然らば、わなをかけ置き試《こころみ》なば、必ず正躰《しょうたい》あらはるべし。さいはひ、某《それがし》が得たる蹄《わな》の仕様あれば、明晩までにとゝのへ参るべし」と約束して帰りける。平太郎思ふやう、「初《はじめ》に逢ひし物怪の様子、なか〳〵わななどにて退治すべしとは思はねど、何事も慰みぞ」と思ひ居《おり》ける。

其《その》日も暮《くれ》て夜に入《いり》しかば、夜食抔《など》も仕廻《しま》ひ、煙草盆《たばこぼん》持《もち》て椽先《えんさき》へ出《いで》て、月を詠《なが》め居《おり》けるが、座敷に灯《とも》し置《おき》し灯し火、次第〳〵に大きく燃《もえ》て、ばり〳〵と鳴りける故、「油のわざならん」と見る内に、細くなりて、長さ壱尺斗《ばか》りになりぬ。平太郎、「是はまた例のにてあるべし。しかし珍ら敷趣向なり」と、詠め居けるうち、其《その》火弐尺斗りになり、三尺に成り、のちには天井へとゞき、最早《もはや》天井へもえ上《あが》るかと見ゆれど、少しもさわがず、「何条《なにじょう》〔なんといっても〕、灯火の上へ付《つく》べき謂《いわれ》なし。何の目くらましなり」と合点して、捨置《すておき》見《み》居《おり》たるうち、また次第〳〵に短くなりて、終《つい》に元の如くなりければ、「さればこそ」と打笑《うちわら》ひ、やがて寝所に入《いり》ける。其後は何たる事もなく、家鳴りまたは畳の揚るなども、さしてつよくもあらざれば、平気にて休みけり。

## はね蹄《わな》の事　幷ときの声の怪

## 大足跡ありし怪

十一日にもなりしかば、上田治部右衛門は、はねわなとて、三年竹の性宜《しようよろし》きを用ひ、杭を丈夫に打ち、其杭に碇《しか》と結びつけ、鼠の油揚を餌に仕懸け、強くはねる事、段々仕懸やう、伝受〔授〕これあるよし、用意ことぐく調《ととの》ひしかば、暮《くる》るを遅しと仕懸置き、治部右衛門は帰りける。ほどなく初夜〔午後八・九時頃〕も過ぎ、夜半も近くなりけれども、今日は朝より折く、家鳴りまたは畳など揚《あが》りし斗《ばか》りにて、今宵は格別の事もなく暁《あかつき》に至りぬ。平太郎起出《おきいで》て、便所に行くとて、彼《か》のわなを見れば、もとより何もかゝらず。「さればこそ」と思ひて、また休みける。

さて、十二日の朝起出でて、またよくく見れば、蹄《わな》の餌、人間も及ばぬほどにまことに手際に、紐《ひも》ともにとき取りぬ。たとへいかやうにするとも、餌にさわるほどならば、竹のはねぬといふ事なき仕懸けなれども、何としてか、つり緒ともに見えず。平太郎思ひけるは、「わなにかゝらぬはさる事なれども、釣紐までほどきとりしは、不思議なり」と思ひける。扨《さて》、この鼠の油揚、軒の下につるして有りしを、日数《ひかず》経《きた》てのちに見つけ出《いだ》せしとなり。扨又、治部右衛門来り、此躰《このてい》を見てあきれたりしが、「何にもせよ、此鼠を取りしうへは、必ず年経る狐のわざと見えたり。今宵はまた、椽《えん》の上に糠《ぬか》をまき置き、其外《そのほか》、台所の板の間《ま》にも糠をしき、足跡の有《ある》か無《なき》かを見て、其足跡にてまた蹄《わな》のしやう有《あり》」とて帰りける。

今日は折くの家鳴も弱く暮方《くれがた》に成りぬ。また治部右衛門来りて、所々へ糠をうすくとまき置《おき》けり。今宵は昨夜と引《ひき》かへ、宵のうちより家鳴、振動すさまじく、いづくともなく鯨波《ときのこえ》のやうに、大勢の声聞えければ、治部右衛門、「是《これ》は世人《せじん》のいへる天狗たをし〔大木を倒したようなすさまじい音や暴風のこと。天狗のしわざと思われた〕にや」といふ。しきりに気味悪しくやありけん、「いづれ明朝参るべし」とて、早《そう》くに帰り有《あり》ける。夜中、別に替《かわ》りたることはなけれど、ときのこゑは今宵初めてなれば、「いかさま天狗などにや」とも思はれける。今宵も平太郎は快くやすみけり。

扨《さて》、十三日しのゝめ〔明け方〕の頃、門をたゝく音の聞えける故、起出《おきいで》見れば、治部右衛門なり。「足跡はなきや」とて、平太郎と両人してまき置きし糠を見れば、犬か狐かと云ふやうなる足跡の、大きなるとちいさきとありて、其中《そのうち》に弐尺斗《ばか》りもあらんと見ゆる人間の足跡も有り。治部右衛門つく〴〵見て、「何とも合点のゆかぬ事ながら、定めて狐狸のわざ成るべし。此趣《このおもむき》にては、蹄《わな》などへ懸《かか》るべきものとも思はれず。是は野狐除《のぎつねよけ》の祈禱《きとう》こそ宜《よろし》かるべし。某《それがし》、西郷寺《せいごうじ》へ頼み進ずべし」とて帰りける。平太郎は、「寺の祈禱くらいの事にては、なか〱退治のほど覚束《おぼつか》なし」とは思ひけれども、さからはず、人のすゝめに任せけり。

それより治部右衛門は、西郷寺へ行き、右の訳を咄《はな》し、祈禱を頼みければ、和尚申《もうし》けるは、「稲生家物怪《もののけ》の事は、兼《かね》て承り及びしなり。易《やす》き事ながら、今二、三日相待《あいまた》れよ。御存《ごぞんじ》の通り、盆の頃故、行事に取《とり》こみ居《お》れば、祈禱は勤めがたし。当時の薬師如来は至《いたつ》てあらた〔あらたか〕なり。此《この》薬師の前にて香を炷《た》く卓《しょく》と香炉《こうろ》は、昔より由《ゆえ》ありて、奇特《きとく》かぞへがたし。是と薬師の御影《みえい》とを貸し申《もうす》べし。是を平太郎の居間にかけ、香を炷き、信心清浄にして拝し給へ。此仏器《このぶつき》斗《ばか》りにても、疫神狐狸甚《はなは》だ恐るゝしるし有《あり》しなれば、大《おお》かた此仏影《ぶつえい》の功力《くりき》にて、物怪も消滅すべし」と申《もうし》ければ、治部右衛門も、「それは有難し、然《しか》らば晩ほど取《とり》に越し申べき間、御貸《おか》し下され候へ」と約束し、直《ただち》に平太郎方へ行き、右の訳委《くわ》しく語りければ、平太郎も、「御深〔新〕切 恭《かたじけな》し。然らば、晩ほど取りにつかはすべし」とて礼をのべければ、「よく信心致されよ」とて、治部右衛門は我家へ帰りけり。

稲生物怪録　巻の上　終

# 稲生物怪録　巻の中

## 猟師の長倉が事　幷笠袋の怪

七月十三日暮《くれ》がた、治部右衛門方《かた》より、鉄炮打《てつぽううち》の長《なが》倉《くら》といふものを伽《とぎ》に差越《さしこ》したり。この長倉は、若年の時より山野を家として、力《ちから》人に越へ、猪、鹿をとりて世をわたりけるが、自然と鉄炮をうつことの妙を得て、猪、狼の類ひも、長くらが筒先《つつさき》にとまらぬはなし。此長倉は治部右衛門方へ殊更《ことさら》出入《でいり》し、もとより平太郎方へも出入しければ、「何卒御伽《なにとぞおとぎ》に参らむ」と、治部右衛門へ申《もうす》につき、幸ひにして遣はしたるなり。

平太郎、長倉へ申《もうす》は、「よくこそ来《きた》りつれ。今宵は西郷寺《せいごうじ》へ薬師の仏影を借《かり》に遣《つかわ》す筈《はず》の処《ところ》、家来は暇《いとま》を遣し、折ふし誰も来《きた》らず、『いかゞせん』と思ひ居《おり》たり。太義《たいぎ》［大義］ながら、西郷寺へ行き、仏影を借り来《きた》りくれ候《そうら》へ」と云ひければ、「それはいと易《やす》き御用に候。さりながら、まづ御茶など給《た》べて、御噺《おはな》し申すうち、もしあやしき事も候はゞ、其時《そのとき》借り参りても宜《よろ》しく候はん。私は是迄《これまで》御伽にも参らず、いまだ怪しき事を見候はねば、もし今夜より仏影の功力《くりき》にて、怪しき事の止《や》み候ては、残念に候へば、今しばし御待下《おまちくだ》されかし」といふに、「それはともかくも致すべし」とて、茶を煎《せん》じ夜食などしまひて、四方山《よもやま》のはなしになり、もとより平太郎、山猟《やまりよう》は好《すき》也、年経し狼、手負《ておい》猪を仕留めしなど、其外《そのほか》さま〴〵の噺しに覚えず夜をふかしぬ。然《しか》るに、例の屋鳴り振動など仕出し、畳抔《など》もばた〳〵揚《あが》りければ、長倉も初めて不思議を見申《みもうし》たり。「今迄《いままで》は人の申処《もうすところ》、大かた十に八、九は虚説にて、何ぞ少し計《ばか》りの事を仰山に申《もうす》ならむと存居《ぞんじおり》候処、扨《さて》〳〵不思義も有物《あるもの》にて候。いざや西郷寺へ行き、仏影を借りて参り候はん」とて出行《いでゆき》ける。

頃は七月十三日、月よくさえて昼の如くなるに、途中より俄《にわか》に曇り、真暗《まくら》になりて、前後も弁《わきま》え難《がた》し。然《しか》るに、中村源太夫《げんだゆう》といふもの、小挑灯《こちようちん》灯《とも》し来《きた》りしが、斗《はか》らずも長倉と行逢《ゆきあ》ひ、言葉を掛《かけ》ければ、長倉も日比《ひごろ》出入《でいり》する源太夫がこと故、西郷寺へ行く訳を咄《はな》し、「只今途中より俄に曇り候へば、一《ひと》しほくらく覚え、扨《さて》〱困り入《いり》候」と申《もうし》ければ、源太夫がいふには、「某《それがし》はほど近し。挑灯を貸すべし」といひければ、長倉は「恭《かたじけな》し」と挨拶し、挑灯をかりて分れける。

扨《さて》、すこし行けば、津田《つだ》市郎右衛門《いちろううえもん》といふ者の宅あり。角《かど》屋敷なり。其屋敷の藪《やぶ》より、大きさ笠袋《かさぶくろ》のやうなる黒きもの飛び出《いだ》したり。長倉あやしく思ひ、津田が屋敷の角を廻《まわ》る時、彼《かの》黒き物、長倉が首へ巻付《まきつ》きけるゆゑ、「わつ」と云《いい》て挑灯も捨《すて》、両の手にて取《とり》のけんとすれども、まきつきて、目も見えず声も出ず、しきりに息つまりて、つひに絶入《ぜつじゅ》〔気絶〕しけり。此時《このとき》、津田市郎右衛門は居間にすゞみ居《おり》けるが、表にて人の「わつ」といふ声の聞えける故、怪しく思ひ、格子《こうし》より覗きみれば、誰かはしらず、人の倒れ居ける故、家来を出して水など呑《のま》せ、呼び活《いかし》ければ、長倉やう〱心付《こころづき》、起上《おきあが》りて見れば、最早《もはや》雲晴《はれ》て、昼の如き月夜なり。源太夫に借りし挑灯も、いづくへ行きしや、無かりければ、強気《ごうぎ》の長倉も臆病ごゝろ付《つき》て、仏影を借りに行くまでもなく立帰り、平太郎方へ門口《かどぐち》より、「今宵は夜も更《ふけ》ぬれば、仏影は明日かりて参らせん。其訳は明日御咄《おはなし》し申さん」と云ひすてゝ、我家をさして帰りける。

此《この》長倉強勢《ごうせい》を頼み、「あやしき事を見度《みたき》」などゝいひしを、妖怪の「にくし」とや思ひけん、また我慢の鼻をひしがんためか、いづれ怪《あやし》き事なり。

さて長倉は、翌日、源太夫かたへ行きて、「夜前《やぜん》の御挑灯、かやう〱の事にて失ひ候」とて、夜前のことを語りたれば、「それは合点の行かぬ事なり。まづ、夜前は少《すこし》も曇りたる事なく、其上《そのうえ》、我等いづ方《かた》へも出《いで》ざれば、もとより挑灯を途中にて貸すべき謂《いわれ》なし」といふを聞《きき》て、長倉舌をまき、いよ〱おそれをなせり。

## 薬師如来の事　幷卓《しょく》、香炉の飛ぶ怪

明くれば十四日、平太郎は一人住《ずまい》なれば、仏影を取《とり》に遣すべき人なく、徒然《つれづれ》なり。折ふしは物怪《もののけ》に紛れて、長き日も暮らし安し。ほどなく夕がたとなりぬ。「物怪の幸ひ」とは此事《このこと》ならんが、最早《もはや》七ツ時〔午後四時頃〕前とも思ふ頃、長倉来《きた》りて、夜前の次第委《くわ》しく噺《はな》し、「扨《さて》仏影を取りに参らん」とて、直《ただち》に出行《いでゆ》きける。西郷寺《せいごうじ》にては、昨日より「仏影を借りに来るや」と待《まち》けれども、人も来らず、盆のいとなみにて取《とり》まぎれ居《おり》けるに、長倉来りて、夜前の始末くはしく語りければ、和尚も大きに驚き、「何分《なにぶん》祈禱を致し、札を進じ申《もうす》べし。まづ〳〵、此《この》仏器、み影《えい》を預くる間、『信心を専一にし給へ』と伝へられよ。かならず奇特有《きどくある》べし」とて渡しける。長倉受取《うけとり》て、平太郎方へ持行《もちゆ》き、和尚の伝言を委しく演《の》べて、「今宵も伽《とぎ》に参るべし」と申《もうし》ければ、平太郎申《もうす》は、「伽人《とぎびと》有れば、却《かえっ》ていろ〳〵とあやしき事多し。其上《そのうえ》、時節がらさぞいそがしく有るべければ、必ず来る事はむやう（無用）なり」とて、長倉をば返しけり。

扨《さて》、平太郎も暮《くれ》がたに墓参りして、直《ただち》に新八方へ行き、暮過《くれすぎ》に立帰り、「今宵は人も来るまじければ、早く休《やすま》ん」と、彼《か》の仏影を床の間に懸け、仏器を直し置き、香炉をすえ、拝をして、扨、椽《えん》へ出《いで》、涼みながら月を詠《なが》め、暑さをわすれて、最《も》早《はや》四ツ時〔午後十時頃〕頃にも成りしかば、蚊屋《かや》へ入《いら》んとする処《ところ》に、仏壇《ぶつだん》の前のからかみ（唐紙）、さら〳〵と開きければ、「いかゞ」と見る内、仏壇の戸おのれと開き、座敷の床《とこ》に有《あり》し彼の卓、香炉、畳をはなれる事三尺斗《ばか》り、仏壇までは其間《あい》三間ほどの処を、しずしずと行く事、人の持《もち》て行くが如し。つひに仏壇にをさまりければ、開きし戸も本《もと》の如く戸《と》ざしぬ。平太郎ふしぎながらも、せわいらずにて、「よし〳〵」と思ひ、蟵《かや》〔蚊帳〕に入りけり。仏影はうごかず、今夜は静かなり。平太郎、近来に覚えぬ快寝しけれども、其《その》のちも、さらに物怪の止《や》むことなく、仏影の奇特とおぼしき事もなかりけり。

## えい〳〵声の怪

かくて十五日昼の内は、いよ〳〵静《しずか》なりしが、夕方より、また〳〵畳などもばたつき出《いだ》しぬ。今朝より小雨も降り、むし〳〵と暑さも強かりければ、湯も早くつかひ、暮行く空を詠《なが》め、「例年、今日は近所寄合《よりあ》ひ中元《ちゅうげん》を賀《が》し、酒など吞《のみ》て、在中の辻おどり見物せんと、暮《くる》るを遅しと待けるに、今年は物怪《もののけ》ゆゑに外へも出ず。淋しく過《すぎ》ぬるものかな」と独言《ひとりごと》する折から、津田市郎右衛門、木金伴吾《きがねばんご》、内田源次《げんじ》三人、同道にて来《きた》り、「無淋《さぞ》しからんと思ひ、酒を携へ来りし」とて、取出《とりいだ》しければ、平太郎も「恭《かたじけな》し」とて、昼の瓜《うり》もみ、鯖《さば》鱠《なます》取出し、肴《さかな》として酒などのみ、初夜〔午後八、九時頃〕過ぎまで噺《はな》しけるが、「今宵は三人にまかせ、気遣ひなしに休み給へ」とすゝめければ、彼の仏影の前へ仏器を出し備へ置き、「然《しか》らば御《ご》めん候《そうら》へ」とて、平太郎は蚊屋へ入り休みぬ。

扨、三人はさま〴〵の物語に、ほどなく夜半にも成りしかば、伴吾申《もう》すやう、「煎《せん》じ茶も薄く成《なり》ぬれば、今一花香《ひとはなにお》ひ〔煎じたてのかぐわしい香りのお茶、の意〕入れかへて、眠りを醒《さま》させ申さん」とて、土瓶の茶を入直《いれなお》し、それより咄《はなし》もまた新らしくなりしに、うらの方《かた》より大勢の声にて、「エイ〳〵」と懸声《かけごえ》して、重き荷物など持来《もちきた》る様子なりし。人〴〵、「すはや」と思ふ内、其声段々近くなりて、内庭《うちにわ》に来《きた》り、台所の板の間に来ると聞えしが、どさりとおとしたる其《その》音のすさまじさ、此《この》ひゞきにつれて、家鳴り仕出し、めき〳〵と鳴りければ、三人はものも云はず、思《おも》ひあきれたる斗《ばか》りなり。

平太郎も此響《このひびき》に目を覚《さま》し、「何事やらん」と見れば、台所の板敷に、何やらん物有り。平太郎いひけるは、「各方《おのおのがた》見て来られよ」と申《もう》しけれど、各《おのおの》返答もせず、只一所《ただひとところ》にうづくまり居《おり》たり。平太郎、「某《それがし》見て参るべし」とて、蟵《かや》より出《いで》、紙燭《ししょく》を付け、台所へ行きて見れば、うらの物置部屋に有《あり》し香《こう》の物桶《ものおけ》なり。「是《これ》は此間《このあいだ》、茄子《なす》の香《こう》のものを漬置《つけおき》しが、部屋の口は錠《じょう》をしめ置きければ、戸の明くべきやうなし。それにいかゞして出《いだ》しけるか。此所《ここ》へ持来《もちきた》るこそ不思議なれ。しかし、『各《おのおの》がたへお茶の口取《くちとり》にもなされよ』との事ならむ、物怪どのゝ志しこそやさしけれ」とて、やがて茄子の香の物を取出《とりいだ》しけれども、三人は、物怪の持来りし香の物は気味悪《あ》しとや思ひけん、喰《くら》はで置《おき》ぬるを、平太郎斗《ばか》りとり喰《くら》ひ、茶をのみて、又蚊屋へ入り休みける。

暫《しばら》く有《あり》て、彼《か》の卓《しょく》、香炉《こうろ》、またおのれと舞上《まいあが》り、蚊屋の廻《まわ》りを舞《まい》ありきければ、三人ともそろ〳〵と蟵《かや》の内へ這入《はいいり》ける。仏器はいよ〳〵舞《まい》けるが、後《のち》には卓と香炉と別〴〵になりて舞《まう》ほどに、いつのまにか入りけん、香炉は蚊屋の内へ入りて舞歩《まいある》行き、少しかたぶきては、三人の頭の上へ、灰ばら〳〵とちり懸《かか》りけり。

三人は一所《いっしょ》になりて、ものいふ人もなし。時に内田が首筋へ、灰ばらく〳〵と強く散懸《ちりかか》りければ、「わつ」と云《いい》てうつむきしな、胸の中《うち》こみあげしが、黄水《おうずい》〔胃から吐きだす黄色い水〕をがばと二人の上へ吐懸《はきかけ》けれど、両人ともそれをも覚へず、只《ただ》心なき斗《ばか》りに、さしうつむきて居るのみなり。平太郎は起上《おきあが》り、「是はく〳〵」とて、蚊屋をはづし箒《そう》〔掃〕除《じ》せんとする内、又昨夜の如く、仏檀の戸開けて、卓、香炉とも内にをさまりけるぞ、不思議なる。

平太郎は三人をやうく〳〵引起《ひきおこ》し、うらの釣井《つりい》へ伴ひ、水を飲《のま》せければ、三人もやうく〳〵人心地になりて、早々帰りければ、平太郎は跡の畳など箒除《そうじ》して、つぶやきながら休む内、はや、しのゝめ〔明け方〕のそらとぞなりにけり。

## 一族中より異見を加ふる事

あくれば十六日になりぬ。今日、当所にては藪入《やぶいり》とて、在中は専ら親類のかたへ寄合《よりあ》ふ事なり。正月と七月共に同じ。諸国ともにある事にや知らず。

扨《さて》、平太郎も、叔父川田茂左衛門方《かた》へ行きければ、一族中集り、無事を祝し、酒飯等もすみ、茂左衛門は平太郎に申すやう、「先頃《さきごろ》より其方宅《そのほうたく》には怪《あやし》き事ありて、各夜伽《おのおのよとぎ》にゆかれたれど、逃帰《にげかえ》る人も多し。其方気丈にて、ひとり暮《くら》す事、いづれも驚き入りしなり。さりながら、此《この》のち、万一あやまちありては、其身《そのみ》は勿論《もちろん》一族中も、『見捨置《みすておき》し』といはれては、甚《はなは》だもつて立《たち》がたし、今日より一族うち何方《いずく》へなりとも逗留《とうりゅう》致し、暫《しばら》く様子を伺ひて然《しか》るべし」と申《もうし》ければ、いづれも一同に「其旨《そのむね》に致されよ」と異見《いけん》を加へける。

其時、平太郎申すやう、「成程《なるほど》、其段《そのだん》は最初よりも仰《おお》せられし事なれども、さしての事も有《ある》まじと存ぜし処、日々の怪事、今日迄《まで》もやむ事なし。此上《このうえ》は最早《もはや》気根《こん》づめに候あいだ、たとへ半年にても、一年にても、『是《これ》ぞ』と申す事を見届し上、いよく〳〵人の住居《すまい》相成り申さずやうにも候《そうら》はゞ、願ひ出《いで》、屋敷を上げ候ても、相済み申《もうす》べし。只今《ただいま》となり、狐とも狸とも知らで、ほかへ行《ゆき》候ては、臆病の名を取《とり》、『さればこそ、初め人の異見の時何方《いずく》へなりとも参るべきに、我慢ものや』などゝいはれんも口惜し。それはともかくも、此《この》屋敷を、他国の人、昔噺《むかしばなし》の如く望みて来《きた》り、住居《すまい》致し、何事もなき時は、我等名のけがるゝはいとはねども、第一国の恥なり。こゝを思へば、何分此義《なにぶんこのぎ》は私存念《わたしぞんねん》に御《お》任《まか》せ下さるべし」と申《もうし》ければ、人々も申すは、「左《さ》程《ほど》に思はれ候はゞ、是非《ぜひ》に及ばず」と申けるゆゑ、茂左衛門も其旨《そのむね》に任せけり。

それより平太郎は暇乞《いとまごい》して帰る時、其坐《そのざ》に有りける出入《でいり》の若者壱人《ひとり》、「今宵は私参るべし」とて、同道して暮合《くれあい》頃、家へ帰りける。平太郎、今宵は少し酒機嫌《さけきげん》なれば、椽《えん》へ出《いで》て涼み、風にさそはれ眠りを催しけるに、彼《か》の若者は居間にて、風炉《ふろ》〔物を煮炊きする炉〕に火を拵《こしら》へ、花香《はなが》〔欄外注。花香トハ茶ノ煮花ノコトニ候。備後ノ方言ナランカ〕に酔ひを醒《さま》さんと思ふ折から、天井めき〱と鳴り出《いだ》しける故、天井を見れば、何とやら、ひくゝなるやうに覚えけれども、「酔《よい》まぎれにかやうに見ゆるや」と打捨置《うちすてお》きけり。さて、天井は次第〱にひくゝなりけるを、彼《か》のものも、随分こたえけれど、すでに落《おち》かゝると見えければ、「今は叶《かな》はじ」とや思ひけん、「わつ」といふて庭へ飛びをり、一《いっ》さんにかけ出《いだ》す。平太郎は前後もしらず眠り居《おり》しが、彼の者逃《に》げしなに「わつ」といふ声に目を覚《さま》し、見れば、天井ひくゝなりぬ。されども、一向に捨置《すておき》、蚊帳《かや》に入りて休みける。

夜明けぬれば、彼の若者、「我こそ夜前《やぜん》、稲生の化《ばけ》物《もの》に逢ひし」いひ触《ふれ》ける故、人々いよ〱恐れて、平太郎の門前は、日ぐれて通ふ人もなし。

## 野狐除札の事 幷 輪違ひの怪

十七日昼時分、上田治部右衛門は、野狐除《のぎつねよけ》の札《ふだ》を持参して、「是《これ》は此間《このあいだ》、西郷寺《せいごうじ》へ相頼み置きしが、今日祈禱相済み、札を差越《さしこ》し候なり」とて、彼《か》の札を居間へ懸け置き帰りける。扨《さて》、日の内は例の如く、折《おり》〱の家鳴斗《いえなりばか》りにて、格別変りし事もなく、暮前《くれまえ》より治部右衛門も来《きた》り、「宵の内咄《はな》し申さん。今宵は札の功力《くりき》にて、何事も有《ある》まじ」とて、とも〲椽《えん》へ出《いで》て、月待《つきまち》空《ぞら》のいと面白く、漸《ようやく》山の端《は》に白《しら》〲とおぼろなる月影に、庭の木の葉などそれぞとは見えわかず。樫《かし》の木の有りしが、其《その》木の此方《こなた》に、何かは知らず、くる〱と輪違《わちがい》のやうなるもの数多《あまた》あらはれて、次第に空より舞ひ来《きた》ると見えたり。治部右衛門、「あれはいかに」といふに、早《はや》、椽の前迄《まで》くる〳〵と、輪違ひのやうに見えければ、「月のうつりなどにや」とよく〳〵みれば、いよ〳〵、くる〳〵とめぐるなれば、治部右衛門も気味悪《あ》しくや思ひけん、暇乞《いとまごい》しければ、平太郎いふ、「今暫《しば》し咄《はな》し玉はんや」といひけれど、帰らんとする処に、台所の方《かた》よりも、彼《か》の輪違と、また小たらひ（盥）ほどの輪も有《あり》て、煙《けむ》り抔《など》の如く、くる〳〵とめぐる有様《ありさま》、治部右衛門も兼《かね》て覚悟にて、野狐の業《わざ》と思ひ、よく〳〵見れば、其輪《そのわ》の内に目鼻、口も有《あり》て、こと〴〵く人の顔なり。見定めんとすれば、くる〳〵と入り替りて、顔の上へ顔交《まじわ》りて、さま〴〵の顔顕《あら》はれ、白眼《にらむ》もあり笑ふも有《あり》。治部右衛門も白眼《にらみ》つめて居《お》たりしが、台所へは出《いで》かねしや、庭の方《かた》へ出《いで》ければ、其顔一度に笑ふ如くの声聞えければ、治部右衛門驚き、門口《かどぐち》へ飛び出《いで》て、一《いっ》さんに帰りける。治部右衛門の逃出《にげいだ》したると、物怪《もののけ》の笑ふにて、平太郎もおかしくて、笑ひながら、やがて寝所《しんじょ》へ入りけるに、其後《そののち》は彼《か》の顔もいかゞなりしや出《いで》ず、何たる事もなく静《しずか》なり。

明くれば十八日朝、とく〔早く〕治部右衛門来《きた》り、「夜前《やぜん》は扨《さて》〳〵不気味成る事を見しなり。祈禱の札にも恐れぬは、狐のわざにも有《ある》まじ」など、とり〴〵評判する折から、権八来り、夜前の咄《はな》しを聞《きき》、「扨もいろ〳〵と狂言を替へ候ものかな。何分此化《なにぶんこのばけ》には勝《かた》れ申さず」と云《いう》を、平太郎聞《きき》て思ふやう、「権八ほどの者なるが、かやうなおくれし〔気おくれした〕言葉を出《いだ》すは、物怪にまける道理なり。権八身のうえ、心もとなき事なり」とは思へども、さあらぬ躰《てい》にて権八にむかひ、「殊《こと》の外《ほか》顔色も悪《あ》しく、毎度云ふ事ながら、取《とり》しめて養生して、先《まず》、此方《このほう》へ見舞申《もうす》に及ばず。尤《もっとも》隣家の事なれば、此方の騒がしきを聞《きか》るゝたび〳〵、心もとなく思ふも尤なり。さりながら、此方は少しも気遣ひなし。心易《こころやす》くぞんじ、ちとほかへ行きて、逗留して、保養第《だい》いちに致し、元気を取直《とりなお》し来《きた》り給へ」といひければ、治部右衛門も、「其義然《そのぎしか》るべし」とすゝめけり。さして是《これ》ぞといふ病《やまい》にてもなく、其《その》まゝにてうか〳〵と暮し、後には大病となりけるが、此節《このせつ》外へも出《いで》て養生致せしならば、快気《かいき》の事も有《ある》べきに、其儘《そのまま》に打捨《うちすて》暮し居《おり》ける事こそ、是非《ぜひ》もなけれ。

扨、かの西郷寺《さいごうじ》の札を見れば、薄墨《うすずみ》にて文字の書入《かきいれ》有り。梵字《ぼんじ》と見えたり。「昨日は慥《たしか》に書入はなかりしと覚えしに、変りたる事なり」とて、早速西郷寺へ此《この》よし知《しら》せければ、ほどなく和尚《おしよう》来り、此札を見て横手《よこて》を打ち、「梵字を書入れしは、なか〳〵、かりそめの妖怪とは思はれず」とて、舌をまき帰りける。何たる故《ゆえ》はしらねど、もし落字《らくじ》などありしか、また書損《かきそんじ》にて文字の違《たが》ひたるにや。何さま不思議の事なり。化物《ばけもの》の手跡《しゆせき》なりとて、追《おい》〳〵見物も有《あり》しが、一年も過ぎて次第に薄く成りけれども、二、三年は其形《そのかたち》見えけるとぞ。其後も其《その》まゝ懸置《かけおき》しかば、のちには本書も煤《すす》にくろみ、見えず成《なり》けり。

さて、今日は昼の内も殊《こと》の外《ほか》あら〳〵しく、諸道具も舞《まい》ありき、或《あるい》は茶碗の類《たぐ》ひ、台所より鳴渡《なりわた》りて、居間の方へ飛び来り、「鴨居《かもい》にて今にみぢん（微塵）に打砕《うちくだ》けるよ」と見る内、ちよと〔ちょっと〕鴨居を潜りて飛び行き、座敷の真中《まんなか》にて落《おち》、あるひは煙草盆《たばこぼん》も飛び上り、其外《そのほか》の諸道具の動く事、此後《こののち》も度《たび》〳〵なり。茶碗など飛ぶ時に手を添《そえ》れば、落《おち》て砕けるなり。いかほどに飛《とび》ても捨置《すておか》ば、音斗《ばか》りすさまじくて、さらに損《そこなわ》る事なし。行灯《あんどん》など舞ひ歩行《あるく》とも捨置ば、油一滴《てき》も溢《あふ》れず。平太郎も今は物怪功者《もののけこうしや》になりて、何事も一向に構はず打捨置き、「たゞ物怪と同居なり」と心得て暮しけるこそ大胆なれ。

## 曲尺手《まがりがね》の怪　幷　老女首の怪　天井の下る怪

十八日宵の内、また〳〵出入《でいり》のもの、三人咄《はな》しに来《きた》りけるが、初夜《しよや》〔午後八、九時頃〕過《すぎ》にもなれば、先夜にこりてや、各《おのおの》尻込みして、噺《はな》しも自然と絶間勝《たえまがち》になりけり。折から三人の背を、一度に、はたとたゝくもの有り。三人とも驚き見れば、台所口より、まがりがね（曲尺）のやうなる手の、いく所ともなく、ぎく〳〵と折れて、いなづま（稲妻）のやうなる手をのべちゞめしければ、三人是《これ》を見て、一度に「わつ」といひながら駈出《かけいだ》し、台所へは出得《いでえ》ず、奥の庭に飛《とび》をり、路次口《ろじぐち》をひき明《あけ》て、帰りける。

平太郎は跡をかたづけ、閨房《ねや》へ入《いり》けるが、夜もふけて目を覚しけるに、惣身《そうしん》汗になりて、胸の上に何やらん重く覚えし故、障子あかりすかし見れば、老女の首と見えたり。平太郎、「爰《ここ》ぞ」と思ひ、手にてはねのけんとすれば、彼《か》の首、やがて蚊屋《かや》の隅に有りて、透《すき》間《ま》あらば飛びかゝるべきやうすなり。捨置《すてお》き眠らむとすれば、又胸の上へ飛び来る故、またはらひのけ、足にて踏《ふみ》とばさんとすれば、蟵《かや》の外へ出《いで》、出入《でいり》する事蚊屋なきが如く、かくする事たび〳〵にて、平太郎も後にはくたびれて、捨置きて、づる〳〵と眠れば、また胸の上へ来《きた》りて、此《この》夜は終夜《よもすがら》寝る事あたはず、しら〳〵と明けわたるにしたがひ、かの首も消《きえ》て、烏《からす》のわたる頃は、夢のさめし如くにぞ覚えける。平太郎は夜中のくたびれにて、其《その》まゝ休みける。

　十九日の昼四ツ時〔午前十時頃〕頃、門をたゝくに漸《ようや》く目を覚し、起出《おきいで》て門を開き見れば、向井次郎左衛門《むかいじろうざえもん》といふ者なり。「今日は外《ほか》へ参るとて此所《ここ》を通るに、早日《はや》もたけ候に、門口《かどぐち》〆《しめき》り有《ある》故、わざと起《おこ》せしなり。さして用事もなく候《そうら》へ共《ども》、此頃《このごろ》の事《こと》故、心もとなく存じ起し候」といひければ、平太郎、「それは段々恭《かたじけな》し。夜前《やぜん》はかやう〳〵の次第にて、それゆゑ、思はず今迄寝申候《いままでねもうし》」といひければ、次郎左衛門も内に入り、此間《このかん》の様子、とくとたづね聞《きき》、「いかさま是《これ》は、治部右衛門の申さるゝ通り、何分《なにぶん》にも狐狸の類《たぐい》なるべし。しかし、蹄《わな》の餌《えさ》を取《とり》しほどなれば、是は狐狸の類とはいひながら、千歳をも経し曲《くせ》もの（者）ならむ。十兵衛といふもの、殊《こと》の外《ほか》わなの上手《じょうず》にて、度《たび》〳〵手柄を致せしものなり。明日にても、此者《このもの》を呼び寄せ、委細申聞せ、今一度蹄を懸《かけ》させ見るべし。今日は拠《よんどころ》なき事にて、外へ参り候へば、明日参るべし」と立帰《たちかえ》りけり。平太郎は夜前のくたびれにて、また閨《ねや》へ入り休み、漸《ようや》く昼九ツ時〔午前十二時〕過起出《すぎおきいで》て、飯抔《など》給《た》べてける。「夜に入りなば、大かたまた、老女の首出《いづ》べし。今宵は透間を得て手取りにせん」と、暮《くる》るを遅しと待居《まちい》たり。

　かくて日もくれ、初夜〔午後八、九時頃〕も過ぎ、四ツ〔午後十時頃〕頃にも成《な》りぬれど、変りたる事もなく、今宵は人も来らねど、閨房へも入らず、「彼《か》の首出るか〳〵」と待居《まちおり》たり。されど、夜半過《すぎ》てもかはりたる事もなき故、すこし気もたゆみし処《ところ》、天井次第に落《おち》かゝる。平太郎「例の事よ」と見るに、次第〳〵に落懸《おちかか》り、つひにあたまの上へ落かゝれども、猶《なお》しらぬ顔にて居《おり》ければ、あたまは天井をぬけ出《いで》、又行灯《あんどん》も天井をぬけ出て、天井の上くはしく見ゆる。鼠《ねずみ》のふん、蜘《くも》の巣杯《など》おびたゞしく、或《あるい》は古《ふる》わら、煤塵《すすちり》等にて真黒《まくろ》なり。天井は平太郎が膝の上迄落《までおち》たりけれど、平太郎一円《いちえん》〔いっこうに〕かまはず捨置たりければ、しばらくして、天井は次第〳〵にあがりて、つひにもとの如くになりける。平太郎天井を見るに、我ぬけ出《いで》しと思ふ所に穴もなく、行灯の抜け出し処を見れども跡もなし。最早《もはや》夜も深更《しんこう》に及びければ、やがて閨房へ入りぬれど、今宵は老女の首も出ず、其外《そのほか》かはりたる事もなく、休みぬ。

## 踏落《ふみおと》し蹄《わな》の事　幷大手の怪

明くれば廿日、向井次郎左衛門は、十兵衛と云ふものを連来《つれきた》り、わなの用意を致させける。此《この》十兵衛は年の頃六十斗《ばかり》の男なり。若年の頃より、鉄炮猟《てっぽうりょう》は勿《もち》論《ろん》、わなも上手なりしが、此ふみ落《おと》しわなの事は、先年、十兵衛大坂へ登り、革の売買場にて、ある猟師と出会ひしに、殊《こと》の外《ほか》大きなる狸《たぬき》の皮を出《いだ》せり。十兵衛も下地猟好《したじりょうずき》故、「是《これ》は殊の外大きなる狸と相見え申候。いかさまにも年を経たる狸ならん」と申けるに、彼の猟師聞《きき》て、大きに笑ひ、「其方《そなた》には似合ぬ目きゝかな。是は若狸なり。狸にも数種ありて、かやうに大《だい》なるは全躰《ぜんたい》の生れ〔生来のもの〕なり。此類《このたぐい》は稀《まれ》なるものなり。また、常躰《じょうたい》の狸の外《ほか》に、一種《いっしゅ》人をよくたぶらかす狸有り。是はなか〳〵一応の事にては取り得がたし。其《その》狸は至つてさとく、生《うま》れ立《だち》もかやうに大きにはなし。人にも山犬などにもとられぬ故、自然と功を経て、後にはいろ〳〵と自在を得て〔自在に変化《へんげ》して〕、人をなやますなり。其狸の皮は至って厚く、毛はあらく〳〵として、毛皮には宜《よろし》からず。此功経たる狸を獲《とる》には、踏落《ふみおと》しといふ蹄《わな》ならでは取得《とりえ》がたし。我等が得し踏落しは、多くの人の知らぬわななり」と申ければ、十兵衛云ふやう、「いまだ其《その》踏落しといふ仕様は存《ぞんじ》申さず。いかやうの仕方にて候や」と尋《たずね》ければ、彼のもの申やう、「我等が数年此蹄を懸《かけ》、自然と骨《こつ》〔要領〕を覚えしなり。いかやうのさかしき狐狸にても、我《わが》ふみ落しを遁《のが》るゝ事は稀なり。我等若き時、天満《てんま》の社《やしろ》、夜中《やちゅう》三社に見ゆるといふ事有り。其時、我深更に及びて、ひそかに彼所《かしこ》に行きて踏落しを懸置《かけおき》しに、大猫《おおねこ》懸りしなり。

尾先は二つに割れ、首より尾先まで四尺余《あまり》有る猫なり。直《ただち》に打殺《うちころ》して、翌日其《その》近所の者に見せければ、いづれも大《おおき》に悦び、『近年、此猫さま〴〵と妖怪をなす、天満の沙汰《さた》も此猫《このねこ》ならん』と申《もうし》あへり。惣躰《そうたい》古き猫は狐となれ合ひ、いろ〳〵化《ばけ》るともいへり。それ故《ゆえ》か取《とり》得《え》がたし。しかしながら、此踏落しにては遁《のが》るゝ事なし」と語りける。

十兵衛、其時迄《そのときまで》は、鉄炮猟のみにて、わなの事はいまだ不案内にて有《あり》けるが、彼の猟師に申《もうす》やう、「私在所には鉄炮猟斗《ばか》りにて、熊、猪、鹿の類《たぐい》とり申候。狐狸多く候へども、鉄炮にては影を隠し、手に入れがたし。何卒《なにとぞ》、其踏落しの仕やう御伝受下されかし」と、たつて所望致しければ、彼の猟師も、拠《よんどころ》なき所望により、蹄《わな》の次第、また懸《か》け様《よう》、所の見《み》斗《はか》らひの事まで、委《くわ》しく伝受致しぬ。それより此《この》十兵衛、わなの上手になり、其《その》段々功者も出来《いでき》て、踏落しにて数《かず》〳〵狐狸をとりて、世を渡りけり。中にも一《ひ》と歳《とせ》、鳳源寺《ほうげんじ》といふ寺にて、大般若経《だいはんにゃきょう》おのれと〔ひとりでに〕まきあがる事度《たび》〳〵にて、後は人も恐れ、自然と参詣も稀になりし上、猶《なお》あやしき事有《あり》けるを、十兵衛聞及《ききおよ》び、「是《これ》は必ず狐狸のわざなるべし」とて、鳳源寺のうら門の外に、大なる森の有りけるが、其所《そこ》へ蹄《わな》を懸《か》けるが、案に違《たが》はず、幾年《いくとせ》経しとも知れぬ古狸の懸りしを、鳳源寺へは知らさず、打殺《うちころ》し帰りしが、其後《そののち》は鳳源寺に何の怪しき事もなく、今もつて寺も繁栄せり。

また其後、松尾《まつお》藤助《とうすけ》といふ者の処《ところ》に、怪《あやし》き事ありける。ある時、藤助、居間にて昼寝を致せしに、召《めし》使《つか》ひのもの用事有《あり》て行き見れば、弐人《ふたり》の藤助臥居《ふしおり》たり。不思議にも、またおそろしくて、そつと次の間《ま》へ出《いで》て、次より呼び起《おこ》しければ、何事なく常《つね》の通り起出《おきいで》たり。其後、折《おり》〳〵奥にも藤助あれば、外よりも藤助帰るといふやうなる事にて、藤助も何とやら本性《ほんしょう》乱るゝやうに見えければ、一族ども打寄りて、祈禱、御札などさま〴〵とすれども、一向其《その》しるしなく、相談まち〳〵なり。十兵衛此事《このこと》を聞て、彼の天満の社の事を思ひ出《いだ》し、望みて蹄を懸けしに、彼の猟師の咄《はな》しに違《たが》はず、背の毛などもぬけて、あら〳〵として毛もまだらにぬけ残り、誠に幾年《いくとせ》経しともしれぬ古狸かゝりしなり。其後は藤助何事もなく、家内の歓大《よろこびおお》かたならず。其外《そのほか》、狐狸を取る事に妙を得て、是迄《これまで》、度々手がらをいたせし事を、向井次郎左衛門もよく〳〵存ぜし故、此度《このたび》、彼《か》の十兵衛を同道せしなり。

さて、十兵衛は平太郎に逢ひて、とくと咄《はな》しを聞て申すやう、「御屋《おんや》しきの様子、大かた古猫か古狸の内にて候べし。狐はけつく（結句。かえって）かやうの事は致さぬものにて候。狐は古《ふる》ねこをつかひ候て、脇にて見物致すと存《ぞん》ぜられ候。猫もまた、狐の力にて色々と自在を得る事面白きにや、我《わが》身の上をもわすれて色々と怪《あやし》き事をなして、つひには化《ばけ》あらはれて、身を亡《ほろぼ》すと見え申《もうし》候。其時《そのとき》は猫斗《ばか》りわな抔《など》へ懸り、狐は脇に見物して笑ふかと存られ候。世に狐ほどさかしきものはなく候。それ故、わなに懸り候ても、大かたは猫狸の内かゝり申候。尤《もっとも》はね蹄《わな》にて狐をつり候へば、野ぎつねは懸り申候へども、是《これ》はかやうなるわざを致す狐にてはこれなく、野狐にて候。功を経し狐は、一向かゝり申さずと存《ぞん》じ候。此《この》御屋敷にも打続き、いろ〳〵の妖怪有り、是はさま〴〵のもの集りて、怪しき事をなすと存《ぞん》ぜられ候。しかし、いかほど集り候ても、其内《そのうち》壱疋《いっぴき》とり候へば、残りはちり〴〵となり、其所《そこ》には住《すま》ぬと見えて、怪き事も相止《あいや》み申候。此上猶数多《このうえなおあまた》にも成《なり》候てはいよ〳〵むつかしく候。只今《ただいま》より踏落し支度仕るべし」とて、みちやうの処〔通り道と思われるところ〕を考へて、彼《か》の踏落しを仕懸け、「声を立て候はゞ、早速御出《おいで》あれ」と約束を究《きわ》め置き、さて、夜に入れば、十兵衛は客雪隠《きゃくせっちん》〔便所〕へかくれ居《おり》けり。次郎左衛門も宵の内咄《はな》し居《おり》しが、初夜〔午後八、九時頃〕も過《すぐ》る頃まで、殊《こと》の外静《ほかしずか》にて、次郎左衛門も帰り、平太郎も休みける。

さて、一《ひ》と休みして目ざめ、最早夜半過《すぎ》とも思ふ頃、何やらん、うごめく声の聞えけるまゝ、よく〳〵聞けば、人のうなる声にて、客雪隠の方《かた》に聞えければ、平太郎は早速行きて見れば、雪隠の戸はちり〴〵に倒れて、十兵衛は正気《しょうき》もなし。平太郎は、まづ十兵衛が顔へ水をそゝぎ、正気付けさせければ、十兵衛は夢の覚《さめ》し心地にて申《もうす》やう、「先程《さきほど》ぞつといたせし故、『彼《か》のもの来《きた》るならん』と透《すか》し見れば、かの踏落しの方より、大きなる手を出し、雪隠の戸と我と一所《いっしょ》につかんで、引出《ひきいだ》さるゝ故、声を出さんとすれども、声少しも出ず、其後《そののち》は一向に覚え申さず候。是は大かた天狗《てんぐ》か山の神などにて有るべし、扨《さて》〳〵恐ろしき事に逢ひ申候」とて、わなも其儘《そのまま》に置て、そう〳〵に帰りける。平太郎はくずれし戸を取片付《とりかたづけ》、また〳〵閨房《ねや》へ入りて休みぬ。

## 逆さ首の怪

明くれば廿一日、平太郎起出《おきいで》て、彼《か》の蹄《わな》を見るに、片脇にかた付《づけ》て有り。誰か片付しや。また、夜前損ぜしと思ひし雪隠《せっちん》の戸少《すこし》も損ぜし処なければ、いよ〳〵不思議に思ひ、取直《とりなお》しつく〴〵見れども、少《すこし》も損ぜし処なし。ほどなく向井次郎左衛門来《きた》り、「夜前の次第いかゞや」と云ひければ、ありし始末つぶさに語り聞せければ、次郎左衛門肝《きも》を消し、「左様《さよう》ならば、なか〳〵十兵衛が手にも叶ふものにあらず」とて、十兵衛を呼びにやりけるに、十兵衛は、「夜前帰りてより、つかまれし処の骨《ほね》〴〵痛みて立居《たちい》なりがたし」とて、外《ほか》の者を差越《さしこ》し、わな抔《など》も取《とり》しまひて帰りける。其《その》ち、十兵衛も病身ものと成《なり》けるとなり。

扨《さて》、次郎左衛門も不調子にて帰りける。其《その》日は外《ほか》に人も来《きた》らず、夜に入りても伽人《とぎびと》も来らず、随分静《しずか》にて、「最早閨房へ入らん」と思ふ折から、台所の隅の柱の根にて、何やらん動くもの有り。よく〳〵見れば、女の首斗《ばか》り逆さになりて、四、五寸ほどのび来るなり。至つて長き髪を、くる〳〵と円座などの如くに巻《まき》て、其上《そのうえ》に首斗りさかさに見え、切口《きりくち》と思ふ処は、柘榴《ざくろ》などの実の如くにして、外の方へ赤くゑみ出し〔裂け開き〕、女とみえて、歯を黒く染《そめ》て、にこ〳〵と笑ひながら飛び来る有様《ありさま》、不気味至極也。平太郎も、あまり珍らしき物と思ふ故、少し居直りて見居《みおり》たれば、また柱の根より、其如《そのごと》くの首数《かず》〳〵飛び出て彼方此方《かなたこなた》へ飛び行くなり。飛びしなには、長き髪を尾の如くに引《ひき》て、毛槍《けやり》などを揉《もむ》如くにはら〳〵と音の聞えて、笑ひ〳〵飛来《とびきた》る。平太郎は寝もやらず守り居《おり》たれば、次第に膝《の》の前へ飛来る故、持《もち》たる扇《おうぎ》にて討《うた》んとすれば、飛び退き飛鳥《ひちょう》の如くに飛びて、なか〳〵うつべきやうもなし。うしろよりも前よりも、飛来りける故、平太郎も立上《たちあが》りて追ひ廻《まわ》し、片隅へ追ひ詰《つめ》、しとめんと思へば、そのまゝ見えず、また跡より出来《いでき》れり。かくするほどに、いつの間にかは、夜はほの〴〵と明くるにつれて、首もみな彼《か》の柱の根に飛び行きて失《うせ》ければ、平太郎大きにくたびれ、宵のうちと思ふ間に、最早夜も明たり。

「扨《さて》〳〵口《くち》おしくもたぶらかされし」と、腹立《はらだち》ながら朝飯などをつかひける。其後《そののち》もたび〳〵彼の首出《いで》けれども、一向打捨置《うちすておき》て、家鳴り同《どう》やうに思ひ、いかやうに飛《とぶ》とも捨置ぬれば、飛ぶ斗《ばか》りにて、さしての事もなし。しかし、其後《そののち》も度《たび》〳〵蟵《かや》の内へも飛び入り、寝させじとする事度々也。

　扨、廿二日は、夜前のくたびれにて昼寝せしが、夕方、陰山正太夫《かげやましようだゆう》来りし故、前夜の物語り致しければ、「さて〳〵それは不思議の事なり」と恐れける。さて正太夫云ふやう、「拙者《せつしゃ》の兄方に、先祖より名剣なりとて持伝《もちつた》へし刀有り、是にて、たび〳〵狐《きつね》付き其外《そのほか》、疫病また瘧《ぎゃく》〔おこり。ふるえや高熱が繰り返される病気〕なども落《おち》て奇特《きどく》多し。兄方へ御所望なされ、御取寄《おんとりよ》せ、御覧なさるまじきや」と、だん〳〵其刀のしるしの有りし事ども、数《かず》〳〵噺《はな》して帰りけり。

稲生物怪録　巻の中　終

# 稲生物怪録　巻の下

## 似せ銘剣の怪　并平太郎危難の事

平太郎は、それよりまた枕をひきよせて、うたゝ寝しけるが、黄昏《たそがれ》に及《および》て起上《おきあが》り、湯などつかふうち、最《も》はや初夜〔午後八、九時頃〕にもなりしかば、「今宵も前夜の首出《いで》ぬらんに、誰ぞ来《きた》れかし。珍《めず》ら敷物《しきもの》見せんに」と思ひ居《おり》ける折から、陰山正太夫《かげやましょうだゆう》来りて、「昼ほど御噂《おんうわさ》致せし兄方の刀持参致したり」と申《もうし》ければ、平太郎云《いう》、「是《これ》は恭《かたじけな》し。承《うけたまわり》及《および》し御刀《おんかたな》、一応にては御深《ごしん》拝見もなるまじと存《ぞんじ》候《そうろう》処《ところ》、御持参まで下され、御深切《せっ》かたぢけなし」とて、まづ、右の刀は床の間へ上げ置き、一つ二つ物語りするうち、前夜の通り、彼《か》の女の首、また〳〵台所よりあらはれ出《いで》ければ、正太夫は、かの刀を箱より取出《とりいだ》し、自分の膝もとへ置《おき》けれども、彼《か》の首、一円かまわず飛来《とびきた》るを、正太夫は銘剣《めいけん》にて切《きり》つければ、見《み》ごとに彼の首を真二《まっぷた》つに切り割《わり》ける。

されども、かの首は二つに成りながら、いよ〳〵正太夫を目がけ飛来る。正太夫、またふり上げて切付《きりつけ》れば、白鞘《しらざや》の事故《ゆえ》、柄木《つかぎ》ぬけて、刀は向《むこ》ふへ飛び、柱に当りて二つに折れける。首は笑ひ〳〵、柱のもとへ行くと見えしが、例の如く消失《きえうせ》て跡もなし。

正太夫はあきれ果て、おれたる刀を取上げ、顔色《がんしょく》替りて言葉もなし。平太郎申《もうし》けるは、「さて〳〵気の毒千万《せんばん》なり。大切の御刀損ぜし事、誠に申《もうす》べきやうなし」と挨拶《あいさつ》しければ、正太夫申けるは、「実は片時も早く御貸《おんか》し申度《もうした》く、兄に知らせずして持参致し候処《ところ》、かくの通りの仕合《しあわ》せ、とても兄へ対し存命致し居《お》られず」と申《もうす》故、平太郎も気の毒限りなけれども、すべきやうもなかりしを、「もし、あやまち有《あり》ては済《すま》ず」と思ひ申けるは、「それは大《おおき》なる御了簡《ごりょうけん》違ひなり。畢竟《ひっきょう》は拙者《せっしゃ》の難儀を思召《おぼしめし》て、一刻も早くと、御《ご》舎兄《しゃけい》に御相談の間《ま》も遅しと、右の御刀御持参まで下され候こと、全く拙者へ御懇意《ごこんい》ゆゑなり。

尤《もつとも》大切の御道具《おどうぐ》なれども、麁相《そそう》は是非《ぜひ》も無き事なり。その段は明朝、貴宅へ参りて、拙者の身に替へ、御舎兄へ御断り申べく候間、今宵はまづ〱御帰りなされ候へ」と、理《ことわり》をわけて申しける内、正太夫、自身の脇差《わきざし》をぬくより早く、我腹《わがはら》へぐさと突込《つきこみ》ける故、平太郎大きに驚き、「是《これ》は何としたるはやまりやうにて候や。取《とり》のぼせ、乱心抔《らんしんなど》にて候や」とうろたへけれども、一言《いちごん》の答へもなく、直《ただち》に其《その》脇差をまた咽《のど》へ突《つき》こみ、うしろに切先《きつさき》三寸斗《ばか》りも出《いで》ければ、たちまちに息絶たり。

平太郎、十方《とほう》〔途方〕にくれ、「さて〱せんかたなき事なり。最早暁《あかつき》も近く覚ゆれば、夜明けては済《すま》ぬ事」と、まづ血のこぼれし畳ともに納戸《なんど》の内に引入《ひきい》れて、死骸へ蒲団《ふとん》を著《き》せ置き、とくと思案して見れども、「正太夫が切腹を、みな人誠《まこと》とは思ふまじ。正太夫一筆《いつぴつ》の書置《かきおき》もなく、また腹切るほどの事にてもなし。意趣口論などにて某《それがし》が殺害せしと疑れんも口惜し。また、側《そば》に居《おり》ながら、切腹を見て止める事もせず、おくれしなど、人に笑《わらわ》れんも残念なり。もしまた、上《かみ》の御《お》沙汰《さた》にて、召《めし》とられていかやうの責《せめ》などに逢ひ、恥をさらさんも斗《はか》り難《がた》し。それにては、我も第一《だいいち》兄へ対し済《すま》ざる事、また上の御苦労になるも本意《ほい》ならず。正太夫は兄へ言訳なしとて切腹せしに、われは御上《おかみ》の御苦労、また兄の世話に成り、『恥をさらして、まざまざしく居る』などと、人口《ひとぐち》に懸《かか》らむ事甚《はなはだ》無念なれば、いで〱我も切腹せん」と、書置をしたゝめ、すでに脇差に手を懸《かけ》しが、また〱思ひ直し、「いや〱切腹は只今《ただいま》にも限るべからず。夜明けなば、新八へも一応訳を咄《はな》し、また思慮も有るべき事なり。其上《そのうえ》、是《これ》も彼《か》の物怪《もののけ》にかゝりての災難なるに、その物怪を見届ぬも残念なり。何分《なにぶん》にも夜明けておそからぬ事」と思ひ、柱により懸《かか》りながら、覚えず少しまどろみけるが、烏《からす》の声にて目ざめ、まづ納戸へ行き、ふとんとりて見れば、何もなし。あまりの不思議さに、まづ彼《か》の刀を尋ぬ〔ね〕見るに、是《これ》も同《おな》じくなし。血などのけ（気）は勿論《もちろん》なし。また夢かと思へば、畳二枚納戸へ引込《ひきこ》み置《おき》ぬ。「さては、夜前の正太夫は化物《ばけもの》にて有《あり》しか。さて〱口おしき事かな。我も既《すで》に切腹せんと思ひしが」と、書置を見れば、いよ〱夢にてはなし。「さて〱危《あや》ふきめに逢ひし事や」と思へば、今さら心も心ならず覚えて、是迄《これまで》の物怪とは違ひ、何とやら気味悪《あし》く、まづは夢の覚《さめ》しごとくなれども、いまだ何事も心もとなく、正太夫が物いひの耳に残りて不気味なり。「此時始《このときはじめ》て化物と言葉をかはし、其時《そのとき》すでに切腹と思ひしを、また思ひ止《とど》まりしは、誠に神々の御加護《ごかご》にて有《あり》つらむ」と、有難《ありがた》くて氏神《うじがみ》を拝しけるとなり。のち〱までも、「其時の事思ひ出《いだ》せば今のやうにおもはれて、身の毛もよだちて恐ろし」といへるも実に尤《もっとも》の事どもなり。

## 大たらいの怪　火の燃る怪

さて、翌《あく》る廿三日、あまりの不思議さに、何となく陰山正太夫方へ行《ゆき》ければ、正太夫申すやう、「昨日は参り、何かと御噺《おはなし》の趣《おもむき》、さて〱不思議にぞんじ候故、家内《かない》の者へも、くはしく申し聞《きか》せ候へば、家内のものも、かねて承り及びし事ながら、猶《なお》くはしき咄《はなし》を聞《きき》、いよ〱恐れ、夜前《やぜん》は手水《ちょうず》〔便所〕に参るにも、連《つれ》を求め、さわぎあひ申候《もうし》」と云《いい》ければ、「さては、来《きた》りしは正太夫に違ひなく、夜中《やちゅう》のも、たしかに正太夫に違ひなし」と覚ゆれど、「消失《きえうせ》しうへは、まさしく化《ばけ》物《もの》なるべし。しかしまた、此《この》正太夫も化物にてあらんもしれず」と、疑はしく思ひけるとぞ。是《これ》は誠に無理ならず。扨《さて》、正太夫申しけるは、「此頃《このごろ》、物怪《もののけ》のさわぎにて、外へ御出《おいで》なしと承りしに、今朝の御出は、昨日御咄《おはなし》いたしたる兄方の刀の義にて候やらむ」と申《もうし》ければ、平太郎、夜前の事をはなさんと思ひしが、あまり不思議なる事故、「疑ひに逢《あわ》んも益なし」と思ひ、「いや、其儀《そのぎ》にてもなし」と、何となく挨拶して帰りける。

扨《さて》、夕がた迄《まで》何事もなく静《しずか》なり。七ツ時〔午後四時頃〕前より、平野《ひらの》屋《や》市《いち》右衛《え》門《もん》といふもの来《きた》り、咄《はな》し居《おり》ける。

尤此頃《もっともこのごろ》は、刀、脇差《わきざし》、其外《そのほか》、小刀、庖丁《ほうちょう》の類《たぐい》、一切の刃物、飛行して荒ければ、ちいさきあき櫃《びつ》の有《あり》けるへ、自身の大小《だいしょう》其外一切の刃物を入置《いれおき》て、蓋《ふた》の締《しま》りをよく致し置き、咄しに来る人あれば、大小ともに早速右の櫃へ入《いれ》させ置《おき》けるなり。夜前は少し油断せし故に、大難義《だいなんぎ》に及びしなれば、今日は昼の内よりも、一切刃物は彼《か》の櫃へ入れ置ける。

さて、ほどなく夜にも入《いり》しかば、松浦市太《まつうらいちだ》夫《ゆう》、陰山《かげやま》彦之丞《ひこのじよう》来《きた》り、また忠六《ちゆうろく》といふ出入《でいり》の者も噺《はなし》に来りける。市太夫は其《その》まゝ直《ただち》に腰の物を櫃に入れけれ共《ども》、彦之丞は「承知」と返事斗《ばかり》にて、少し咄《はなし》てのち、次の間《ま》に置《おき》し刀を櫃へ入むと見れば、はや鞘《さや》ばかりありて、刀の身は何方《いずく》へ行きしや、見えず。いづれも気味悪《あし》く色々と尋《たずぬ》れども、さらに見えず。何所《いずこ》に有《あり》て怪我《けが》などせんも斗《はか》り難《がた》し。「此所《ここ》よ彼所《かしこ》よ」と詮議《せんぎ》すれども、曽《かつ》て見えず。何《いず》れも尋ねあぐみて、暫《しばら》く煙草《たばこ》などのむうちに、何かはしらず、台所の棚より落《おち》しと思はれ、其《その》音のすさまじさ、誠に雷の落し如く響き渡りて、ごろ〳〵と転び来る。平野屋市右衛門は肝を消し、何の挨拶もなく庭へ飛びおりて迯出《にげいだ》しぬ。其外の人々も、気味悪くや有《あり》けん、駈出《かけいだ》し度《た》き気色《けしき》なれども、たがひに恥合《はじあ》ひて迯《に》げられもせず、暫《しば》し見合《みあわ》すうち、台所をごろり〳〵と転び廻り、座敷の方《かた》へ転び来るをよく〳〵見れば、大たらいなり。平太郎もおかしく、「湯殿《ゆどの》に有《あり》しが、いつのまに来りしにや」とて、転び来るたらいを、やがて湯殿へ持行《もちゆ》き、「今宵は何とやらさわがしき宵なり、まだいかやうの事有《ある》べきも斗り難し」と云《いい》ければ、忠六しきりに気味悪くや有《あり》けん。市太夫をすゝめて、同道にて帰りけれ共《ども》、彦之丞は刀見えざれば是非《ぜひ》なく、跡に残り、刀の有所《ありか》、又あちこちと尋《たずね》ける。平太郎も気の毒故、色々と尋ねけれ共、さらに見えず。夜半過《すぎ》にも成《なり》ければ、彦之丞申すやう、「刀見えざれば、夜明けては帰り難し。我等は夜の明《あけ》ぬうちに帰り、明朝来りてまた尋ぬべし」と云《いい》ければ、平太郎も、「いかさまさやうが宜《よろ》しからん」とて、暇乞《いとまごい》して彦之丞は中戸口《なかとぐち》を明《あけ》れば、鴨居《かもい》の上より彦之丞が鼻の先へ、彼《か》の刀の身ふらりと下《さが》り居《おり》ければ、彦之丞仰天して、其儘《そのまま》敷居の上にすくみければ、平太郎もをかしく思ひ、やがて飛び懸《かか》り、彼《か》の刀を取り、さやにをさめ遣《つかわ》しければ、彦之丞立上《たちあが》り、大小さして帰りしな、戸口を出《いで》んとする時、天井にて一同に大音声《だいおんじよう》にて笑ひける。彦之丞、其《その》声にまた仰天して下にすくみけるを、平太郎引立て、そとへ出して、跡の戸をさしければ、彦之丞は一《いつ》さんに帰りける。其後《そののち》はなほさら、小刀壱本をも彼《か》の櫃に納めて錠《じよう》をしめ置《おき》ける。しかし、入《いり》用《よう》次第、度々《たびたび》に出し入《いれ》するには、甚《はなはだ》不自由にて困りけるよし。去《さり》ながら、外《そと》〱に錠前有所《あるところ》の内よりさま〲のもの飛び出《いで》けれ共《ども》、此櫃に入置《いれおき》し物は出《いで》ざるも不思議なり。其夜、彦之丞帰りし跡は静《しずか》にて、さしての事もなし。

明《あく》れば廿四日の朝、また〱平野や（屋）市右衛門来りける故、「夜前は何とて逃げ帰りしや」と尋《たずね》ければ、「何か棚より落《おち》、どろ〱と鳴り出し、転び来る其音のあまり気味わるさに、覚えず逃出《にげいだ》し、途中にてやう〱夢の覚《さめ》しやうに有《あり》し」と云《いう》に、平太郎も笑ひける。市右衛門申すやう、「其《その》のち、いかやうの事有《あり》しにや。彼《か》の転び来りしは何にて候《そうら》へしや」と尋ねけるゆゑ、「湯殿に入置《いれおき》したらいにてありしなり」と咄しければ、市右衛門いふ、「私はすさまじき大太鼓が転び来るとおもひしが、ぞつとして覚えず逃出し候」とて、笑ひける。

折から三ツ井権八も来り、芝甚左衛門《しばじんざえもん》も来り、咄《はなし》を聞《きき》て、甚左衛門申すやう、「南部治部太夫《なんぶじぶだゆう》は鳴弦之伝《めいげんのでん》を請《うけ》て、奇特有《きどくある》よし聞伝《ききつた》へぬ。此仁《このじん》を同道致し、鳴弦を頼み進ずべし」と申《もうし》ければ、平太郎、「それは恭《かたじけなく》候得共《そうらえども》、西郷寺《せいごうじ》祈禱もしるしなく、然《しか》やうの事にて恐るゝ物怪《もののけ》とは存《ぞんぜ》られず候」と申ければ、甚左衛門、「さやうには候へども、めいげんは甚だ奇特の有《ある》よし、常《つね》〲承り及《およ》しなり。病人にもさま〲薬を替《かえ》て見れば、また合薬《あいぐすり》も有《ある》ものぞかし」とすゝめける故、「さやう思召《おぼしめし》候はゞ、兎角宜御頼申《ともかくよろしくおたのみもうす》」よし云ひければ、甚左衛門、「さらば明晩同道致すべし」と約束すれば、権八も、「なるほど鳴弦は奇特あるものと承り及び候。一段然《しか》るべし」とて、打《うち》つれ帰りける。

其《その》日も何事《なにごと》なくくれて、ほどなく初夜〔午後八、九時頃〕にも成《なり》しが、今宵は誰も来らず、至《いたっ》て静《しずか》なり。平太郎は此《この》ほど腹合悪《ふくあいあし》く、度々用所〔便所〕へ通ひけれ共《ども》、此頃《このごろ》のはやりものにて、当分の事なれば、打捨《うちすて》置《おき》ける。

さて、今宵は静に休みけるが、宵より二、三度も厠《かわや》〔便所〕へ通ひ、其後一《そのちひ》と休みして目ざめ、また〱厠へ行《ゆき》けるに、台所の方《かた》、とろ〱と火のもゆる音の聞え、くわつとあかるくなりしゆゑ、「是《これ》は出火なるか」と思ひうろたへ、厠を出《いで》て見れば、竈《かまど》の内より火もえ出《いで》、かまどの前の板敷の所より、床《ゆか》の下までもえ込《こん》だり。平太郎大きに驚き、やがて板敷引上げ、瓶《かめ》の水をざぶと懸《かけ》れば、懸るより早く消へて、暗《やみ》の如くなりける故、是《これ》はまた例のにて有《あり》しに、大《おお》きに驚きたりとて、火を灯して見ければ、板敷は何事もなく、竈の内へ水打込《うちこみ》ければ、灰は流れ出《いで》て、なか〳〵急に等除《そうじ》も出来ず、下地《したじ》不快の上なれば、平太郎もやかましく腹立《はらたち》まぎれに、其《その》まゝうち捨置きてやすみけり。

## 鳴弦の事　幷鎗の飛来る怪　笑ひ声の怪

明《あく》れば廿五日、平太郎起出《おきいで》て見れば、台所中は灰になり、かまどのうち、いまだ水溜り居《おり》たり。やう〳〵に等除《そうじ》などして其辺《そのあたり》取片付《とりかたづ》け、とかくする内《うち》に権八来《きた》りければ、夜中の事を咄《はな》し、「彼《か》の火を其儘《そのまま》に打捨《うちすて》おかざることの口《くち》をしさよ」と申《もうし》ければ、権八申すやう、「いや〳〵、此後《このゝち》とても、其《その》やうなる事は随分苦しからず。若《も》し誠の出火の時打捨置《うちすておき》なば、のちのくやみ百倍なるべし」と申けるも断りなり。扨《さて》、「南部氏御出《おいで》あらば御知《おし》らせ下さるべし」とて、権八は帰りける。

其日《そのひ》も程なく入相《いりあい》〔入相の鐘の略。夕暮れ時〕近く成《なり》しかば、芝甚左衛門は、南部治部太夫を同道にて来《きた》り、弓矢を持参して夜に入り、鳴弦《めいげん》を行はんと、まづ彼《か》の弓矢をば床の間に置き、暫《しば》し休息する内、権八も来り、四方山《よもやま》の咄《はなし》になり、権八申すやう、「鳴弦にて狐付《きつねつき》など落ち申候《もうしそうろう》よし、狐のかたち顕《あらわ》れ候ものに候や」と申しければ、治部太夫申すやう、「形のあらはるゝ事はなく候へども、唯付《ただつき》たる狐の落《おっ》る斗《ばか》りなり。落る時は、其《その》人かけ出《いだ》し倒れるなり。狐狸抔《など》は、其近所に居《おり》申《もうす》べきなれ共《ども》、其座《そのざ》にて形のあらわれ候事は是《これ》なし」と申《もうし》ける。

さて、ほどなく夜にも入《いり》しかば、弓取出《とりいだ》し、何かと祓《はら》ひ清め拵《こしら》へしける内、甚左衛門は権八に申すやう、「表か裏へ、何ぞ形の顕《あらわる》る事も有るべし。汝《なんじ》は我等方へゆきて、居間に懸置《かけおき》し夜具鎗〔枕槍。護身のために枕もとに備えておく槍〕を取来《とりきた》り、表へ廻《まわ》り相待つべし。それがしは裏の方へ心を付け、もし何にても形顕れなば、『目にもの見せん』と思ふなり。かならず〳〵、ぬかる事なかれ」と申付《もうしつけ》れば、「承知致し候」とて、権八は甚左衛門宅へ急ぎける。

さるほどに、夜もやうやく初夜〔午後八、九時頃〕過ぐる頃、治部太夫は垢離《こり》を取り〔冷水をあび、身心を清浄にすること〕、床《とこ》の弓を手に取《とる》と見えしが、何かは知らず、外より入《い》り来《きた》るもの有り。長きものと見えしが、彼の弓の弦を突切《つつき》りて、長き物も其所《そこ》にぐわらり落《おち》たり。治部太夫大きに驚き、弓を取落《とりおと》しぬ。甚左衛門は「のがさじ」と飛懸《とびかか》り、彼《か》の長きものをすでに切らんとせしが、よく〳〵見れば鎗《やり》なり。人々「是《これ》は」という内、権八かけ来り、「甚左衛門さまの仰《おおせ》の通り、夜具鎗を取来《とりきた》り表へ廻り、「何にても目にさへ見ゆるものならば」と存《ぞんず》るうち、屋根の上に何かあやしきもの見えし故、立《たち》より候処《ところ》、彼《か》の物、飛び下り候を、表囲ひの壁へ突付《つきつけ》候へば、其《その》形は見えず候間、是《これ》はと存じ、かの鎗をぬきとらんとすれば、穂先《ほさき》に人有《あり》て引如《ひくごと》くにて、力に及ばず、つひに壁の中へ引取られ候」と申ければ、人々も肝《きも》を消し、「なか〳〵人力の及ぶ所に非《あら》ず」と、手もち不沙汰に見えにける。平太郎は見物して居《おり》たりけるが、「大かた、かやうの事と兼《かね》て存《ぞんじ》候。とかく此物怪《このもののけ》は捨置て、心の儘《まま》にはたらかすが能《よく》候間、鳴弦もまづ是迄《これまで》にて打《うち》捨置き給へ」と申ければ、人々もそれをしほにして帰らんとせし時、天井の上にて、くつ〳〵と笑ふやうに聞えければ、何《いず》れもいよ〳〵気味悪《あし》く、早々に立帰《たちかえ》りぬ。権八も彼《か》の弓、鎗を持《もち》て送り帰りける。

扨《さて》、其後《そののち》は静《しずか》にて、平太郎も一と休みして、程なく夜もしら〴〵とあけゝれば、廿六日、平太郎、今日は心ざす日にて、早朝墓参りして帰りしなに、権八方へ立寄《たちより》ければ、権八も起出《おきいで》て、夜前《やぜん》の咄《はなし》など致しける。「兎角《とかく》熱も強く成《なり》けるやうに覚え候」と申ける故、「何《なに》分取《ぶんとり》しめ、聢《しか》と養生致し然《しか》るべし」とすゝめ帰りける。おしむべし、此《この》権八は、さしも三ツ井と名乗りて名高き相撲《すもう》なりしが、此《この》怪異の気《け》にやうたれけん、平太郎宅の家鳴り震動の節は、心に懸《かか》り口惜《くちおし》く思ふ度々には、熱気出て、つひに大病となり、のち〳〵次第に熱気強くなり、九月初旬に相果《あいはて》けり。いまだ四十にたらぬ大男の力まさりなりしが、邪気を請《うけ》ながらも、当分の事と押付け置《おき》たりし故にや、気丈却《かえっ》て身を亡《ほろぼ》しけることこそむざんなれ。

# 真木善六が力の事　幷柿の怪　大臼の怪

　さてまた、平太郎宿に帰り、ほどなく南部角之進《かくのしん》、陰山正太夫来りて、「いかゞにや」と尋ねし故、夜前の咄抔《はなしなど》致し、「何事有共《ありとも》驚く事なく、張合《はりあい》さへいたさねば、さしての事はなし」と申しければ、正太夫申すやう、「いかさま只今《ただいま》まで、いづれも〳〵変化《へんげ》退治といふ気持ちゆゑ、色々の事ありて騒動すると存《ぞんぜ》られ候。今宵は申合せ、伽《とぎ》と思はず、たゞ咄に参るべし。夜伽《よとぎ》性根《しょうね》だめしなどとて参る故、珍事をも引出《ひきいだ》す事なれば、今晩は其《その》心得にて参るべし」と申せば、角之進も、「然《しか》るべし」とて立帰りぬ。

　かくて其日は、なにも格別の事もなく、暮時《くれどき》になりければ、彼《か》の両人、真木《まさき》善六《ぜんろく》といふ者を同道にて来り、咄けるに、何事もなく静《しずか》なり。今宵は廿六夜故《にじゆうろくやゆえ》、月の出を拝まんと、何方《いずかた》も夜をねざる宵なれば、何となく世間も賑々《にぎにぎ》しきやうにて、三人も月の出《いず》るまで咄《はなさ》んと、打集《うちあつま》り語り合《あい》ぬ。

　さて、角之進宅に霜《しも》かづきといふ柿の木有《あり》て、霜月《しもつき》〔陰暦十一月〕になれば風味もよろしききざはし〔木醂《きざわし》。甘柿〕なり。九月、十月迄も渋《しぶ》のぬけざる故にや、霜かづきと名付《なづけ》し。尤《もっとも》霜月には霜のふりしやうに、上白くなれば味《あじわ》ひも甚だ美なり。此《この》柿、此頃《このころ》は却《かえっ》て渋もなく風味は宜しからねど、随分と喰《くわ》るゝなり。八月中旬よりは、また渋帰《しぶかえ》るなり。角之進此柿を持参して、眠り覚しにせんとて、宵の内取出《とりいだ》しければ、いづれも、「是《これ》は珍らし。後刻《ごこく》の楽《たのしみ》」と器に入れ、片わきに置《おき》しに、後夜《ごや》〔夜半から朝までの間〕過《すぎ》て、「いざや、彼《か》の霜かづきどのを賞翫《しょうがん》せん」と、器を取出し見れば、いつの間にか、こと〴〵種斗《ばか》りになりて、柿は一つもなし。「誰が喰《くらい》しにや」と思へど、宵より何《いず》れも差向《さしむか》ひ咄しける事故《ゆえ》、喰《くらう》べきやうはなし。「大かた、ばけものゝ給《たべ》られしならん」とて、手持《てもち》なく噺居《はなしおり》たりし処に、しばし有《あり》て台所にて、また大雷の落《おち》たるやうの音聞えければ、人々も驚きながら、兼《かね》て聞及《ききおよび》しこと故、「爰《ここ》ぞ」と思ひ、知らぬ顔して居たりけり。平太郎は火を灯し行きてみれば、搗臼《つきうす》なり。此《この》臼は先年、大風の吹《ふき》し時、近所に大木の有《あり》しが吹《ふき》倒れしを取《とり》て造り置きしとて、年久しく持伝《もちつた》へし臼なり。大木にて造りし故、並《なみ》の臼よりは、余《よ》ほど大きなるうすなり。「此《この》臼、裏の物置き部屋に入置《いれおき》しを、いかゞして出《いだ》し来《きた》りけん」と、いづれも驚きしなり。平太郎いふ、「是《これ》はせまき所にありて甚だ迷わくなり」と申《もうし》ければ、真木善六、「うらへ片付置《かたづけお》くべし」とて、裏の口を明《あ》け、彼《か》の大臼の木口《きぐち》を竪《たて》にとり、何の苦もなく差揚《さしあ》げて投出《なげいだ》しけり。此《この》善六は兼《かね》て力有《あり》と聞《きき》しかど、かゝる事をば初めて見ければ、臼の音よりも猶肝《なおきも》を消しぬ。かやうの節には、一《ひと》しほ力はたのもしきものなり。南部、陰山も、真木が勇気に力を得て、畳のあがるなどの事をば見もやらず、さあらぬ躰《てい》にて、ゆる〱咄居《はなしおり》たり。

最《も》はや八ツ〔午前二時頃〕過《すぎ》にも成《なり》し時、天井めき〱と鳴り出《いだ》し、種斗《ばか》りになりしと思ひたる柿、天井よりばら〱と落《おち》て、四人が打寄《うちより》、咄《はな》す中を転び廻りけるを、平太郎やがて取りて、「刃物はまたやかまし〔めんどう〕」とて、其《その》まゝにおし割《わり》、喰《くら》ひければ、真木も一つうち喰て、ねむりも覚めたり。「南部も喰ひ給へ」と申しけれども、残り両人は喰《くらわ》ざりけり。柿はこと〲く、本《もと》のうつわに転び入りぬ。それよりまた一しきり、落《おと》し噺《ばなし》、あるひは麁《そ》相咄《そうばなし》等《など》して興《きょう》を催す内、寺〲の鐘も鳴り、最早《もはや》月の出にやとて、平太郎もともに、月の出を拝し抔《など》、彼是《かれこれ》する内、「もはやしのゝめ〔明け方〕にも近し」とて、打《うち》つれ帰りける。

今迄に幾人か伽《とぎ》に来りしが、皆遂《とげ》ずして、宵の内または夜半にも及ばざるに帰りけるが、今宵は不思議の事をもさして驚かず、暁《あかつき》迄も居たりしは、真木が力に人々も気を取直《とりなお》し、夜もすがら咄《はなし》あかせしならん。有《あり》がたきものは力なり。平太郎も「よき伽にて面白かりし」とて、跡を取《とり》かたづけ、「今暫《しばら》く」とて閨《ねや》に入りて、翌日暫く休みぬ。

明《あく》れば、廿七日の朝四ツ時〔午前十時頃〕前に起出《おきいで》て、夜前、善六が臼を投げ出《いだ》せし所をみれば、臼はなく、其所《そこ》の土は臼の角形《かどかたち》に深く窪《くぼ》みてあり。不思議に思ひ、うらの物置に行きてみれば、臼は其《その》まゝもとの如くに有《あり》て、臼にも土付《つき》たりしかば、夜中に台所へ落《おち》しは、彼《か》の臼に違ひなし。去《さり》ながら、また、もとの所へ戻し置き、柿などをも返せしは律義《りちぎ》なる仕方なり。「鬼神《きしん》に横道《おうどう》なし〔鬼神は正道にはずれたことをしない〕」とは、かゝることにや。

## 網皃《あみがお》の怪

今日は終日《ひねもす》さして変りたる事もなく、くれがた、陰山金左衛門《きんざえもん》来り、前夜の咄《はなし》を聞《きき》、「善六が力は聞及《ききおよび》しが、さほどに有るべしとは思はざりし。其外《そのほか》の人も真木《まさき》が勇気にひかれながらも、よく夜もすがら居《お》られしぞ。尤《もっとも》何事有《あり》てもしらぬ顔にて、争ふ心なき時は、物怪《もののけ》も張り合ひぬけいたすが、また此方《こなた》にも、少々の不思義は、手づま〔手妻。手品〕などを見る気になりて居《お》れば、却《かえっ》て不思義もなかるべし。今宵は拙者しばらく御咄《おはな》し申さん」とて、四ツ〔午後十時頃〕前頃迄咄《はな》す内、平太郎は殊《こと》の外《ほか》ねむく、咄しながら眠りたりけるに、金左衛門、次の間を見れば、人間の皃《かお》〔顔〕とは見えながら、網のやうなる皃にて、横菱《よこびし》にひらたき皃も有《あり》、また竪菱《たてびし》に長き皃も有《あり》て、そのかほ〔顔〕段々と並び重《かさな》りて、竪になり横になり、甚だ目《め》まぎらはしく出《いで》て来《きた》れば、金左衛門うろたへ、平太郎を呼び起《おこ》す、平太郎、目をさまし見れば、金左衛門が皃は青《あお》菜《な》の如くにして、奥の方《かた》へと這込《はいこみ》ぬ。平太郎は彼《か》の網皃をよく〱見れば、日外《いつぞや》の輪違《わちが》ひよりも今一《ひと》しほ不気味なる皃にて、竪になる時は口を開き、横になる時は口を閉《とじ》、息をふくやうに見えければ、陰山はたまりかねてや、彼《か》の櫃《ひつ》へ入置《いれおき》し刀を出し、ぬき放し、其《その》皃を切払《きりはら》へども手答《てごたえ》もなく、たゞ煙《けむ》りを切《きる》が如くにして、一時《いっとき》に笑ふ声に驚き、庭へ飛下《とびお》り、「お暇《いとま》申す」と云《いい》捨《すて》て立帰《たちかえ》りぬ。平太郎は跡の戸をしめ、網皃をつく〲見るに、子供遊びに朱欒《さんぼ》〔ザンボア。ザボンの実〕をせん〔煎〕じ茶に入れて吹《ふく》が如く、皃の上へは皃重り、竪菱、横菱になりて、消《きえ》ては顕《あら》はれ、また、消てはあらはれ、間《ま》ごと残らず皃に成《なり》ければ、平太郎思ふは、「これにたぶらかされて、また夜を明《あか》さんも知れず」とて、やがて蟵《かや》に入りて、いつ消《きえ》しとも知らず、休みける。

明《あく》れば廿八日、佳日なれ共《ども》、此頃《このごろ》の事故《ゆえ》、兄方へも行《いか》ずして外へも出《いで》ねば、退屈の儘《まま》昼寝がちにくらしぬ。昼の内は「是《これ》ぞ」といふほどの怪《あやし》き事もなく、今日もすでに暮《くれ》かゝり、湯などつかひ、椽《えん》さきへ出て、漸《ようや》く暑気をわすれ居《おり》たり。

## 踏石の怪　并天井より手の出し怪

其日《そのひ》もくれ、茶などせんじて、ゆる〱夜食もしまひて、最早《もはや》初夜〔午後八、九時頃〕も過《すぎ》ぬれど、今宵は誰も来らず静《しずか》にて、蚊屋《かや》の内に灯火《ともしび》を入《いれ》て、通俗《つうぞく》物取出《ものとりいだ》し読み懸《かか》りしに、覚えず夜半にもなりければ、「いざ休《やすま》ん」と思ひ、「便所に行《いか》ばや」と蚊屋を出《いで》、平日は居間の便処《べんじょ》へ行きけるが、今宵はふと奥の椽《えん》へ出て、涼みかたぐ〱路地へ下《おり》んと、踏石《ふみいし》の上に下駄《げた》有《あり》と思ひ、何心《なにごころ》なく踏石へをり立《たち》しに、そのつめた〔き〕事、氷を踏むやうにて、しかもやわらか成《なり》ければ、不思義に思ひ、椽へ上らんとすれ共《ども》、ねば〱として足揚《あが》りがたく、鳥もちをふみ付《つけ》たるが如し。下を見れば、おぼろ〱と白《しら》けて見ゆるを、能々《よくよく》見れば、人の腹の上へ上りたると見えて、やわらかにてつめたし。死人《しびと》を踏付《ふみつけ》たると覚ゆれば、踏《ふみ》ながらとく〱と見るに、手足は至《いたっ》て短く、皃とおぼしき方《かた》、何かぱち〱とちいさき音の聞えける故、のぞき見れば、目をうごかしまばたきをする音なり。かつぽ虫〔樵虫《きこりむし》のことか。米搗虫〕などの飛ぶやうなる音、絶間《たえま》なくぱち〱と聞えける。

平太郎、足の裏ねば〱として不気味にて、泥の中へふみ込《こむ》やうなれば、椽に手を懸け、這《はう》やうにして、やう〱と椽へ上りしが、足のうら、椽側へにちやく〱と付きて、きう（急）に歩行《あるき》がたく、居間へ帰りて足を見れば、何も付《つき》たりとも見えず。

さて、手燭《てしょく》を灯して、彼《か》の踏石を見れば、下駄のみ有《あり》てなにもなし。只《ただ》ぱち〱となる音は其儘《そのまま》聞えける。足の裏のねばるもやみければ、「是《これ》は捨置《すておき》たるがよし」と思ひ、居間の厠《かわや》へ行《ゆき》しに、何の変《かわり》たる事もなし。それより蚊屋へ入《いり》休みしに、夜もすがら、ぱち〱と鳴る音耳に入て、休み兼《かね》けるが、其後《そののち》は変りたる事もなく、鶏明《あけがた》におよびて、漸《やっ》と一寝入《ひとねいり》しぬ。

明《あく》れば廿九日、起出《おきいで》て踏石を見れば、猶《なお》下駄のみにて、何の音も聞えず。さて、其《その》日も何事なく、夕飯も仕廻《しまい》て後、中村平左衛門《なかむらへいざえもん》来り、暫《しばら》く咄《はな》す内、「夜前《やぜん》は何事もなしや」と尋《たずね》けるにより、前夜の咄しを致し、「是迄も色々と珍《めず》ら敷《しき》事、不気味の事数々有《あり》しが、足の裏にちや〱と付《つき》たるには、大きに困りしなり。また、目のぱち〱となる音耳に付《つき》て、寝られざりし」

と語りければ、平左衛門、「それはいかやうの㒵にてありしや」と尋ねければ、「されば、闇の夜故《ゆえ》、しかと見えわから〔ね〕ど、唯《ただ》目のばち〱と動くやうには見えし」と申しけるを、平左衛門、「まづ、大よそ誰に似たるぞ」と、かへす〲尋ねける時、誰とは知らず、平左衛門が背中をたゝくものあり。平左衛門ふり返りみれば、そのたゝきたる手と見えて、天井のすみに手斗《ばか》りぶらりとさがりて、しづ〱と天井へ引《ひき》こみけるを、平左衛門は見るより「わつ」と云《いい》て、うつむき、二度見もやらず。平太郎は、「此《この》人もし気絶をもせしや」と引起《ひきおこ》しければ、平左衛門、漸《ようや》く起上《おきあが》り、「御暇《おいとま》申さん」と立《たつ》を見れば、もとゆひ（元結）はらりと解《と》けたり。平太郎いふ、「其乱髪《そのみだれがみ》にては帰られまじ」といふを聞入《ききいれ》ず、早々《そうそう》に帰りたり。

今迄、昼の内、道具の飛ぶなどは度々有《あり》しが、あやしき形《かた》ちの顕《あら》はれしは、今日が初めなり。平太郎も、「此趣《このおもむき》ならば、昼夜のわかちなく色々と怪《あやし》き事あるべし。いかさま天井に何ぞ住居《すまい》してあるか」と思はるれば、随ぶんと打捨置き、「いよ〱正躰《しょうたい》をあらはし、油断するを待《まち》て、本意《ほんい》を達し、化物《ばけもの》退治せんもの」と、少し楽《たのし》みに思ひけるよし、不敵なるたましゐなり。

## 大首の怪

其日も程なくくれて、最早四ツ〔午後十時頃〕の鐘も鳴る頃になりしかば、「風炉《ふろ》の内へ火をとめ置《おき》て休《やすま》ん」と思ひ、炭取《すみとり》を見れば、折ふし炭なき故、裏の物置小屋より炭を出《いだ》し来《きた》らんとて、炭取を携《さげ》て物置へ行《ゆき》て見れば、物置の戸ひらけて有《あり》ながら、戸口より猶《なお》大きなる婆々《ばば》の首とおぼしきもの出て、戸口をふさぎ居《おり》ける故、平太郎思ふは、「是はまた品《しな》を替《かえ》し」と思ひ、「大《おお》かた行きかゝらば、例の如く消失《きえうす》べし」と行きてみれども、其《その》首さらに動かず、物置へも入《い》る事も叶はず。目鼻ぎろ〱として、今ものいふかと見ゆ。平太郎、炭取の火箸《ひばし》を取《とり》て、㒵《かお》〔顔〕へつき立《たつ》るに、やわらかにしてぷつ〱とたちぬ。されども、其《その》首一《いち》ゑん〔一円。いっこうに〕退《の》かず。何とやらねば〱したるやうなれば、平太郎も前夜の死人にこりて、「是も打捨置きたるがよし」と思ひ、火ばしをば両眼の間へ差《さし》込置《こみお》きて、帰りける。

やがて寝屋《ねや》に入《い》り休みぬ。今宵はいつもより家鳴り強くして、天井にては婦人のなくこゑなど聞え、しかも大勢にて、訳は知れね共《ども》、口〴〵にものいふやうの声聞えしかば、夜もすがら寝かね、殊《こと》さら暑気強く、折々は風ふき来《きた》れども、あたゝかなる風にて、終夜《よもすがら》まどろむ事あたはず。たま〳〵ねむりつけば、畳ともに上りては落《おち》などして、暁迄《あかつきまで》騒動しける。漸《ようや》く暁より次第に静《しずか》になりければ、草臥《くたびれ》寝入て、翌日四ツ〔午前十時頃〕過迄《すぎまで》寝過しける。

やう〳〵と目ざめ起出《おきいで》て、「昨夜の婆々《ばば》の首のいかゞにや」と思ひ、物置へゆきて見れば、不思議や、彼《か》の婆々の首の目鼻の間へさし置《おき》し火箸、其《その》まゝ戸口の真中《まんなか》に、ちう〔宙〕に糸などにてつるしたる如く見えたり。行きて見れば、何《いづく》へ立《たち》しとも見えねども、唯《ただ》ちうにあり。「是は不思議」と思ひ、手を出して、其《その》火箸を取《とら》んとする時、ぐわらりと落《おち》ける故、取上《とりあ》げていろ〳〵と見れども、火箸に何の替《かわ》りたる事もなし。平太郎、炭を出《いだ》し来《きた》り、茶などせん〔煎〕じ、「今日はいかなる事か有《あら》ん。性躰《しょうたい》〔正体〕たる見顕《みあらわ》さば、仕方有《ある》べし」と、少《すこし》も屈せぬは、実に勇気なる男なり。

## 物怪帰去の事　并 蚯蚓《みみず》の怪

かくて七月晦日《みそか》、白雨《ゆうだち》降り来《きた》り、風いと烈《はげ》しく、そら〔そと、か〕の椽側へ横雨〔横なぐりの雨〕ふり込《こみ》、障子抔《など》ぬれければ、押入の戸をはづし、たてかけおきて、雨をふせぎけるが、雨につきて家鳴りなども強くするに付《つき》て、平太郎思ふ様《よう》、「いつまでかやうに化《ばけ》物《もの》のもり〔守り〕をする事ならん。さりながら、此《この》二、三日のやうすを見るに、昼もいろ〳〵の形見ゆるは、物怪《もののけ》も最早《もはや》油断の躰《てい》なれば、正躰《しょうたい》だに見付《みつけ》しなば、ほどを見てはたらかばや」とは思へども、「刃物なくては叶はず。何分《なにぶん》にも脇差《わきざし》は腰を放すまじ」と、彼《か》の箱より取出《とりいだ》し腰にさし、食事をするにも、片手は脇差をはなさぬやうにして、寸《すん》の間《ま》も油断せず。今日は終日《ひねもす》人も来らず。

さて、日のくれより雨もやみ、殊《こと》に晴渡《はれわた》りたる空となり、星明《あき》らかになりければ、かのたて懸《か》け置《おき》し戸などを取り入《いれ》、片付《かたづく》る内、もはや初夜〔午後八、九時頃〕過《すぎ》、四ツ〔午後十時頃〕頃かとも覚えぬれば、「雨にぬれし板椽《いたえん》のかわきしにや」と、障子をあけて見ければ、いまだじめ〲としければ、また障子引《ひき》たて入《いり》けるが、したにもすはらぬうち、跡《あと》の障子ぐわらりとあきける故、ふり返り見れば、大きなる手を出《いだ》し、平太郎をとらへんとす。平太郎「爰《ここ》ぞ」と思ひ、ぬき打《うち》に切付《きりつけ》ければ、彼《か》の手を早く引《ひき》て、跡の障子は、はたと立《たち》たり。平太郎続《つづき》て出《いで》んとするに、障子の外より、「それへ参らん。まづ待《また》れよ」といふ声の聞えける。其《その》声、跡をはねるやうにて大音《だいおん》なり。平太郎思ふには、「是《これ》は面白し。出《いで》てものいふを唯一打《ただひとうち》」と、思案しひかへ居《おり》ければ、暫《しば》しして障子をさらりと明け、背の高き事鴨居《かもい》よりは壱尺ばかりも上なり。至極肥《しごくふと》りたる大《だい》の男出来《いでく》るをつく〲見れば、甚《はなはだ》よき人品《じんぴん》なり。花色の帷子《かたびら》〔裏をつけない布製の衣類〕と見え、上下《かみしも》を著し、腰に両刀をさして、しづかにあゆみて、平太郎が向《むこ》ふ座《ざ》へ居りけるを、平太郎「爰ぞ」と思ひ、立上《たちあが》り、無二無《むにむ》三《さん》に切付《きりつけ》んと脇差をぬきければ、彼《か》の男は、其《その》すはりしまゝにて、綱を付け、うしろより引《ひく》が如くに、壁の中へ入《い》り、影の如くに見えけるが、此《この》もの、笑ひながら云《いう》やう、「さやうにあせりても、其方《そのほう》の手に討《うた》るゝ我にはあらず。いひ聞《きか》すべき事ありて、こゝに来れるなり。刃物をさめ、心をしづめられよ」と云《いい》ければ、「此趣《このおもむき》にてはなか〲しとめがたし。油断を見て、打《うち》とめん物を」と思ひ、「まづ何をいふか聞《きく》べし」と、脇差を鞘《さや》に納め居直りければ、其時《そのとき》また、壁のうちより、居りしまゝに、うしろに人有《あり》て押出《おしいだ》す如くに出《いで》て、「さて〲汝《なんじ》は気の強きものなり」と云《いい》ける故、「其方《そのほう》は何ものぞ」と尋ねければ、「われは山《さ》ン本五《もとご》郎左《ろうざ》衛《え》門《もん》といふものなり。山ン本とは、やまもとゝ書《かく》べし」と申《もうし》ける。「それは人間の名なり。其方は人間にてはよも有るまじ。狐なるか、狸なるか」といひければ、「我は狐狸などの賤《いやし》き類ひにはあらず」といふ。「狐狸の類ひにあらずは、天狗《てんぐ》などの何《いずれ》にもせよ、正躰をあらはし候へ」と申ければ、「我は日本にては山ン本五郎左衛門といふ者なり。なるほど、汝《なんじ》が云《いう》如く人間にもあらず。我は魔王の類ひなり。我が類ひ、日本にては神《し》ン野《の》悪五《あくご》郎《ろう》と云《いう》者より外《ほか》になし」と云ひながら、平太郎をきつと見てゐるうちに、平太郎がすはりし四尺斗《ばか》り左の方に炬燵有《こたつあり》しが、そのまゝふたをして置きたりしに、其蓋《そのふた》おのれと舞ひあがりて、次の間へゆきたり。

平太郎、「何事を仕出《しでか》すにや」と見るうちに、彼《か》のすびつ（炭櫃）の灰、次第〳〵に舞上りて、茶釜を懸《かけ》し如く、丸くなる其鈌付《そのかんつき》〔釜についている耳〕と思ふ処、小《ちいさ》く丸くなりて、唐子《からこ》の髪〔頭の上や左右に毛を残す中国人幼児の髪形〕などの如し。見る内に、其二つの丸きものより、湯気《ゆげ》立《たち》て、ぐつ〳〵と煮上《にえあが》る躰《てい》なれば、平太郎も「いかに」と見るうち、次第〳〵に煮上り、後は煮《にえ》こぼれ、畳の上へも流れ出《いで》たりしに、其《その》こぼれし湯、うぢ〳〵とうごくゆゑ、「何ぞ」と思ひて見れば、皆蚯蚓《みみず》なり。その釜の如くなるものも、よく〳〵見れば、みなみゝずにて、にえこぼれては、うぢ〳〵と畳の上へ這上《はいあが》り〳〵、次第〳〵に這上るなり。平太郎、元来嫌ひといふものは曾《かつ》てなきに、いかなる事にや、蚯蚓を見れば気も消《きゆ》る斗《ばか》り気味悪《あし》く覚え、草道などをゆく時に、蚯蚓数々はひ出《いで》、死《しに》て居る事あり。其道をば通り得ぬほどのきらひなり。然《しか》るに、彼の煮えこぼれしみゝず、次第〳〵に平太郎が方《かた》へ這ひ来《きた》りければ、平太郎も是《これ》には大きに辟易《へきえき》して、胸さわぎ仕出《しだ》し、気をふさぐやうなりしが、能々《よくよく》考へ見るに、「此所《こ》に蚯蚓の居るべきやうなし。是は我が嫌ひを知りて、かやうに目に見するものならん。何程《なにほど》の事かあらん」と覚悟して、漸《ようやく》に気を取直《とりなお》し、気を取失《とりうしな》ふ程の事はなけれど、何分《なにぶん》、元来大嫌ひの事なれば、大《おおき》に困りけるが、次第〳〵に這来《はいきた》り、膝の上《う》へより、肩の廻《まわ》り迄も這上りけれど、けつく（結句）払ひのくるも不気味にて、気を取失はぬを取得《とりえ》にして、こた〔堪〕へ居たり。

凡《およそ》一時斗《いっときばか》りも其通《そのとお》りなりしが、また、次第〳〵にもとの如くに這返《はいかえ》りければ、炬燵《こたつ》の蓋もまた舞ひ来りて、もとの如くになりければ、少し心も落付《おちつき》たりしに、彼の大男はから〳〵と笑ふ。其《その》声に心付《こころづき》、かの大男を見れば、扇《おうぎ》をつかひながらいふやう、「扨々《さてさて》、汝は気丈なるものなり。さりながら、汝気丈故《ゆえ》に、今迄難儀せしぞかし。汝は当年難に逢ふ月日来《きた》れり。是は十六歳にかぎらず、人によりて有《ある》事なり。其人《そのひと》をばおどろかし恐れさせ行《ゆ》くを我が業《ぎょう》とす。われ汝に比熊《ひぐま》山にて行逢《ゆきあい》たれども、おしつけ、汝が難に逢ふ月日を待ちおどろかさんと思ひ、其《その》月日におどろかしけれ共《ども》、恐れざる故、思はず日数を送り、此方《このほう》の業のさまたげとなれり。たゞし、外《ほか》より聞求《ききもと》めて来る人あれ共《ども》、是《これ》は其《その》難の来れる人にあらねば、打捨置《うちすておく》なり。去《さり》ながら、しひ〔無理やり〕求めて出合《であう》ものは、みづから難を招く道理なり。つひに其身《そのみ》のあだとなるなり。是等《これら》は我がなす処にあらず、自ら難を求《もとむ》るなり。我は是より九州へ下り、嶋々《しまじま》へ渡す故、是より直《ただち》に出立《しゅったつ》すれば、此後《このゝち》、何《なん》の怪《あやし》き事も有るまじ。汝最早《もはや》難も終りたれば、神ン野悪五郎も来《きた》るまじ。されどもし、此後怪き事あらば、北を向《むき》て、『はや山ン本五郎左衛門来れり』と申《もうす》べし。長々の逗留　恭《かたじけな》し」とて、すこし礼をいふ心持《こころもち》にて、じぎ（辞儀）をしければ、平太郎も少し会釈《えしやく》しけれど、「是は夢にてはなきか」と、疑ひ思ひけるとかや。

彼《か》の男申すやう、「我が帰るを見送り給へ」とて座をたつ故、平太郎も「いかやうにして帰るやらん」と思ひ、跡《あと》に付《つき》て椽迄出《えんまでいで》ければ、彼の者、庭へをり、またすこし会釈する躰《てい》故、平太郎も思はずかゞむとおもひしが、口《くち》おしく、「いで討留《うちとめ》ん」と思ひ起上《おきあが》らむとするに、大《だい》の手にて押《おさ》へし如くにて、少しもはたらかれず。「何とぞ〔なんとか〕脇差へ手をかけん」と思へども、手は椽へつき付《つけ》られたれば、叶はずして、其儘《そのまま》押付《おしつけ》られ居《おり》たりしが、やう〳〵と手ゆるめしと覚えるゆゑ、起上り見れば、庭の内に駕《かご》、狭箱《きようばこ》、槍《やり》、長刀《なぎなた》、長柄《ながえ》、傘《かさ》、徒士《かち》、駕脇《かごわき》の侍《さむらい》、其外《そのほか》小者《もの》に至る迄、大勢の供廻《ともまわ》り、庭にみち〳〵て居並びたり。さて、駕も供廻りの人も常躰《じようたい》なり。思ひやるに、「なか〳〵此《この》駕に彼の大男、乗る事はなるまじ」と見る内、彼の男は、片足より駕にのるに、その身たゝみこむやうにて、何の苦もなく乗《のり》ければ、先供《さきとも》其外行列を立て、左の足は庭に有《あり》ながら、右の足は大手《おおて》〔練塀《ねりべい》〕の上にありて、さながら鳥羽絵《とばえ》〔戯画。鳥羽僧正の描いた鳥獣戯画による〕の如く、細長くなるも有り、または片身《かたみ》おろしのやうになりて行くも有り、いろ〳〵さま〴〵に見え、廻《まわ》り灯籠《どうろう》の影などの如くにして、みな〳〵空に上り、星影ながら〔星影のように〕しばしば黒《くろ》く見えけるが、「雲に入《いる》よ」と見えしが、風の吹くやうの音して消失《きえうせ》けり。平太郎、夢ともうつゝともわかず、ただ忙然《ぼうぜん》〔呆然〕として詠《なが》め居《おり》しが、つく〴〵と案じ見るに、「もし夢にてや有《あら》ん」と、其《その》まゝに障子を明《あ》け置き、敷居の溝に扇をいれ置き、しるしとして内に入《い》り、こゝろをしづめ、蚊屋を釣りてやすみぬ。

さて、其夜《その》の明《あく》るを遅しと起出《おきいで》みれば、敷居の溝に入置《いれおき》し扇其儘《そのまま》有り。さて庭を見れば、竪横《たてよこ》に透間《すきま》もなく、爪にて掻《かき》ちらしたる跡あり。

さて、そののちは、鼠《ねずみ》のさわぐほどの事もなかりけり。平太郎思ふやう、「是もまた誑《たぶら》かす手だてかな」と、随分油断せず用心せしが、其後《そののち》は、いよ〳〵平日の如くにて、何の怪き事もなかりけり。

さて、其のちに平太郎申すやう、「残念なるは、其《その》節《せつ》、彼の者に、何ぞ妙薬かまたは、まじなひの類ひ伝授承りなば、教へくれ候はんに、其時《そのとき》何の気も付《つか》ずありしこそ口おしけれ」と物語りしけり。誠に古今《ここん》の珍事なり。

此《この》平太郎、のちに改名して武太夫《ぶだゆう》とぞ名乗りけり。此《この》類ひの物怪《もののけ》も世の中には有《あり》しことならん。されど、一時《いっとき》の怪事のみ多かり。かくのごとく三十日も怪事続きしが、平太郎の大丈夫《だいじょうぶ》〔ますらお。立派な男子〕なる故に、かゝる珍事のくわしき物語りしけるを聞《きき》て、書《かき》しるし置《おき》ぬ。

評に曰《いわく》、均和《きんわ》このふみ〔書〕を校正し写しおはりて、つら〳〵に思へるやう、おのれもし、かゝることに出逢ひたらむには、「妙薬、まじなひの類ひ聞《きく》べし」とは思ひたらず。彼《か》の山《さ》ン本《もと》の山ン本といふ故《ゆえ》よしをはじめ、「いつの頃より、何所《いずく》に住みて、何の故によりてか、さる悪ざまの業《わざ》をつかさどるぞ」と問ひ、はた、其《その》友なる悪五郎《あくごろう》といふは、何所に住《すむ》か、また、その眷族《けんぞく》の類《たぐい》はいかにあるかなど、なほ、天地《あめつち》の初めの伝説《つたえごと》、神々の御《み》うへの事、また黄泉《よみ》の事、人の死《しし》て霊《たま》の成行き、また、外国《とつくに》の教へ事のよく行はるゝ事、其外《そのほか》、思ひ出《いず》るに付《つき》て、種々問《くさぐさとわ》まほしき事の多かるを、稲生氏のさること問はざりしことの、口《くち》をしきや。

稲生物怪録　巻の下　終

## 稲生物怪録　跋

此書《このふみ》は、柏正甫《かしわせいほ》が筥《はこ》のうちに治《おさ》めありて、見し人のなかりしを、過《すぎ》し春、稲生氏あづまに来りて、同藩に居宅せしかば、この物怪《もののけ》の事聞伝《ききつた》へたるともがら

（輩）、幸《さいわい》の事なりとて、春の日のなが〳〵しきに、稲生氏をまねきて、其実説を問へば、つぶさに物語りしけるに、いよ〳〵其物語流布《るふ》して、誰も彼も稲生氏を招きけるに、予もその実事《じつじ》を聞《きか》むと思ひしかど、其事《そのこと》なくて過《すご》しぬるうち、また改《あらたま》る春になりて、稲生氏は芸州〔広島〕に立帰《たちかえ》りぬ。

　こゝにおいて、予本意《ほい》なく思ひしに、彼の物怪の物語りは、往年、正甫が記して持来《もちきた》れりと聞《きき》て、即《すなわち》此三巻を乞《こい》て披見《ひけん》するに、世に稀なる奇怪の事ども多し。予つら〳〵案《あんず》るに、奇怪の事共《ども》、世に数多有《あまたあり》といへども、いぶかしき事〔物事がはっきりしないこと〕のみ多く、さらに徴《しるし》とするにたらず。然《しか》りといへども、世に怪《あや》しき事《こと》無きにしもあらず。惣《すべ》て天地の間の事は妙事《みょうじ》多く、雷電、地震なども、人は何となく常《つね》になれて、奇怪なりとも思はねども、みな奇怪の事どもなり。いかやうのからくりにや、さらに知れず。たゞ、おのが心を以て種々《くさぐさ》に理屈を付けて、すまし来れり。

　それにつけても、此《この》物語りは、古今のめづらしき怪事なれば、是《これ》も雷電の類《たぐ》ひと心得《こころう》べし。かゝる怪事をなして、人目を誑《たぶら》かすほどのものなれば、いづれ、此方《こなた》よりは、よほど才智のものと見えたり。さやうのものゆゑ、相手になる時は、かならず不覚を取るなり。稲生氏も相手にならず見て居《お》られけるは、人のしにくき事にて、実に気丈といふべし。

　すでに其《その》人に逢ひ、直《ただち》に噺《はなし》を聞きし人も多く、また、其《その》場に出逢し人も、今に存《あ》りたるを、かほどの事見て、それなりに置《おか》むことも本意なく、みづから書写して、いさゝか此《この》書の出所を記《しる》すものなり。

　　寛政十一年

　　　夏四月穀旦《こくたん》　　猗々斎

　　　　　竹能之書

こは、往《すぎ》し文化三年といひける年に写し置《おき》けるを、いま見れば文字のたがへる、また、ここかしこの結びのさだかならぬなどもありて、見ぐるしければ、をしへ子なる大野均和《きんわ》して、そをかむがへ、正《ただ》さしめて、こたび〔このたび〕あらたに写したるになむ。

　　文化八年五月　　平田篤胤

# 三次実録物語

稲生武太夫

一　三次《みよし》五日市《いつかいち》奥《おく》近在、布野《ふの》村と申す所に、まづしき百姓夫婦に、男子壱人《ひとり》もち、相《あい》くらし居《おり》けるが、その子うまれ付《つき》殊《こと》の外《ほか》じやうぶ（丈夫）にて、六、七歳ぐらひも相成候《あいなりそうら》へば、近所の十歳ばかりより十四、五歳くらひの子供をあつめ、すまふ（相撲）など取り候へども、なか〱寄付《よりつ》くものもなく、其外《そのほか》けんくわ（喧嘩）などいたし候へども、及ぶものもなく候へば、親どもよろこび、「まことに鳶《とび》が鷹《たか》とやら、此方《このほう》じきが子〔直《じき》の子。自分が養う子、の意か〕にしておくも口《くち》おしきことなり」と申《もうし》ければ、女房申《もうす》よふ、「わづかの田地《でんち》のことは、おまへと弐人《ふたり》しても手間《てま》護相《もりあい》なり候へば、五日市へ御出《おいで》のせつ、何卒《なにとぞ》よき所を御聞合《おんききあわ》せ、おん預《あずけ》なされ候へ」と申せば、夫《それ》より右の子供九つに相成候とし（年）、五日市へ出《いで》てだん〱聞合候へば、か□□〔かゆい、か〕の棚と申す所は至《いたっ》て相僕《すもう》〔撲〕取〔所、か。相撲がさかんな所〕なり。

其《その》とく〔特。とりわけ〕げんきなる人申御座候者《もうすござそうろうもの》、夫《それ》ゆへに所も「げんき小路《こうじ》」ともふし候、咄《はな》しうけたまわり候へば、夫よりかゆいの棚〔未詳〕へ、関取《せきとり》のところへ参り、わが子のごふぜい〔豪勢、か。勢が強いこと〕なる次第かたり候へば、せきとり（関取）しよふち（承知）にて、「此方《このほう》にも子供弟子《でし》御座候《ござそうら》へば、着の身きのまゝにて、何分《なにぶん》明日つれて参られ候へ。如《い》何様《かよう》もおん世話いたし申《もうす》べく」と申候《もうしそうら》へば、親よろこび、厚く一礼をのべ、夫《それ》より我家へかへり、女房へそのよしはなし聞《きか》せ、明《あく》るを待《まち》かね子供を連《つれ》いで行き、右のせきとりの所へまゐり候へば、関《せき》とり、子供を見て、殊《こと》の外《ほか》歓《よろこ》び、近所の十三、四、五の弟子どもを呼び寄《よせ》、相僕とらせ見るに、弟子勝者《かつもの》なく、なを〱主《あるじ》大《おおい》によろこび、親父《おやじ》も歓《よろこび》、かへりけるが、又《また》〱五日市へ出候《いでそうら》へば、様子聞《きき》にまいり、夫《それ》よりだん〱と相僕稽古《けいこ》いたさせ、近在へ連れあるき、十二歳の度《たび》、広島へ出《いで》、名《な》だかき師《し》を頼み、段〱、所々《しょしょ》の国々へ参り、拾八歳にて、大坂にて上《じょう》〔上級の力士〕の内へ入《いる》。三《み》ツ井《い》権八《ごんぱち》と改名して、程《ほど》なく江戸表《えどおもて》へ参り、さる御大名《おだいみょう》に召抱《めしかかえ》られ、凡《およそ》弐拾年ばかり居申候所《おりもうしそうろうところ》、段〱わが儘《まま》に相成《あいな》り、無紋《むもん》の白無垢《しろむく》に、三尺あまりの刀、車をこじり（鐺）に付《つけ》、所々人多く集る所にて喧嘩《けんか》いたしたる事、御屋舗《おやしき》へ相聞《あいきこゆ》。

　夫《それ》より日本相僕御《お》かまひ〔御構。追放〕にて御暇下《おいとまくだ》され、夫より二、三度《たび》は諸道具其外《そのほか》の物売《ものうり》、相暮《あいくら》し候《そうら》得《え》ども、夫より追々難渋に及び候に付《つき》、はじめて親の事思ひいだし、誠に親のばつ（罰）とおもひ、せめて何卒《なにとぞ》親の墓所へ参詣いたし度《たく》おもひ、なにとぞ手筋《てすじ》を求め、芸州様《げいしゅうさま》御屋敷へまゐり候。

　様々《さまざま》とだん〱心を居《すえ》もふし、御家中御《ごかちゅうお》供《とも》して広島まで帰り候へば、夫《それ》より在所〔郷里〕までは二十里ほどのこと、夫からはいかよふ共《とも》相成り候間、段々人々相頼候《あいたのみそうろう》に付《つき》、御屋敷に壱人《いちにん》心やすき人出来《いでき》、夫より御上屋《おんかみや》しき（敷）へ折〱参り候。様々相《あい》なり候内、平田五左衛門《ひらたござえもん》家来出《いで》〔出奔し〕、相口《あいくち》〔合口、親しい間柄の人〕の家来相頼み、折々、人やとひ（雇）いたし、ことの外《ほか》こまり申候。其咄《そのはなし》を権八へ申候得《もうしそうらえ》ば、「夫こそさひわゐ（幸）に御座候。御切米《きりまい》〔扶持《ふち》米。春、夏、冬に支給されたもの〕も入《い》り申さず候間、連《つ》れおん帰り下され候よふに、御頼被下候へ《おんたのみくだされそうら》」と、くれ〲相頼候に付、其段《そのだん》、五左衛門へ申候へば歓び、「随分召抱《めしかかえ》て申候間、早々《そうそう》世話いたし呉様《くれるよう》」申《もうす》に付《つき》、早々五左衛門方へ参り候よふ取斗《とりはからい》、扨《さて》、まゐり候処、喰物拵《くいものこしらえ》も殊外不都《ことのほかふつ》束《つか》〔不備のこと〕、相口の家来にそひざた〔添沙汰。依頼の指図〕し、様々間《ようようま》に合《あい》候よふに相成り、追々、草履《ぞうり》など作り候事もならひ、相《あい》くらし、無程《ほどなく》春にも相成り、召連れ帰り候様子、三次へ相聞《あいきこゆ》。取《とり》〲沙汰いたし候《そうらえ》ば、「五左衛門殿、三井と申す名高き相僕取《とり》、今では日本相僕とめられ、せんかたなく五左衛門殿へ附帰《つけかえ》る」と、御家中、町中《まちじゅう》の取《とり》ざたにて御座候が、無程帰る。

　夫《それ》より町方《まちかた》若き相僕取共《ども》参り、この五左衛門と申人《もうすひと》、御国《おくに》にても独身《ひとりみ》ぐらしにて、家来にまかせ、日々夜々、出歩行申候《であるきもうしそうろう》に付《つき》、若者共《ども》、はばかりなく権八をしたひ、大勢《おおぜい》参り、内々《ないない》にて稽古いたし候に付、我等〔平太郎ら〕も毎夜見物に出候処《いでそうろうところ》、「見物ばかりにては益《えき》なし」と存じ、家来権平《ごんぺい》へ申《もうし》、「見物をいたすより直《じき》に権八が弟子となつて相撲手《て》稽古《げいこ》せん」と申候へば、権平も歓《よろこぶ》。

夫より毎夜罷出《まかりいで》候が、弟召連れ行事《ゆくこと》もあり。又《また》は内へ寝させ、出《いで》候事も是《これ》あり候。脇《わき》に材木、石垣御《ご》座候《ざそうろう》、夫《それ》へ腰かけ、権八其外《そのほか》弟子相休み候せつ、権八、所々国々《しょしょくにぐに》にての手柄ばなしの内、権八、「おそろしき物なく、我が力には武芸も及び申さず。たとへ剣術達者たりと申とも、手ごろなる材木にても振りさばき、打《うち》なや〔打つような、の意か〕時は、受《うけ》たる刀も、受る人も断落《たちおとし》に相成候へば、力より能《よ》きものなき候」と咄《はな》す。それわが〔平太郎の〕耳にとまり、「扨《さて》もおのれが力にまかせ、武芸も不及《およばず》と申すこと、悪《にく》き奴なり。いで〱此事《このこと》つのらして、そのぶんに捨置《すておか》れず」おもひ、其後《そののち》は相撲は二《に》の手《て》にして、権八が休《やすみ》し所へ行き、「我《われ》〔あなた〕」、この間も、武芸も力には及ばずと申《もうす》が、いよ〱力には武芸も及ばず候か」と申せば、「いまだ年は〔年端〕も行《ゆ》かず候に、兎《と》角《かく》私が申事《もうすこと》を御《お》とがめ〔咎め〕なると申事《もうすこと》候や。誠に弐拾里さきの事は御存《ごぞんじ》もなく候。いつわりは申さず候」と申せば、われ申候は、「力強く相撲よく取《とり》候へば、武士、武芸も及《およば》ず候とは、大《おおい》なる心得違ひなり。相撲はひつぷ〔匹夫〕の業《わざ》なれば、取るにたらず。今、我、其方《そのほう》が弟子となつて相撲取候《とりそうら》へば、百番〱共《とも》、其方なげ被《られ》候へ共《ども》、今また喧嘩《けんか》等《など》致し候へば、いかな事、その方《ほう》まけることこれなく候」と申せば、かく〔格〕別の返答なく、其夜九ツ時〔午後十二時頃〕にも相成候へば、皆〱引取《ひきとる》。

扨《さて》、わき〔脇〕の者、権八へ申聞《もうしきか》せ候《そうろう》は、「この已《い》後《ご》、御武家方《おぶけがた》の事は御咄《おはなし》なさるな。上《かみ》と下《しも》との事なれば、如何《いか》に強くとも、勝事相《かっことあい》ならず。外《ほか》の四方《よも》山《やま》の咄《はな》しばかりこそ、よろしく候」と申聞《もうしきかせ》候ことの有之《これある》に付《つき》てや、われ、翌晩、権八が休《やすみ》候脇《わき》へこし〔腰〕打懸《うちかけ》まゐり候へば、扨、打《うつ》てかへたる詞《ことば》にて、「わたくし此間《このあいだ》より申候は、大《おおい》なる過言にて御座候。中《なか》〱ひつぷの私共《ども》が、武芸にはいかな及事《およぶこと》は相成申《あいなりもう》さず」と申《もうす》。其内《そのうち》、「野宿等度《たび》〱いたし候へども、追剝《おいはぎ》の三、四人打殺《うちころ》し候事も御座《ござ》候得《そうらえ》ども、外《ほか》に少しにても恐しき事はいかう〔一向。いっこうに〕御座なく候。狼、山犬、其外《そのほか》、変化《へんげ》のものにあい候事は一度も御座なく候に、ばけ物《もの》（化物）本《ぼん》とて、いろ〳〵変化のかたち御座候は、いかなる事に候哉《や》。一向《いっこう》、今ではなき事とぞんじ候」と申せば、「なる程《ほど》、其方《そのほう》が申通《もうすとお》り、此方《このほう》も四、五度横引《たびよこひき》〔夜興引。冬の夜明け方の獣狩り〕に参り候が、狐《きつね》、狸《たぬき》、まみ〔貒。アナグマなどの類〕の類は取《とり》候《そうら》へども、終《つい》に化物《ばけもの》、変化のものは出《いで》申さず候」と申せば、「あなたは、わたくしが申《もうす》同じ様仰《ようおお》せられ候が、私は日本国中駈廻《かけめぐ》り、あなたはよふ〳〵此《この》近辺の事。それ、わたくしが化物はないと申せば、あなたも同様に被仰《おおせられ》候は、いよ〳〵あるかなきか、人の得《え》被参《まいられ》ざる所、国の内には二、三ヶ所あるものにて候へば、互《たがい》にとり〔たがいにとって〕、ためしにも相成候へば、御《お》互《たがい》まゐり申《もうす》べし」と申候得《もうしそうらえ》ば、「夫《それ》こそいとやすき事なり。いつにても参るべくに、私御《お》国《くに》の事は一向存じ申さず候間、いづ方《かた》なりと、人の得《え》まゐり不申　候《もうさずそうろう》所《ところ》へ参り、互《たがい》に不持《もたざる》そのしるし立置可申《たておきもうすべし》」と申候へば、「後《のち》よくかんがへ、申所を定め申べく」と申《もうす》。

みな〳〵其夜《そのよ》引取《ひきとり》候が、われ能《よく》〳〵かんがへしが、権八事故《ごんぱちのことゆえ》、大概なるところへは参り候に違ひなくぞんじ、誠にかんたん（肝胆）を砕き考《かんがえ》しが、我《われ》九つの年、中山源大夫《なかやまげんだゆう》、津田嘉伝次《つだかでんじ》、岡野《おかの》庄大夫《しょうだゆう》申合《もうしあわせ》にて、比熊《ひぐま》山に能《よ》きから笹《ざさ》〔唐笹〕あり候事を聞《きき》、「五月粽《さつきちまき》、から笹にてよき粽まかん」と思ひ、三人に家来壱人《ひとり》召連れ、比熊山へ参り候を聞《きき》、早朝、源大夫方へ我参り、「何卒《なにとぞ》、私を御連御《おつれお》出《いで》下され候」と申せども、「中《なか》〳〵子供の参られ〔る〕所にあらず。山くゐ〔山くえ、山崩れ〕、かや（茅）、岩にて、上ること不相叶《あいかなわず》」と申せば、「若《もし》、上る事成《な》り不申《もうさず》候へば、道よりかへりて申　候《もうしそうろう》間、是非《ぜひ》〳〵御連御《おつれお》出被下《いでくだされ》」とせがみ候内《うち》、連《つれ》なども追々まゐり、是非なく附行《つきゆき》候が、其山《そのやま》、いただきは千畳敷《せんじょうじき》と申候。山八分《はちぶ》程《ほど》参り候へば、手斧《ておの》をかたぎ〔肩にかつぎ〕、横の方より山子《やまご》〔きこり〕出《いで》、申候は、「扨《さて》〳〵あなた方《がた》は、何とて爰《ここ》まで御《お》上《のぼ》り候哉《や》。此上《このうえ》には、城主墓所と申《もうし》候て、大成《だいな》る岩御《ご》座候《ざそうろう》。それへあたり候へば即死いたし、又はゆびさし候ても、悪《お》心《しん》〔むかつき〕か吐血いたし申候。代《だい》〳〵申伝《もうしつた》えにて、私共《ども》も、是《これ》より上《う》へは、上り不申《もうさず》候間、ひらに御《お》かへり被成《なられ》、から笹は安《やす》き物にて御座候間申《もうす》」。「から笹はやすけれど、宜《よろ》しきから笹とり度《たく》参り候が、それならば、上り申さず」と、皆《みな》〳〵打連《うちつれ》下りけり。

われおもふやう、「所々人おそれいかざる所も御座《ござ》候得《そうらえ》ども、権八事故《ことゆえ》、たいがい（大概）の所は参るに違ひなき存是《これあり》」をかんがへ、其明《そのあく》る晩、我《われ》権八へ申様《もうすよう》、「いさゐ（委細）のことは申さず。よき所をかんがへ出《いだ》し候。とふく〔遠く。むかし〕、かしこの比熊山へ上りつめ、尋ね候へば、大《だい》なる岩有之《これあり》候《そうろう》間、細引《ほそびき》〔細引縄〕にて印遣《しるしのこ》し候間、それを結び付置《つけおき》、帰り候へ」と申候得《もうしそうらえ》ば、権八申候は、「いさゐ承知いたし候へ共《ども》、わたくしは幼少より、わき〔他所〕へ参り候へば、御当地の事は不《ふ》都束《つつか》に御座候へば、私、印《しるし》を拵《こしらえ》候《そうろう》間、それ持《もち》、あなたまづ御《お》出《いで》被成《なられ》候《そうら》へ。其上《そのうえ》にて、印取りがてら、わたくし参り候」と申《もうす》。少しもいやらしき気色《けしき》なく、いさむで〔勇んで〕、「成程《なるほど》、我まゐるべし。所々印を拵《こし》らへわたせくれ〔渡してくれ〕」と申せば、草履《ぞうり》作る引《ひき》苧《お》の縄にて、板切《いたきれ》に火箸《ひばし》やき、心覚《こころおぼえ》のしるし附《つけ》、ふた（弐）尋斗《ひろばか》りに物拵《ものこし》らへしが、「御《お》出《いで》時《じ》分《ぶん》御《お》渡《わた》し申《もうす》。夫迄《それまで》はわたくし、かく（隠）しをく」と申候。「それ、まゐるべし」と度《たび》〳〵せがみ候得ども、「まづ、私よき時《じ》分《ぶん》申《もうし》候《そうろう》間、御《お》待《まち》被成《なられ》候」と申。

闇になり候を相待《あいまち》候とぞんじ、四月廿二日、また〳〵せがみ候へども、「まづ御《お》待《まち》候」。それよりせがみ申さず候。毎夜、相僕に出《いで》候ひしが、四月廿八日、夕方より雨ふり、夜に入候程《いりそうろうほど》、雷強くなり、稲光《いなびか》りなどきびしく相成り、いつにても、雨振り程、角力《すもう》けいこの者も多くまゐり居申内《おりもうすうち》、夜四ツ時〔午後十時頃〕頃、権八片わきへわれ呼び、「只今《ただいま》より山へ御《お》あがり候へ。印御渡《しるしおわた》し申候」と申す。心には「はや、西江《せいごう》寺《じ》門も、つみ上り〔踏み上り、か〕候《そうろう》道もなく候」と存《ぞんじ》候へども、それ申候へば、「われ上りかね候故《ゆえ》、申候」とおもふべし。「成程承知いたした」と、しるし受取《うけとり》、単物《ひとえもの》に、竹の皮笠、わらじ（草鞋）はき、早速出《いずる》。

「はや西江寺よりは行《ゆか》れ申さず」とおもひ、中山源大夫屋舗《やしき》は裏門御座候が、それが町へ口〔山から町への入口、の意か〕付《つき》、夫《それ》より太歳《ださい》大明神と申す氏神《うじがみ》御座候。これへ参り候へば、ひくき玉垣《たまがき》御座候。それを越し候へば、舞殿《まいでん》まほりの〔まはりの、か〕さはし〔きざはし、か。階段〕を上れば、御殿《おんとの》いま（座）し。夫《それ》が比熊山の麓にて御座候へ共《ども》、一向に道は御座なく候得ども、夫より上らばやと存《ぞんじ》候。中山源大夫と申人は、我《わが》養父の兄にて、養父新八《しんぱち》は実母病気に付《つき》、あの方へ逗留に参り居《おり》申候。其上《そのうえ》自分も少《しよう》〱不快にていまし。夫故《それゆえ》、留守は、われ、弟勝弥《かつや》、権平《ごんぺい》と申家来《もうすけらい》にて御座候。

右、源大夫方へ参り、「何卒《なにとぞ》裏門御通《おとお》し被下《くだされ》。急々の出申　度事《いでもうしたきこと》御座候」と申せば、兄新八申候は、「留守はよろしき候」と相尋申《あいたずねもうす》。「留守は随ぶんよろしく権平へ申付置《もうしつけおき》、ちと参り申度《もうしたく》候。御明《おんあけ》させ被下《くだされ》候。帰りは、外《ほか》の門相頼み帰りて申候。直《ただち》に跡〆《あとしめ》させ可被下《くださるべく》候」申《もうす》。

裏門打出《うちいで》、夫より太歳玉垣打越し、舞殿へ上り、よくつま〔褄。着物の裾〕をからげ、身ごしらへして、きだはし〔階段〕上り、扨《さて》、雨は厳敷《きびしく》ふり、雷神、稲妻たへやらず。まことに、草木繁り、道はなく、やう〱水のながれをたよりに、かゝしり〔未詳〕のぼり、上ほど木立《こだち》ならび、通りにくし。笠は破れ、程なく笠もぬぎすて、しやじく〔車軸〕をながし、顔ふくものもなく、目もあくも明《あか》ぬも同じ事。くゐ、草木の中をしき〔すぎ、か〕、やう〱七ツ時〔午後四時頃〕頃上り候処《ところ》、平地《ひらち》に相なり候へば、せんじやう（千畳）敷《じき》には井《い》これある、と聞《きく》。

夫よりはは（這）い、だん〱とふみまわり候へ共《ども》、是社石塔《これこそせきとう》らしきもの、手あたり申さず候処《ところ》、少しまたかたき所あり。それだん〱さぐり見るに、十四、五間《けん》もたかく間《ま》あり候。其上《そのうえ》へ上り、中程《なかほど》に石とも土共《とも》しれず、四、五尺廻りの物あり。よく〱さぐり見れば、こけかづら（苔、葛）にて埋《うずも》れ候岩と相《あい》見へ、「いよいよこれに違ひなく」とぞんじ、腰にはせたる〔延《は》わせた〕印の縄取出《とりいだ》し、其《その》石塔とおもふ岩をまわし、結《ゆわえ》候と存候《ぞんじそうら》ひしが、縄みじかく、結ばれ申さず。それ故《ゆえ》、下にまわし置《おき》、わき、石《せき》とう（塔）廻り跡候《あとにそうろう》石、土のかたまり、右の印の縄の上へ置《おく》。

夫《それ》より真直《まつすぐ》に下《くだ》り候へしが、大《おお》に方角違ひ、太歳《だざい》の上にあらず、西江寺《せいごうじ》の上なり。帰りにも雨、鳴神《なるかみ》、光りはつよけれど、道は、いぜん（以前）、甲笹《こうざさ》の時、上り〔し〕道なれば、帰りは殊《こと》の外《ほか》せわなく候て、墓へおりしが、其下は西江寺の町家中《まちやじゆう》の墓所あり。其所《そこ》よりは、我が名申《もうす》大なる声にて我をよび、われだん〱答へ下りしが、火のひかり二つ三つ見へ、近寄程《ちかよるほど》よびし。

少し其人《そのひと》あるを見れば、近所の若者五人。「留守より相頼《あいたのみ》、われ〔あなた〕あまり御帰りのおそく候に付《つき》、権平、権八へ相尋《あいたずね》候ひしが、権八かけそく〔かけごと〕にとし、『ためしにあの比熊山へ御《お》のぼり候へしが、いまもつて御帰りなされずは、ふしぎの事』と申候へば、夫《それ》より留守を権八へ相頼、中山源大夫方へ権平参り候へば、源大夫始め新八大《おおい》に驚き、直《すぐ》に同道して帰り、一家内、影山、川田へ申遣《もうしつかわ》し候得共《そうらえども》、金左衛《きんざえ》門《もん》、仙之丞《せんのじょう》参り、隣家五左衛門も呼寄《よびよせ》、権八はじめ大《おお》そふどう（騒動）にて御座候間、少しもはやく御帰りは成《なり》候へ。わたくし共《ども》五人、御頼みあり候へ共、あたり大雨にて明松《たいまつ》の火きへ、釣灯《ちょうちん》にも水入《いり》、とぼりかね、得上《えのぼ》る事相叶《あいかない》申さず。あん（案）じ候所へ、よび申声聞《きこえ》候へば、誠に仏神御《ぶっしんのお》かげ（蔭）とぞんじ候。参りがけ、西江寺叩《たたき》おこし、其訳《そのわけ》申候へば、住持大《おおい》におどろき、御堂《みどう》へも、縁がわへも、火とぼしおかれ候へば、一先《ひとま》づ西江寺へ、御帰り被成《なられ》候様子申《もうし》、御内《おうち》には、御一家中御《お》出《いで》、権八召連れ、五左衛門殿にも御出、おんかへり御《お》待《まち》被成《なられ》候程、少しもはやく帰るべし」とて、西江寺へ覗《のぞ》き、「唯今《ただいま》これへおり、御帰り被成《なられ》候。段々かたじけなし」と申候へば、住持罷出《まかりいで》、「怪我《けが》なく御帰り、扨々《さてさて》、御無《ごむ》ふん〔無分別〕の事哉《かな》」申《もうし》、「はや夜明《よあけ》にて御坐候へば、程なく御願《ごがん》〔御祈禱〕にはまいり申べく」と申《もうし》、奥へ入《いる》。扨《さて》、申候は、「いつかう（一向）権八が業《わざ》にあらず。我ほつき（発起）して上り候。何分《なにぶん》其訳《わけ》は帰りて申候」申《もうす》。

みなうちつれ、帰り候へば、権八かた脇《わき》にて、いづれもきうめい（糾明）いたし候所へ帰り候ひしが、源大夫、新八、我を大《おおい》にしかり附《つけ》、「まづ其儘《そのまま》怪我もなく帰りしが、若《もし》怪我などいたし、内へは大いに騒動かけ、無分別《むふんべつ》の者なり」とて、皆《みな》〳〵大《おおい》に叱《しか》り候へば、われ申しけるは、「一向、其御《そのお》気遣《きづか》ひ無御座候《ござなくそうろう》。中《なか》〳〵けがなどいたし候事、少しも無御座候。其上見れば、『権八が業《わざ》なり』とて、権八御叱《おしか》り被成《なられ》候よふに御座候は、大に間違ひにて御座候。誠に夜歩《よあるき》参り候は私壱人《いちにん》とし、ためしたことに、武士はいか様《よう》なる所へ参り候が、武士のたしなみと存《ぞんじ》参り候間、なか〳〵権八がわざにては毛頭無之候《もうとうこれなくそうろう》」と申せば、五左衛門も大に安心して、「権平が申《もうす》とは大にちがひ。夫《それ》なれば、家来《けらい》一向とうかん（等閑。おろそか）は無御座候得《ござなくそうらえ》ば。拙者帰りて申」と、権八めしつれ帰りける。其外一家の人々、「身一共《みひとつとも》、已後《いご》つゝしみ候へ」と、皆〳〵帰りける。

扨《さて》、我、「権八は知らぬ事なり」と申候《もうしそうろう》は、ほどなく権八を「右の所へ上らせん」とおもふに付《つき》、申候なり。其日、夕方、五左衛門も出《いで》候へば、権八まゐり、「さて〳〵驚き入《いり》たることにて候。比熊山へ御上り候事、一向にすこしも御紛《おんまが》ひ申さず候。何ぞ智《さと》りたること御座候哉《や》。御聞《おきか》せ下さるべし」と申。我《われ》申候は、「何の相《あい》かわることとすこしも無之《これなく》」と申せば、「夫《それ》なれば、いよ〳〵ばけものと申《もうす》ものは御座なく候。いろ〳〵変化《へんげ》の形《かた》ちなど絵本に書《かき》候も、みな作りごとにて御座候。しかし私、江戸ある人に伝受《でんじゅ》（授）申《もうし》候百物語《ひゃくものがたり》いたし候へば、かならず、ばけもの出《いだ》す申《もうす》事うたがひ御座なく候」と申。「其次第《そのしだい》は青帋《あおがみ》〔紙〕にて行灯《あんどん》を張り油四合四尺にともし、片手一束《たば》に百筋《すじ》きり、壱《ひと》つ咄《はな》せば壱筋けし、段々咄《はな》し候ては、壱筋づゝけし候へば、何処《いずこ》ともなく、おそろしく物淋敷《ものさびしく》相成り候て、変化《へんげ》の物出《いだ》すと申事は一向御座候、と承り候間、私在之《これある》通りあんど（行灯）拵《こしらえ》、油、灯心《とうしん》各《おのおの》調《ととの》へ、此《この》間《あいだ》御上り被成《なられ》候比熊山へ御供《おとも》いたし参り、岩の脇にて百物語りいたし度《たく》、序《ついで》に、わたくし上り申候しるしも取《とり》がてら、御出不被成《おいでなられず》候哉」と申候。「我すこしも跡は引《ひか》ず。成程《なるほど》、其方壱人《そのほういちにん》しるし取《とり》に参るべき事に候《そう》得《らえ》ども、まづ、此度《このたび》は百物語御座《ござ》候得《そうらえ》ば、此方《このほう》もさた（沙汰）なく参りて申候間、其方《そのほう》もわきへ沙汰いたさず、旦那《だんな》へ『脇〔他所〕へ参候《まいり》』と申《もうし》、「暮時分《くれじぶん》、西江寺門のかゝらぬ内、墓原《はかばら》のすみ（隅）相待居《あいまちおり》もふせ。此方は、暮過《くれすぎ》には外へまゐり候」と申《もうす》。「参るべし」と申。夫よりは権八、あんど（行灯）、大土器《おおかわらけ》、灯心、油などとゝのへ、じぶんの部屋に大風呂敷にて包みかくし置《おく》。

扨、天気見合《みあわせ》候ひしが、五月三日に相成り候時、「何分《なにぶん》と、晩、御供申参《おともももうしまい》るべし」と申《もうす》。「承知いたしたり。何《なに》ぶん、暮過《くれすぎ》には墓のうしろ迄まゐりて申」と申せば、「わたくしも、暮にはなにも落《おち》のなきよふにいたして、持参《もちまい》るべし」と約束にて、われ、暮過には握《にぎり》めしとゝのへ、右のやくそくの所へ参り、夫《それ》より一緒に山へのぼりしが、山半分斗《ばかり》登り候へば、権八われを見て、「扨《さて》〱驚《おどろき》入《いり》候《そうろう》御人《おひと》かな。此《この》天気よく候《そうらえ》得ども、きつい上りにくき此山、大雨、大鳴神《おおなるかみ》の夜御上り候は、只《ただ》なる御人とは覚《おぼえ》申さず候」と申せば、われ申《もうし》候は「是は本道《ほんどう》にて、先日上り候は、道もなく、草木、くゐ〔山崩れ〕の中をふみ上り候ひしが、しか〲是《これ》へ参り候ても、程なく、くゐ、草しげりて道程なし、相《あい》知れ申さず候」。夫より進み、登り候ひしが、千畳敷に相成候得ば、井ありと聞《きけ》ば、互《たがい》にさぐり〱に這ひ、右の岩に尋《たずね》あたり候処《ところ》、われ、権八へ申《もうし》候は、「此岩は三次殿《みよしどの》御墓、当《あた》れば即死、ゆび（指）さし候へば悪心《おしん》又は吐血すると申伝へ、其訳申さず。われ〔あなた〕上げ、あたらして、ものみせん存《ぞんじ》候《そうろう》処《ところ》、此方に、『先へあがり候へ』と申《もうす》に付《つき》、止事《やむこと》を得ず、命かぎりあがりしが、たとへ申伝《もうしつたえ》にても、武士の身では、御《お》とがめも逢ふ共《とも》思はず候」と咄《はな》し聞《きか》せば、あきれ果《はて》たる斗《ばかり》にて候。夫《それ》より火打取出《ひうちとりいだ》し、火打、付木《つけぎ》につけ、あんど（行灯）へとぼし、墓の廻りへ置《おき》たるしるし取《とり》、権八へ相渡せば、いよ〱驚き入風情《いるふぜい》也。夫より、墓の前にあんどを置《おき》、左右にすわり、咄しはじめる。

墓は苔《こけ》にて青し。そふ（総）まわりは草にて、青紙のあんど（行灯）、互ひの顔移〔映〕り、青はふふら〔孑孑。ボウフラ〕のいろの如くに相見へ候。恐しき噺《はな》し、われ十四、五、権八も十四、五ほど咄《はな》し候へば、本《もと》より百もの語りせんのみ。連立居《つれだちお》り候へば、はなし互《たがい》に尽き、俤《おもかげ》おもひ出《いだ》し申さず。「扨〱せつかく百物語りせんと思ひまゐり候に、咄さぬも口惜しき次第なり。是からは互に作り、おそろしきはなしを申《もうす》べく」と、夫《それ》からはつくりばなしをして、我咄せば、権八ともしび壱《ひと》つ消《けし》、権八はなせば、われまた一つ消し、凡《およそ》灯火百筋の内、残り十五、六筋にも相成候へば、まことに明りはき〱〔はっきり〕見へがたく御座候時分《じぶん》、妙栄寺《みょうえいじ》六ツ時〔午前六時頃〕の半鐘《はんしょう》の音、誠に蚊《か》なくがごとく、ほのかに聞《きこ》へ候得ば、「かならず寺がたの半《はん》しやうの音なり。夜明《あけ》ぬ内《うち》に、すこしもはやく咄《はなさ》ばや」とて、三口《くち》、四口おそろしき事申《もうす》。顔をしかめ、互《たがい》に形恐しき様《さま》に見せ、残る十五、六のともしび壱《ひと》筋もなくけし候へば、何事も少しもなく、真黒《まくろ》に方角わからず、木立《こだち》ならぶ所なれば、雲壱《ひと》つもみへねば、風ばかり声つゝふく斗《ばかり》。さて、夫《それ》からは程なく夜明《あけ》候へば、少々道も見へ、「いよ〳〵化物《ばけもの》はなきもの也」と連立《つれだち》、あんど（安堵）して帰りけり。

一　寛延二己巳《つちのとみ》年七月朔日《ついたち》、夕方より小雨ふり、夜入《よるにいり》候《そうろう》ても、鳴神《なるかみ》とふく（遠く）に聞《きこ》へ、さほど雨にてはこれなく、やはり、いつもの通り、相僕《すもう》など取候《とりそうろう》所《ところ》へ出《いで》、九ツ時〔午後十二時頃〕前に、みな〳〵引取《ひきとる》。我も権平も帰り、毎夜いつにても帰り〔る〕と、戸棚の食残《くいのこし》を取出《とりいだ》し、手のくぼいたし〔手のひらにくぼみをつくり〕、直《じき》に取り候へしが、いつにても草臥《くたびれ》、枕を付《つけ》候へば、直《すぐ》に寝入《ねいり》候ひしが、一向《いっこう》目すみ〔目がさえて〕、ねむたく候へどもねられ申さず。

　まことにくたぶ〔び〕れ過《すぎ》て、ねられ申さずとぞんじ候所、権平申候は、「私は、今晩、殊《こと》の外《ほか》、何ともなくおそろしく、一向爰《ここ》に得《え》ふせり申さず候間、何卒《なにとぞ》、あなた様の蚊屋のはしにねさせ被下《くだされ》候」と申《もうす》。「これ一向相《あい》ならず、纔《わずか》の人、只《ただ》一つ所へふせるは不用心なり」と申せば、一向に握《しが》み付くよふに、「天窓《あたま》の毛たち、おそろしく御座候間、何卒天窓ばかりなりと、蚊屋へ入《いれ》させ下され候」と申せば、「いかな事相《あい》ならず、其方《そのほう》が恐しきと思ふは毎夜の事故《ことゆえ》、相僕にて草臥《くたびれ》にて得《え》寝入《ねいり》申さず。それを恐しきおもふなり。此方《このほう》も、いつもと違ひ、ねいりがたく」と申内《もうすうち》、前の弐枚障子、まことに明松《たいまつ》を打燃《うちもやし》たるごとくあかくなり、やれ、ぬき口〔軒口、か〕よりやけしが、枕をあがれば直《すぐ》に真《ま》黒《くろ》になり、又あかくなり、せふじ（障子）大《おおい》にたかくや（破）れ、「火をとぼせ」とおらべ〔叫べ〕共《ども》、権平、念仏二声《ふたこえ》、三声《みこえ》となへしが、いか様《よう》に申《もうし》ても、声いだし申さず。家ひゞき、がた〳〵いたし、明《あか》くなり、また黒くなり候に付《つき》、身へ蒲団打懸置《ふとんうちかけおく》。「おれ〔よし〕、火とぼすべし」おもひ、蚊屋より出《いで》、先《ま》づ、「障子明《あ》け見《み》ん」とせふじへ手かけ、あけんとすれども、外より明けさせず。段〳〵障子の子《ね》〔桟《さん》、骨〕おれ候ても、明《あか》ず。縁へ手を懸《かけ》、たて付《つけ》の柱ふまへ、むりあけんとすれば、せうじくだけて、はづれ候上、其儘《そのまま》われが両肩とおび（帯）を握り、ちう（宙）に引《ひく》。向《むこ》ふ大手《おおて》〔練塀〕上《う》へに、牛ならば五、六疋《ぴき》程の真黒なる内に、扇たき〔扇丈。一尺二寸〕のまなこ（眼）たてに長く見へ、其《その》ひかり明松《たいまつ》をふるがごとく、又眼かくれ、見えぬ内《うち》は、まくろくなり、其内《そのうち》より、ひとかゝへほどのひげ〔髭〕手にて握り、はや縁迄《えんまで》いつとなく引《ひき》おとされしが、縁柱しだき〔抱き〕付《つき》候ひしが、柱、家とも動き、引《ひき》とらぬ〔むと〕する。やれ刀抜《ぬき》て、「こひ〔来い〕」と声をかぎりおらべども、権平、近所の者こず。誠に汗は五躰《ごたい》にいで、ぬれ手のごひ〔手拭い〕をしぼりし如く、段〱我《わが》右の手にて、かべりつめり〔つねる、の意か〕候ひしが、石に毛のはゑたるごときなれば、少しも向《むこ》ふへこたへず。

其内《そのうち》、にはかに引《ひき》、柱にまとひはなさねば、着《き》もの肩よりちぎれ、帯も切れ、其拍子《そのひょうし》に、われ仰向《あおむけ》に倒れしが、直《すぐ》にのびあがり、枕元の刀引抜《ひきぬ》き向《むか》へしが、直にまひら〔真っ平〕になり、床下へ脇を引づる音にて這入《はいいり》しが、右光《みぎひかる》目玉、床の下の奥に見《みえ》候。われ少し床下はいりしが、中《なか》〱あのかたきけだもの、横に突き候ては立申《たちもう》さずとおもひ、上より畳あげ、「床板の間よりつぎ留《とどめ》て申《もうす》」と、直《すぐ》に駈《かけ》あがり候えば、弟寝居《ねおり》申候畳斗《ばかり》のこし、何処《いずこ》もたゝみ壱枚も無之《これなし》。□ざ板の間より、段〱つきまわり候へども、一向土斗突《つちばかりつき》、何処におるともしれ申さず候処《ところ》、権八抜身《ぬきみ》にて駈来《かけきた》り、「扨《さて》〱何事《なにごと》にて御座候哉《ござそうろうや》。『火をとぼせ、刀をのぞけよ』と、おらび給ふも、能《よく》〱聞へ候へども、私も相僕場より帰り、直《すぐ》に蚊屋釣《つり》ふせり候処、格別恐しくもなく、十《とお》ばかりなる小坊主、目の一つある者、手に白き天目《てんもく》〔天目茶碗〕を持《もち》、わたくしが廻《まわ》りを二、三篇《べん》廻り候しが、扨《さて》、夫《それ》からおそろしく相成り、『やれ、あなたへ参らぬ〔む〕』、脇差持候《わきざしもちそうろう》ところ、五躰《ごたい》すくみ、手足叶わず、『爰《ここ》が大事』と心おさめ候得《そうらえ》ば、正気うしない申さず候へども、一向に手足はつかへず候うち、あなたのおらび被成《なられ》候声、私方の家に響き、大《おお》きにこへ候。何卒《なにとぞ》参り申度存候《もうしたくぞんじそうら》へども、右の通故《とおりゆえ》、止事《やむこと》を得ず、得まゐり申さず候処、あなたの方、騒動やむに付《つき》、やう〱手足叶ひ候故、やう〱参り候ひしが、如何様《いかよう》の事にて御《ご》ざ候哉《そうろうや》」と申せば、「先《ま》づ、其事《そのこと》は跡《あと》にて咄《はなす》べし」。権平、宵の口には、拙者蚊屋へ入《いれ》、ねさせ呉《くれ》候やうに度《たび》〱せがみしが、夫《それ》からそふとうに相成り候前、念仏の声二口、三口いたし候が、「火をとぼせ」とたび〱呼《よび》候へども、又、「刀を持来《もちきた》れ」と申候へ共《ども》、一向に答《こたえ》ず。それ、畳残らず上げ無御座《ござなく》候へば、台所、寝所にも、蚊屋もなし、畳もなくと存候《ぞんじそうろう》間、はやく火打《うち》とぼし、権平があり所《どころ》見たく候間、「はやく火とぼし候へ」と申《もうさ》ば、火打とぼし見れば、庭のはしり〔流し場〕の下に、畳三枚落《おち》かさなりたる。畳あげ候へば、其下《そのした》に、うつ向《むき》にこげ死《じに》したる体《てい》に相見《あいみえ》しを、権八ひんだきあげしが、顔へ水ふき、夫《それ》より気《き》付取出《つけとりいだ》し、飲《のま》せんとすれ共《ども》、歯喰《くい》しばり、口明《あ》かず候へば、小刀にて歯を割《わり》、権八、水にて吹込《ふきこみ》候へば、少しのんどへ通りしが、程なく、しよふね（性根）は入《いり》候へども、ふぬけ（腑抜）のよふに、何も申さず。

　夫《それ》より権八、畳尋出《たずねいだ》し先一間《まずひとま》引き、「内《うちに》、気遣《きづかい》候《そうろう》程《ほど》」と申《もうし》、帰る。程なく夜明、われはよひ（宵）の口より得ねられず候に付《つき》、少し寝候処、追々、権平正気廻り、むかうへ参《まいり》、いさゐ（委細）はしらねども、先《ま》づ騒動の事申候へば、「新八殿へ知らせ申せ」と申《もうす》に付、中山氏参り、あらまし申候へば、源大夫、新八をどろき、急ぎまゐり、其外《そのほか》、追々一家内参り候。扨《さて》、権平、直《すぐ》に暇《いとま》をねがひ候へ共、「代《かわ》りをたて候はゞ、暇遣《つかわす》べし」申《もうす》。弟は中山へ預置《あずけおく》。権平、暮前より宿へ遣《つかわ》し、「明日は早々戻り候様《よう》」申遣《つかわ》す。扨《さて》、われも一家内へ一緒に相成候様《よう》に、皆〱申候得《もうしそうらえ》ども、「われ、何分《なにぶん》に参り申《もうす》事は相《あい》ならず。少しの事恐れ、『家を明けたる』と、人申《もうす》も口惜しく御座候へば、何分、私壱人外へは参り申さず」と申。新八も病気に御座候へば、程なくまた中山へ行《ゆき》申候。其外《そのほか》、一家、其日見合《みあわせ》、追々帰りける。権平も三日程は日内《ひうち》〔日中〕かよひ相勤《あいつとめ》候へしが、病気申立《もうしたて》、一向にまゐり申さず。夫より権八食拵《しよくごしらえ》いたしくれ候に付《つき》、壱人《ひとり》くらし居《おり》申候。其外、人《ひと》〲参り候事は略す。

一　扨《さて》、二日夜、行灯《あんどん》とぼし候処《ところ》、ともしび（灯火）だん〱長く相成り、程なくあんど（行灯）の上出《うえにいで》、小筋《こすじ》して四、五尺斗《ばかり》に相成り、直《すぐ》に天井に付《つき》、天井残らず焼《やけ》候。火花不上《あがらず》にちり、屋根見へ、直に屋根へ付《つき》、ほろ〱燃候《もえそうら》ひしが、「あの灯火《ともしび》やけ候は変化《へんげ》の業《わざ》」と、「わが身へ火付《つく》までうろたへ申間敷《もうすまじく》候」とおもひ、「まことなれば、外より人さわぐべし」と思ひ、打捨《うちすて》置《おき》しが、無程《ほどなく》元のとふりの天井に相《あい》なる。

　夫《それ》より寝所《しんじょ》して寝候処《ねそうろうところ》、なまぐさき匂ひはげしく、水を耳へ吹込《ふきこ》み、蚊屋、ふとん、臥莚《ねむしろ》、畳大《おおい》にぬれしが、其儘無程《そのままほどなく》寝入る。夜明《あけ》て見れば、なまぐさき匂ひは少しもなく、そこら中水《じゆう》にてぬれ候なり。

一　扨《さて》、三日の夜、其前《そのまえ》、畳表替《おもてがえ》いたし候に付《つき》、納戸のすみ下柱御《ご》座候《ざそうろう》に付、畳すみ（角）夫《それ》へあわし、すみ切り候。畳を居間すみへ引置《ひきおき》しが、畳のすみ明《あ》き居《おり》し其内《そのうち》より、髪毛出《かみのけいで》しが、たゞまゐに〔ひたすらに、の意か〕長く相《あい》なり、後には四尺あまりなりしが、直《すぐ》に女の切れたるくび、髪にて引出し、切小口《きれこぐち》上へ向き、髪三つにわかり〔分かれ〕、髪にて歩行《あるき》候。音遠《とおく》にて畳を打如《うつごと》く、段〳〵われ居申候所《おりもうしそうろうところ》へ参り、よく見候へば、おとがひ四、五寸斗《ばかり》長くそりかへり、目三角に黒眼《くろまな》こした（下）へ付《つき》、色何共申《なんとももうし》がたく、我前《わがまえ》へ参りしが、余り不気味相見《ぶきみにあいみ》へ、「わが身へあたらぬ内《うち》、つかまへばや」とおもひ、飛びかゝり握りしが、其儘《そのまま》消へ、又跡《あと》に、かわり出《いで》、前のとふり参り候を捨置《すておき》見候へば、髪ひろげ、膝の上へあたまのきり〳〵〔頭の頂、か〕をもたせ、切小口上にむき、其《その》おもたさ、石うす（石臼）を置《おき》候如く也。

われ手をこまぬき、歯を喰《くい》しめ、こた（堪）へしが、夫《それ》よりとんで、肩先つき、髪にてわれをつゝみ、髪毛一筋づゝわかり、いご（動）く。「夫《そ》れ切り」と存《ぞんじ》候ところ、横に舌を出し、我が目、顔をねぶる。段〳〵ぬれ舌にて顔不残《のこらず》ねぶり、夫《それ》よりくびすじ上辺をねぶる。夫よりは「舌たわ（撓）ばや」とおもふに、だん〳〵舌長くなり、歯ぎわ後へ廻り、ほぞ〔へそ〕の下、うしろにては、腰、尻残らずねぶり、夫からはちらばへ、それより蚊帳《かや》ふせり候へば、天井より青瓢単《あおびょうたん》（簞）さがり、長くなり、又、じるく〔湿っぽく〕なり、其内《そのうち》に、われ寝入るなり。

一　扨、四日暮過《くれすぎ》、「茶の下焚《たか》ん」と思ひ、瓶水汲《かめみずくま》んとせしが、瓶水氷り、いご（動）かず。茶釜の蓋とらむとしても、ふた明《あか》ず。庭へおり、手田子《てたご》〔手担桶。手桶〕水も氷《こおり》、逆さまにふれどもこぼれず。夫《それ》より「茶がま（釜）の下焚《たき》候」とおもひ、焚付《たきつけ》に火付《つけ》もやせしが、火吹竹《ひふきだけ》にてふかんとすれ共《ども》、息かよわず。すか（透）し、先を見れば、穴はあれ共、火へこたへず。手の裏へ吹き候へば、手には風あたるに付《つき》、茶涌《わか》させず候に付、めし給《た》べ、水、茶のまず。それなり臥《ふせ》りしが、枕もとにありし鼻紙、十五枚もつゆ〔未詳〕にぬれ、所々ちり、其内《そのうち》寝入る。明朝見れば、唐紙《からかみ》、障子、かべに付《つき》候なり。

一　扨、五日暮過《くれすぎ》、表の座の上に、新道石橋の脇にある、八、九人抱《がかえ》のあかき石、座の上にこれ有り。見る所、其儘目数《かず》〱付《つき》、ゆびも数〱付《つく》。其指にて我が方へころげ参り、段〱われ行《ゆく》さきへころげしが、台所へ、板の間上り口へ、ころげ参り候を、足にて蹴落《けおと》し候へば、そふに〔総に。全体に〕向《むこう》の見えぬけぶり、寝るまで大《おおい》に煙《けぶ》りしが、其夜は寝、朝見れば、台所の庭にこれあり候也。

一　六日、毎夜、大勢《おおぜい》、門口《かどぐち》、大手《おおて》〔練塀〕の脇へ、人せうじ（障子）たゝき、畳上《あが》り候音きこへたるに付、支配方《しはいかた》より新八呼《よび》に参り、「町方御《まちかたご》家中《かちゅう》、此已後《このいご》たてらぬ様に御触《おふれ》御座候。其内《そのうち》、深（親）切とて加勢《かせい》に有り候ものは勝手次第。一家内《いっかない》は尚参り候ても苦しからず」、今日、御触出《いで》候事。其夜《そのよ》よりは、あがり候事やむ。

　同夜、暮過に、前の小屋へ用事御座候て、われ居《お》り候《そうら》ひしが、小屋の口四尺程の口に、すみよりすみまで、婆《ばば》のしか（顰）みたる顔あつて、行《ゆか》れ申《もう》さず。若《もし》、所かわるかと跡へ戻り、踏石《ふみいし》より小屋までに、十一飛石《とびいし》御座候。雨ふり候ても、草履《ぞうり》にて参られ候に付、其《その》飛石、小屋の口真中に御座候。それ真直《まっすぐ》に参り候処、違ひなく、四尺口一杯に、右の顔御座候て、通し申さず。夫相応《それそうおう》に目、鼻、口付《つき》、は（歯）むかば、二つはぐろ（歯黒）付《つけ》へさしたるやうにて、顔のぬくみ〔温み、か〕、人のごとく、いか様に押候ても、動き申さずに付、内へ戻り、脇差の小刀持居《こがたなもちお》り、いろ〱に打立《うちたて》候ても、一向に立《たち》申さず。夫《それ》から、手水所《ちょうずどころ》の、すゐもん〔水門。ため池〕の廻りの手頃なる石を取出《とりいだ》し、小刀左の方持《かたもち》替《かえ》、石を右にもち、目二つ間に打付《うちつけ》しが、かたくとうりにしが、自然と小刀先、目の方すべりしが、少したつ儘《まま》に叩込《たたきこ》み、小柄《こづか》までたゝき込み、手を放し見れば、いよ〱立候《たちそうら》へども、一向血すこしも出《いで》ず、顔其儘《そのまま》あり。

　夫より程なく蚊屋を釣りふせりしが、足の先に死人ありて、冷《つめた》く相成しが、右の足にてふみのけん〱。左の足は死人《しびと》下なり。右の足にて踏めども動《うごか》ず。死人の上に右のあしを置《おき》、寝んとせしが、死人、足さきより直《すぐ》に股《また》へ入《いる》。其《その》冷き事氷のごとし。其内《そのうち》、我《われ》寝、寝《ね》入《いる》。あくる朝何もなく、夫《それ》から、「小刀いづ方《かた》へ立置《たておき》しか、先《ま》づ見ん」とおもひ、小屋の口を見れば、立置し所に、宙に小刀、糸にて釣《つり》たるがごとくに是有《これあり》候へしが、又は「柱のき（軒、か）割目《われめ》にもたて置《おき》しが」おもふに、「矢張《やはり》、顔の中とおもふ所にたてしに違ひなく」と見る内に、下石の上にちんと落《おち》候なり。

一　扨《さて》、七日夜暮過《くれすぎ》、庄大夫《しょうだゆう》、たゐとう和尚《おしょう》のしゆつぺい［竹篦。禅宗で使う、人を打つ杖。しっぺい］と申《もうすを》借出《かりいだ》し持来《もちきた》る。「まことに、是《これ》をふり上げ、もとを打《うた》ば、いかな変化《へんげ》のもの、処付《ところつ》くこと叶わず、退去《にげさ》る事妙也。夫故《それゆえ》、かり参り候」と申。また、甚左衛門《じんざえもん》、八《はち》幡《まん》奉納の名弓《めいきゅう》かり出《いだ》し、持居《もちお》る。「此《この》弓を蟇目《ひきめ》［射たときに高い音を響かせる鏑矢《かぶらや》］の如く弦《つる》を張り、弦音《つるおと》いだし候へば、七里四方の魔おる事叶わず」と申事《もうすこと》、権八、其座《そのざ》におり聞《きき》しが、「夫《それ》なれば、御家の内に変化《へんげ》の物居《ものお》ること叶わず候へば、必ず初手《しょて》出し、南方《みなみかた》の大《おお》手《て》［練塀］方へ帰り申《もうす》べく候へば、私鑓持《やりもち》、もしかわりたる形《かたち》見へ候へ、直《ただち》に突留《つきと》め申候間、まづ私は鑓持、外へ出《いで》、相待《あいまち》て申《もうす》」と、権八は素《す》鑓《やり》持、外へ参る。

扨、庄大夫、右のしゆつへゐふり上《あげ》、畳打《たたみうち》、其音にたがわぬ音空《そら》にする。又打《うち》、また空におとする。三つ打《うち》、三つともにたがわぬおとする。また、甚左衛門、弓張り、弦音をさせければ、又其音に違《たが》はぬ音すれば、大手の上、黒きもの、権八が目にあたれば、「これこそ」と思ひ、やり突き出し候へば、鑓取《とり》はづし、つきはなし、鑓取らるれば、其鑓、障子やぶり、甚左衛門と申人持《もうすひともち》し弓をこすり、台所の唐紙《からかみ》にたつ。夫《それ》より権八立戻《たちもど》り、「黒きもの相見へ候に付、突《つき》とめんとせしが、握りし鑓すはぬけ［すっぽぬけ］、鑓とられし」とて、息をきり、帰り候へば、みな〱浮無《うかな》きことなり。「何にても叶ふまじ」とて、四ツ時［午後十時頃］、皆〱帰りける。

一　同八日の夜、或《あ》る人六人居《お》り、車座《くるまざ》におり候に、塩俵《しおだわら》、天井の下《し》たにふわり〱として、其人《そのひと》の真中《まんなか》へ落《おつ》。又木履《ぼくり》［高下駄］、天井のした、角《すみ》少し壁の落《おち》たる処《ところ》より出《いで》、次の鴨居の所にて、すこし低《ひく》ふなり、夫《それ》よりまた高くなり、次の押込《おしこみ》のから帋《かみ》〔唐紙〕に、木履のは（歯）ま喰付《くいつ》く、それを見て、みなく〱帰り、夫より寝候へば、蚊屋真白くなり、浪打《なみうつ》如く也。

一　同九日の夜四ツ時〔午後十時頃〕前まで、なんの事もなく、「今宵は、はや出《いで》申さずか」とおもひ候処《ところ》、露地《ろじ》の戸外《そと》よりはづし、其《その》戸、一家内又は不断参り心安き者より外《ほか》、そとより外《はず》し候こと存じ申さずが、「此節《このせつ》、夜深《よぶか》に居《お》り候もの不審也」と思ひ、其儘《そのまま》、声《こえ》懸《かけ》候て、「庄大夫なり」と答へ、「扨《さて》わるき人来《きた》りし」とおもひ、「はや臥《ふせ》り〔る〕也」と申せば、「そこ元御《もとご》存《ぞん》じ、家に伝わりし名剣を持参《もちまい》りしなり。親、兄聞《きこえ》申《もうし》ては、中《なか》〱借《か》〔貸〕して出《いだ》し申さずに付《つき》、兄が長《なが》持《もち》の鎰《かぎ》、枕箱に入置《いれおき》しを取出《とりいだ》し、人しれぬ様《よう》に長持明《あけ》、やう〱取出し持居《もちお》りし也。是《これ》にて、今晩化物《ばけもの》たいじ、守り刀の奇妙を見せ申さぬ〔む〕」と、庭より申す。我《われ》申候は、「中〱刃物ざんまい（三昧）にてはなり申さず候。是非《ぜひ》〱御帰りあれ」と申《もうす》。其《その》庄大夫と申す人、無《む》めんもく（面目）にて、気じやう（丈）なる人にて、中〱人並になくゆへ、「何を仕出《しでか》し候もしれず」と、段〱申せども、はや縁へ上り、西の方《かた》の障子明け、内へ一足《ひとあし》ふみ込《こみ》しが、庄大夫を刎《はね》のけ、黒き小《こ》犬程《いぬほど》のもの、奥へころげまゐる。又、庄大夫、内へ入《いれ》ぬ〔入れまい〕とせしが、石の如く黒きもの、また刎のけ、これをふたつ、ころ〱、あちらこちらところげしを、早《はや》、庄大夫内《うち》へ入り、守り刀の錦袋《にしきぶくろ》へ入《いれ》し真紅の紐を解き、鞆糸《ともいと》にて巻《まき》たる刀取出《とりいだ》し、ころげ候ものを追懸《おいかけ》行かんとせしを、我留《われと》め、つま〔着物の褄〕をつかまへ、いろ〱とめ候ても承知せず、振り切り、おつ駈行《かけゆき》しが、庄大夫より、右転び廻る物はやく、段〱追駈《おいかけ》、台所の角《すみ》〔隅〕へ追詰《おいつ》め、一打《ひとうち》にふり上げ、切り伏せ候へば、火ぱつと出《いで》し、其《その》一つはころげず。残る一つを追駈しが、行灯《あんどん》へ行きあたり、あんど（行灯）こか〔倒〕し候ひしが、又すみへ追詰め、振り上げ切りしが、火花するを、是《これ》は我も見る。「やれ変化《へんげ》の物、二つ共《とも》に打切る也。はやく火をともせ」と、庄大夫申《もうす》に付《つき》、火をともし候ひしが、前の隅にて切《きり》たると申物《もうすもの》を見れば、石臼《いしうす》の上台《うわだい》也。夫《それ》なれば火の出《いず》る事尤《もっとも》なり。又、台所のすみにて切《きり》たるものを見れば、是も石臼なり。

扨《さて》、右の名剣、石を切りし故、庄大夫、行灯の火にて能《よく》〳〵見れば、刃残らずこぼれ、三所《みところ》ほど、むね〔棟。刀の背〕へ刃きり入《いり》、何のやくにもたゝぬものとなりければ、庄大夫大《おおい》にくつたく〔屈託。くよくよする〕いたし、「此《この》名剣、家にも身にもかへじ。先祖より伝《つたわ》りものなれば、中《なか》〳〵われ申すとて、かし申さずと思ひ、『何卒《なにとぞ》貴様の処の化物《ばけもの》をたいじばや〔退治したいもの〕』と、盗み隠して持居《もちお》りしが、何にもならぬよふになり候は、扨〳〵貴様恨めしく候。此儀《このぎ》親へ申すと、直《ただち》に手《て》打《うち》にあゐ候事必定《ひつじょう》也。又、兄きとても、元《もと》いぢわるものなれば、同様のこと。其上《そのうえ》段〳〵大《おおい》にしかり、油とり〔こらしめられ〕、其上にて手打に相成候より、只今爰《ただいまここ》にて自害せん」と、差添《さしぞえ》〔脇差〕をひねくり廻《まわ》す。われ申候は、「夫《それ》は大に心得違ひ、すなをに盗み出したる様子申、断御申候《ことわりおんもうしそうら》へ。われも、とも〴〵に御断《おんことわり》て申《もうす》」と申せども、「かへす〴〵貴様恨めしく候。畢竟《ひっきょう》、化物たいじ、安心させんと存《ぞんじ》、名剣ぬすみ出《いだし》候は、貴様にかゝりたる事、いよ〳〵うらめしく候」と申《もうす》。われ申候は「是大《これおおい》なる心得違ひ。御前に『名剣持《もちお》御出《いで》』と、わたくしより頼《たのみ》申候へば、恨みも御座候に、私は刃物《はもの》ざんまい（三昧）にては叶ひ申さず。色々御留《おと》め申《もうし》ても、ふり切《きり》、向《むか》わせ候故、右のとふり也」と申せば、夫《それ》からは、「莵角《とかく》いきては居《お》られず」脇差ひねくりしが、「抜《ぬか》ばとめん」と鞆《とも》を見ておりしが、前にさゝらほふき〔簓箒。すりへった箒のように〕になりし名剣取《とり》、直《ただち》にのんど〔のど〕へ突通《つきとお》し、仰向《あおむけ》になり、しつてんばつとう（七転八倒）苦しむ。はや後へ五歩斗《ぶばか》りぬけ出《いで》しが、「中〳〵助《たすく》ることは相叶ひ申さず」と思ふ内、程なくいき（息）絶《たえ》たり。

はや九ツ〔午後十二時頃〕とも相成り候が、一向あいよめ〔未詳。言い訳のしょうがない、の意か〕もなく、我「相済《あいすま》ず」と思ひ、元より、人にはづれし人なれば、われそゝな〔の〕かし名剣ぬすみ出《いだ》させ、名剣さゝらほうきに相成不得候事《あいなりえざりそうろうこと》、「自害させじ」と申されても申分《もうしぶん》なく、「扨々《さてさて》馬鹿なる人に付《つき》、口惜しき事也」と、「我も生《いき》てはおられず」と思ひ、脇差取出《とりいだ》し「自害せん」とおもへ共《ども》、「いかにもざん念なり」と、いろ〳〵考へ候内《うち》、はや九ツ半にも相成候へば、「庄大夫を尋ね人居《お》るべし。夫《それ》なれば此為躰《このしたい》〔死体〕、爰《ここ》には置《おか》れ申さず。其上にて、能分別《よきふんべつ》有るべし」。納戸《なんど》を明《あけ》、葛籠《つづら》を重ねあげ、庄大夫を抱《いだ》き、納戸へおし入れしが、跡《あと》の畳弐枚、のり〔血糊〕大《おお》いにこぼれしを、ひやい〔廂間、ひあい〕へ入れ、腰張《こしばり》にものり付《づき》しをへ(剝)ぎ、ひやいへ入れ置しが、のりこさ〔そ〕げ落し、台所の押込の畳跡へ処《ところ》かんがへしが、「迚《とて》も生《いき》る工面出《くめんいで》ず」と思ふ内、納戸へ入れ置し庄大夫、しやう(正)気廻《きまわ》りしか、うなる声出《いで》しが、あたり近所へ聞《きこ》へ、「人居り候《そうら》へ」候《そうらわ》ばとぞんじ、其上「迚《とて》も助からぬ疵《きず》なれば」と存じ、のんどに差《さし》たる刀にて、段々に頭をつかまへ、ゐぐりしが、其儘《そのまま》元の如く息絶たり。扨《さて》、よく〱おもへば、「我ゐぐりしが、自滅とも申されず。『われ、ゐぐり殺したる』といわれても、あゐどめなし〔未詳。言い訳ができない、の意か〕。迚も生《いき》ては居られず」とおもひ、又脇差抜《ぬき》しが、「いかにしても口惜しき事也。とても遁《のが》れぬことなれば、今にても庄大夫尋《たずね》まゐり候へば、わが息にかゝらぬよふに、臍《へそ》の下をあさく皮をたち切り、『我命《わがいのち》此通《このとお》り也』と申《もうし》、一々咄《いちいちはな》し、ゐぐりし事もはなし、其上にて自害いたすべし」と心を定め、「門の戸叩き候へば、直《すぐ》に臍の下きり出《いで》、其訳申《そのわけもうす》べし」とおもふ内、はや戸叩きしが、「先《ま》づ、はやまるまじ。若外《もしほか》の者に候も不知《しらず》。影山よりの人なれば門に待《また》せ置《おき》、我内《うち》へ這入《はい》り、後《のちに》、右のとふりにおり、いさゐ(委細)有《あり》の儘《まま》に申《もうし》、其上にて死《しぬ》べし」とおもひ、門を明《あけ》候へば、案に相違の庄大夫幽霊、青かたびら(帷子)にて、突込《つっこ》みし名剣のんどに突込みながら、我《わが》ゐぐりし跡も見へ、元より藪白眼《やぶにらみ》の目を光らかし、「扨々《さてさて》、恨めしき人かな。我壱人《ひとり》命すてしが、今に命惜《おし》み自害せんは、誠に七生《しちしょう》恨らみ申す。はやく死《しす》べし」と苦しき声にて申候へば、「前《ま》へも申すとふり、われ頼みもせぬに、家の名高き名剣を盗み出《いだ》し、親のばつ(罰)にて石臼を切り、名剣何ともならず候に付《つき》、言訳《いいわけ》なく、そのめいけん(名剣)にて自害せしに、我に恨み申《もうす》が、こんりんならく〔金輪奈落。金輪際〕死《しぬ》る事ならず」。飛びかゝり、幽霊を引抱《ひきいだき》しが、はや妙栄寺《みょうえいじ》のはんしやう(半鐘)の音聞《きこ》へ候へば、「はや夜明《あく》る」とおもふ内、向《むかい》、吉村の飛石《とびいし》見へ、壁も見ゆるよふになりしが、抱〆《だきしめ》たる庄大夫亡魂《ぼうこん》も消へ候へば、誠にわれ途方にくれ、暫《しばら》く其処《そこ》を動き不申《もうさず》候《そうら》ひしが、颯《はやく》も夜明け、内へはいり、納戸へ入れし庄大夫、からだもなく、葛籠《つづら》ばかりこれあり。樋合《ひあい》へ入れ候畳を見れば、のり〔血糊〕もつかぬを入れ、腰張りは〔剝〕ぎ入《いれ》しも同様也。扨々《さてさて》、危《あやう》き事なり。其《その》以後にては、誠の人も疑はしくおもふなり。

一　同十日、十日《とおか》市町《いちまち》相僕取《すもうとり》周防屋《すおうや》貞八《さだはち》、暮過居《くれすぎお》り。台所の敷居口よりかがみ候《そうらいし》が、其儘《そのまま》頭二つに割れ、其内《そのうち》より赤子《あかご》はい出《いで》、われに這付《はいつく》。凡十《およそとお》ばかり出《いで》、あちらこちらとはい廻り、血の付《つき》たる赤子也。貞八と申《もうす》男は、五十斗《ばかり》にて、きんか頭〔金柑頭。禿頭〕の赤面の大男也。右のあか子《ご》、段々あちこち這廻《はいまわ》る内に、われ蚊屋《かや》釣り寝所へ入《いり》しが、其《その》赤子十ばかりが一つになり、大きなる目玉《めだま》となる。其内に寝入る。

一　同十一日夜、一家内《いっかない》、心安くする人、十三人程まゐり、我いろ〳〵一家内より申《もうし》ても、一緒に相ならず候に付《つき》、「何卒《なにとぞ》参り申聞《もうしきか》せ、何《いず》れとも一所《いっしょ》になり候よふに申《もうす》べし」とて申合《もうしあわせ》参りしが、或人《あるひと》申候は、「頃日《このごろ》の事なれば、いかよふ成《な》ること有《あり》候ても、互《たがい》に刀、脇差抜申間敷《ぬきもうすまじく》、今晩は御互《おたがい》に刀さしとめなどいたし、帯《たい》刀《とう》にて咄《はな》し申《もうす》べし」とて、皆其《その》とふりにして居申処《おりもうすところ》へ、彦之丞《ひこのじょう》、長倉《ながくら》と申者《もうすもの》を連れ参りしが、其申合《そのもうしあわせ》はしらず、次の間《ま》に刀抜き、脇差斗《ばかり》にて其処《そこ》へ居りしが、「やれ、矢張《やはり》、刀差《さし》これへ御出被成候《おだしなられそうろう》」と人に申候《もうしそうら》へば、ぬき置《おき》、置し敷居の脇に居る市大夫《いちだゆう》と申人に、「我そこに刀置《おき》候。憚《はばか》りながら、其《その》刀のぞけ下《くだ》され候」と申せば、市大夫、直《すぐ》に後《うしろ》へ向き、長くなり、刀、手にてさぐれば、ひやし〔ひやり〕と手にあたれば、「御刀抜け居《おり》申候と存《ぞん》ぜられ候」と申《もうす》。鞆《とも》をつかまへ見れば、身ばかりにてぬけありしを渡せば、彦之丞、人々興さめ、「鞘《さや》は其辺《そのあたり》にあるべし」とて、火とぼし、みな〳〵色々に尋ぬれ共無之《どもこれなく》、抜身《ぬきみ》を前に置《おき》し処《ところ》、しばらくして、天井に菜種《なたね》、紙袋、其外物《そのほかもの》だね釣りたる其《その》袋、にわかに動きしが、其中より、右の鞘落《さやおち》し。早速取上《とりあ》げ、鞘へ納め、夫《それ》より長倉連れ帰りしが、其跡《そのあと》、一度に皆帰る也。夫より寝候へば、庭のはしり〔流し場〕の上に棚あり、すり鉢揚《ばちあ》げありしが、飛《とん》でお〔降〕り、棚の下、連子《れんじ》〔連子窓〕に掛《かけ》たるすり子《こ》木《ぎ》〔擂子木〕、すり鉢〔擂鉢〕の中へ入れ取《とり》て、すりまわりしが、其内《そのうち》に我寝入る也。

一　扨《さて》、十二日昼九ツ時〔午前十二時〕、上田治部右衛《うえだじぶえ》門《もん》参り、魔除《まよけ》の札《ふだ》を書《かき》、四方《しほう》の柱の上に張置《はりおき》しが、又、夕方八ツ時〔午後二時頃〕過《すぎ》、西江寺《せいごうじ》住持参り、「是《これ》は薬師の御直筆《おんじきひつ》の御判《ごはん》、大切なるものなれども、御用に立申《たてもうす》べく候間、明日人をつれ、私方へ取《とり》に御出《おいで》、其内《そのうち》、私留守にて御座候て申置《もうしおく》候間、納所《なつしょ》〔寺の出納《すいとう》事務所〕へ御申《おんもう》し、御請取被成候《おんうけとりなられ》」と申《もうす》。其事申《そのこともうし》参りしが、四方に張り置し札を見て、「あの札書きたるは上田氏と見る。能《よ》き魔除の札にては御座候へど、文字二所《ふたところ》ほど違ひ御座候間、わたくし書替《かきか》へ進じ申《もうす》べく」とて、硯《すずり》取出《とりいだ》し、四枚かき候に付《つき》、直《すぐ》に糊付《のりつ》け、矢張り治部右衛門が書《かき》たる札の上へ張置しが、西江寺帰るに付《つき》、こし〔輿〕送りに出《いで》、内へ入《いり》見れば、住持かき候札はなく、上田氏書きたる札の真中《まんなか》、四方ともに、輪違《わちが》ひ書き、これあり。誠に六、七間《けん》程歩行《あるく》内《うち》也。

夫《それ》より夜五ツ時〔午後八時頃〕前、蚊屋釣り、寝所に這入《はいい》りしが、庄太夫、時分《じぶん》に重ねおきし葛籠《つづら》、唐《から》紙《かみ》明け飛び出《いで》、やはり形は葛籠にて、前へ手付《つき》、どん蟇《びき》〔蟇蛙《ひきがえる》〕となり、蚊屋のまわり、あちらこちらと歩行《あるき》しが、蚊屋の内へ這入《はいり》、われ寝候《ねそうろう》上へあがりしを、下より手を出し、葛籠くゝりし紐《ひも》を握り、其内《そのうち》に寝入《ねいり》候が、朝見れば、葛籠ばかり枕もとにころびあるなり。

一　扨、十三日、暮前《くれまえ》より比原《ひばら》の狩人《かりうど》長倉まゐり、其《その》外《ほか》、一家内六人居《お》り候うへ、西江寺《せいごうじ》薬師御判《ごはん》借りに、長倉を連れ、私参り候処《ところ》、木全《きまた》氏の藪《やぶ》動きしが、夫《それ》より小桶《こおけ》程なる黒きもの、我を目懸《めが》け、眉間《みけん》へあ〔た〕らむとせしを、われ刀をそり打《うち》〔峰《みね》打ち〕、白眼《にら》み付《つけ》ると、直《すぐ》に跡におる長倉が胸へ打当《うちあた》る。長倉、即座に倒れ、殊《こと》の外《ほか》胸痛み、得参り申さずに付《つき》、我《わが》肩へ手懸《かけ》させ、内《うち》へ連れかへり、其由《そのよし》を人々へ申《もうす》。われ壱人《いちにん》、又かりに参り、取《とり》かへり、扨、長倉が胸へあたりし赤き石も、一緒に取り帰るなり。

一　扨、十四日昼九ツ時〔午前十二時頃〕過《すぎ》、つ〔搗〕きもせぬ、小屋のから〔唐〕臼独《うすひと》りつく。扨、此節《このせつ》は、から臼借《か》り人《びと》なく、こちらにも、われ壱人故《ひとりゆえ》、米もいらず、搗《つく》ことなくに、「何迚《なにとて》から臼搗《つく》なり」と、小屋へ参り見れば、から臼の棹《さお》の上に、明俵《あきだわら》、縄、叺《かます》

〔縄むしろで作った袋〕ありしを、其儘《そのまま》置き搗く。一向止《やま》ざる故、棹おさへ候ても、われともにつく〔自分勝手に搗く〕。夫《それ》、黒米取出《とりいだ》し、七、八升程入《いれ》、つかせ候へば、音かわりだん〱搗く。しばらく搗き候間、「もし搗過《つきすぎ》、粉になり候得《そうらえ》ば」と存じ、「米取出《とりいだ》さばや」としても、唯《ただ》ものつき候へば、米出《いだ》され申さずに付《つき》、から臼の棹外《はず》し、わきへ持居《もちお》り候へば、搗く事ならず。夫から米あげ見れば、一つもはげず候也。

其夜《そのよ》は五ツ時〔午後八時頃〕まへ、蚊屋釣り寝《ねる》。天井を見れば、天井一杯嫗《ばば》の顔あつて、蚊屋をこし、舌をのぞけ、わが顔を舐《ねぶ》る。顔に手あて候へば、手を越し、ねぶる。其舌《そのした》幅広く、先細くおもわれ候。ねぶる内に寝入《ねいる》也。

一　扨《さて》、十五日夜五ツ時〔午後八時頃〕頃、蚊屋をつり、這入《はいり》しが、惣《すべて》蚊屋白くなり、浪打《なみうつ》ごとく、夫《それ》から畳白く、蒲団《ふとん》、臥莚《ねむしろ》白くなり、蒟蒻《こんにゃく》をせゝる〔つっく〕様《よう》なり。其内《そのうち》にわれ寝入るなり。

一　扨、十六日昼九ツ時〔午前十二時頃〕頃、われは湯殿方《ゆどのかた》参り〔る〕内、影山庄大夫脇善六《わきぜんろく》まゐりしが、表《おもて》〔表の間〕のがく（額）、「とんとこ、こゝに」と申《もうす》。夫《それ》よりわれを呼び候へしが、三つ申一つわれ聞《きき》候に付《つき》、ふ（踏）み上げ、がくの打釘《うちくぎ》を外せば、鼠《ねずみの》ふん（糞）とごみ、其中《そのなか》より、前《ま》へ見へ申さぬ、家来《けらい》権平が脇差《わきざし》の鞘おち候也。

夫《それ》より夜に入《い》り、木全《きまた》番五《ばんご》、津田《つだ》市郎右衛門《いちろうえもん》、内《うち》田源次郎《だげんじろう》と申人《もうすひと》参り、「此間《このあいだ》、御触《おふれ》は出候得共《いでそうろえども》、われ〱別に懇意の事なれば、貴様よく寝入申事《ねいるともうすこと》なれども、中〱思ふ様には得寝入《えねいり》候まじ」とおもひ、三人申《もうし》合《あわせ》、「今宵は、われ三人伽《とぎ》いたし、『早く寝入申させ申さん』と思ひ、今、市郎右衛門方《かた》にて、よくしたゝめいたし酒など飲候共《のみそうらえども》、貴様世話なきやうにして参り候間、はやく寝候へ」と申候へば、「段々参存候《まいりぞんじそうろう》。しかし、私は毎夜よくふせり候間、まづ、それ宵口《よいのくち》おん咄《はな》し申《もうし》。夫《それ》よりはやくふせり申べし。しかし、先《ま》づ風呂《ふろ》〔茶の湯の炉〕へ茶入《ちゃいれ》と申べく」とて、風呂炭の火おこし、ほふろく〔焙烙。素焼《すやき》の土鍋〕懸《かけ》、茶煎《い》らぬ〔む〕とすれば、番五、「われいるべし」とて、豆、米、沢《たく》る。序《ついで》に、いりもの（煎物）をせんとて、山《さん》にとり出《いだ》し渡せば、い（煎）り、大重箱へ入《いれ》、茶も程なくに（煮）へしが、台所みな〳〵あがりし所、「す〳〵」とふき出《いで》し声にて「どん」と落《おち》たる音聞《きこ》へれば、三人仰天しければ、「何の、あの位《くらい》の事驚き給《たも》ふな」と申《もうす》。まづ行灯《あんどん》の火をむけ、見候へば、珠程《たまほど》なる白きものあり。「あれを御出《おいで》、何か御覧《ごらん》候へ」と申せども、壱人《いちにん》も居《お》らず。夫より、われ居り、握り候へば、じるき〔湿っぽい〕もの、手ににぎらせしが、行灯《あんどん》にて能《よ》く見れば、塩はゆき〔塩辛い〕匂ひして、われ、二、三日前、茄子《なす》沢山にどんぶりへ糠入《ぬかいれ》、漬置《つけお》きし小屋にある桶《おけ》なり。皆茶を吞《の》みしに、茶口《ちゃぐち》とおもひ、持《もち》参《まい》りし也。なすび〔茄子〕、五つばかり取出《とりいだ》し、洗ひのぞけれ共《ども》、みな、「気味悪し」とて喰《くらわ》ずゆへ、「われ漬《つけ》しに違ひなく」と、我喰見《くらいみ》せ候てもくわず。

夫から、「蚊屋つり這入《はい》らばや」と思ひしが、いつもわれ釣る蚊屋は狭く、四人はゐり咄《はな》し候へば、表《おもて》の間、蚊屋つり申《もうす》べくとおもひ、大きなる蚊屋出《いだ》し、釣りて〔釣手〕拵《こしら》へ、弐人先《ふたりさ》きに寝、我と弐人して蚊屋つりしが、何ほど釣りてあげ候ても、莵角《とかく》蚊屋の天井あがらねば、内に居る人「まだひくし」と申《もうす》に付《つき》、「はや、是《これ》より高く相成らず」と申。よく〳〵蚊屋の天井を見れば、三人の刀、わきざし（脇差）あげこれあるに付《つき》、蚊屋ひくきはづなり。「明日迄《まで》、われ大小《だいしょう》を御預《おんあず》け候へ。明日御帰りの時分、出し申べく」迚《とて》、其《その》大小櫃《ひつ》へ入置《いれお》きしが、「人の寝間へ、薬師の御判懸《ごはんかけ》おきしは如何《いかに》」と思ひ、「此間《このま》には置《おか》れじ」とて巻納《まきおさ》め、箱に入《いれ》、仏檀《ぶつだん》の内へ入置き、「われも蚊屋へはゐらばや」と思ひ、這入《はい》りしが、床に残るは机、其上《そのうえ》に置《おき》し香炉《こうろ》居《す》へながら、机、蚊屋廻《まわ》り、こそ〳〵と歩行《ある》けば、皆〳〵あきれ果《はて》、「これはどふか」と狼狽《うろたえ》候へば、「あれはいつもの。いわでも無御座《ござなく》、まだいか様《よう》の事出候《いでそうろう》もしれ申さず」と申内《もうすうち》に、香炉ばかり蚊屋の内へはいり、宙に駈廻《かけまわ》れば、灰ふり、目に入り困りしが、ある人の枕へ香炉あたり、二《ふた》つ割れけると、外《そと》ある人、あまりの事ゆへ、むかづき出《いで》〔むかついて吐き〕、寝たる人のあたまへ犬悦《けんえつ》〔犬が悦ぶ反吐《へど》を吐くこと〕し、夫より耳へはき候もの入り、「やれ御出《おいで》」と大《おお》水所へ連れ行《ゆく》に、残らずみな参り、水にて頭洗ひ、大そふどう（騒動）いたし候也。其内《そのうち》に夜明《よあけ》候へば、みな〳〵帰り候。其夜《そのよ》は、我一向《いっこう》に得《え》寝《ね》入《いり》申さず候なり。

一　扨《さて》、十七日昼、石川文左《いしかわぶんざ》衛《え》門《もん》と申者《もうすもの》の女房、名はくうと申者、昼四ツ半時〔午前十時頃〕頃参り、「文左衛門、何卒《なにとぞ》あなたへ御見舞《おみまい》に居《お》り呉様《くれるよう》、度々せがみ候へども、臆病ものゆへ、いまに参り申さずに付《つき》、御《ご》様子《ようす》御尋《おたずね》に私参り候」と申《もうす》。台所の敷居口《しきいぐち》にて申候と、行水盥《ぎょうずいだらい》、次《つ》ぎ〔次の間〕の棚より、おくうが方《かた》へころげしが、誠におらび〔叫び〕、はだしにて駈出《かけいで》しが、其《その》たらひ、おつ駈出《かけいず》る。われ跡《あと》より出《いで》て、声掛《かけ》ると盥とまり、すわり候へば取帰《とりかえ》る。おくうは、其儘《そのまま》はだしにて直《すぐ》に帰る也。

扨、其夜《そのよ》五ツ時〔午後八時頃〕過《すぎ》より、小坊主の天窓《あたま》に串さしたるもの十《とお》ばかり、鴫焼《しぎやき》〔茄子《なす》を二つに割り串ざしにして焼いたもの〕を見るごとく、差《さし》たるくし先《さ》き、跡へぬけ出《いだ》し、串にて飛び、頭ふたつ一《ひ》と所《ところ》へ付《つき》、また離れ、踊りおどるごとくにて、面白く、一つになり、大なまず〔に〕なり。我が〔以下、原文欠落〕

一　扨、十八日四ツ時〔午前十時頃〕過《すぎ》、表の畳を残らず、魚釣糸《うおつりいと》にて天井へ釣《つり》たる。権八参り見付《みつけ》、「下よりつくに〔未詳。突く、か〕不成《ならず》。壱度《いちど》に落《おち》ると浮雲《はぐれ》し。わたくし踏上《ふみあ》げをして、卸《おろ》し申べし」とて、権八おろし、敷《し》き置《おき》候也。扨、夜入《よるにいり》候へば、尺丈《しゃくじょう》〔錫杖〕三つづゝ、行先《ゆくさき》〴〵に宙にな（鳴）る。其内《そのうち》に我《われ》ふせる也。

一　扨、十九日、御船奉行相勤申《おふねぶぎょうあいつとめもうす》、向井次郎左衛門《むかいじろうざえもん》と申者《もうすもの》、昼参り申候は、「時に新八殿方へ参り申せしが、この前、松尾藤助《まつおとうすけ》と申人《もうすひと》の所へ、変化《へんげ》のもの出《いで》、いろ〳〵にしても止《やま》ず候に付《つき》、鳳源寺《ほうげんじ》へ頼み、大般《だいはん》若《にゃ》〔大般若経〕読み、祈禱《きとう》いたし候へば、其経《そのきょう》宙に巻きあげ、又藤助、表より家来を呼《よべ》ば、又奥よりもよび、どちらへ参りても、旦那おり候へば、家来狼狽《うろたえ》し事度々に付《つき》、十兵衛《じゅうべえ》と申者《もうすもの》の家に伝へし秘伝の罠《わな》御《ご》座候《ざそうら》へば、十兵衛、右の罠をかけしが、馬の三才子《さんさいご》ほどある古狸《ふるだぬき》取り候事、聞伝《ききつた》へ候間、其十兵衛へ右の罠懸《か》けさせ見たく、其事《そのこと》、新八殿へ申候へば、『何分《なにぶん》貴様次第也。参り、其由申《そのよしもうし》呉候《くれそうら》へ』と申され候間、我申《もうし》付《つけ》候へば、格別の礼も入申《いりもう》さず候間、夫故《それゆえ》、鳥渡《ちょっと》参り候」と申《もうす》。「新八も承知に御座候へば、兎角《とかく》、貴殿《きでん》御頼《おんたの》み申《もうす》」といえば、「直《ただち》に今晩参り候様《よう》に申付《もうしつく》べし。必ず弁当は持《もち》まゐり候間、土瓶《どびん》に茶わかし、茶碗一つ御《お》やりなされ、其外《そのほか》は何も世話《せわ》御座《ござ》なく」と申《もうし》、帰り候へば、其日《そのひ》七ツ時〔午後四時頃〕前より、大竹、樫《かし》杭《ぐい》、大網箱、三人連《づれ》にて持参《もちまい》り、下拵《したごしらえ》いたし、箱の内より、張《はり》たる弓のよふなる物取出《とりいだ》し、竹を紐《ひも》にて引《ひき》付掛《つけかけ》しが、弐人《ふたり》掛《かけ》仕《し》舞《まい》候へば、「明日はやく我共《われとも》にまゐるべし」とて帰り、十兵衛斗《ばかり》猪を突く鑓《やり》を持《もち》、のこり、湯殿《ゆどの》前庭に莚《むしろ》を敷き居《おり》申せしが、何も見えぬに、顔をなで、鼻を撮《つまむ》に付《つき》、湯殿へあがり候へば、猶《なお》空に握《しが》み付くよふにて、忍《た》へがたし。雪隠《せっちん》へ這入《はいり》わたり居《おり》候へば、尻を髭手《ひげて》にてせゝり〔つつき〕、はや、こらへ兼《かね》て飛び出《いで》、「なか〱、今晩わたくしは、御家に居申事相《おりもうすことあい》ならず。明朝はやく参りて申候間、此罠《このわな》へかゝらぬといふことは御座なく、かゝり候へば、此《この》網引付《ひきつけ》、この杭木《くいぎ》へ括《くく》り置《おき》て被下《くだされ》。扨《さて》、此弓へ日あたり候へば、一向《いっこう》用に立《たち》申さず候間、わたくし共《ども》、はやく居《お》りて仕《つかまつり》候へ共、自然、其内《そのうち》少しにても日あたり申さずやうに、夜明け候へば、早速、此所《ここ》より御外《おんはず》し被成《なられ》候《そうろう》様《よう》に」相頼置《あいたのみおき》、帰りける。

扨、夫《それ》より程なく寝候へば、罠がたく〱いわし、其《その》上《うえ》にて踊《おどり》など踊るやうに聞《きこ》ゆ。其内《そのうち》に寝入《ねいる》。「夜明《あけ》候」と、早速出見《いでみ》れば、大竹取《とり》、杭木も多分抜き、右の頼置《たのみおき》し弓はなし。網は一つに丸め、脇に置きすて、其所《そこ》へ十兵衛、連れにて参りければ、其《その》よし申候へば、「夫《それ》にては相済《あいすま》ず申さず。先《ま》づ、大切なる弓、日あたり候ては」と申《もうし》、床《ゆか》の下、樋合《ひあい》、其外《そのほか》、隣近所尋《たずね》候へ共《ども》、一向無御座《ござなく》、はや、たづね候処《ところ》なく、くつたく〔屈託。困りはて〕して、家の棟《むね》を見れば、はや、日のあたるだんでなく、昼の九ツ時〔午前十二時頃〕頃棟《むね》にさし居り。夫《それ》を取り、諸道具持帰《もちかえ》りける也。

一　扨、廿日昼九時《ここのつどき》〔午前十二時頃〕前、女の声にて、「ものも〔物申す、の略〕」をかひ〔かわし〕、「扨、頃日《このごろ》、女参り候事不思儀〔議〕也。女は扨おき、臆病なれば男にても、われ方《かた》へは得参らず」おもひ、不審ながら出《いで》候へば、十六、七位《くらい》の美女、浅黄《あさぎ》小紋《こもん》の帷子《かたびら》にくろ緒の帯をし、風呂敷包を持居《もちお》り、「わたくしは、御屋《おや》敷《しき》の内、中村平左衛門さま方よりことづかり参りし也。嘸《さぞ》、御《お》淋敷《さびしく》御《おん》くらし被成《なられ》候。是を差上《さしあげ》て申《もうす》」と、右の風呂敷包を出《いだ》しけるが、又跡《あと》へひかへ、「わたくしは多葉粉《たばこ》〔煙草〕好《ずき》にて御座候《ござそうろう》間、おたばこ御呑《おんのま》せ被下《くだされ》候」と申《もうし》、上へあがりしが、「我は煙草《たばこ》のみ申さず候へ共《ども》、随分煙草もあり候へば、のみ給へ」と、丸き煙草盆《ぼん》に煙筒《きせる》を付け、多葉粉入《いれ》にたばこ入《いれ》、出し候へば、矢張《やはり》、風呂敷包は我が前に置《おき》、多葉粉のむ〳〵色々の咄《はな》し、物たづね問《とい》候内《うち》、よく見れば、風俗、手先、爪はづれ〔手足の先端〕まで、誠に是《これ》が美人と申《もうす》もの。「あれ程なる女、爰元《ここもと》におり候ものなれば聞及《ききおよば》んと申《もうす》事《こと》はあるまじ。其上《そのうえ》、此処《ここ》の者なれば、頃日《このごろ》の事聞及《ききおよ》び、中〳〵、女、わが方へ参り候ことはあるまじ。近在のよき百姓の娘にて、一家内《いっかない》へ参りし者とおもわれ、夫《それ》が此辺《このあたり》へ参るに付《つき》、こと付《づけ》おこし候」とおもひ見る内《うち》、いろ〳〵の事尋《たずね》、又は煙草のけむり、われにふきかけ候ても、そしらぬ顔して居申候《おりもうしそうら》へば、「わたくしは帰ります」と、右の風呂敷をのぞけ、「私は使《つかい》に御座候へば、此入物《このいれもの》は御便《おんたよ》りに遣わされ候へ」と、申《もうし》帰《かえ》りしを、中〳〵はや、あれ程の美女と申《もうす》は見ることなく、跡を追ひ、あがり口《ぐち》へ覗《のぞ》き見れば見えず、どちらへ帰り候共《そうろうとも》しれ申さず。

夫《それ》より内へ帰り、風呂敷包を明け見れば、大重箱《おおじゅうばこ》へ拵《こしら》へだちの牡丹餅《ぼたもち》沢山に入れ、すみへ白砂糖二匀《きん》ばかりも入《いれ》あり。さゐわい、夕飯《ゆうはん》たきほしたるばかりにて、何もたべ申さずに付《つき》、右の牡丹餅大《おお》かた喰《くら》ひ、夫《それ》故《ゆえ》、夕飯は喰《くい》申さず。

扨《さて》、其後《そののち》、二《ふ》た月程《つきほど》過ぎ、脇《わき》善六、我が方《かた》へ参りしが、咄《はな》しいたし候内、押込《おしこみ》の前に、其時《そのとき》の重箱、風呂敷置《おき》候を、つく〴〵と見候《みそうら》ひしが、はや、こらへかね、「あの重箱と風呂しきは、此方《こなた》ので御座候か」と、尋《たずね》候故、「此方《このほう》のでは無之《これなく》、夫《それ》に付《つき》、だん〳〵咄しも有之《これあり》候」と申せば、善六、「あれは大かた、私方《わたくしかた》の重箱、風呂敷にて御座候。跡々《あとあと》月廿日、私《わたくし》母の親里《おやざと》祖父が年回《ねんかい》〔年忌〕御座候に付《つき》、親ざとに餅《もち》も搗候《つきそうら》へ共、せめて牡丹餅をこしらへ、近所へもやり、親ざとへも遣《つかわ》し申すべしとて、親ざとへ遣す分、格別砂糖もたんと入《いれ》候て、程なく遣して申《もうす》おも（思）ひ候処《ところ》、ぼた餅、重箱とも一向なく、いろ〳〵尋候《たずねそうら》へ共、見へ不申《もうさず》、不思議におもふ内《うち》、今日あなたへ参り、見候へば、扨よく似たるものゝあるものかと、段〳〵気を付《つけ》、見候ひしが、「先《ま》づあなたへ御尋申《おたずねもうし》みん」とおもひしが、此方《こなた》ので御座なきよし御申《おんもうし》なされ、「扨〳〵不思議なる事」とて驚き入《いり》、「重箱、風呂敷は後程《のちほど》とりに上げ申《もうす》べし」とて、帰りける。其夜《そのよ》は、いつもの頃ふせり候処、蚊屋釣手《つりて》四所《よところ》壱度《いちど》に落《おち》しが、起《おき》て釣り候へばまた落《おち》し。又釣候《つりそうら》へ共《ども》また落《おち》候故、其儘《そのまま》にいたし置《おき》、寝候也。

一　扨、廿一日夜、行灯《あんどん》ともし候と、其《その》あんど（行灯）へ、ある人の顔移り〔映り〕、講釈をする。寝る迄《まで》、声せねども、顔、手斗《ばかり》見へ、ゆびにて度々、見台《けんだい》の上に本置き明《あけ》候なり。

一　扨、廿二日昼九ツ半時〔午前十二時頃〕より、棕《しゅ》櫚箒《ろぼうき》、宙にはづれ、座敷中を掃き廻り、又転びしが、又起きあがり、はく事《こと》四、五度、すみからすみまで、一向ほこりもなきよふにはく、夫《それ》より夜に入《いり》、寝候《ねそうろう》後《のち》、大きなる音、三度《みたび》聞《きく》。其《その》響き、床《ゆか》の下へ落《おち》つく也。

一　扨、廿三日昼、隣の五左衛門は、西江寺《せいごうじ》にて徘徊〔俳諧〕の添削いたし候付《そうろうにつき》、見に参り、家来権八は、急に用事あつて外へ居《お》り、大門《おおもん》を建《たて》〔閉じ〕、外より錠をおろし参りしが、扨、其《その》留守大《おおい》に内騒敷聞《うちさわがしくきこ》へ候に付、無程《ほどなく》権八かへ〔り〕し相待《あいまち》、其事申聞《そのこともうしきか》せ候へば、先づ錠明《あけ》、戸あけんとすれど、戸明《あか》ず、「内より掛金《かけがね》かけ、栓《せん》をさし候」と、わが方《かた》の楷子《はしご》かり、大手〔練塀〕を越し、帰り見れば〔ふりかえってみると〕、戸口かけがねをかけ、栓《せん》さし叩き入《いれ》これあるに付《つき》、いろ〳〵と致しはづし、夫《それ》より内を見れば、書物不残出《のこらずいだ》し、膳《ぜん》、椀《わん》、上下弐十人前出《いだ》しならべ置《おき》、箸《はし》まで有《あり》しを、五左衛門帰らぬ内取《うちとり》あつめ、元のごとく片付しが、天井大《おおい》にふくれ、権八飛《とび》あがり、脇差《わきざし》にて突《つか》ば、糊《のり》のよふ（様）もの付《つき》しを、われに見せ候。われよく見れば、のりにてはなく、濡《ぬれ》しすゝの付《つき》たる也。其夜《そのよ》、寝候《ねそうら》へば、天井より蜂《はち》の巣数《かず》〳〵さがり、其《その》穴より黄なる泡を吹《ふく》。其内《そのうち》、我寝《われね》入《いる》也。

一　扨《さて》、廿四日昼九ツ半時〔午前十二時頃〕頃、外より四尺位《くらい》の蝶《ちょう》内へ入《いり》、所々飛廻《しょしょとびまわ》りしが、夫《それ》より其《その》蝶、五歩《ぶ》程なる小《ちい》さき蝶かづ〳〵（数々）になる。夫より、いつとなくうせしなり。夜に入《いり》、寝所に這《は》入《い》り候が、行灯《あんどん》、石塔《せきとう》となり、青き火とぼり候なり。

一　扨、廿五日暮過《くれすぎ》、小屋へ用事あり。「参らぬ〔む〕」とて、縁《えん》よりおり、ふみ石をふみ候へば、ふみ石の上に死人《しびと》あり。其《その》死人、酒気《しゅき》にては（腫）れ、ひさしくなるよふにて、皮たゞれはげ、冷《つめた》きこと、天窓《あたま》の頂《いただき》へこたへ、飛んでおりんとせしが、死人の腹の皮と、わが足の裏の皮付《つき》て離れず。右の足にて左の足をはなせば、糊付くものをへ（剥）ぐよふに、片足は離れしかど、両足共《とも》には一向にはなれず。其内《そのうち》、死人目斗《ばかり》生き動く。其目瞬《そのまばたき》をする音、木《き》こり虫《むし》〔樵虫。こめつきむし〕のぼけ〳〵するよふ也。また、両足にてふみ、一足にとびはなさんとして見れば、死人に両足共《とも》付《つき》、死人ともに飛び、夫《それ》よりひやく〔冷たく〕なり候に、殊《こと》の外《ほか》困り、いろ〳〵にしてもはなれ申さずに付、元のふみ石へ戻り、縁に腰掛しが、程なく眠たくなり、直《すぐ》に敷居を枕にして寝入《ねいる》。夜明《あけ》て見れば、何もなく候也。

一　扨、廿六日の夜五時《いつどき》〔午後八時頃〕頃、床の下に木やり〔木遣歌〕の声あつて、女の首宙に出《いで》、其《その》内《うち》より、廻り七、八寸、長さ弐間《にけん》程のずゝわた〔煤綿、か〕さがり、首、宙にあちらこちらと飛内《とぶうち》に、其《その》ずゝわた我にまゐ付《つき》、ひやき〔冷たい〕事たとへがたし、首巻付《まきつき》、またはなれ、ずゝわた生《いき》たるごときしはら〔はらわた、の意か〕のごと。夫かまわず、蚊屋へ入《いり》、ふせりしなり。

一　扨、廿七日昼四ツ時〔午前十時頃〕過《すぎ》より、外の壁黄黒《きぐろ》くなり、又白く也、幕を引《ひく》がごとし。九ツ時〔午前十二時頃〕過《すぎ》やむ。夜に入《いり》、空《そら》に拍子木《ひょうしぎ》の音あつて、其音《そのおと》、床下《ゆかした》へひゞく。夫より蚊屋へ這入《はいり》しが、其儘《そのまま》、女の声にて長き溜め息つく。其響《そのひび》き、床の下へおちつく。其内《そのうち》寝入る也。

一　扨、廿八日暮六時《くれむつどき》〔午後六時頃〕より、虚無僧《こむそう》三人、ちう〔宙〕に、尺八《しゃくはち》を口にあて、音はなく候《そうら》へ共《ども》、吹く形にて、われ行《ゆく》さきに三人づゝおりしが、其内《そのうち》に蚊屋を釣り、寝候へば、蚊屋をたぐり内へ、ちう〔宙〕、わが上におる。其内に寝入るなり。

一　扨、廿九日、朝より風吹《ふく》。其《その》風、西の方からも、東の方からも、南の方からも、きた（北）からも、みな内へ吹込《ふきこ》むことたへず。暮時《くれどき》よりは、星を内へ吹《ふき》こみ、矢張《やはり》、下より見るとふり太さにて所々へ吹《ふき》こむことやまず。其内《そのうち》に、われふせるなり。

一　扨、晦日《みそか》、夜五ツ時〔午後八時頃〕になりても何事もなく、「はや、致す事共《ども》尽き、出《いで》申さずか」とおもひ、少しは出《いで》候を待《まつ》心におもひしが、五時《いつつどき》半、四ツ時〔午後十時頃〕前とおもふ頃、大門《おおもん》の明《あ》く音もなかりしが、露地《ろじ》の戸はづれ、明《あ》くと直《すぐ》に、表の障子、壱《いち》枚《まい》残らず明け、鴨居、すさ〔莇〕はらひの〔大男の形容〕四角四面の男、浅黄小紋の上下《かみしも》を著《ちゃく》し帯刀しながら、直《すぐ》に居《お》り、「扨〳〵長々御家《おいえ》へ参り、狼藉《ろうぜき》を致《いた》し候　付《そうろうにつき》、其御断《そのおことわり》に、仮に人間の姿となり、其訳申《そのわけもうす》べしとおもひ、参り候」と申。我、「是《これ》こそ形あきらか也。だまし打《うち》にせんもの」と、次〔次の間〕に出《いで》、脇差を引抜《ひきぬ》き、後《うしろ》へかくし、「惣躰変化《そうたいへんげ》のものは、中より下を切らねば切《せつ》」と申すことをおもひ、向《むこう》へすこし居る〔座わっている〕よふに見せ、畳すりはらひに、なぐり切《きり》に切ると、何もなく、空《そら》に申《もうす》よふ、「中《なか》〳〵刃物ざんまい（三昧）にて切らるゝ者でなし。何分《なにぶん》刃物を納め、扨《さて》、長々狼藉をいたしたる其次第《そのしだい》、御聞下《おききくだ》さるべし」と申す声が、只《ただ》石と石とをたゝくやうに聞《きこ》へ、耳突《つき》ぬく声也。

夫より我もしづまり、脇ざし奥間《おくのま》へやり、「今出《いず》るか」と、表〔表の間〕へ参り待《まち》候ひしが、真中《まんなか》よりすこし脇へ火燵《こたつ》御座候が、内には灰少しあり。たゝみすり切《きり》に、蓋《ふた》いたし置《おき》候が、其《その》ふた（蓋）、本《ほん》などを明《あけ》るよふに、ふかりわかり〔ぷかりぷかり、か〕と明《あけ》共《ども》、其内《そのうち》の少しの灰、只《ただ》さま沢山になり、後には、其《その》間《ま》一杯になり、向《むこう》灰にて見へぬ様《よう》になり、上は天井ちかくなり、我《われ》、灰に、手、ひざあたりしが、其灰《そのはい》ぶつをつぶすごとく、ばつとけりしが、其跡《そのあと》、其間にはびこる青坊主の頭となり、唐子《からこ》の髪〔唐子髷《まげ》。頭の上や左右に毛を残す髪形〕ある所に、さしわたし壱尺六、七寸程の、ひくき疣《いぼ》ありしが、火燵の内に首あり。あたまじやくい〔未詳。頭でっかち、の意か〕にて、蜻蛉《とんぼ》の目なりの色なりしが、床の下より火をたき候、殊の外《ほか》床の下さわがしく、「やれ、たけ〳〵」と申《もうす》よふにて、段々たき候程《ほど》、あたま赤くて（照）れしが、程なく、あたまこぶ（瘤）に（煮）へ、其内より、泡《あわ》にへこぼれ、その煮《にえ》こぼれし内より、みゝづ出《いで》し。只《ただ》さまた（焚）くほど、蚓《みみず》すさまじく這《は》ひ出《いで》、畳を這ひ、我《わが》方《かた》へ斗《ばかり》はいかゝる。われ、至《いたつ》て蚓きらひにて、一つ見ても気あ（悪）しくなる蚓なれば、はいかゝるを、「身へつけまじ」と、指の爪にて刎《はね》けれ共《ども》、数の蚓なれば、はや手の裏へ取付《とりつく》。夫《それ》より、身がら一《いつ》ぱいへ、あき間《ま》なく取付《とりつ》きしが、致しかたなく手をこまぬき、歯を喰《くい》しめて、こた（堪）へし内《うち》、其《その》あたま、二つの目玉と（閉）じしめん間《あいだ》、いちばい有りしが、直《すぐ》に元のごとくき（消）へ候へば、はじめに出《いで》たる男、やはり上下《かみしも》にて帯刀いたし、最初居申《おりもう》す所に見へしが、扨々《さてさて》、驚き入《いり》たる事にて候。

「我は、日本へは、出雲《いずも》大社へ御願《おんねがいもうし》申、御赦《おゆる》し蒙《こうむ》り、三年跡《あと》日本へ渡りしが、三千世界〔三千大千《だいせん》世界の略。宇宙〕の魔王なり。外《ほか》に、われに劣らぬもの又あり。どちらも魔王なれば、どれを上へ附《つ》け、どれを下へ附くことも相《あい》ならず。よつて、『人間は万物《ばんぶつ》の王なれば、其《その》人間の内、中に別《べつ》して気じやう（丈）なるもの出生《しゆつしよう》いたし候を、十六歳になる年、通力《つうりき》を以て、いろ〳〵に変化《へんげ》、しやう（正）気うしなわせ候《そうら》へ。其人数、百人残らず正気うしなわせ候《そうろう》て、我を上へ付《つけ》申べく候』と、堅く約束も候。われは、仮名《けみよう》山本《さんもと》太郎《たろう》左衛《ざえ》門《もん》と申《もうす》。若《もし》〔あるいは〕、われ同様の魔王は、仮名信野《しんの》悪太郎《あくたろう》と申《もうす》」。

「扨《さて》、人十六歳なる人を相待《あいまち》、たぶらかし候と申《もうす》は、十六、七なる者は、格別分別《ふんべつ》もなきものなれば、前後のかんがへもなきもの也。人、魂のよくなるも十六、又あしく成るも十六、鬼も十六と申。夫故《それゆえ》、十六なる人を悪《たぶ》らかす。われに『たぶらかせ』と申《もうし》候へども、扨、今迄は唐《から》、天竺《てんじく》、日本は此度《このたび》で弐度渡り、百人の内八十五人、かくべつに力入《いれ》ず、おもふ様《よう》にたぶらかし、正気うしなわせ候ひしが、扨、御自分《ごじぶん》さま〔あなた様〕へは、我《われ》秘術を尽し候へども、中〳〵相叶ひ申さず。驚き入《いり》たるに、ことに〔とりわけて〕御人《おんひと》〔あなた様〕に出合われ、大願相叶《たいがんあいかない》申さず、悪太郎が下に付く事、扨〳〵口惜しきこと也」と、我を白眼《にら》み、歯ぎりをかみしこと、いまにわすれずがたき也。

扨、向《むこ》ふを見れば、我がかたより五寸程高き人、冠《かんむり》を著《つけ》、直垂《ひたたれ》を著《ちゃく》し、笏《しやく》を手に持《もち》、太郎左衛門申《もうす》こと、大かた受答《うけこたえ》せしが、われ能《よ》くねじ向き見れば、見えず。影の如くして、ちう（宙）見へたり。

「扨、初めて日本へ渡りしは、源平《げんぺい》両家のおりなり。かへす〴〵も悪太郎が下へ付《つき》候事、扨、口惜しき也」と申《もうす》。又、歯がみ〔歯ぎしり〕ぎり〳〵とかむ。「若《もし》、悪太郎、自分の通力《つうりき》を持《もち》、また、御自分さまをたぶらかし見んとおもひ、千《せん》に一つ参る間敷《まじ》くも知れず。中〳〵居り候共《そうらえども》、我より上の仕形《しかた》はなし。而《しかれど》も、いか様《よう》の知恵めぐらしても、驚き給ふ事なき人なれば、われも秘術をつくし候へ共《ども》、此方《こなた》に致すこと、莵角《とかく》それ程《ほど》に見へこたえず。此上《このうえ》は、今一両日も居候《おりそうら》へば、誠に我《われ》通力をうしない、御自分さま御手《おんて》にかゝる故、長々の狼藉《ろうぜき》いたし御断申《おことわりもうし》、今晩限りに帰り候也。併《しかし》、万一、右の悪太郎参り候へば、此槌《このつち》を以て、西南の間《ま》の椽《たるき》を、おもふ儘《まま》、御《おん》たゝき候へば、即座にわれ出《いで》、御自分様の御威勢《ごいせい》をかり候へば、直《すぐ》に悪太郎通力を失なひ申《もうす》べくこと、疑ひなし。其外《そのほか》、御自分様、一生懸命のこと御座候て、右のとふりに椽を御打《おんうち》候へば、其《その》難遁《なんのが》れ給ふに疑ひなし」と、何処《いずこ》から出《いだ》し候とも見えず、ふり廻《まわ》し、「併《しかし》、このよし五十年過《すぎ》ざる内は、必ず人に見せ申《もうす》こと相《あい》ならず。御自分様壱人《ひとり》、親類迚《とて》も見せること、五十年過《すぎ》ざる内は御無用《ごむよう》。尤《もっとも》、其内《そのうち》、他人の至極懇意の人へ、よく他言《たごん》なきよふにかため、百日過《すぎ》候て御咄《おはな》し置《おき》候へ。御暇申候《おいとまもうしそうろう》程《ほど》に、御見届《おみとどけ》可被下《くださるべし》」と申立《もうしたて》候に付《つき》、直に参り候処《ところ》、彼方《かなた》から少しかゞみ候故、われもかゞむ。其儘《そのまま》あたま押《おさえ》しが、岩を置きたるよふに一向に頭あがらず。

其内《そのうち》に、はや鐘《がね》なるよふの音聞《きこ》へ、又大勢《おおぜい》かける音致し候に付《つき》、いろ〳〵といたし、の（伸）らんとする内、五躰《ごたい》の汗ながれ出《いだ》し候ことしばらく、其内、ひざま付《づき》し足をやう〳〵向《むか》ふへ出《いだ》し、頭おれ候とおもひ、のり候へば、其廻《そのまわ》り、小屋の屋根の上、四角なる頭、長き頭の大きなるけだ物《もの》、人間の歩行《ある》く如きもの、宙に足を運び、腰のまわりに、ぼろの様なるもの少し纏《まと》ひ、長き色〳〵なるものを持《もち》たるもあり。其《その》けだもの獣物数しれず。其内より、大《おお》なる駕籠《かご》を出《いだ》し、椽《えん》の上へ置《おき》、直《ただち》に太郎左衛門乗りしが、駕籠の内より髭《ひげ》あし（足）ふみ出《いだ》し、われ鼻さきへ出《いだ》し、壱間《いっけん》半斗《ばかり》の足の甲《こう》と見へしが、即座《そくざに》、其大足、駕籠の内へ納《おさま》る。直《ただち》に舁《かき》あげ、ちう（宙）にあるき、釣灯《ちょうちん》のよふなるもの、火も先に見へ、宙に西南の間へまわり、灯籠《とうろう》を見るやうに、雲の内へ入《いる》なり。

夫《それ》より、自然、「夢にてはなきか」とおもひ、椽へつめにてきづ（疵）を付《つけ》、障子はあけ、其儘置《そのままおき》、直《すぐ》に蚊屋の内へ入りしが、程なく夜も明《あけ》候へば、椽に爪のあと付候《つきそうろう》も、聢《しか》と見へ、障子も明けこれある也。太郎左衛門居申処《おりもうすところ》に、右の槌《つち》のこし置《おき》候へば、「まづ人に見られては」とおもひ、渋紙《しぶがみ》、きれに包み、小屋のすみへよく埋置《うめおく》也。全く、われきじよう（気丈）にあらず。法華経《ほけきょう》、日本の仏神《ぶっしん》の御《お》かげなり。有《あり》がたし〳〵。

稲生武太夫

右の直書は

弘化元甲辰《かのえたつ》年　自昌山国前寺《じしょうざんこくぜんじ》へ納之《これをおさむ》

## 槌之《つちの》次《し》第《だい》覚《おぼえ》

一　寛延二己巳《つちのとみ》年七月晦日《みそか》、夜七ツ時〔午後四時〕より六ツ時〔午後六時〕迄之内《までのうち》、請伝《こいつたう》。

一　同《おなじく》八月三日、小屋の角《すみ》へ、箱へ入《いれ》、埋め置《おく》。五拾季《ねん》〔年〕過《すぎ》ざる内、堅く人に咄《はな》し見せぬ事。其内《そのうち》、至極《しごく》懇意の他人壱人《いちにん》に能《よく》堅め、他言無之《これなき》やう、百日過《すぎ》候上《うえ》、咄《はな》し置《おく》事。

一　宝暦三酉《とり》季〔年〕四月四日、山門御《さんもんお》手伝御用《てつだいごよう》に付《つき》、彼地《かのち》に被遣《つかわされ》候に付《つき》、掘《ほり》て、包《つつみ》からめ、葛籠《つづら》の底へ入《いれ》、持参《もちまい》る。

一　同年霜月《しもつき》十四日、三次《みよし》へ帰着。中山源大夫《なかやまげんだゆう》方へ同居に付《つき》、厚き箱に入《いれ》、西の方《かた》、菜園なき明地《あきち》へ埋め置《おく》。

一　同戌《いぬ》の二月十一日、川田茂左衛門《かわだもざえもん》方へ同居に付《つき》、やはり箱に入《いれ》、北の方、小米〔小八木か〕か左《さ》五《ご》右衛《え》門《もん》方の垣根へ深く掘り、埋め置。

一　同寅《とら》の八月、極月《ごくげつ》〔十二月〕十四日、三次より御《ご》城下引越《じょうかひっこし》に付《つき》、袷《あわせ》に包み、能《よ》くからめ、人足《にんそく》に道具と一緒に持《もた》せ、可部《かべ》迄《まで》参り、下《くだ》り船にて、一本木《いっぽんぎ》高橋五《たかはしご》左衛門《ざえもん》方へ参り、無程《ほどなく》、同所藤田屋《ふじたや》平次《へいじ》方《かた》借家へかり受《うけ》参る。当分、渋紙《しぶかみ》に包み、床の下へ埋置《うめおく》。

一　同卯《う》の九季〔年〕二月廿五日、六丁目拝領地家作《かさく》出来《しゅつたい》に付《つき》、引移《ひきうつ》り、北の方、仏間《ぶつま》の下へ深く掘《ほり》、箱に入《いれ》、瓶《かめ》に納め、厚板《あついた》にて蓋をし、土厚くかけ置《おく》。

一　安永八亥《いの》季〔年〕十二月十三日、類焼に付《つき》、失念之《これをしつねん》、下可部屋《しもかべや》伝七《でんしち》裏座《うらざ》敷借請《しきかりうけ》参り、同十四日、六丁目焼跡へ参り、槌斗掘出《つちばかりほりいだ》し取帰り、油紙に包《つつみ》、南の方、築山《つきやま》の岩下《いわし》たへ掘埋《ほりう》め置。

一　同九年戌《いぬ》四月廿三日、六丁目家作出来に付、引移り、同廿五日、北の方、れんじ〔連子窓〕の下《し》た、したじの箱、瓶に入《いれ》、蓋《ふた》をし、厚《あつく》土をかけ、納置《おめめおく》。

一　享和元年酉《とり》の七月十七日、白得沖秀八郎御貸家《おんかしや》の相対願通計《あいたいねがいどおりはかり》、取出《とりいだす》。同廿七日、引越に付《つき》、十九日、掘り候処《ところ》、前方大水瓶《まえかたおおみずがめ》の口疲れ、水、底に溜《たま》り、箱、腐割《くさりわれ》、やうく箱引出《ひきいだ》し、板の角披《すみひら》き、莚打《むしろうち》かけ置《おき》、本物斗《ほんものばかり》取帰る。当分、床の下、箱へ入《いれ》、埋め置《おく》。同七月廿三日の夜、やぶれ箱、瓶の蓋取帰り、一緒に床の下へ入置《いれおく》。

一　同二年六月八日、国前寺《こくぜんじ》に預置《あずけおく》。右に付《つき》、御《お》上《かみ》

乍恐《おそれながら》御《ご》武《ぶ》運長久《うんちょうきゅう》、国土安全。連中の方角、家内武運長久、子孫繁栄。御祈禱《ごきとう》相頼《あいたのむ》。

# 稲生物怪録絵巻・詞書

[1] 扨《さて》も百物語《ひゃくものがた》りせし後、何事もなく其《その》月も過ぎしが、其術《じゅつ》あれば、其印《しるし》ありけるとや。六月もすぎ、七月朔日《ついたち》が夜、武太夫《ぶだゆう》が家へ、絵図の如くおそろしきものなるが、其眼《まなこ》の光り、裏の方《かた》よりうつりけるほどに、武太夫ふせりたるそばの障子、火の付《つき》たるごとくなるにおどろき、障子をひらかんとせしが、すこしも明《あか》ず。なを実正《じっしょう》を見んと障子をはねのけ、えん（椽）にいでければ、大きなる髭手《ひげて》にて、武太夫が腹《はら》中を一握《ひとにぎり》につかまれ、はなれんとすれどもはなさず、なを気をもみけるうちに、どふとたをれける。武太夫は、たをれしを幸《さいわい》に、寝間を探《さぐり》、かたなをとりてたち上《あが》りけるが、化粧《おばけ》は其間《そのま》に、居間の床の下に入《い》りにけるとなり。

権八《ごんぱち》が方《かた》に出《いで》しは、赤子《あかご》の如くなるものなりしが、一つの眼をかゝやがしつゝ〔輝かして〕、蚊帳《かや》のそとをめぐりまわりしに、権八は総身ちゞめて、うごく事もあたわず。隣の武太夫方さわがしく聞《きこ》へけれども、出《いづ》ることもかなはず、すくみかやつて居《おり》たりけるうち、童子《どうじ》もきへうせ、となりの騒動もやみぬとなり。

武太夫が奴僕《けらい》は、宵のさわがわしき〔騒々しい〕ころは、念仏のみにてありしが、後は気をうしなひ、勝《かっ》手《て》のかたへにげんとて、行《ゆき》たをれしとなり、夜明《よあけ》、事をはりて、やう〳〵正気を得しとなり。すべて此夜《このよ》は近き家々までも、夜もすがら、おそわれしやうにて、くるしかりけるとなり、翌日、権八来《きた》りて互《たがい》の物語し、「化粧《ばけもの》たいじせん」などゝ約束しけるとなり。

[2] 二日の夜は、行灯のひ（火）、図の如くもへあがり、天井へも（燃）へつくと見へければ、権八は兼《かね》て約せしにまかせ、宵より来りしが、此躰《このてい》を見るより、ことに気をあせりけれ共《ども》、武太夫さわがざりければ、権八、いとまこ（暇乞）ひてかへりぬ。武太夫は其儘捨《そのままずて》置《おき》、ふ（臥）せりしが、夜明て天井を見るに、何の事

もなかりしとなり。

3 此夜《このよ》ふせりて後、居間の中、なにとなくそぶ〳〵〔水の動く音を表す。ざぶざぶ〕と覚へしに、俄《にわか》に水わき出《いで》、耳へも入《い》るかとおもわれ、おきあがりて見れば、一面に水たゝへ、後に潮《うしお》の引《ひく》ごとく、次第〳〵に消《きえ》しとなり。

4 三日夜は、居間成るすみに、鼠《ねずみ》の出《いづ》るほどのちさき〔小さき〕穴より女人《ふじん》の生首《なまくび》さかさまになりて、髪、図のごとく立《たち》てあゆみきたり、武太夫がひざにあがり、かたにのぼり、舌にてねぶりまわりしとなり。其《その》心地あしきこと、いわんかたもなかりけるとぞ。

5 同夜半《やはん》のころ、天井より、あを〳〵として絵図のごとく見へしが、瓢《ひょう》たん〔簞〕のつるをながくひきて、武太夫がふせりたるうへに、さがりけるとなり。

6 四日の夜は、瓶《かめ》の水こほり、又は茶釜の蓋ひらきがたく、火吹竹《ひふきだけ》を吹けば風かよはず、何と如此《かくのごとく》あやしき事ら（等）多かりける。また、ちがい棚に置《おき》し紙、次第〳〵に壱枚宛《ずつ》ちりあがり、蝶の舞ふがよふに見へしとなり。是等は翌日もちりてありければ、夢ともおぼへず、たしか成《なる》事とぞ。

7 五日、今宵は権八来《きた》りて噺《はな》しておる所に、大《だい》なる石壱《ひと》つ来りける。見れば、八方に指の如く足ありて、蟹《かに》のよふなる眼ありて、権八をにらみむかひて、がさ〳〵とはしりきたる。権八、「こはたまらじ」と、刀をとり、きちんとせしが、武太夫におしとゞめられ、せんなくかへりける。夜明《あけ》て見れば、台所《かって》に近所の漬《つけ》物石《ものいし》なりとぞ。妖怪取寄《ばけものとりよせ》、かくはしたりなん。

8 六日の夜、木部屋《きべや》にゆかんとせしが、戸口をふさぎし程の老婆《ろうば》の顔あり。武太夫、小柄《こづか》をめけん〔眉間〕に打込《うちこみ》しが、しいていためる顔色《がんしょく》もなかりければ、其儘《そのまま》すて置《おき》、翌朝是《これ》を見れば、顔は素《もと》りなくて、小柄、かのめけんとみてつきこみし所に、ちう（宙）にありけるとぞ。武大夫、不思議と思ひしうちに、小柄は地におちけるとぞ。是等《これら》は一入怪事《ひとしおあやしきこと》どもなり。

9 七日の夜は、馴染《なじみ》の輩《ともがら》、武太夫が助候《たすけそうらわ》んと申合せ、棒弓《ぼうゆみ》など所持し来《きた》りける。権八は鑓《やり》を持《もち》て来りけるが、戸口の外をまわりしに、門内に大きなる坊主の如くなる者見へしゆへ、「心得たり」と突《つき》ければ、其《その》儘《まま》鑓引《ひき》とられ、興《きょう》をさまして内にいり、其様子《そのようす》語りければ、其鑓、先刻外のかたより飛来《とびきた》り、壱人《ひとり》の鬢《びん》をこすり、裏のかたにまた飛出《とびいで》たりとぞ。集りきたりし人々は、おそれしづまり、暇《いとま》を申《もうし》て帰りけるとぞ。

10 八日の夜は、親類の者両人《ふたり》きたり、物語しけるうちに、塩俵《しおだわら》二つ三つ飛《とび》きたり、ぐる〳〵まわり、塩をぱら〳〵とちらしける。両人目もふらず見るうちに、又木履《ぼくり》飛来り、ふすま（襖）をつきやぶりて、外にいでける。両人、やがて辞《いとま》を請《こう》て帰りけるとぞ。

11 九日の夜は、ためしなき珍敷事《めずらしきこと》にて、彼化物《かのばけもの》、影《かげ》山彦之助《やまひこのすけ》弟なる亮太夫《りょうだゆう》といへるものに変化《へんげ》て来り、彦之助家に先祖より持伝《もちつたえ》し名刀《かたな》を持来《もちきた》りし趣《おもむき》にて、妖怪を退治せんとて、其刀にて石臼《いしうす》のばけものを切《きり》つけ、おびたゞしく刀をこぼしける。「兄に申訳《もうしわけ》なき」よしにて、ついに切腹をぞなしける。武太夫あきれはて、化粧《ばけもの》とはつゆしらず、かたよせ置《おき》、「如何《いかが》せん」と思案しけるところに、外《そと》のかたに、門《かど》たゝく人あり。やがていたり見れば、亮太夫のゆふれい（幽霊）なり。色々うらみ申けるゆへ、武太夫ふと心づき、かたづけ置し亮太夫にいたりて見れば、其形《そのかたち》地なかりけりとぞ。これらは一入《ひとしお》あやしき事とぞ。

12 十日の宵、また馴染の定八《さだはち》といへる者にへん（変）じ来《きた》り、色々物語せしうちに、定八頭《さだはちのあたま》大《おお》きにふくれ、丸き穴あき、それより赤子《あかご》弐《ふた》つ三《み》つはいい（這出）で、武太夫にとりつきける。一つの赤子つとたちあがり、大きになり、武太夫にとりつかんとするゆへ、武太夫もとらへんとしければ、皆、畳のあいだよりくゞ（潜）り消《きえ》ける。おそるゝ事はなかりけるが、馴染の者にだまさるゝは、こまりけるとなり。

13 十一日夜、馴染《なじみ》の人来《きた》りけるが、壱人《ひとり》の刀の鞘《さや》、武太化物《ばけもの》かくしける。皆々尋《たず》ぬれども、更に見へず。武太夫やがて、そのことを申《もうし》つゝ、高声《たかごえ》にいかりければ、鞘は天井より落《おち》ける。妖怪《ばけもの》も武太夫にはおそれもあるべしとぞ。扨《さて》、鞘を得て皆々帰りけるのち、勝手《かつて》のかたより、ぐわら〱と鳴《なり》、音《おと》して、間近く来りけるゆへ、「何やらん」と見れば、摺鉢《すりばち》、すりこぎ、われとわがで〔我と我手〕に摺《すり》まわりきたりしとぞ。

14 今日夕《ゆうべ》のほど、前方《まえかた》より立ち入《いり》し賤女《おんな》、此頃《このごろ》武太夫さみしくくらしけるよしを聞《きき》、見舞に来《きた》りしが、いろ〱物語しけるところへ、たらい何所《いずく》ともなくころびいで、彼《か》の婦人をおふてくれば、女はぎよふてん（仰天）し飛出《とびいで》しが、門外《もんがい》までおいかけしとぞ。女は「武太夫がけしかけし」と思ひ、いそぎ我家に帰りしとぞ。

15 十二日には、妖怪《ばけもの》のなすことゝ見へて、居間の四《よ》角《すみ》の柱に張置《はりおき》し祈《き》禱札《とうふだ》、輪のごとく墨をぬりけしけるとぞ。夜にいたりては、押込《おしこみ》の中より、大きなるひきがいる〔蟇蛙〕飛出《とびいで》、武太夫ふせりたる上にはいあがりけるが、はらの中程を、あかき組緒《くみお》にてくゝりありける。其《その》ひもをとらへ、ふせりけるが、朝明《あけ》て見れば、葛籠《つづら》なるとぞ。

16 十三日の夜は、こゝろやすき人々集り来《きた》り、色々物語しける。壱人《ひとり》の咄《はなし》けるは、「西向《せいごう》〔江〕寺《じ》の什物《どうぐ》に、諸《よろず》の災難をよけるものあり。これをかりて、居間に懸置《かけおき》たまへ」とすゝめける。使《つかい》の者出行《いでゆく》に、何とやらん足のちゞむよふにて、歩行《ゆくこと》かなわざりければ、武太夫「参《もう》らん」とて、集《あつまり》し人々に留守頼《たのみ》、出行《いでゆき》ぬ。平五郎と申人、気強《きごう》ならんとて、供《とも》せんとて同道しけるが、藪《やぶ》の傍《かたわら》を通るころ、空より、雷の如く光り赤き石壱《ひと》つ落来《おちきた》り、平五郎腰骨《こしぼね》にあたりければ、正気をうしなひける。武太夫をどろ（驚）き、呼起《よびおこし》けれども、たしかならざれば、やがて人を頼み背負《せおい》、つれかへりける。「途中《みち》にてかく希有《けう》の事」とて、「皆妖怪《おばけ》のなすことやらん」と、皆々おそれける。

17 十四日の宵は、裏の臼部屋から、うすの音しきりにしけるゆへ、行《ゆき》て見れば、おのづと、つ（搗）きけるゆへ、武太夫心づき、しら（白）げざる米を入置《いれおき》しが、夜中《よどおし》、音はやまざりけれども、翌朝見れば、米は少《すこし》もしらげざるとなり。

[18] 夜半《よなか》のころ、目覚《めざめ》て天井のかたを見れば、大《だい》なる老姥《ばば》の顔あらわれ、やがて赤き舌をいだし、蚊帳《かや》をつらぬき、武太夫をねぶりしが、取合《とりあい》もせず、其儘《そのまま》すて置《おき》しかば、次第に消うせしとなん。

[19] 十五日の昼、居間に懸《かけ》る額《がく》、「トントサコヽニ〱」と鳴《なり》ひゞきける。あまりにつよく鳴《なる》ゆへ、頓《やが》て額をおろしみれば、鞘《さや》、煤《すす》にまぢりて落《おち》ける、是《これ》は、もと奴《ぼく》〔家来〕が失ひしさや（鞘）に有《あり》しとぞ。

[20] 同夜、居間の内、真昼《まびる》になり、されども、陰光《いんのひかり》ゆへ心あしき所に、畳其外《そのほか》何もかも糊《のり》などぬりたるやうにて、ねばりつきしとなり、おそろしきことはなかりけるが、寝間《ねま》のもふけ（設け）もならず、柱によりかゝり、かりね（仮寝）して、夜をあかしけるとなん。

[21] 十六日夜は、眼《め》の丸き首《あたま》ばかり十三、四個ほど串ざしになりて、でんがく（田楽）の如くなるが、ひよい〱と飛《とび》て、武太夫枕元をまわりけり。うるさき次第なり。

[22] 十七日夜は、朋友きたり、物語りいたし居《おり》けるところに、勝手のかたに白きもの見へて、人の形《かた》ちのよふなれども、さながら何とも見定《みさだめ》がたく、誰いたりて見んとするものもなく、互《たがい》に顔を見合せ居けるが、其《その》足音おびたゞしく聞へければ、武太夫ゆきて見れば、漬物桶《つけものおけ》おのづと出《いだ》したるとぞ。其道筋の戸などもあけずしてあるは、甚《はなはだ》いぶかし。扨々《さてさて》、皆々互《たがい》に刀を取寄《とりよせ》おかんと置《おき》しところを見れば、ことごとく見へず。あれこれ尋ねけるところに、蚊帳の上に不残《みな》ありしとぞ。いやまし〔いよいよ〕おそれをまし、後は武太夫寝《いね》たるかたに、われさきにとよりあつまり、互にきよろ〱蚊帳の外を見けるに、机、菓子鉢《かしばち》など、いろ〱めぐりまわり、勝手の方《かた》そふがましく〔騒々しく〕、皆々こら（堪）へかね、顔を伏せ、耳をふさぎありしが、気かみ（上）にのぼり〔のぼせて〕、壱人《いちにん》は胸《むな》ぐるしくて、傍《かたわら》にありし人の片面《かたがお》に食物不残《みな》吐《はき》かけけるが、

そしらぬ体《てい》にてありしが、あまり見苦敷《みぐるしく》ありければ、武太夫井戸の所へつれゆき、面《かお》を洗わせけるが、夫《それ》なりにいとま（暇）つげて、かへりけるとぞ。

23　十八日朝、権八来《きた》りしが、奥の間、殊外騒動聞《ことのほかさわがしくきこ》へける。武太夫同道して見れば、畳ことぐく、小《こま》き糸にて天井にくゝり揚置《あげおき》しとなり。両人やがて其《その》畳おろさんとて、ふみあげ（踏上）など心配いたすところに、其間《そのま》にもとのごとく落《おち》、直《なお》しありしとぞ。

夜にいたりては、納戸《なんど》のうち、ぢやんくと鳴《なり》ひゞく。程なく、間近くきたりけるが、大きな錫杖《しやくじよう》あちこちと飛《とび》まわりし。

24　十九日には、朋友来りて、「運八《うんぱち》といふものに持《もち》伝《つた》へたる奇妙の蹄《わな》あり。是《これ》を此夜《このよ》は借りてかけたまへ」とすゝめければ、運八を呼寄《よびよせ》、かけさせける。然《しか》るに、妖《ばけもの》さらにかゝりもせず、運八はかたかげにかくれいたりけるが、何ものか鼻をきびしくつまみける。さぐりて見れば、大きなるひげで（髭手）なれば、運八たまらず、にげかへりける。夜明《あけ》ぬれば、運八も、よきわな（蹄）なれば、「もしも、かゝりやせぬ」と、来りて見れば、わなかけ置《おき》し所になきゆへ、武太夫ともに尋ねしに、蹄をなぶりものにしぬらんか、ひつたくりて、屋根になげありしとぞ。運八、此《この》さたを見て仰天し、「これは中々《なかなか》狐狸のたぐひとも見へず、此《この》蹄にかゝらざるは、実《まこと》の化粧《おばけ》ならん」とおそれけるよし。

25　廿日、今日は中村平左衛門《へいざえもん》が家より、使《つかい》として美敷下女《うつくしきげじよ》来り、餅菓子《もちがし》一重持来《いちじゆうもちきた》りぬ。武太夫、其《その》女を見るに、またたぐひなき美女なれば、「いやしき下女に似合《にやわ》ざるきりこのふ（器量）」と思《おもい》しが、ふ図《と》、心付《こころづき》、さあらぬ体《てい》にもてなしけるが、やがて心なげに帰《かえり》ぬ。武太夫、其後《そのあと》見送しが、門外《かどぐち》にて行方《ゆきかた》しれずなりしが、此《この》ぼた餅は隣《となり》家に仏事をなしける内、一重みへざるよし聞《きき》しより、其器《そのうつわ》見せけるに、はたして隣の器なりしとぞ。

26　廿一日夜、かげのごとく人の形《かたち》地壁にうつり、また、顔かたちあざやかに見へ、見台《けんだい》〔書見台〕まへにをき、あらくに書物を購《こう》じけるなれども、言葉のわけ、つまびらかならずとなり。

27 廿二日朝、納戸のかたより、ざあ〳〵とおとして、まぢかくきたるゆへ、「何やらん」と見るうちに、しゆろぼふき（棕櫚箒）、居間のうちこまかにはきまわりしとなり。「朝には相応の趣向」と笑《わらい》ぬよし。夜に入《いり》ては、勝手の方《かた》に、人の声おびたゞしく聞へけるとなり。

28 廿三日、隣の権八家《ごんぱちのいえ》、厳敷《きびしく》なりひゞきしゆへ、武太夫「何事やらん」と至りてみれば、権八留守の様子にてありければ、やう〳〵に戸口を開き、入《い》りて見れば、椀器《わんき》または小道具、書物類迄《まで》夥敷《おびただしく》取出《とりいだ》しありしとぞ、暮《くれ》がた、権八帰りし処《ところ》に、茅軒《くさのき》ひく〳〵さがりてありしゆへ、刀にてつきて試《こころみ》けるが、何のさわることもなく、無程《ほどなく》もとのごとくなりて、よふ〳〵内にいりけるとなり。

此夜《このよ》、武太夫が宅には、不相替《かわらず》大きなる蜂のす（巣）出来《でき》、あか（赤）きあわを吹出し、また黄色なるを出し、誠に大き成《なる》巣を見しとなん。

29 廿四日の昼、おふき（大き）なる蝶壱《ちょうひと》つ飛来《とびきた》り、こゝかしこ、とびまわりしに、柱にゆきあたり、みぢん（微塵）になりしが、数千の小蝶と也《なり》、居間の中《うち》春風に桜花《さくらばな》の散《ちる》がごとく、むらがりしと也。

30 同夜、行灯のひた〔下〕より、ひつ〳〵と光いたしけるゆへ、目もふらず見居《みおり》けるに、たちまち大《おびただしく》火もへあがり、火は身にもへつくよふにおぼえしが、其儘《そのまま》居けるとぞ。あんどふ（行灯）は石塔《せきとう》のよふに見えしとなん。

31 廿五日の夜は、裏のかたへ行《ゆか》んとて、椽《えん》よりおりけるが、ひやき人を踏付《ふみつけ》しと、驚《おどろき》見れば、大きなる青にふどふ（入道）也。其《その》おそろしきこと、いわんかたなし。椽にあがらんとするに、どろ（泥）田《た》に踏込《ふみごみ》しごとくにて、ねばりつき、あがることかなわず。よふ〳〵にあがりしが、其肉、足裏につき、ねち〳〵といたし、こゝちあしきとなん。

32 廿六日の夜、何方《どこ》ともなく女の首飛来《あたまとびきた》り、其色《そのいろ》青くして、気味あしき眼つきにて、首は其儘《そのまま》手になり、武太夫ねたる上を飛《とび》まわり、なでなどしたるとなり。

33 廿七日には、昼、居間の中曇《うちくも》る如くにて、次第に闇の夜になりしが、程なく明《あかる》くなりて、また暉《かかやぐ》〔輝く〕やうになりしとぞ。夜に入《いり》ては、門内、拍子木《ひょうしぎ》の音聞へ、また婦人の笑声《わらいごえ》などきこへしとぞ。

34 廿八日の夜、はるかに尺八《しゃくはち》の音《ね》聞《きこえ》しが、程なく、こむそふ（虚無僧）何所《どこ》ともなく数《す》人入来《にんいりき》たり、居間の内一面に座し、笛を鳴《なら》すまゝ、耳をつらぬくが如しとなり。

35 廿九日は、武太夫も、「扨《さて》、此《この》七月もけふ（今日）ばかりになりしが、妖怪《おばけ》はやまず、今日の趣向は如何《いかが》ならん」と思ひし所に、心地悪《あし》き風吹《ふき》て、家のうちに吹《ふき》こみしが、また星の光のごとくなるものあらわれ、後には、ほたる火のごとくみぢん（微塵）になり、風につれ、吹《ふき》こみしとぞ。

36 晦日《みそか》は、化粧《おばけ》も終《おわり》の日と思へるにや、朝より色々のあやしき事多かりけるが、夜の五ツ時〔午後八時頃〕比《ごろ》、人品《じんぴん》よろしき四十歳斗《ばか》りなる男、浅黄《あさぎ》上下《かみしも》に大《だい》小《しょう》打ちがへながら、「ゆるしたまへ」と表の方《かた》より入《いり》来《きた》りぬ、武太夫一目《ひとめ》見るより、しらぬ男なれば、「是《これ》妖怪《おばけ》、本体《ほんたい》あらわし来たり、一刀《ひとかたな》に打《うち》とめん」とぬきかけんとしければ、飛《とぶ》と見へてきえうせけるが、天井より彼《かの》男の声ときこへて、「刃《やいば》のふるまいはやめたまへ」と云《いい》けるとなり。

37 扨《さて》、其声《そのこえ》やみければ、武太夫側《そば》なる炉の蓋、ふ図《と》開《ひらき》しが、風吹上《ふきあげ》たる如くにて、扨、其後《そののち》より灰を吹上しが、次第に高くおびたゞしく吹出《ふきいで》、其《その》灰壱《ひとつ》にかたまり、大きなる頭《かしら》となり、其《その》ひたいにこぶありて、ぶこ〱とうごき、烟《けむり》を吹出して、其穴のあわい〔間〕より、みゝづ（蚯蚓）這出《はいいで》ぬ。武太夫は兼《かね》てきらいけるみゝづなれば、殊外《ことのほか》こまり、はらえどもふるへどもどかず、鳥もちのごとくねばり、うろたえける程に、前の壁に大きなる目口あらわれ、こまる風体《ふうてい》を見て、けらく／＼と笑《わらい》ければ、武太夫、ふ図《と》心づきければ、みゝづは消《きえ》うせけるが、彼《かの》壁の面《かお》のかたちは、眼《まなこ》とんぼふ（蜻蛉）の目の如く飛出《とびいで》、青光りにして、武太夫をしばらく白眼《にらみ》けるとぞ。

38 壁の形地《かたち》も消失《きえうせ》ければ、前に出《いで》し男、目前にあらわれ、「わが名は山本五郎左衛門《さんもとごろうざえもん》と申す魔にて候が、三国《せかい》の人々をたぶらかし、其数《そのかず》百を積《つもり》ぬれば魔国の頭《かしら》となりぬ。是迄に八十五人をつもり、八十六人にあたる其《その》もとにいたりて、家業やぶれたり。今より改《あらため》、面の数を積《つも》らざれば、頭となることあたわず。思《おもわ》ば残念なる事どもなり。されども、貴殿《きでん》ほど勇気なるは、世に稀《まれ》なり、今、我友に真野悪五郎《しんのあくごろう》と申《もうす》魔あり。かれと頭《かしら》になる事あらそいぬ。自然、此後《このゝち》、此魔当家にきたりなば、此槌《つち》を進じ申置《もうしおく》ゆへ、北の柱を打《うち》たまへ。我来たりて貴殿に力をあわせ、彼《かの》悪五郎をひきさきみせ申さん。是又《これまた》、人力をかゝらずんば〔人の力を借りなければ〕、かなわざる事也」と物語するうちに、武太夫、側《そば》に人影見へけるゆへ、「何事やらん」と見れば、かんむり（冠）装束《しょうぞく》せし人、半身あらわれ、五郎左衛門を見て居《お》らるゝ風情《ふぜい》。世のつねの人ならず、是《これ》、氏《うじ》神としられける。男は、「今宵かぎり」とて叩頭《こうとう》、「我《わが》帰《かえる》を見たまへ」といゝすてゝ、消失《きえうせ》けるぞ。

39 扨《かく》て武太夫は、「何処《いずく》へ帰るらん」と思える所に、何所《どこ》ともなく、庭前《ていぜん》一面、異物《おばけ》みち／＼たり。皆、武太夫に向《むか》ひて礼をなすうちに、頭《かしら》にわかにおもくなりけり。これ則《すなわち》五郎左衛門がなすところと、「今更《いまさら》ふかく（不覚）はとらじ」と刀をとりければ、五郎左衛門は、はや庭に飛《とび》おりぬ。き（機）して手下《てじた》の魔乗物《まのりもの》いだせば、五郎左衛門乗移《のりうつ》る。並居妖怪《なみいるおばけ》ぱら／＼立《たち》いで、前なるかき（垣）より隣《となり》家の屋根をつたひ、雲中遙《くもはるか》に入《いり》ぬるが、乗物よりは、大きなるひげあしを出《いで》したるとぞ。誠に希有《けう》なりし儀なること共也《どもなり》。此《この》三十日の間、絵に書《かき》し如く、昼夜化粧《おばけ》いでしが、既《すで》に今宵かぎりにて跡形もなく、夢の覚《さめ》けるごとくおわりしが、武太夫、壱度《いちど》もまどふこともなく、始終くわしく見て、後《のち》、かく物語りけるとぞ。其《その》こまかなる噺《はなし》は、本書西別怪語全書〔未詳〕にいたしけるよし、実成哉《まことなるや》、虚言《うそなること》なると、しんじがたし。

40 かくて其後《そののち》は、何のかわりたる事もなかりしかば、召《めし》つかいし僕《けらい》もよびかへし、「無事にてすみしは、まつたく氏神の加護」とよろこび、吉祥《きつにち》をえらび、参詣せんと思《おもえ》る折柄《おりがら》、角力《すもう》の権八も同拜《どうはい》いたさんとて、供《とも》いたしけるとなん。

右妖怪のいでしころは、寛延年中にて、武太夫十六歳のよし。稚名《おさなな》平太郎。備後《びんご》国三次《みよし》の家中御歩行組《おかちぐみ》のよし。後年、於広島御広式御錠口之当　相勤《ごじょうぐちこれまさにあいつとめ》申候よし。其後、改名して稲生忠左衛門《ちゅうざえもん》、七十歳斗《ばかり》に相成《あいなり》、尚《なお》気力もよかりしと也。

享保〔享和、か〕三年亥七月

安政六己未年　写之《これをうつす》

万延元年庚申仲秋巻成《なる》

# 稲生家に出現した妖怪一覧（各本の内容比較）

『三次実録物語』…稲生武太夫自身が記したと考えられるもの。
『稲生物怪録』（柏本）…柏正甫が武太夫から聞いた話を記述したもの。
『稲生物怪録』（平田本）…平田篤胤が編纂したもの。
『稲生物怪録絵巻』…堀田家蔵の絵巻。幕末書写。

| | 寛延二年五月 | 七月一日 | 二日 | 三日 |
|---|---|---|---|---|
| 三次実録物語 | ・三ッ井権八生立ちの事。<br>・平太郎、権八の武芸論争。<br>・平太郎、比熊山に登る事。<br>・平太郎、権八、比熊山で百物語をする事（肝だめし）。 | ・稲生屋敷、物怪はじまりの事。<br>・障子燃える怪。<br>・髭手の大男出現の怪。<br>・一つ目の小坊主の怪。権八、金縛りの事。 | ・行灯の火、燃え上がる怪。<br>・寝所に水わきでる怪。 | ・女の逆さ生首が、髪の毛を足にして歩きまわり、平太郎の身体をなめる怪。<br>・青瓢箪のさがる怪。 |
| 稲生物怪録（柏本） | ・平太郎の生立ち、および三ッ井権八の相撲の事。<br>・百物語ののち、平太郎、比熊山へ登る事。 | ・稲生屋敷、物怪はじまりの事。<br>・障子燃える怪。<br>・髭手の大男出現の怪。<br>・権八、門前で小坊主にあい、金縛りの事。 | ・弟勝弥、叔父宅に預ける事。<br>・家来権平、暇を乞う事。<br>・畳の角、上がる怪。 | ・畳の角、上がる怪。<br>・家鳴りの怪。 |
| 稲生物怪録（平田本） | ・平太郎の生立ち、および三ッ井権八の相撲のこと。<br>・平太郎・権八、百物語ののち鬮取りをし、平太郎、比熊山へ登る事。 | ・稲生屋敷、物怪はじまりの事。<br>・障子燃える怪。<br>・髭手の大男出現の怪。<br>・権八、門前で小坊主にあい、金縛りの事。 | ・弟勝弥、叔父宅へ預ける事。<br>・行灯の火燃え、畳の角持ち上がる怪。<br>・居間に水わきでる怪。 | ・畳上がり、刀が消える怪。家具類踊り、家鳴りの怪。<br>・青瓢箪のさがる怪。<br>・女の首が、血わたを引きながら飛びまわる怪。 |
| 稲生物怪録絵巻（堀田家本） | ・堀田家本、この部分、詞書・図欠。 | ・障子燃える怪。<br>・髭手の大男出現の怪。<br>・一つ目の童子の怪。権八、金縛りの事。 | ・行灯の火、燃え上がる怪。<br>・居間に水わきでる怪。 | ・女の逆さ生首が、髪の毛を立てて歩いてくる怪。<br>・青瓢箪のさがる怪。 |

| 四日 | 五日 | 六日 | 七日 |
|---|---|---|---|
| ・瓶の水凍り、火吹竹の風とおらず、お茶をわかせず。<br>・枕元の鼻紙散る怪。 | ・たくさんの目や指のある赤い大石（蟹石）が這いまわる怪。 | ・見物差し止めの事。<br>・小屋の入口に、婆の大顔出現する怪。小刀を目と目の間に打ち込み、翌日見ると、婆の顔はなく、小刀が宙に浮き、やがて落下する事。<br>・寝床に冷たい死体のある怪。 | ・しっぺい（竹篦）や鳴弦で魔祓いを行う事。<br>・黒き者に、権平、鎗をとられ、その鎗、家の中に飛来する怪。 |
| ・門前に見物人群集の事。<br>・家鳴りの怪。 | ・家鳴りの怪（以後、昼夜をわかたず、毎日、家鳴りつづく）。<br>・木履（高下駄）飛び込み、舞い歩く怪。 | ・見物差し止めの事。<br>・抜き身の脇差飛来し、唐紙に突き刺さる怪。<br>・座敷の額から、「トントココニ」という声が聞こえ、そこから、脇差の鞘落ちる怪。<br>・権平、病に臥し、暇をつかわす事。<br>・塩俵が飛来し、二人の客人の上に落下する怪。 | ・七夕の日。夕涼み。<br>・白い大袖から、すりこぎ形の手がおびただしく出現する怪。 |
| ・門前に見物人群衆の事。<br>・瓶の水凍り、火吹竹の風とおらず。<br>・違い棚の鼻紙、蝶のように舞い上がる怪。 | ・木履飛び込み、舞い歩く怪。<br>・大指のような足と蟹のような眼のある大石（蟹石）が這いまわる怪。 | ・見物差し止めの事。<br>・抜き身の脇差飛来し、唐紙に突き刺さり、のち座敷の額から、「トントココニ」という声が聞こえ、そこから、鞘の落ちる怪。<br>・家来の権平に暇をだす事。<br>・塩俵が飛来し、二人の客人の上に塩をふりかける怪。<br>・木履一足飛び込み、襖を突き破り、外へ飛びだす怪。 | ・七夕の日。夕涼み。<br>・見舞にきた女に、盥が追いかける怪。<br>・すりこ木形の手がおびただしく出現する怪。 |
| ・瓶の水凍り、火吹竹の風とおらず。<br>・違い棚の紙、蝶のように舞い上がる怪。 | ・八方に足と蟹のような眼のある大石（蟹石）が這いまわる怪。 | ・木小屋（薪小屋）の戸口に、老婆の大顔出現する怪。小柄を眉間に打ち込み、翌日見ると、老婆の顔はなく、宙に小柄が浮き、取ろうとすると、小柄が落下する事。 | ・権八、大坊主に槍をとられ、その槍、家に飛び込み、飛び出す怪。 |

| | 八日 | 九日 | 十日 | 日 |
|---|---|---|---|---|
| | ・塩俵が飛来し、六人の車座の真ん中に落下する怪。<br>・木履が部屋を飛び歩く怪。<br>・蚊帳が真っ白になり、波打つ怪。 | ・化物、影山庄大夫というものに化けて来宅する怪。家伝来の名剣で石臼を切ろうとして、刃こぼれ。先祖に申し訳がたたぬと切腹したが、息を吹き返す。平太郎、庄大夫にとどめをさす。のち、庄大夫の幽霊が現れるが、翌日、死体なし。 | ・貞八の頭が二つに割れ、赤子が十ばかり這いだし、やがて一つの大目玉になる怪。 | ・脇差の鞘が紛失し、しばらくのち、吊り袋から鞘が落ち |
| | ・大勢の夜伽客がきたが、畳が激しく上がり、煤はらいのように黒煙がたち、全員たまらず逃げ帰る。 | ・家鳴りつよし。<br>・夜の来客なし。<br>・権八、熱病気味で、この日から、毎夜は来ず。 | ・灯火、しだいに大きくなり、天井に燃え上がる怪。 | ・上田治部右衛門というもの、鼠の油揚げを餌に、はね |
| ・田楽形の目の丸い坊主頭が飛びだす怪。 | ・畳が激しく上がり、夜伽客全員、逃げ帰る。<br>・奥の間の畳、紐で天井にくくりあげられる怪。おろそうとすると、畳が一度に落ちてくる。<br>・錫杖が居間を飛び歩く怪。 | ・シュロ箒がかってに座敷を掃き回る怪。<br>・家鳴り強し。<br>・権八、熱病気味。この日から毎夜は来ず。<br>・尺八の音が聞こえ、虚無僧が一人裏から家に入り、やがて、ぞろぞろと虚無僧が家に入り込み、平太郎のそばに寝込む怪。 | ・貞八の頭が大きくなり、二つに割れ、赤子が三つ這いだし、やがて一つの大童子になる怪。 | ・上田治部右衛門というもの、鼠の油揚げを餌に、はね |
| | ・塩俵が飛来し、二人の親類の頭上に、塩をパラパラとふりかける怪。<br>・木履が飛来し、襖をつき破って外へ飛びだす怪。 | ・化物、影山彦之助の弟亮太夫というものに化けて来宅する怪。家伝来の名剣で石臼を切ろうとして、刃こぼれ。兄にすまないといって切腹。そのあと、亮太夫の幽霊現れるが、部屋にもどると、死体なし。 | ・定八の頭がふくれ、そこから赤子が二つ三つ這いだし、一つの赤子が立ちあがり大きくなる怪。 | ・刀の鞘紛失。平太郎が大声で怒ると、天井から鞘が落下 |

| 十一 | 十二日 | 十三日 | 十四日 |
| --- | --- | --- | --- |
| てくる怪。<br>・すり鉢とすりこぎが自分かってにすりまわる怪。 | ・柱に貼った魔除けの札に、輪違いのいたずら書きが書かれる怪。<br>・葛籠の形をしたどん蟇（ヒキガエル）が寝床に這い込んだが、翌朝、葛籠にもどっていた怪。 | ・西江寺へ薬師仏の御判を借りにいく途中、赤い石が飛来。平太郎がにらみつけると、平太郎をそれ、うしろにいた狩人長倉の胸に激突する怪。 | ・臼部屋の唐臼がかってに臼を搗く怪。米を入れたが、白くならず。<br>・天井いっぱいに嫗（ばば）の顔が現れ、蚊帳ごしに長い |
| 蹄を仕掛ける事。 | ・仕掛けたはね蹄から、餌が抜き取られ、紐がほどかれている怪。<br>・化物の足跡を見るために、糠をまく事。<br>・家鳴り激しく、どこからともなく、ときのこえ（鯨波）が聞こえる怪。 | ・糠に人間の足跡ある事。<br>・西郷（江）寺より、薬師如来仏の仏影と卓・香炉を借りる算段をすること。<br>・夜、鉄炮打長倉が、西郷寺へ仏影を借りにいく途中、黒いものが飛来し、長倉の首に巻きつき気絶する怪。 | ・長倉、西郷寺より仏影を借りてくる事。<br>・西郷寺から借りてきた仏器、卓・香炉がひとりでに宙にしずしずと浮き上がる怪。 |
| わなを仕掛けて帰る事。 | ・はねわなの餌が解きとられ、軒の下に吊るしてあるのを、後日発見。<br>・治部右衛門、縁や台所に糠をまき、帰る。<br>・家鳴り、振動すさまじく、大勢の声（ときのこえ）が聞こえる怪。 | ・二尺くらいの人間の大足の跡、糠に残る事。<br>・猟師長倉、西江寺へ薬師の仏影を借りにいく途中、黒いものが、赤い石とともに飛来し、長倉の頭に落ち、首に巻きつき、気絶する事。 | ・長倉、昨夜の怪事を平太郎に話し、再度、仏影を借りにいく事。<br>・西江寺から借りてきた仏影のまえの卓・香炉が、宙をし |
| する事。<br>・すり鉢とすりこぎが、自分かってにすりまわる怪。<br>・見舞いに来た女を、盥が追いまわす怪。 | ・柱に貼った祈禱札に、輪のいたずら書きが書かれる怪。<br>・押入れからヒキガエルが出現し、翌日、葛籠に変身する怪。 | ・西向（江）寺へ、厄除けの什物（どうぐ）を借りにいく途中、赤い石が落下し、同道した平五郎という男の腰骨に当たり、平五郎悶絶する事。 | ・臼部屋の臼が、かってに臼を搗く怪。米を入れたが、白くならず。<br>・天井に老婆の大顔が現れ、老婆の赤い舌が蚊帳をつらぬ |

| | 十五日 | 十六日 | 十七日 |
|---|---|---|---|
| 舌で平太郎の顔をなめる怪。手で顔をおおうと、手をつらぬいてなめる。 | ・蚊帳や蒲団・畳などが白くなる怪。 | ・表の間の額から「とんとこ、ここに」と聞こえ、そこから、家来の脇差の鞘が落ちてくる怪。<br>・台所に漬物桶が運ばれる怪。<br>・蚊帳のまわりや中を、香炉が舞い歩く怪。<br>・客人むかつき、嘔吐する事。 | ・石川文左衛門の女房くうというものが、見舞いに来、行水盥に追いかけられる怪。<br>・串ざしの小坊主頭十ほどが、串の足で踊りはねる怪。 |
| 仏器の奇特なし。 | ・エイエイという声がし、漬物石が運びこまれる怪。<br>・卓・香炉が宙を舞い歩き、灰がばらばらと散りかかる怪。<br>・客人の一人、むかつき嘔吐する事。 | ・藪入り。平太郎、叔父他より、居を移すことをつよくすすめられるが拒絶する事。<br>・天井めきめき鳴り、低く下がる怪。 | ・野狐除けのお札をかける事。<br>・目・鼻・口のある輪違いが現れ、にらみ、笑う怪。<br>・権八、病重い事。 |
| ずしずと動き回る怪。 | ・エイエイという声が聞こえ、物置部屋の漬物石が台所に運びこまれる怪。<br>・卓・香炉が蚊帳の外や中を舞い歩き、客人の頭の上に、灰がぱらぱらと散りかかる怪。<br>・客人の一人、むかつき嘔吐する事。 | ・藪入り。平太郎、叔父他より、居を移すことをつよくすすめられるが拒絶する事。<br>・天井めきめき鳴り、低く下がる怪。 | ・野狐除けのお札をかける事。<br>・目・鼻・口のある輪違いが現れ、にらみ、笑う怪。 |
| き、平太郎の顔をなめる怪。 | ・居間の額から「トントサココニ」という声が聞こえ、そこから紛失した刀の鞘が落ちてくる怪。<br>・夜なのに、真昼のように明るくなり、部屋中がねばりつく怪。 | ・眼の丸い田楽人形のようなものが、十三、四飛びだす怪。 | ・大勢の足音がし、勝手に漬物桶が運ばれる怪。<br>・取り集めた刀が紛失し、蚊帳の上に置かれてある怪。<br>・机や菓子鉢が宙を舞い、客の一人、気分がわるくなって、嘔吐する事。 |

| 十八日 | 十九日 | 二十日 |
| --- | --- | --- |
| ・表の間の畳、のこらず釣り糸で天井につり上げられる怪。権八、畳をおろし、敷きなおす。<br>・錫杖が、宙で鳴る怪。 | ・十兵衛というもの、秘伝の罠を仕掛ける事。隠れている十兵衛の顔を何者かがさわり、鼻をつまむので、雪隠（便所）に移ると、髭手で尻をつつかれ、たまらず逃げだす怪。 | ・中村平左衛門家の使いといって、十六、七歳の美女が、ぼた餅をもって見舞いに来宅する怪。女を見送るが、姿を見失う。二か月後、近所の家の法事のさいに、ぼた餅入りの重箱と風呂 |
| ・野狐除けのお札に薄墨の文字（梵字）のいたずら書き。<br>・曲尺（まがりがね）のような手が、のびちぢみしながら出現し、背中をたたく怪。<br>・茶碗・煙草盆・行灯など諸道具が舞い上がり飛行する怪。<br>・老女の首が現れ、胸の上に飛びかかってくる怪。 | ・知人より、わなの名人十兵衛というものを紹介される事。<br>・天井がしだいに下がり、天井の裏側が見渡せる怪。 | ・十兵衛というもの、踏落し蹄（わな）を仕掛ける事。雪隠に隠れていた十兵衛を、大きな手が戸ごと引きずりだす怪。 |
| ・野狐除けのお札に、薄墨の文字（梵字）のいたずら書きの怪。<br>・茶碗・煙草盆・行灯など諸道具が舞い上がり飛行する怪。<br>・曲尺のような手が、のびちぢみしながら出現し、背中をたたく怪。<br>・天井一面に老婆の顔が現れ、長い舌で平太郎の胸や顔をなめる怪。 | ・天井がしだいに下がり、天井の裏側が見渡せる怪。<br>・天井に蜂の巣がかかり、しだいに大きくなり、泡をだし、黄水をだす怪。<br>・臼がひとりでに搗くので、白米をいれてつかせたが、白くならぬ怪。 | ・十兵衛というもの、踏落しわなを仕掛ける事。客雪隠に隠れていた十兵衛を、大きな手が戸ごと引きずりだす怪。 |
| ・奥の間の畳、ことごとく細い糸で天井にくくりあげられる怪。下ろそうとしているうちに、元のように敷きなおされる。<br>・納戸から、錫杖がじゃんじゃん音を鳴らしながらやってくる怪。 | ・運八というもの、わなを仕掛ける事。隠れている運八の鼻をつまむものがおり、探ってみると大きな髭手、たまらず、逃げ帰る怪。<br>・一夜明けて、仕掛けたわなを見ると、屋根の上に投げ捨ててある怪。 | ・中村平左衛門家の使いといって、美しい下女が餅菓子一重もって見舞いに来宅する怪。見送るが、姿を見失う。その後、隣家の法事で、ぼた餅入りの重箱が紛失したことがわかる事。 |

| | 二十一日 | 二十二日 | 二十三日 |
|---|---|---|---|
| 敷包みが紛失したことがわかる。<br>・蚊帳の吊り手が、かけてもかけても落ちる怪。 | ・行灯に人の顔と手が映り、講釈する怪。 | ・シュロ箒が転んでは起きながら、座敷中を掃きまわる怪。<br>・大きな音三度、床の下に響く怪。 | ・隣の留守宅（五左衛門家）、大騒動の怪。書物や膳・椀、箸が飛びだし、天井がふくれあがってきたので、脇差で突くと、糊のようなもの（濡れた煤）がついてきた。<br>・平太郎の家の天井からたくさ |
| | ・踏落し蹄が、わきにかたづけられてある怪。<br>・女の逆さ生首が、髪の毛を足にして、にこにこ笑いながら飛び来る怪。いくつも笑いながら、飛鳥のようにかけまわる。 | ・化物、陰山正太夫というものに化けて来宅する怪。先祖伝来の名剣で、女の逆さ生首を切ろうとするが、刀が真っ二つに折れる。正太夫、兄に申し訳なしと切腹するが、翌朝、死体なし。 | ・客人の刀身がなくなり、のち、鴨居の上から、ぶらりと下がる怪。客人が帰ろうと出口にくると、天井からいっせいに大音声で笑う声が聞こえる怪。<br>・台所で、すさまじい音がし、 |
| | ・踏落しわなが、わきにかたづけられてある怪。<br>・歯を黒く染めた女の逆さ生首が、にこにこ笑い、長い髪を尾のようになびかせながら、飛び来る怪。同じ逆さ生首、数々現れる。 | ・化物、陰山正太夫というものに化けて来宅する怪。先祖伝来の名剣で、女の逆さ生首を切ろうとするが、刀が真っ二つに折れる。正太夫、兄に申し訳なしと切腹し、幽霊となって現れる。翌朝、死体なし。 | ・客人の刀身がなくなる怪。<br>・台所で雷のような大音がし、大だらいがころげまわる怪。<br>・すり鉢とすりこぎが、すりまわりながら歩行する怪。<br>・紛失していた刀身が、鴨居の |
| | ・壁に映った影が、書見台を前に書物の講釈をする怪。 | ・シュロ箒が、居間の中を掃く怪。<br>・お勝手から、人の声がおびただしく聞こえる怪。 | ・留守の権八家のお椀・小道具・書物などが飛びだし、軒が下がる怪。権八が刀で軒を突くと、もとどおりになる。<br>・平太郎の家に巨大な蜂の巣ができ、赤や黄色の泡を吹きだす怪。 |

| | 二十四日 | 二十五日 | 二十六日 |
| --- | --- | --- | --- |
| んの蜂の巣がさがり、黄色い泡を吹きだす怪。 | ・大きな蝶（四尺位）が舞い込み、その蝶がおびただしい小蝶（五分位）となって飛びかう怪。<br>・寝所の行灯が青い火を灯す石塔になる怪。 | ・踏み石の上の冷たい死人を踏む怪。死人の目がまばたきをする音がし、足裏に死人の肉がねばりつき、なかなかはなれない。 | ・床下から、木遣歌が聞こえ、女の首が宙を飛びまわる怪。女の首から、臓物のようなものが下がり、それが、ひやりとまといつく。 |
| 大盥がごろごろと転げまわる怪。 | ・台所の竈の火、燃え上がる怪。水をかけて消したが、かけるまえに消えていた。 | ・南部氏、鳴弦を行い、鳴弦の弦を鎗で突き切る怪。<br>・権八、何者かに鎗を奪いとられる怪。<br>・天井からくっくっと笑う怪。 | ・平太郎、墓参。権八宅へ見舞い。権八、こののち病重くなり、九月初旬、果てる。<br>・角之進の手土産の柿の実消え、種ばかり残る怪。のち、天井から柿の実が落下し、もとの器に入る事。<br>・物置小屋の大臼、台所に移動する怪。 |
| 上からふらりとさがり、天井から大音声で笑う怪。 | ・中村平左衛門家の使いといって、美しい女が餅菓子をもって来宅。送っていったが、門で消え失せる。のちに、中村家の餅菓子を入れた重箱が消えたことを知る。<br>・台所の竈の火、燃え上がる怪。水をかけて消したが、かけるまえに消えていた。 | ・南部氏、鳴弦を行い、鳴弦の弦を槍が突き切る怪。<br>・屋根の上に大坊主現れ、権八、槍を奪いとられる怪。 | ・平太郎、墓参。権八宅へ見舞い。この日いらい、権八熱発し、九月初旬、果てる。<br>・角之進の手土産の柿の実消え、種ばかり残る怪。のち、天井から柿の実落下し、転げ回る。種はいろいろな虫となって、逃げ去る。<br>・物置小屋の大臼、台所に移動する怪。 |
| | ・大きな蝶がひとつ飛来し、柱に当たって砕け、数千の小蝶となり、群がり飛ぶ怪。<br>・行灯の火、燃え上がる怪。行灯は石塔のようになる。 | ・冷たい大きな青入道を踏みつける怪。その肉が足裏にねばりつき、気持ち悪し。 | ・女の首が飛ぶ怪。首の先が手となり、平太郎をなでる事。 |

| 二十七日 | 二十八日 | 二十九日 |
| --- | --- | --- |
| ・外の壁が黄黒色から白色にかわり、幕をひくようにみえる怪。<br>・空に拍子木の音がし、床下に響く怪。<br>・女のため息が聞こえる怪。 | ・三人の虚無僧が尺八を吹きながら、部屋に入ってくる怪。音は聞こえず、蚊帳の中にまで入ってくる事。 | ・東西南北から、風が吹き込み、夕暮れごろから、星を部屋へ吹き込んでくる怪。 |
| ・翌日、大臼、もとの物置部屋にあり。<br>・菱形の網皃（あみがお）が、消えてはまた現れる怪。 | ・踏み石の上の死人のごときものを踏む怪。冷たく、ねばねばし、死人がまばたきをするぱちぱちという音が聞こえる。のちに死人の姿は消えたが、ぱちぱちという音だけが残る事。 | ・天井から手だけがでて、人の背中をたたく怪。<br>・物置小屋の戸口に、大きな婆々の顔の現れる怪。火箸を両目の間に突きさし、翌日見ると、婆々の顔はなく、宙に火箸が浮き、取ろうとすると火箸が落下する事。<br>・家鳴り強く、天井から女性の泣き声が聞こえ、大勢の人々の声が聞こえる怪。 |
| ・翌日、大臼、もとの物置部屋にあり。<br>・菱形の網貌がおびただしく消えては現れる怪。<br>・大きなヒキガエルが現れ、翌日、葛籠になる怪。 | ・壁に人影が現れ、平太郎が読んでいる本を講ずる怪。<br>・踏み石の上の死人のごときものを踏む怪。冷たく、ねばねばし、死人がまばたきをするぱちぱちという音が聞こえる。のちに死人の姿は消えたが、ぱちぱちという音だけが残る。 | ・天井から手だけがでて、人の背中をたたく怪。<br>・居間が真っ暗になったり、まばゆいほど明るくなる怪。<br>・物置小屋の戸口に、大きな老婆の顔の現れる怪。火箸を両目の間に突きさし、翌日見ると、老婆の顔はなく、宙に火箸が浮き、取ろうとすると火箸が落下する事。<br>・座敷中が真っ白になり、ねば |
| ・居間の中が闇になったり、輝くように明るくなる怪。<br>・門内で拍子木の音が聞こえ、女の笑い声が聞こえる怪。 | ・尺八の音色がし、数人の虚無僧が居間に入ってくる怪。笛の音がやかましい。 | ・気味悪い風が吹き込み、星の光のようなものが、蛍火のように粉微塵になって吹き込む怪。 |

| | 三十日（晦日） |
| --- | --- |
| | ・山本太郎左衛門登場。<br>・炬燵の炉から灰が吹きだし、その灰が青坊主の頭となり、頭の瘤が煮え、そこからミミズが這いだす怪。<br>・山本太郎左衛門、みずからの出自を語る事。<br>・信野悪太郎の事。<br>・平太郎のそばで、冠直垂姿の氏神らしきもの、見守る事。<br>・槌の事。この槌で西南の間の椽をたたけば、太郎左衛門が出現することを語る。なお、五十年間、槌のことを他言してはならない、と口止めされる事。<br>・山本太郎左衛門辞去の事。大駕籠に乗り、雲間へ去る。一間半位の大きな髭足が駕籠からつきだしていた。<br>・平太郎、槌を渋紙・きれにつつみ、小屋のすみに埋める事。 |
| | ・山ン本五郎左衛門登場、みずからの出自を語る事。<br>・炭櫃の灰が舞い上がり、茶釜の耳のような丸いものが煮え、そこからミミズが這いだす怪。<br>・九州から島々へ渡る事。<br>・神ン野悪五郎の事。<br>・北にむかい、「はや山ン本五郎左衛門来れり」と言えば出現することを語る。<br>・山ン本五郎左衛門辞去の事。駕に乗り、雲間に消える。大きな体をたたみこむようにして駕に乗り、足がとびでる。 |
| りつく怪。<br>・天井から、女の泣く声や、大勢の人の声が聞こえる怪。 | ・気味悪い風が吹き、星の光のようなものがきらめき、やがて蛍のように乱れ飛ぶ怪。<br>・山ン本五郎左衛門登場、みずからの出自を語る事。<br>・炬燵から灰が吹き上がり、角のある頭と化し、丸い角のようなものが煮えあがり、それがミミズになる怪。<br>・壁に大きな顔が現れ、にらみつけ、トンボの眼玉のように飛びだした目が青光りしてみえる怪。<br>・九州から島々へ渡る事。<br>・神ン野悪五郎のこと。<br>・槌の事。北にむかい、「山ン本五郎左衛門来たれ」と言いながら、槌で柱をたたけば出現することを語る。<br>・平太郎のそばに、冠装束姿の産土神が付き添う事。<br>・山ン本五郎左衛門辞去の事。駕に乗り、雲のかなたに去る。 |
| | ・山本五郎左衛門登場。<br>・炉から灰が吹き上がって大頭となり、額の瘤のあいだからミミズが這いだす怪。<br>・ミミズにうろたえる平太郎を、壁に出現した大きな目口が笑い、その顔がトンボの眼玉のように飛びだし、にらむ怪。<br>・山本五郎左衛門、みずからの出自を語る事。<br>・真野悪五郎のこと。<br>・槌の事。この槌で北の柱をたたけば、五郎左衛門が出現することを語る。<br>・平太郎のそばで、冠装束の氏神が見守る事。<br>・山本五郎左衛門辞去の事。魔乗物に乗り、雲のかなたに去る。巨大な髭足が乗物（駕籠）からとびだしていた。 |

| | 後日譚 |
|---|---|
| | ・「槌の次第覚」。 |
| | ・平太郎、のち武太夫と改名。 |
| 巨大な髭足が駕からでていた。 | ・平太郎、兄新八に、槌をもらったことを話す。<br>・平太郎、のちに武太夫と改名して、兄の跡目を継ぐ。 |
| | ・そののち、家来を家に呼び戻し、相撲取の権八と、氏神へ参詣する。 |

*本書作成にあたっては、御所蔵者、堀田克巳、稲生平太郎、小早川熙の各氏をはじめ、疋田英政、卯山琢郎の各氏、また、三次市教育委員会、三次市立図書館の方々他、三次市在住の方々に、多大のお世話になった。ここに記して謝意を表したい。なお、三次実録物語の翻刻にあたっては、町田和也氏のご協力をいただいた。

# 解　題――小川哲生

二〇一五年五月に『民衆史の遺産』第六巻『巫女』を刊行して三か月で今回の『妖怪』を刊行できたことは、これが本来のあり方と素直に喜びたい。

さて、第七巻『妖怪』である。

妖怪とは何か。

一般に、妖怪は、日本で伝承される民間信仰において、人間の科学的知識などでは理解できない不思議な現象や存在、あるいはそれらを起こす不思議な力をもつ非日常的・非科学的な存在のことである。

本書の「解説にかえて」で谷川健一氏は次のように述べている。なぜ「妖怪」を問題にするかを的確にまとめており、本巻の意図を明快に述べたものとして、忘れてはいけない指摘である。その箇所を引用してみよう。

《夜の領分に活躍した妖怪の棲む余地は、いちじるしく狭められてきている。山林の伐採や開拓によって、山の獣たちが消滅に向ったように、現代が妖怪の受難の時代であることは誰の目にも明らかである。今や妖怪に対する無用の恐怖はなくなった。しかしそれが現代人の精神の健在さを保証するのではないことに問題がある。》

そして、妖怪の退場は人間の想像力の退化と無縁ではない、と論を進める。文明社会の急速な進歩が、日常生活から夜と闇を追放し、それが見えざるものへの畏敬の念を失わせ想像力を死滅させる原因であると結論づける。

《昨今の妖怪に対する広範な人びとの関心は、それを不健全な流行と見るよりは、文明の危機のあらわれと受けとる方に、私は与するのである。》

《日本では長い時代、百鬼が夜行することを信じていた。しかし妖怪たちは、かつて山川沼沢の精霊であった時代の名残りも見せている。それは妖怪がカッパでもケンムンでも子どもの姿で表現されていることにあらわれている。ザシキワラシは言うに及ばず、山ウバに育てられた鬼の子が禿《かむろ》の髪形をしているのもそうである。

それらは神と人間と自然の精霊たちが、まじりあって暮した社会のかすかな、しかし忘れがたい記憶の証跡である。妖怪の送る親しげなめくばせを真剣に受けとめる必要があると私は考えるのである。》

少々長い引用になったが、このところに本巻の目指したものが凝縮されていると考えたからである。つまり、神と人間と自然の精霊たちが、まじりあって暮らした社会を、妖怪をとおして知り、それが時代を経てどう変遷したかをできる限り本巻で追求しようとしたものである。

なお、本巻に収録した作品・論文は、全体をとおして文字・用語の統一ははせず、既に刊行されている底本にしたがって、送り仮名・用語などはそのままの形で収録した。ただし、あきらかな誤記・誤植とおもわれるものは訂正したことをお断りしておきたい。

次に収録した作品順に簡単ながら解題を付したい。

**谷川健一「妖怪のめくばせ」**

本稿は、一九八八年十一月に三一書房から刊行された『日本民俗文化資料集成』第八巻（編者・谷川健一）に付された「序」を転載したものである。菊判五二八頁の大部の資料集である。今回、本巻に収録したのは、この「序」と丸山学の「山童伝承」、金久正「『ケンモン』と『ウバ』」である。ちなみにこの資料集に収録されたものの目次を以下に掲げておく。

序　谷川健一（本巻収録）
河童考
　山童伝承　丸山学（本巻収録）
　河童伝承　早川孝太郎
　河童雑記　浜田隆一
　河童の話　及川儀右衛門
　鬼伝説の研究——金工史の視点から　若尾五雄
南島妖怪考
　「ケンモン」と「ウバ」　金久正（本巻収録）
　奄美カッパ「けんむん」譚　文英吉
　奄美のケンモン　恵原義盛
　キジムン——植物に関する話　佐喜真興英
近世土佐妖怪資料　広江清編
稲生物怪録絵巻
全国妖怪語辞典　千葉幹夫編
　解説　石川純一郎

**柳田國男『妖怪談義』**

柳田國男『妖怪談義』は、昭和三十一（一九五六）年十二月に修道社より「現代選書9」として刊行されたものである。本書は、書き下ろされたものではなく、雑誌に随時発表されたものをまとめたものである。原稿の初出は本文に記されているが、明治・大正・昭和初期に書かれた論考——古くは明治四十二年三月からはじまって昭和十四年三月までに書き継がれたもの——を、昭和三十一年に「自序」を新たに付して一書となったものである。この本の刊行の理由を、過去に問題提起したのに誰も自分の後を受けて回答まで至らなかったからだと「自序」で述べている。

この本はひらたく言えば、柳田の妖怪に関する論考をまとめたものであるが、妖怪と幽霊の違い、お化けの呼び名、河童、山人、一つ目、天狗などが取り上げられ、いずれも民俗学の視点から妖怪を分析したもので、妖怪を生み出す背景にある昔の日本の人々の自然に対する畏怖、死生観などが読み取れる。

本書の末尾にある「妖怪名彙」は柳田が収集した「オバケ」の名前一覧であるが、七十八を数える。これはきわめて貴重な資料といえる。こうしたところが柳田のすごさであるといえよう。その後の日本民俗学の民俗語彙の収集の充実ぶりの基となった。

本書のなかで、柳田は、妖怪は神の零落したものであると力説しているが、妖怪研究の第一人者である小松和彦は、妖怪が神の零落したものだとした場合、まず初めに神が存在し、妖怪が存在しなかったことになるとして、神から妖怪への一元的変化に疑問を呈していることを付け加えておきたい。

なお、本書の底本となったのは、一九八九年十二月刊行のちくま文庫版『柳田國男全集6』である。

**井上円了『妖怪学』(抄)**

仏教哲学者として名高い井上円了は近代的な妖怪学のパイオニアとしても知られ、オカルティズムを廃した科学的見地から研究を行った。本書はその彼の『妖怪学』の抄録である。本書のもとになるのは、『哲学館講義録』第五学年度四、九、一九―二〇、二八、三一―三二、三四、三六の各号であり、それぞれ明治二十四(一八九一)年十二月二十五日、明治二十五年一月二十五日、五月五日、八月五日、九月五日、同十五日、十月五日、同二十五日に行われた講義をまとめたものである。

そのうち、本巻では、「序言」、「第一章　総論」を収録するものである。本書の底本は、井上円了『妖怪学全集』第6巻(東洋大学井上円了記念学術センター編、柏書房　二〇〇一年六月刊)のうちの序言・第一章　総論である。この第6巻は、井上円了の『妖怪学』(哲学館講義録)、『妖怪学講義録』(佐渡教育会)、『妖怪学雑誌』および「妖怪学関係論文等」を収録するとともに、解説・妖怪学参考図書解題・妖怪学著書論文目録・妖怪学総索引を加えて一巻としたものである。

井上はその「序言」で、研究の目的を次のように述べる。

《妖怪学は応用心理学の一部分として講述するものにして、これに「学」の字を付するも、決して一科完成せる学を義とするにあらず。ただ、妖怪の事実を収集して、これに心理学上の説明を与えんことを試むるに過ぎず。すなわち、心理学の学説を実際に応用して事実を説明し、もって心理考究の一助となすのみ。かくのごとく、妖怪の事実を考究説明して他日に至れば、あるいは一科独立の学となるも知るべからず。ゆえに、これを講述するは、哲学ならびに心理学研究に志ある者に、裨益《ひえき》するところあるは明らかなり。これ、余が妖怪学の講義を始むるゆえんなり。》

井上は迷信を打破する立場から妖怪を研究し、江馬務、柳田國男らの先駆けとなる。井上円了（一八五八〜一九一九）は、のちに東洋大学となる哲学館を設立したことでも知られている。

なお、本巻に収めたのは抄録なので、その全体像を知ってもらうために目次を掲出する。



江馬務『日本妖怪変化史』（抄）

本稿は、大正十二（一九二三）年に中外出版より刊行された『日本妖怪変化史』の復刻版の抄録である。江馬のこの書は、明治の「妖怪博士」井上円了の一連の著作と並んで、柳田國男の民俗学以前の先駆的な研究として評価されている。昭和二十六（一九五一）年に『おばけの歴史』と改題されて学風書院より刊行され、さらに、昭和五十一（一九七六）年に中公文庫に収録されたものであり、妖怪に関する基本文献として人気の高い著作である。今回、底本にしたのは、二〇〇四年六月に改版された中公文庫版である。

江馬務は日本の風俗史を確立した人物である。当時の風俗研究は服装および化粧・結髪に関するものが主流だったが、一方で、いわゆる「迷信」に属する研究もあった。それが妖怪や幽霊、呪いなどである。それは、風俗研究会を事実上取り仕切っていた江馬の関心が反映されているように考えられる。

江馬は「妖怪」と「変化」を次のように定義する。すなわち《「妖怪」は得体の知れない不思議なもの、「変化」はあるものが外観的にその正体を変えたものと解したらよいであろう。》と。（本巻「第一章　序説」一八三ページ）

《本書は、妖怪変化を実在するものと仮定して、人間との交渉が古来どうあったか、換言すれば、われわれの先祖は妖怪変化をいかに見たか、いかに解したか、いかようにこれにたいしたかということを当面の問題として論ずるのである。》（同）

江馬はヴィジュアルにも関心が高く本書にも多数の図版

が収録されており、読者としてはうれしい。柳田以降の民俗学が妖怪を生み出した人びとの「心性」を解明することを目的としたため、視覚的な要素を第二義的としたのに対し、江馬はヴィジュアルに対する志向を強くもっており、絵画を資料として重要視し、妖怪の「容姿」に重要な基準として採用したことが、妖怪研究の基本文献として評価されるゆえんである。

　最後に、目次を掲げておく。



**丸山学「山童伝承」**

　本稿は、一九七六年に古川書房から刊行された『丸山学選集』〈民俗篇〉所収の論考である。初出は、本文に記されているように地元の「九州民俗抄」や「九州人」などに発表されたものである。今回、底本にしたのは、前出の『日本民俗文化資料集成』第八巻（三一書房　一九八八）である。

　しかしながら、三一書房版『日本民俗文化資料集成』が底本とした古川書房版『丸山学選集』〈民俗篇〉には、表題の「山童伝承」は見当たらず、それに対応するのは「六　信仰　1　河童」に分類された箇所である。ふたつを付け合せてみるとこれらは同一のものであるとわかる。三一書房版の編纂の際、編者が単独の著書ではないため表題を新たに付したものと思われる。なぜなら著者は一九七〇年にすでに亡くなっているので著者が改題したとは考えられない。この表題には編者のセンスが窺われるが、三一書房版では、そのことについて「解題」がなにも触れていないことは「書誌的」にみて合点がいかない。

　この論考で丸山は、河童・山童と山の神の関係にとくに注目している。山の神は農山村の人びとにとっては守護神・生産の神と仰がれており、春と秋には各地で山の神祭りが行われている。春の祭りには野に降りて田の神・水の神となり、秋の祭りには山に登って山の神になるという伝承がある。

　丸山は熊本県、とりわけ芦北・球磨地方の山間部を中心とした伝承に目をとめ、ヤマワロについて詳細な報告をおこなっている。すなわち、ヤマワロは春の彼岸には山から川に入り、逆にガワッパは秋の彼岸には川から山に上がる。ヤマワロとガワッパはともに水の神の異名であって、川にあってはガワッパ、山にあってはヤマロウまたはセコと呼ばれると報告している。

球磨地方における山間部の人のヤマワロ・ガワッパに寄せる畏怖の感情は篤く、その名を口にすることさえ憚られ、「山の人」「川の人」と婉曲に呼んでいる、という。

ヤマワロとガワッパは山の神と水の神の両義性をもっており、神といってもそれは、アニミズム的な精霊であり、神と妖怪のけじめはあきらかではない、と結論づけている。

著者の丸山学（一九〇四〜一九七〇）は「河童の丸山先生」と称され、その業績は古川書房から刊行されている『丸山学選集』〈民俗篇〉〈文学篇〉（ともに一九七六年刊）の二冊から窺うことができる。

## 金久正「『ケンモン』と『ウバ』」

本稿の筆者の金久正は、一九四一年から一九四三年の間、主として『旅と伝説』に論考を発表していくが、とくに一九四三年の『旅と伝説』九月号に発表したのがこの論考である。著者の令名を高からしめ、南島研究者としては忘れてはいけない人物と評価されるようになるのは、本シリーズ第六巻『巫女』に収録した「天降り女人」と今回の「『ケンモン』と『ウバ』」とによってである。その後、それまで書いてきた論考をまとめる形で、一九六三年刀江書院から刊行された『奄美に生きる日本古代文化』に収録されて出版、さらに一九七八年十月に『増補・奄美に生きる日本古代文化』（発行所＝至言社、発売元＝ぺりかん社）として刊行されたものの「一四章　ケンモン（化の物）とウバ（つもり）」がこれにあたる。南島研究の貴重な資料と位置づけられている。今回収録にあたり著者のご子息により新たな校訂がなされたものをテキストに、南方新社の二〇一一年復刻版を参考とし、より正確を期した。

奄美で広く信じられている摩妖なもののひとつにケンモンなるものがあるが、ケンモンとは、ケノモノ（化の物、怪の物）の訛語で、得体の知れない霊物の意味であるが、このほかにウバ（姥）やガワッパ（河童）もある。しかし、金久正によれば、これらはいろいろ混同されて、もうケンモンのみがひとり横行し、他は影を潜めつつあるの感があるという。ケンモンの伝説は奄美に今も残るが、さしもこの島に跳梁を極めたケンモンも人びとのものの考え方の変遷や生活様式の推移によってケンモンとの縁がうすくなったということである。すでにこの論考が書かれた昭和十八年ですらこうであった。

本稿は抄録であるが、本書の全体のねらいを著者は「増補版への序」で的確に述べている。

《本書の狙いは、要するに、古事記万葉を始め、奈良時代

の風土記などに見る上代語で、今尚奄美の島に生きている語を索め、それにからまる古俗信仰を跡付けようとするところにある。》

まことに気宇壮大な試みである。最後にこの書の全体像を示すために目次を掲げておく。



著者は一九〇六年年鹿児島県大島郡瀬戸内町諸鈍に生まれる。九州帝大を卒業後帰郷し、一九三四〜三八年の間、故郷諸鈍にて民俗研究・調査に従事。一九三八年八月より五一年四月まで長崎県庁外事課、外務課勤務。戦後は名瀬市に居住し、『奄美郷土研究会会報』などに執筆し悠々自適の研究生活を送っていたが、一九九七年五月、転居先の鹿児島市にて逝去。

「稲生物怪録絵巻―江戸妖怪図録」

本稿は、一九九四年七月に小学館より刊行された『稲生物怪録絵巻―江戸妖怪図録―』（編者＝谷川健一）を本文レイアウトは変更したものの、内容・構成は同書を踏襲し、そのまま再録したものである。

今回、小学館版に敬意を表して、谷川健一氏の解説「妖怪譚の白眉・稲生平太郎の化物退治」はもちろんのこと、解題も新たに付すことはせず、小学館作成の解題・凡例をそのまま収録したことをお断りしておく。最後に、本巻に収録を了承された小学館のご厚意に感謝したいと存じます。

（おがわ・てつお　フリー編集者）

## 執筆者略歴

**柳田國男**（やなぎた・くにお）
1875〜1962　民俗学者。兵庫県生。東京帝国大学卒業後、農商務省の官僚として日本各地の農村を調査し、民俗学への関心を深めた。日本民俗学の嚆矢とも言える存在。著書は柳田民俗学の出発点ともなった『遠野物語』をはじめ多数。全36巻予定の『柳田國男全集』が刊行中。

**井上円了**（いのうえ・えんりょう）
1858〜1919　仏教哲学者、教育家。新潟県生。東京大学文学部哲学科卒。1887年哲学研究と普及のため、後に東洋大学となる哲学館を設立した。また東京中野の哲学堂を建設。いっぽう迷信を打破する立場から妖怪を研究し、『妖怪学講義』などを著し「お化け博士」「妖怪博士」と呼ばれた。著書に『霊魂不滅論』『妖怪学全集』ほか。

**江馬　務**（えま・つとむ）
1884〜1979　風俗史学者。京都市生。京都帝国大学史学科卒。1911年に「風俗史研究会」を設立し、機関誌「風俗研究」を創刊。戦前・戦後を通じて、有職故実や風俗史研究の第一人者として活躍し、1949〜75年京都女子大学教授。1960年、日本風俗史学会を設立し初代会長に就任。多くの著作は『江馬務著作集』に収録されている。

**丸山　学**（まるやま・まなぶ）
1904〜70　民俗学者。熊本県生。広島文理大学卒。広島高等師範学校講師をへて1934年教授。柳田國男の影響で英文学から民俗学に転じた。1946年熊本商科大学（現熊本学園大学）教授、70年学長。その間1956年、熊本市に「かっぱ保育園」を創設、同保育園は現在に至っている。著書に『小泉八雲新考』『熊本県年中行事誌』ほか。

**金久　正**（かねひさ・ただし）
1906〜97　鹿児島県大島郡瀬戸内町諸鈍に生まれる。九州帝国大学法文学部英文学科卒。1934〜38年の間、故郷諸鈍にて民俗研究・調査に従事。その後長崎県庁外事課、外務課勤務。その間、活水女子専門学校文科講師（言語学）を務め、主として郷土誌『南島』や民俗雑誌『旅と伝説』に論稿を発表。戦後は奄美大島に帰郷し、私塾を営む傍ら研究を続け、奄美郷土研究会などでの講演も多数。

［編者紹介］

## 谷川健一（たにがわけんいち）

1921年熊本県水俣市生。東京大学文学部卒。平凡社『太陽』の初代編集長をへて、1970年代に『青銅の神の足跡』や『鍛冶屋の母』などを発表し、民俗事象と文献資料に独自の分析を加え、日本人の精神的基層を研究する上での「地名」の重要性を指摘する。

1981年神奈川県川崎市に日本地名研究所を設立し、所長に就任。1992年、第2回南方熊楠賞受賞。2007年、文化功労者。2013年死去。

著書に『日本の地名』（岩波新書 1997年）『日本庶民生活史料集成・全20巻』（共編　三一書房 1973年　第27回毎日出版文化賞）、『南島文学発生論』（思潮社 1991年　第42回芸術選奨文部大臣賞）『海霊・水の女』（短歌研究社 2001年　短歌研究賞）他。『谷川健一全集』全24巻（冨山房インターナショナル）は2013年完結。

## 大和岩雄（おおわいわお）

1928年長野県生。旧長野師範学校（現信州大学教育学部）卒。1952年雑誌「人生手帖」を創刊。1961年大和書房を創立。出版社経営の傍ら古代史研究に着手、季刊「東アジアの古代文化」編集主幹を務めた。

著書に『神社と古代王権祭祀』『神社と古代民間祭祀』『日本にあった朝鮮王国』（以上白水社）『秦氏の研究』『続 秦氏の研究』『新版 古事記成立考』『日本書紀成立考』『古事記成立の謎を探る』『神と人の古代学』（以上大和書房）他多数。

[付記]

本書は、全体を通しての文字・用語・送り仮名の統一はせず、原則として「底本」に従った。但し、明らかな誤植は訂正した。

難解と思われる漢字には新たにふりがなを適宜付した。

「人名」などは明らかな誤記を除き、原則として「底本」どおり。

現代においては不当、不適切と思われる表現もあるが、作品全体の歴史的価値を重んじ、そのままの表現を用いている箇所がある。

＊本書収録の作品は「底本」刊行時より長い年月が経過した論考が多く、著作権者・著作権継承者の中に消息不明の方があります。お気づきの方はぜひ大和書房までご一報ください。

# 民衆史の遺産　第七巻
# 妖怪《ようかい》

二〇一五年八月一五日　初版発行

編　者　谷川健一《たにがわけんいち》
　　　　大和岩雄《おおわいわお》
発行者　佐藤靖
発行所　大和書房
　東京都文京区関口一—三三—四
　電話〇三—三二〇三—四五一一

装　幀　間村俊一
カバー写真　鬼海弘雄
本文デザイン　小口翔平（tobufune）
編集協力　小川哲生
本文印刷　信毎書籍印刷
カバー印刷　歩プロセス
製本所　ナショナル製本

ISBN978-4-479-86107-2

民衆史の遺産
全巻の概要

次回配本予定
第八巻　海の民

第一巻　山の漂泊民――サンカ・マタギ・木地屋（既刊）
第二巻　鬼（既刊）
第三巻　遊女（既刊）
第四巻　芸能漂泊民（既刊）
第五巻　賤民（既刊）
第六巻　巫女（既刊）
第七巻　妖怪
第八巻　海の民
第九巻　金属の民
第一〇巻　民間信仰
第一一巻　憑きもの
第一二巻　坑夫
第一三巻　沖縄
第一四巻　アイヌ
第一五巻　旅の話
別　巻　独学のすすめ